KB112569

BAD SAMARITANS
나쁜 사마리아인들

BAD SAMARITANS

HA-JOON
CHANG

나쁜 사마리아인들

장하준 지음 | 이순희 옮김

Bad Samaritans

자본주의 신화 깨뜨리기

The Myth of Free Trade and the Secret History of Capitalism

지은이 장하준은 서울대학교 경제학과를 졸업하고 영국 케임브리지대학교에서 경제학 석사 및 박사 학위를 받았다. 1990년 한국인으로서는 최초로 케임브리지대학교에 임용되어 경제학과 교수로 근무했으며, 2022년부터 런던대학교 경제학과 교수로 재직 중이다. 2003년 신고전학파 경제학에 대안을 제시한 경제학자에게 주는 군나르 뮈르달 상을, 2005년 경제학의 지평을 넓힌 경제학자에게 주는 바실리 레온티예프 상을 최연소로 수상함으로써 세계적인 경제학자로 명성을 얻었다. 2014년에는 영국의 정치 평론지 『프로스펙트』가 매년 선정하는 '올해의 사상가 50인' 중 9위에 오르기도 했다. 국제노동기구, 유엔식량농업기구 등 유엔 산하 기구와 세계은행, 아시아개발은행, 유럽투자은행 등 다자간 금융 기구 그리고 옥스팜, 경제 정책 연구소 등 엔지오를 비롯해 여러 정부 기구 및 민간 조직에 오랫동안 자문을 제공하며 함께 일해 왔다. 지금까지 17권의 책을 썼으며, 그중 13권의 저서가 전 세계 46개국 45개 언어로 번역되어 200만 부 넘게 판매되었다. 주요 저서로 『장하준의 맛있는 경제학』『장하준의 경제학 강의』『그들이 말하지 않는 23가지』『나쁜 사마리아인들』『쾌도난마 한국경제』『국가의 역할』『사다리 걷어차기』 등이 있다. 신자유주의적 세계화의 위험성을 정면으로 비판한 『나쁜 사마리아인들』은 160주 연속 경제 베스트셀러에 올랐으며 특히 국방부 불온 도서로 지정되어 큰 반향을 불러일으켰다.

옮긴이 이순희는 서울대학교 영어영문학과를 졸업하고 현재 전문 번역가로 활동하고 있다. 『불평등의 대가』『가난한 사람이 더 합리적이다』 등 경제서와 『세계의 도서관』『아프리카의 운명』『제국의 미래』 등 역사서, 『행복의 정복』『러셀 북경에 가다』 등 버트런드 러셀의 책과 『나에게는 꿈이 있습니다』『가난은 어떻게 죄가 되는가』 등을 옮겼다.

나쁜 사마리아인들

2023년 3월 30일 개정2판 1쇄 발행

지은이 장하준
옮긴이 이순희
발행인 박윤우
편집 김송은 김유진 성한경 장미숙
마케팅 박서연 이건희 이영섭
디자인 서혜진 이세연
저작권 백은영 유은지
경영지원 이지영 주진호

발행처 부키(주)
출판신고 2012년 9월 27일
주소 서울 서대문구 신촌로3길 15 산성빌딩 5~6층
전화 02-325-0846
팩스 02-3141-4066
이메일 webmaster@bookie.co.kr
ISBN 978-89-6051-973-2 03320

※ 잘못된 책은 구입하신 서점에서 바꿔 드립니다.

만든 사람들
편집 성한경 | 디자인 서혜진

서문
10년 전, 그리고 지금

지금으로부터 10년 전, 2008년 7월 말, 한국에서, 2007년 가을 한국어판으로 출간된 『나쁜 사마리아인들』에 관한 난데없는 소식이 날아들었다. 다른 20여 권의 서적과 함께 국방부 금서로 지정되었다는 소식이었다.

금서, 이 얼마 만에 들어보는 단어였던가. 1980년대 초반에 대학을 다닐 때, 그때는 금서가 있었다. 아니, 많았다. 그 당시 마르크스주의 등 좌파적 관점에서 쓰인 책들의 대다수는 '이념 서적'으로 분류되어 소지하거나 읽는 것이 금지되어 있었다. (그런데 히틀러의 『나의 투쟁』은 금서가 아니었다.) 물론 그때 대학생들은 '복사집'을 통해서 금서를 불법 복제 해서 읽고 토론했지만, 정부가 허용하지 않는 책을 읽다가 들키면 감옥에 갈 수도 있는 위험을 감수하면서 그런 행동을 했다.

1987년 민주 항쟁, 그리고 1997년 최초의 평화적 정권 교체 등을 거쳐 우리 사회의 민주화가 진행되면서 금서라는 개념은 사라졌다. 당연한 일이었다. 우리 국민이 최근에 이루어 낸 촛불 혁명에서 볼 수 있었듯이, 진정한 민주주의가 이루어지려면 시민이 제대로 된 정보를 가지고 독립적인 판단을 할 수 있어야 한다. 그러기 위해서는 독서를 해서 지식을 흡수하고 독자적으로 생각하는 법을 배우는 것이 필수적이다. 그렇게 본다면 국민이 어떤 책을 읽을 수 있는지를 국가가 통제한다는 것은 민주주의의 기본을 부정하는 행위였고, 민주화된 우리 사회에서 금서는 사라져야 하는 개념이었다.

그런데 군부 독재가 끝난 지 20여 년이 지난 2008년에 '금서'라니, 웬 얼토당토않은 이야기란 말인가? 물론 시대가 시대이니만큼 2008년의 금서 목록은 국방부에서 정해 군 병영 내에서만 '몰래' 시행한 것이지만, 정말 서글픈 일이었다. 수많은 국민이 목숨을 바쳐 가며, 고문을 당해 가며, 감옥 생활을 하고 최루탄을 맡으며 쟁취한 민주주의에 대한 모독이 아닌가? 노무현 대통령의 '진보' 정부가 제대로 일을 못 했다고 이명박 대통령의 '보수' 정부를 뽑아 놓았지만, 금서 지정과 같이 민주주의의 근간을 뒤흔드는 행동까지 하라고 표를 준 국민은 많지 않았을 것이다.

물론 개인적으로는 금서 지정이 '신나는(?)' 일이었다. 금서가 된 사실이 알려지면서 그 광고 효과로 책 판매가 엄청나게 늘었기 때문이다. 그 결과 놀라운 숫자의 새로운 독자가 『나쁜 사마리아인들』을 읽었고, 그 덕분에 더 많은 독자를 접할 수 있는 기회가 생겼다. 작가, 특히 무엇인가를 '주장'하고 싶어 하는 논픽션 작가로서 가장 바라는 것은 한 명의 독자라도 더 자기 책을 읽어 주는 것일진대, 국방부의 금서 지정은 작가로서는 예기치 않은 행운이었다.

박정희도 반자본주의자인가?

『나쁜 사마리아인들』의 금서 지정에서 특히 기가 막혔던 것은, 금서가 된 이유였다. 국방부에 따르면 이 책이 '반미, 반자본주의'여서 금서가 되었다.

'반미'라니? 『나쁜 사마리아인들』에서 미국 초대 장관 알렉산더 해밀턴의 유치산업 보호론, 프랭클린 루스벨트 대통령의 뉴딜 정책을 비롯해서 미국의 경제 사상과 경제 정책에 대해 얼마나 긍정적인 이야기를 하는데, 이 책이 어떻게 반미 서적인가? 물론 1980년대 이후 미국 정부가 취해 온 신자유주의적 정책, 특히 그런 정책을 후진국에 강요하는 것에 대해 굉장히 비판적이기는 했지만 그것은 특정 정부, 특정 정책에 반대하는 것이었다. 그게 어떻게 '미국'에 반대하는 것인가? 그리고 미국을 비판한다고 미국 정부가 기분 나빠한다면 몰라도, 왜 한국 정부가 그것을 문제 삼고, 게다가 금서로 지정하기까지 하는가? 해방 이후 대한민국을 지배해 온 미국이 어떤 나라인지 제대로 이해하지도 못하면서 '천국' '수호신'으로 '상상한 미국'을 맹목적으로 숭배하는, 냉전 시대의 사대주의가 그대로 드러난 것이어서 서글펐다.

'반자본주의'라는 이유도 황당하기는 마찬가지였다. 『나쁜 사마리아인들』은 자본주의의 폐해를 지적하기는 하지만 사회주의 계획 경제를 지지하는 책이 아니다. 그리고 자본주의의 폐해 중 많은 부분을 정부 정책과 시민의 행동으로 시정할 수 있다는 것이 이 책의 주요 주장 중 하나이다. 한 발 더 나아가 『나쁜 사마리아인들』은 무분별한 시장주의가 지나친 불평등과 경제 불안을 가져와서 자본주의의 안정성을 위협하기 때문에, 시장을 적절히 규제하고 복지국가 등 사회 통합적 정책을 펴는 것이 사실은 자본주의를 더 잘 지키는 길이라고 주장한다. 좀 과장해서 말하면 자본주의를 지키려고 신자유주의를 비판한 책이라고 할 수도 있다. 그런데 그게 어떻게 '반자본주의'란 말인가? 이 책에서 추천하는 대부분의 정책이 우리나라 '보수' 세력에서 그렇게도 신격화하는 박정희 대통령이 시행했던 정책이다. 그러니 『나쁜 사마리아인들』이 반자본주의적이라면 박정희도 반자본주의자이다.

국방부는 문제가 된 책들을 읽어 보지도 않고 금지를 한 것이었을까? 그럴 수도 있다. 하지만 2008년 당시 이명박 정부 쪽에서 보면 『나쁜 사마리아인들』은 '괘씸한' 책임에는 틀림없다. 이 책이 자본주의 자체에 반대하는 것은 아니지만, 당시 이명박 정부가 찬양하던 (고삐 풀린) 세계화와 무분별한 시장주의에는 대단히 비판적 태도를 취하고 있었기 때문이다.

부자 나라들은 거짓말을 하고 있다

금서로 지정된 2008년 여름은, 그해 9월 리먼 브라더스의 붕괴로 도화선이 된 세계 금융 위기가 터지기 직전이었다. 이미 세계 금융 시장은 불안감을 보이고 있었다. 그러나 아직도 한국뿐 아니라 세계적으로 '신자유주의'와 '세계화'가 금과옥조로 여겨지던 때였다.

이런 조류에 역행해서 『나쁜 사마리아인들』은 당시 세계를 지배하던 신자유주의적 세계화 담론이 얼마나 허약한 역사적 · 이론적 근거에 기초하고 있고, 그것이 추천하는 무역 자유화 · 외국인 투자 자유화 · 민영화 · 보수적 재정 정책 등이 얼마나 해로운가를 보여 주려고 했다. 이 책이 강조한 것은, 이런 정책이 개발도상국에 특히 안 좋다는 점, 그리고 무엇보다도 지금의 선진국이 경제 발전을 할 때에는 그들이 현재 개발도상국에 강요하는 신자유주의 정책을 쓴 적이 없다는 점이었다.

오늘날 자유 무역의 시조로 여겨지는 영국은 양모 등 원료 수출에 의존하던 19세기 초까지는 엄격한 보호 무역으로 자국 산업을 발전시켰다. 앞에서 언급한 미국의 초대 재무 장관 해밀턴(10달러짜리 지폐에서 그 얼굴을 볼 수 있다)은, 후진국 정부는 (부모가 성년이 되기 전까지 아이를 보호하듯이) 자국 산업이 자력으로 국제 시장에서 경쟁력을 획득할 때까지 보호 무역을 하고 보조금을 주어 육성해야 한다는'유치산업 보호론'을 제창했다. 미국 정부는 미영전쟁(1812~1816년)을 겪으면서 산업화의 중요성을 느껴 그 이후에 (해밀턴은 이미 1804년에 결투에서 사망했지만) 그의 이론을 채택했고, 일단 유치산업 보호를 시작하자 세계 최고의 관세율을 자랑하는 보호 무역의 아성이 되었다. 이는 제2차 세계 대전 때까지 이어졌다. 독일, 스웨덴 등 많은 수의 유럽 국가가 19세기 중반 이후 해밀턴의 이론을 발전시킨 독일 경제학자 프리드리히 리스트의 이론을 받아들여 보호 무역을 하였고, 정부의 연구개발 지원을 포함한 적극적인 산업 정책을 쓰면서 중화학 공업을 키웠다. 20세기 후반에는 일본을 필두로 한국, 대만 등 동아시아 국가들도 보호 무역을 하고 외국인 투자를 극심하게 규제하면서 국내 기업을 보호하였고, 금융 지원 · 보조금 지급 · 연구개발 지원을 통해 정부가 지정한 '전략 산업'의 발전을 지원하는 강력한 산업 정책으로 자국 산업을 키웠다.

이렇게 보호 무역과 산업 정책을 통해 경제 발전을 이룬 나라가 이제는 후진국에 자유 무역을 해야 한다고 설교하는 것은, 곤경에 빠진 나그네를 돕는 '착한 사마리아인'이 아니라, 남을 돕는 척하면서 해코지 하는 위선적인 '나쁜 사마리아인'이라는 것이 책의 제목 뒤에 숨어 있는 '잊힌', 아니 의도적으로 '지운' 자본주의의 역사이다.

신자유주의는 아직도 세계를 지배하고 있다

『나쁜 사마리아인들』이 금서로 지정되고 불과 두 달도 지나지 않아 세계 경제는 대공황 이후 최대의 금융 위기를 맞았다. 세계화와 시장 자유화 덕분에 끊임없이 번영하는 경제 체제가 만들어졌다고 자랑하던 신자유주의자들은 말문이 막혔고, 정부가 개입하면 경제가 망한다던 그들도 수많은 정부가 주요 기업들(특히 포드, GM에 대한 미국 정부의 구제 금융)과 주요 은행들에 막대한 구제 금융을 제공하며 적극적 적자 재정 정책을 쓰는 데에는 입을 닫았다. 금융 규제 강화도 못마땅하지만 받아들여야 했다.

그러나 이런 변화도 잠깐, 2011년 유로권 위기를 계기로 신자유주의는 다시 기지개를 켜기 시작했다. 유로권 위기는 그리스, 스페인, 포르투갈 등 생산성이 낮은 취약한 경제에서, 금융 위기에 따른 경제 침체로 세수가 감소되고 그로 인해 재정 적자가 늘어나서 생긴 것이다. 그럼에도 유럽연합, IMF 등 돈줄을 쥐고 있는 세력은 재정 적자의 이유가 이들 나라 정부가 재정을 방만하게 운영했기 때문이라면서 재정 지출의 (특히 '비생산적'인 복지 지출의) 급격한 삭감, 공기업 민영화를 통한 정부 채무 상환 등 신자유주의적 정책을 다시 쓰기 시작한 것이다. 이 사이에 정부 구제 금융으로 회생한 금융기업들은 다시 로비를 해서 새로 도입된 금융 규제에 물타기를 시작했다.

현재 세계 경제는 얼핏 보기에 2008년 금융 위기에서 회복한 것처럼 보인다. 대부분의 나라가 위기 이전의 소득 수준을 회복하였고, 최근 5~6년 동안은 경제 성장도 지속되고 있다. 많은 나라에서 금융 위기 이후 치솟았던 실업률도 떨어졌다. 미국이나 영국, 독일 같은 나라에서는 금융 위기 이전보다도 낮아졌다. 미국, 영국을 중심으로 많은 나라에서 주식 시장은 연일 최고치를 갱신하고 있다.

그러나 지금의 경제 회복은 진정한 회복이 아니다. 요즘 미국, 영국 등에서 보이는 경제 성장은 이른바 '장기 침체' 이론에 관한 논쟁을 불러올 정도로 미미하다. (1인당 소득 기준 성장률이 연간 1~1.5% 수준이다.) 그나마 그것도 역사에 없는 저금리(영국의 경우는 기록이 시작된 17세기 이후 최저 이자율)를 썼음에도 경기 회복이 안 되어서 도입된, 이른바 '양적 완화' 정책을 통해 풀린 엄청난 돈 때문에 생긴 거품 경제에 힘입은 바가 크다. 실업률이 낮아진 것도 일부는 구직 포기를 해서 노동 시장 참여 인구가 줄었기 때문이고, 또 다른 일부는 일자리를 구하기 힘들어 할 수 없이 '자영업'을 시작하여 생계 유지도 제대로 못 하는 사람들이 생겼기 때문이다. 그나마 새로 생긴 일자리도 저임금에 고용이 불안한 임시직이 대부분이다. 대다수 선진국에서 한 세대 전과 비교해 소득 불평등은 심화되었고, 미국 같은 경우에는 20세기 초반 이래 최악의 불평등도를 보여 주고 있다.

고삐 풀린 세계화와 신자유주의 정책이 빚어낸 이런 결과는 바로 최근 영국의 브렉시트, 미국의 트럼프 대통령 선출, 유럽 각국의 반이민을 내건 극우파 정당의 득세 등으로 표출되고 있는 이른바 '뒤처진 사람들those left behind'의 분노의 가장 큰 원인이다.

개발도상국으로 옮겨 가면 아시아 국가는 대부분 경제가 괜찮지만, 다른 개발도상국의 경제는 취약하다. 특히 남미와 아프리카 국가는 2000년대 초반부터 중국의 고성장으로 시작된 석유, 광물, 농산물 등 1차 상품 가격 인상으로 벌어들인 돈을 산업 발전에 제대로 투자하지 않았고(이에는 정부 개입, 특히 산업 정책을 백안시하는 신자유주의 이념의 영향이 크다), 그 결과 중국 경제가 감속하고 선진국이 금융 위기에서 제대로 회복하지 못하면서 경제가 암초에 부딪친 나라들이 많다. 아르헨티나는 이미 IMF 구제 금융을 신청했고, 남미와 아프리카 다른 나라들 중 적지 않은 수가 그 뒤를 따를 것으로 예상된다.

한국도 신자유주의의 희생자이다

『나쁜 사마리아인들』에서 직접 다루지는 않았지만, 1997년 외환 위기 이후 우리나라도 신자유주의의 희생자였다.

1997년 외환 위기는 사실상 김영삼 정부 때 이루어진 지나친, 그리고 지나치게 급격한 금융 자유화의 결과였지만, 국내외의 신자유주의자들은 이것이 과거의 '잘못된' 국가 주도형 경제 모델 때문이라고 호도하면서 적극적인 개방, 민영화, 규제 완화를 추구했다.

그 결과 우선 경제의 활력이 급격히 떨어졌다. 과거 고도 성장기에 1인당 소득 기준으로 6%가 넘던 경제 성장률이 2~3%대로 떨어졌다. 경제가 성숙하면서 성장률이 떨어지는 것은 당연하지만, 그 비율이 갑자기 2분의 1

내지 3분의 1로 떨어지는 것은 자연스러운 일이 아니다. 그렇게 된 가장 중요한 이유는 기업의 투자 감소이다. 외환 위기 이후 자본 시장이 개방되면서 단기 이익을 추구하는 주주들, 특히 외국인 주주들의 입김이 세어졌고, 이들이 계속 고배당과 자사주 매입 등을 요구하면서 대기업의 장기 투자가 힘들어졌다. 또 외환 위기 이후 국내 금융 시장이 자유화되면서 은행 대출에 대한 정부 규제가 없어지자, 은행은 위험이 높은 기업 금융 대신에 '앉아서 돈 버는' 주택 담보 대출이나 소비자 금융을 주로 하기 시작했다. 은행 대출 중에 기업 대출의 비율이 1990년대 초 90% 선에서 30~40% 선으로 떨어졌고, 이에 따라 은행 대출에 의존하는 중소기업은 투자가 어려워졌다. 결국 투자율은 국민소득 대비 35% 선에서 30% 선으로 떨어졌고, 경제의 경쟁력에 가장 중요한 설비 투자는 더 큰 폭으로 떨어져서 국민소득 대비 비중이 외환 위기 이전 14~16% 수준에서 7~8% 수준으로 '반토막'이 났다. 투자가 줄어드니 경제 성장이 줄어드는 것은 당연하다.

투자가 잘 안 되니 산업 구조의 고도화도 정체되고 있다. 지금 우리나라의 주력 산업은 대부분 70~80년대에 만들어진 것이다. 물론 기존 산업 안에서는 고부가가치 제품으로 옮아왔지만, 새로운 산업을 만들어 내지는 못하고 있다. 이미 선진국이 우위를 점하고 있는 기계, 제약 등의 분야나 생명공학, 나노 기술 등 신기술 분야에서는 선진국의 장벽을 뚫지 못하고 있고, 대다수 산업의 중저가 시장에서는 중국에 맹렬히 추격당하고 있다. 조선, 철강 등은 이미 중국에 크게 잠식당했고, 이제 자동차나 휴대전화마저 중국의 위협이 느껴지고 있다. 그나마 아직은 괜찮다고 하는 반도체도 중국이 엄청난 투자를 하고 있어서 그 우위가 얼마나 갈지 알 수 없다. 이렇게 산업 구조의 고도화가 정체되고 있는 것은, 앞에서 지적한 금융 시장의 변화에 따른 기업 투자의 부진이 큰 이유 중 하나이지만, 경제 계획 및 산업 정책이 폐기되면서 신산업 개발이 더뎌진 것도 또 다른 중요한 이유이다.

외환 위기 이후 일어난 변화는 성장의 둔화만이 아니다. 고용도 불안해졌다. 가뜩이나 높았던 비정규직 비율이 OECD 최고 수준으로 올라갔다. 정규직도 과거에 비해 고용이 극도로 불안해졌다. 더구나 복지 제도가 취약하다 보니 일자리를 잃으면 생계가 곤란하고 재기가 힘들어, 고용 불안정의 증가는 대부분의 사람에게 재앙으로 다가온다. 우리나라의 공공복지 지출은 GDP 대비 10% 수준으로, 멕시코에 이어 OECD 회원국들 중에서 두 번째로 낮다. 프랑스(32% 선), 핀란드(31% 선), 덴마크(29% 선), 스웨덴(27% 선) 등 유럽의 고도 복지국가들의 3분의 1 수준인 것은 말할 것도 없지만, 선진국 중에서 복지 지출이 가장 낮다는 미국(19% 부근)에 비해서도 절반 정도밖에 안 된다. 하다못해 '신자유주의 모범생'으로 알려진 칠레(11% 부근)보다도 낮다.

고용은 불안한데 육아, 교육 등에 대한 보조도 미비하니 아이 키우기가 너무 힘들어 출산율은 세계 최저 1, 2위를 다투는 나라가 되었다. 실업 보험과 연금이 형편없으니 실직을 한다거나 은퇴를 하면 살길이 막막해진다. 이에 따라 자살이 급증하여 1995년까지 OECD 평균에 한참 못 미치던 우리나라 자살률이 이제는 평균의 세 배 수준으로 단연 1위가 되었다.

촛불 이후 무엇을 어떻게 할 것인가?

촛불 혁명으로 집권한 문재인 정부는 경제, 사회의 이런 문제를 완화하려고 노력하고 있다. '혁신 성장'이라면서 기껏 의료 관광이나 역외 금융 등 허황된 분야만 거론하였고, 국민 생활을 안정시키기 위해 복지를 늘린다고 말만 하면서 실제로는 거의 아무 일도 하지 않았던 이명박, 박근혜 정부에 비하면 많은 일을 하고 있다. 최저 임금을 올리고, 노동 시간을 단축하여 일자리를 더 만들고, 복지 지출도 늘리려 하고 있다. 중소기업, 벤처 기업 등을 지원하여 새로운 산업에 진출하려는 노력도 하고 있다.

그러나 이 정도 정책으로는 현재 우리가 당면한 경제와 사회 문제를 풀기에는 태부족이다. 더 과감한 정책이 필요하다. 특히 두 가지가 중요한데, 바로 산업 정책의 부활과 획기적인 복지국가의 확대이다.

우선 산업 정책부터 보자. 정부, 기업, 노동자가 머리를 맞대고 과연 앞으로 우리 경제를 이끌어 나갈 수 있는 산업이 무엇이고, 그를 위해서는 어떤 정부 정책, 기업 전략, 기술이 필요한가에 대해 합의를 형성하고, 그것을 기초로 해서 적극적인 산업 정책을 펼쳐야 한다. 요즘 같은 시대에 산업 정책을 하면 세계 조류에 역행하는 것이라는 잘못된 생각을 버려야 한다. 대부분의 선진국은 지금도 대규모 산업 정책을 펴고 있다. 왜 우리만 하지 않아야 하는가? 이는 신자유주의의 종주국이라는 미국도 마찬가지이다. 미국 정부는 제2차 세계 대전 후 과거와 같은 고도의 보호 무역은 그만두었지만, 연방정부 연구 기관들을 통해 대규모 자금이 들고 실패 위험이 높은 기술을 개발하여 민간 부문에 이전하는 방식으로 산업 정책을 실행해 왔다. 컴퓨터, 인터넷, 반도체, GPS, 생명공학 등 현재 미국이 우위를 점하는 대부분의 산업이 이렇게 해서 만들어진 것들이다. 다른 나라에는 정부가 산업에 직접 개입하는 것이 옳지 않다고 하면서 2008년 금융 위기가 나자 재빨리 개입해서 자동차 산업에 대대적인 공적 자금을 투입하여 구조조정을 하였고, 그 이후에도 각종 첨단 산업 발전을 위해 음으로 양으로 지원하고 있다.

복지 정책에서는, 복지국가를 단순히 '어려운 사람들 도와주는' 것으로 생각하여 '형편에 맞게 늘린다'는 소극적 접근을 버리고, 잘 만들면 복지 제도가 모든 국민의 생활을 안정시키고 경제의 활력을 높이는 수단이 될 수 있음을 인식하고 최대한 빨리 적극적으로 복지국가를 건설해야 한다. 문재인 정부의'소득 주도 성장론'이 이야기하는 대로, 단기적으로는 복지 확대를 통해 최저 생활을 보장해 주면 소득 대비 소비 지출이 높은 저소득

층이 안정적으로 소비를 증가시킬 수 있어 내수가 진작되면서 성장에 도움이 된다. 그러나 더 중요한 것은 장기적으로 복지 제도를 통해 최저 생활을 보장해 주고, 실업 보험·재교육 등을 확대해서 실패를 해도 재기할 수 있게 해 주면, 노동자들이 더 진취적이 되어 신기술을 적극 받아들이고, 직업 선택도 더 자유롭게 할 수 있게 된다는 점이다. 이렇게 되면 구조조정이 신속해지고 신산업 창출이 더 쉬워져서 경제 성장에 도움이 된다. 미국에 비해 1.5배가량 큰 복지국가인 스웨덴이나 핀란드가 미국보다 경제 성장이 빠른 이유는 그들이 이룬 복지국가가 생산 지향적이고 진취적이기 때문임을 알아야 한다.

대한민국 역사에 새 장을 연 촛불 혁명은 우리 국민이 더 공정하고, 다 같이 잘살고, 미래에 희망이 있는 사회를 만들자는 열망에서 이루어 낸, 세계사에 유례가 없는 평화적 정치 혁명이었다. 우리 국민의 이런 열망이 더 절실해진 것은 외환 위기 이후 20년 동안 (특히 이명박, 박근혜 정부 동안) 우리나라에서 진행된 신자유주의적 개혁이 불공정하고 잔인한 데다 역동적이지도 못한 나라를 만들어 냈기 때문이다. 국민의 이런 열망에 응답하기 위해서는 지금 문재인 정부가 하는 정책들로는 부족하다. 더 적극적으로 우리 경제, 사회 체제를 바꿔야 한다.

추천사

독자들을 깜짝 놀라게 할 정도로 생생하고, 풍부하고, 명료하다. 이 무시무시한 책은 '현실로서의 경제학'으로 명명되어야 할 것이다. 이 책에서 장하준은 흔히 통용되는 '경제 발전의 원리'라는 것이 산업혁명 이후 지금까지 전개된 역사에 비추어 볼 때 얼마나 황당한 교리인지를 폭로한다. 그의 통렬한 분석은 이른바 정통 경제 이론에 입각한 처방이 가장 취약하고 무방비 상태의 나라들에 어떻게 해를 끼쳐 왔으며, 앞으로도 얼마나 해를 끼치게 될 것인지를 보여 주고 있다. 이러한 진단을 내린 후 장하준은 탄탄한 경제학 이론과 역사적 증거에 기반을 두고 세계 경제를 어떻게 하면 지금보다 훨씬 더 인간적이고 문명화된 형태로 개조할 수 있는지에 대한 현실성 있고 건설적인 방법을 제안한다. 오늘날의 현실이 개선되지 않을 경우 어떤 일이 벌어질지에 대한 장하준의 경고는 오싹하지만 수긍하지 않을 수 없다.

• 노엄 촘스키

세계화와 경제 발전 같은 문제에 관심 있는 사람들에게 일독을 권한다. 예컨대 우리 모두에게 말이다.

• 밥 겔도프 (가수, 빈곤퇴치 운동가)

명석하면서도 생생하고, 호소력까지 갖추었다. 세계화를 바라보는 우리의 시각을 절로 새롭게 만들어 주는 책이다.

• 조지프 스티글리츠 (2001년 노벨 경제학상 수상자)

최고의 책이다. 탄탄한 연구를 기반으로 아름답게 서술된 이 책은 그야말로 경제학의 파노라마이다. 『나쁜 사마리아인들』은 성장과 세계화와 관련해 모든 나라가 따라야 할 정답이 있다고 믿는 사람들에게 가하는 치명적 일격이다. 꼭 읽으시라!

• 래리 엘리엇 (『가디언』 경제부장)

모든 정통적 이론에는 그에 걸맞은 훌륭한 비평가가 필요하게 마련이다. 그리고 '세계화'라는 문제에 대해 전 세계에서 가장 탁월한 비평가는 장하준일 것이다. 그는 개발도상국이 세계 경제에 통합됨으로써 얻을 수 있는 혜택까지 부인하지는 않는다. 하지만 역사적 교훈에 비춰 볼 때 개발도상국이 각자 자국의 조건에 맞는 세계화 방식을 따라야 마땅하다는 주장을 펼친다.

• 마틴 울프 (『파이낸셜 타임스』 수석 칼럼니스트, 『왜 세계화인가』 저자)

이제껏 내가 본 비평 중에서 가장 속 시원한 반격이다. 자유 시장 경제라는 통설에 미심쩍은 시선을 보내던 독자라면 분명 『나쁜 사마리아인들』을 반길 것이다. 케임브리지 대학교의 경제학 교수인 장하준은 세계화 옹호론자들이 퍼뜨리는 도그마에 맞서 매력적이고 잘 정돈된 반격을 퍼부을 수 있는 스토리텔링 능력과 자격을 갖췄다. 자유 무역의 신봉자들은 이 책을 읽고 난 후 자신들의 행보를 재고하게 될 것이며, 어쩌면 약간 뒷걸음칠지도 모른다. 특히 개발도상국에서 자본주의와 자유 무역이 더욱 조심스럽게 적용돼야 할 필요성을 제기한다는 점에서 『나쁜 사마리아인들』은 널리 읽힐 가치가 있다.

• 폴 블러스타인 (저널리스트, 전직 『워싱턴 포스트』 경제 기자)

폭넓은 연구와 유려한 글을 통해 자유 무역이라는 통설에 대항하는 책이다.

•『비즈니스 위크』

세계화에 대한 치열한 격론의 장에, 장하준은 자신만의 숙고熟考와 비판적인 수사를 더해 놓았다.

•『이코노미스트』

정말 뛰어난 책이다. 경제학의 논리와 그 논리가 적용되는 현실을 풍부한 증거와 함께 제시할 뿐아니라, 저자의 소신과 실천적 조망이 직설적 어조 속에서 빛을 발한다.

•『인터내셔널 어페어스』

장하준은 자본주의와 세계화의 역사, 그리고 고통받는 다른 나라들의 경제적 변천사를 통해 자신의 입장을 밝힌다. 그 결과로 도출된, 신자유주의 경제학이 개발도상국에 미치는 영향에 대한 비판은 도발적이며, 여기에는 세계에서 가장 큰 경제적 어려움을 겪고 있는 국가들의 문제를 해결할 열쇠가 숨어 있을지 모른다.

•『퍼블리셔스 위클리』

탄탄한 연구와 충격적 사례들로 가득한 『나쁜 사마리아인들』은 개발도상국 입장에서 세계 경제로 편입이 갖는 편익을 부정할 뿐 아니라, 역사적 교훈을 통해 제3세계 국가들만의 별도 통합이 필요함을 역설한다. (…) 경영학과 경제학 과정을 다루는 대학이나 공공 도서관에서 반드시 소장해야 할 책이다.

•『라이브러리 저널』

신자유주의적 세계화와 그 메커니즘 및 영향을 명확히 이해하고 싶지만 경제학 전문 용어가 부담스러운 독자들에게 훌륭한 입문서가 되어 줄 책이다.

•ZNet

책을 덮으며 한 가지 궁금증이 인다. 나쁜 사마리아인들의 권고를 뿌리친 덕분에 어느덧 선진국 클럽에 가입한 한국은 지금 착한 사마리아인일까, 나쁜 사마리아인일까? 이도저도 아닌 보통 사마리아인일까?

●『경향신문』

한국과 대만, 인도네시아 등 개발도상국의 사례를 들어 '비교 우위 이론' '지식재산권 보호론' '공기업 민영화론' '작은 정부론' '투명 경제론' 등 경제학의 정설로 대접받는 이론이 역사적 사실에 부합하지 않았음을 조목조목 공격한다. 심지어 이들 이론이 영국, 미국, 독일, 일본의 역사와도 부합하지 않는다고 맹비판하며 경제학에서도 '차가운 머리'만큼 '따뜻한 가슴'이 중요하다고 역설한다.

●『동아일보』

승자가 모든 것을 갖는 사회에서 패자는 '경쟁력 부족'이나 '무능'이라는 주홍글씨로 낙인찍히는 현실에 대해, 장하준은 '불편한 진실'을 끄집어냄으로써 사람들에게 잊었던 '균형'과 '배려', 그리고 '뜨거운 가슴'을 되새길 것을 요구하고 있다.

●『디지털 타임스』

자유 시장은 각국이 이미 잘하고 있는 것에 충실하라고 지시한다. 이는 단도직입적으로 말해 가난한 나라에 현재 하고 있는 생산성 낮은 활동을 계속하라는 이야기다.

●『매일경제신문』

'개방'과 '세계화' 외에는 '달리 대안이 없다'는 신자유주의적 조류가 어딘가 잘못된 것 같음에도 불구하고 딱히 반박할 논리를 찾지 못해 곤혹스러워하는 모든 이들에게 들려주는 장 교수의 경제학 이야기 아홉 마당.

●『머니투데이』

대단한 것은 이야기를 풀어나가는 솜씨보다, 신자유주의적 세계화에 대한 설득력 있는 대안 제시 때문이다. 책을 읽다 보면 40대 초반에 지나지 않는 저자가 세계적인 경제학상을 두 개나 받고 케임브리지대 교수로 재직 중인 이유를 알 만하다.

•『문화일보』

현재와 같은 신자유주의가 계속된다면 언젠가 디스토피아가 찾아온다고 우려한다. 대안은 없는 걸까. 그는 게임의 룰을 공정하게 만들 것을 주문한다.

•『서울경제』

신자유주의에 휩쓸려 가는 현대인들의 궁금증을 콕 집어내 쉽게 설명한 것이 강점이다. 공기업 문제를 과연 민영화로 풀 수 있는지, 민주주의와 경제 발전은 어떤 상관관계가 있는지, 자유 무역이 개발도상국에 진정 도움이 되는지, 경제를 개방하면 외국인 투자가 정말 늘어나는지 등을 널리 알려진 영화 등을 이용해 풀어냈다.

•『중앙일보』

지은이는 약자에 대한 배려를 강조하고 국가의 역할을 강조한다. 이 책은 나쁜 사마리아인들이 들은 체도 않을 수 있는 '불편한 진실'이다.

•『파이낸셜 뉴스』

그는 자본주의를 부정하지 않고 시장의 역동성을 중시한다. (…) 하지만 자유 무역 · 자유 시장이 해결해 줄 것이라는 시장주의엔 단호히 반대한다. 약자를 배려하지 않는 신자유주의 사회는 누구도 편히 살 수 없으며 "부자들에게도 오히려 감옥이 될것"이라고 말한다.

•『한겨레신문』

신자유주의가 알려진 것과는 달리, 사실은 부자 나라들만의 이익을 위한 허무맹랑한 주장이라는 점을 속속들이 파헤친다.

•『한국일보』

감사의 말

세계화 및 경제 발전에 대해 독자들이 이해하기 쉬우면서도, 현재의 지배적인 정설에 대해 비판적인 입장에서 책을 쓰자는 제안은 몇 년 전에 덩컨 그린이 내놓은 것이다. 그는 내가 이런 주제와 관련하여 색다르고도 흥미 있는 이야깃거리를 가지고 있고, 따라서 보통 글을 쓸 때 생각하는 것보다 훨씬 넓은 독자층을 겨냥하여 이야기를 종합하는 것이 좋겠다고 설득했다. 애초에는 덩컨의 오랜 비정부기구NGO 활동 경력과 나의 연구 경력이 결합될 수 있도록 함께 글을 써서 확고한 학문적 토대 위에 사회 변혁적인 목소리가 담긴 책을 만들 계획이었다.

그러나 덩컨은 옥스팜의 연구소장을 맡게 되면서 일이 많아져 공동 집필에서 손을 떼야 했다. 나중에 내가 이 책을 집필하기 시작하자, 그는 흔쾌히 모든 장(많은 경우는 하나 이상의 초안들)을 읽고 내용과 문장에서 통찰력 있는 제안들을 해 주었다. 그는 내가 생각을 정리하고 싶어서 불쑥불쑥 걸어대는 전화도 늘 친절하게 받아 주었다. 너그러운 태도와 소중한 지혜 그리고 인내심으로 나를 대해 준 그에게 깊이 감사한다.

덩컨이 손을 뗐을 때 집필 계획은 추진력을 잃고 한동안 정처 없이 표류했다. 내가 여러 가지 일로 분주해지기도 했지만, 그보다 더 큰 어려움은 나의 집필 계획을 적절한 출판사에 알리는 일이었다. 그때 고맙게도 리처드 토이가 나를 아이반 멀케히에게 소개해 주었다. 아이반은 나의 저작권 대리인으로서 충분히 진전되지 않은 학술 논문에 가까운 글을 정말 이해하기 쉬운 책으로 바꾸는 방법에 대한 비전을 가지고 있었고, 나에게 대중적인 글쓰기와 관련된 많은 지침을 일러 주었다. 멀케히 & 비니에 근무하는 그의 동료 조너선 콘웨이 역시 이 집필 계획을 세우는 과정에서 중요한 도움을 주었다.

이 책을 구상하는 데 크리스 크레이머와의 토론은 나에게 엄청난 도움을 주었다. 그는 늘 너그러운 친구로 나를 대해 주는 사람이지만, 이 책을 쓰는 나를 돕기 위해서 그가 투자한 지적인 에너지는 그 자신의 높은 기준에 비추어 보아도 대단히 특별한 것이었다. 리처드 토이는 나에게 저작권 대리인을 소개해 주었을 뿐 아니라, 이 책의 전체 구조와 일부 개별적인 논의와 관련하여 매우 유익한 조언을 해 주었다. 디팍 나야는 바쁜 일정 중에도 나의 집필 계획 초안을 살펴보고 여러 가지 현명한 의견을 내주었다. 나는 이 책을 쓰는 동안 딘 베이커, 조너선 디 존, 바바라 해리스-화이트, 피터 놀란, 가브리엘 팔마, 봅 로손, 아지트 싱, 로즈마리 솝, 존 토이, 마크 와이스브로트와의 토론에서 많은 도움을 얻었다.

각 장의 내용을 쓸 때에는 많은 분이 귀중한 의견을 내주었다. 전에 공동 집필을 했던 아일린 그라벨은 모든 장들의 내용을 읽고 중요한 조언을 해 주었다. 로버트 몰테노는 모든 장의 내용을 읽고 글의 흐름과 관련하여 훌륭한 조언을 해 주었을 뿐 아니라, 내용 면에서도 유익한 의견을 내놓았다. 피터 비티, 샤일라자 페넬, 엘리아스 칼릴, 에이미 클라츠킨, 이강국, 크리스 팔라스, 리처드 슈메일, 사라 우드는 몇 장의 초안을 읽고 귀중한 제안을 해 주었다.

유능한 세 분 조교의 도움이 없었다면 이 책의 내용이 이처럼 풍성해질 수 없었을 것이다. 루바 파크루트디노바는 늘 가까이에서 이 책의 모든 내용, 특히 데이터 작업과 관련하여 도움을 주었다. 하산 아크람은 문화와 관련된 장을 위해서 수많은 훌륭한 역사 자료를 발굴했고, 다른 장들과 관련해서도 유익한 의견을 제시했다. 아리안 매케이브는 많은 장의 내용과 관련된 자료를 찾느라 무척 애를 썼다. 아리안은 특히 지식재산권과 관련하여 귀중한 자료를 찾아내고 유익한 의견을 내놓았다. 도움을 준 루이즈 드 안드라드 필료와 케니아 파슨스에게도 감사의 말을 전하고 싶다.

랜덤하우스 편집부의 도움이 없었다면 이 책은 지금보다 훨씬 초라해 보였을 것이다. 나이젤 윌콕슨은 이 책의 구조와 화법의 개선 방안에 관하여 대단히 소중한 조언을 해 주었다. 그는 사소한 사실에 지나치게 몰두하는 내 기질을 잘 다독여 주었으며, 지나치게 도식적이거나 따분해지지 않으면서 핵심 요지를 밝히는 방법을 가르쳐 주었다. 훌륭한 솜씨로 원고를 정리해 준 엘리자베스 헤네시와 유능하게 출판 과정을 도와 준 에밀리 로즈에게도 감사의 말을 전한다.

딸 유나와 아들 진규는 자신은 깨닫지 못하겠지만, 내가 이 책에 포함된 몇 가지 중요한 비유를 떠올릴 수 있게 해 주었다. 또 아이들은 내가 마지막 집필 과정의 정서적 유배 생활을 끝내고 돌아올 때까지 끈기 있게 기다려 주었다. 마지막으로 머리와 가슴으로 나를 도와준 아내 희정에게 감사의 말을 전하고 싶다. 아내는 이 책을 계획하고 집필하는 과정 전반에 걸쳐서 편집증적이고 신경질적이 된 남자를 (또 한 번) 참고 견뎌야 했다. 아내는 대부분의 초고를 읽고 수많은 예리한 논평을 해 주었다. 아내는 자신을 지적인 기니피그로 써먹고 있다고 불평을 하곤 했다. 아내는 미처 깨닫지 못하고 있지만, 아내가 했던 논평 중에는 내 주장을 (단순히 향상시키는 것이 아니라) 만들어 내는 데 중요한 역할을 한 것이 굉장히 많았다. 아내의 도움이 없었다면 이 책은 나오지 못했을 것이다. 아내에게 이 책을 바친다.

차례

서문 — 5　추천사 — 16　감사의말 — 21

프롤로그 • 나라가 부자가 되려면 — 29

1장 렉서스와 올리브 나무 다시 읽기 — 55

세계화에 관한 신화와 진실

세계화의 정사正史 60 | 세계화의 진실 63

신자유주의자냐 신바보주의자냐? 66 | 누가 세계 경제를 운용하는가? 74

나쁜 사마리아인들이 이길 것인가? 82

2장 대니얼 디포의 이중생활 — 85

부자 나라는 어떻게 부자가 되었는가?

영국, 세계에 도전장을 던지다 91 | 영국 경제의 이중생활 94

미국, 싸움판에 들어서다 98 | 링컨과 관세와 남북전쟁 102

다른 나라들, 부끄러운 비밀들 108 | 역사에서 배우는 올바른 교훈 114

3장 여섯 살 먹은 내 아들은 일자리를 구해야 한다! — 121

자유 무역이 언제나 정답인가?

자유 무역은 통하지 않는다! 126 | 이론이 나쁘면 결과도 나쁘다 129

국제 무역 시스템과 그 불만 136 | 농업을 위해서 공업을 희생시키라고? 141

무역은 늘리고 이데올로기는 줄이고 145

4장 핀란드 사람과 코끼리 149
외국인 투자는 규제해야 하는가?

외국 자본이 꼭 필요한가? 153 | 테레사 수녀 같은 외국 자본? 156
'군사력보다 더 위험하다' 162 | 국경 없는 세계가 도래했는가? 168
'자본에 의해 착취당하는 것보다 나쁜 딱 한 가지는…' 172

5장 인간이 인간을 착취한다 177
민간 기업은 좋고, 공기업은 나쁜가?

재판정에 선 국가 소유 181 | 국영 대 민영 183
국영 기업의 성공 사례 186 | 국영화를 해야 하는 이유 191
민영화의 함정 196 | 검은 고양이든 흰 고양이든 200

6장 1997년에 만난 윈도 98 205
아이디어의 '차용'은 잘못인가?

'천재는 불이고, 이익 추구는 연료다' 208
존 로와 최초의 기술 '군비 경쟁' 214 | 변호사들이 끼어들기 시작하다 219
미키마우스, 오래오래 사세요 223 | 끝을 접은 샌드위치와 강황 225
맞물린 특허의 횡포 228 | 가혹한 규정과 개발도상국 231
균형을 잡아라 234

7장 미션 임파서블? 239
재정 건전성의 한계

노상강도, 무장 강도, 청부 살인업자 244 | 물가 상승도 물가 상승 나름이다 246
물가 안정의 대가代價 250 | 재정 건전성 정책이 건전하지 않을 때 254
부자 나라는 케인스주의, 가난한 나라는 통화주의 259

8장 자이르 대 인도네시아 — 263

부패하고 비민주적인 나라에는 등을 돌려야 하는가?

부정부패는 경제 발전을 저해하는가? 267 | 변영과 정직 273
시장이 너무 확대되어서 탈이다 276 | 민주주의와 자유 시장 279
민주주의가 민주주의를 훼손할 때 284 | 민주주의와 경제 발전 288
정치와 경제 발전 291

9장 게으른 일본인과 도둑질 잘하는 독일인 — 295

경제 발전에 유리한 민족성이 있는가?

문화는 경제 발전에 영향을 미치는가? 302 | 문화란 무엇인가? 304
지킬 박사와 하이드 씨 307 | 게으른 일본인과 도둑질 잘하는 독일인 313
문화는 어떻게 변화하는가? 319 | 문화의 재발명 322

에필로그 • 세상은 나아질 수 있을까? — 325

상파울루 2037년 325 | 시장에 대항하라 334 | 제조업이 왜 중요한가 339
집에서는 따라 하지 마시오! 342 | 기울어진 경기장이 필요하다 345
올바른 일과 쉬운 일 348

주 — 352

나라가 부자가 되려면

The Economist
2061년 6월 28일

모잠비크의 경제 기적
가난에서 벗어나는 방법

모잠비크, 세계 초일류 기업에 도전하다!

마푸투의 트레스 에스트렐라스는 모잠비크 독립 기념일인 6월 25일 치밀하게 기획된 행사를 통해 획기적인 수소연료전지 대량생산 기술의 개발에 성공했다고 발표했다. 트레스 에스트렐라스는 남아프리카공화국을 제외한 아프리카 전역에서 가장 큰 기업이다.

이 회사의 정력적인 회장 아르만도 누마이오 씨는 "2063년 가을 새로운 공장이 생산에 돌입하게 되면, 소비자들에게는 지금보다 훨씬 효율이 높은 연료전지를 제공할 수 있을 것이며, 더불어 일본과 미국의 초일류 기업들에 본격적으로 도전할 수 있게 될 것"이라고 단언했다.

전문가들은 트레스 에스트렐라스의 이 새로운 기술이 향후 수소연료가 알코올을 대신하여 자동차용 동력원으로 자리 잡게 되리라는 것을 의미한다는 것에 의견을 같이하고 있다. 남아프리카공화국 웨스턴케이프 대학에 소재한 권위 있는 에너지경제학연구소 소장 음베키-말란Mbeki-Malan• 씨는 "이로써 브라질의 페트로브라스와 말레이시아의 알코나스 같은 선도적인 알코올 연료 생산 업체들은 심각한 도전을 맞게 될 것"이라고 예측했다.

트레스 에스트렐라스의 경우 그 출발은 초라했으나, 성장 과정은 마치 로켓 엔진을 장착한 스포츠카 같았다. 모잠비크가 포르투갈로부터 독립하기 7년 전인 1968년 캐슈 열매 수출로 사업을 시작한 이 회사는 직물과 제당 분야로 사업을 다각화함으로써 대형화에 성공했고, 이어서 과감하게 전자 산업에 뛰어들었다.

전자 업체로서 트레스 에스트렐라스는 사업 초기 세계적인 전자 회사 삼성의 납품 업체에 불과했다. 그러나 이 회사는 얼마 지나지 않아 독립적인 전자 업체로 자리 잡았고, 곧이어 다음 목표를 수소연료전지 생산에 두고 있다고 발표했다.

트레스 에스트렐라스의 이런 목표에 대해 대부분의 사람들은 회의적인 반응을 보였다. 누마이오 씨에 따르면 "모든 사람들이 우리를 보고 미쳤다고 했다. 사실 연료전지 부문은 17년 동안 적자를 냈다. 하지만 다행히 당시 우리 회사에는 단기적 성과를 요구하는 주주들이 그리 많지 않았다. 덕분에 우리는 세계 일류 기업을 세우려면 오랜 준비 기간이 필요하다는 신념을 끝까지 고수할 수 있었다"라고 회고한다.

• 타보 음베키는 남아프리카공화국의 대통령이나 과거 아파르트헤이트Apartheid 시절의 무장 투사였다. 또 D. F. 말란은 남아프리카공화국 백인 사회의 대표적 명문가 출신으로 아파르트헤이트의 창시자였다. 따라서 이 두 사람의 이름이 결합되었다는 것은 남아프리카공화국의 흑인과 백인 사이에 진정한 화해 내지는 대타협이 이루어졌음을 의미하는 것으로, 저자의 희망이깃든 상상의 소산이다. (옮긴이)

트레스 에스트렐라스의 성공은 경제 기적이라고 요약되는 모잠비크의 현재를 상징적으로 보여 주고 있다. 모잠비크는 16년간의 유혈 내전이 끝난 지 3년이 지난 1995년 당시 1인당 소득이 80달러에 지나지 않는, 세계에서 가장 가난한 나라였다. 게다가 심각한 정치적 분열과 부정부패의 만연, 67%라는 높은 문맹률에서 보듯 앞날도 밝지 않았다.

내전이 끝난 지 8년이 지난 2000년에도 모잠비크의 1인당 소득은 210달러로, 당시 가나의 1인당 소득인 350달러의 절반을 약간 넘는 수준에 불과했다. 하지만 이후 일어난 모잠비크의 경제 기적은 이 나라를 아프리카에서 가장 부유한 나라, 견실한 중상위의 국민소득을 올리는 나라로 바꾸어 놓았다. 이제 약간의 행운과 노력이 따른다면 이 나라는 20~30년 후 경제 선진국의 대열에 오르게 될지도 모른다. 그에 대해 장난기 어린 미소 뒤에 확고한 결단력을 감추고 있다고 알려진 누마이오 씨는 이렇게 말한다.

"우리는 월계관을 썼다고 해서 방심하지 않을 것이다. 이 분야는 기술이 급속하게 변화하는 힘든 산업이다. 제품의 라이프 사이클이 짧기 때문에 단 한 번의 혁신을 이룬 것만으로는 마켓 리더의 지위를 장기적으로 유지하리라고 기대할 수 없다. 지금은 없다고 하지만 언제 어디서 경쟁자가 나타날지는 아무도 모른다."

어쨌든 트레스 에스트렐라스는 미국인들과 일본인들에게 심각한 충격을 안겨주고 있다. 이 회사가 가장 어두운 그늘에서 나무 꼭대기까지 상승할 수 있었다면, 나이지리아의 어느 구석에 박혀 있는 이름 모를 연료전지 회사 역시 그렇게 하겠다고 작심하고 나서는 것도 충분히 가능한 일 아니겠는가?

(모잠비크 마푸투에서)

모잠비크가 나의 공상에 부합하는 길을 걷게 될지 아닐지는 알 수 없는 일이다. 그러나 이런 모잠비크의 꿈이 이루어지기 1세기 전인 1961년에, 한국이 40년 후에는 세계 최대의 휴대폰 수출국이 될 거라는 말을 들었다면 당신은 과연 어떤 반응을 보였겠는가? 한 가지 덧붙여 두자면, 수소연료전지는 오늘날 버젓이 존재하는 물건이지만 휴대폰은 당시로서 공상 과학 소설에서나 나올 법한 물건이었다.

동족상잔의 한국전쟁이 끝난 지 8년 만인 1961년 한국의 연간 1인당 소득은 82달러로, 당시 가나의 1인당 소득인 179달러의 절반에도 미치지 못했다.[1] 또 당시 한국의 주요 수출 품목은 텅스텐, 어류를 비롯한 1차 상품이었다. 그뿐만 아니다. 우연이겠지만 한국전쟁은 모잠비크의 독립 기념일인 6월 25일에 시작되었으며, 1950년부터 1953년까지 단 3년 사이에 400만 명이 목숨을 잃을 만큼 인류 역사상 손꼽히는 잔인한 전쟁이었다. 한국은 이 전쟁으로 제조업 시설의 절반과 철도의 75% 이상이 파괴되는 손실을 겪어야 했다. 물론 한국은 1910년부터 시작된 일본 식민 통치의 후유증으로 인해 1945년 당시만 해도 78%에 달하던 문맹률을 1961년까지 29%로 끌어내리는 능력을 과시했다. 하지만 그 사실을 제외하고는 별다른 실적이 없었고, 그에 따라 당시의 한국은 경제 개발에 실패한, 완전한 무능력자로 알려져 있었다. 심지어 1950년대 당시 미국 정부의 대외 원조 기관인 국제개발처USAID의 내부 보고서에서는 한국을 '밑 빠진 독'이라고 부를 정도였다.

현재 세계 수위의 휴대폰, 반도체, 컴퓨터 수출 업체인 한국의 기업 삼성•은 일본의 식민 통치에서 해방되기 7년 전인 1938년에 어류, 채소, 과일 수출 업체로 출발했다. 1950년대 중반[2]에 뛰어든 제당, 섬유 사업은 1970년대까지 삼성의 주요 사업이었다. 1974년에 삼성이 한국

반도체 주식의 50%를 확보하면서 반도체 산업에 뛰어들 당시 이를 진지하게 눈여겨본 사람은 아무도 없었다. 삼성은 1977년 이전까지 컬러 TV조차 생산하지 못하는 회사였기 때문이다. 이런 이유로 삼성이 1983년 독자적인 칩을 개발하여 미국과 일본 기업들이 지배하는 반도체 산업에 도전하겠다는 계획을 공표했을 때, 그 말을 곧이들은 사람은 거의 없었다.

나는 1963년 10월 7일 이렇듯 세계에서 손꼽힐 정도로 가난한 나라였던 한국에서 태어났다. 현재의 나는 세계에서 손꼽히는 부유한 국가의 국민이다. 내가 태어난 해부터 지금까지 한국의 1인당 소득은 구매력 관점에서 볼 때 약 14배 증가했는데, 이와 똑같은 결과를 달성하는 데 영국은 (18세기 후반부터 현재까지) 2세기, 미국은 (1860년대부터 현재까지) 1.5세기가 걸렸다.[3] 결국 내가 40년 남짓한 인생을 살면서 목격한 물질적인 향상의 추이로 따져 보자면, 나는 조지 3세가 왕위에 올랐을 때 태어난 영국 노인이나, 에이브러햄 링컨이 대통령으로 재임할 때 태어난 미국인 할아버지로 인생을 시작한 것이나 다름없다.

내가 태어나서 여섯 살 때까지 살던 집은 서울 북서쪽 변두리에 있었다. 방이 두 개뿐인 작은 집이긴 했지만, 정부의 노후 가옥 개량 정책의

• 삼성은 세 개의 별이라는 뜻인데, 내가 구상한 모잠비크의 가상 기업 트레스 에스트렐라스도 세 개의 별을 의미한다. 내가 가상하여 쓴 2061년 『이코노미스트』지 기사의 마지막 문장은 삼성에 관한 『이코노미스트』 지의 2005년 1월 13일 자 기사 'As good as it gets?'를 근거로 한 것이다. 그 기사의 마지막 문장은 "삼성이 가장 어두운 그늘에서 나무 꼭대기까지 상승할 수 있었다면, 중국 어느 구석에 박혀 있는 이름 모를 전자 업체가 그렇게 하겠다고 작심하는 것도 충분히 가능한 일 아니겠는가?"라고 되어 있다. 내가 구상한 모잠비크의 가상 기업이 연료전지 부문에 돈을 들이부었던 17년이라는 기간은, 1960년에 설립된 노키아 전자산업부가 적자를 냈던 기간과 일치한다.

일환으로 외국 원조를 받아 시멘트 벽돌로 지은 현대식 가옥이었다. 하지만 난방이 제대로 되지 않아 기온이 영하 15도에서 20도까지 내려가는 겨울이 되면 몹시 추웠다. 물론 변기도 수세식이 아니었다. 수세식 변기는 부유층에서나 쓰는 것이었으니까.

그렇지만 우리 가족은 재무부의 엘리트 공무원으로 하버드 대학에서 유학을 하는 1년 동안 받았던 장학금을 알뜰하게 모아 오신 아버지 덕분에 당시로서는 대부분의 사람들이 엄두도 내지 못하던 호사를 누릴 수 있었다. 예를 들어 우리 집에는 흑백 TV가 있었는데, 바로 그 TV 때문에 우리 집에는 이웃들이 자주 모여들었다. 그분들 중 한 분은 당시 한국에서 손꼽히는 대형 병원인 성모병원에 근무하는 젊고 유망한 치과의사였다. 그런 분도 중요한 스포츠 경기 중계방송이 있을 때마다 엉뚱한 이유를 들며 우리 집에 찾아와서는 TV를 보곤 했다. 요즘 같으면 침실에 두고 보는 보조용 TV를 플라스마 스크린으로 바꾸는 게 낫지 않을까 궁리할 만한 직업을 가진 분이 말이다. 또 언젠가 광주에서 서울로 이사 온 지 얼마 되지 않았던 사촌이 우리 집을 찾아왔다가 이상하게 생긴 하얀색 장이 마루에 놓여 있는 것을 보고 내 어머니에게 저게 뭐냐고 물은 일이 있었는데, 그 물건은 바로 냉장고였다. 당시 우리집 부엌은 냉장고 놓을 데도 없을 만큼 좁았던 것이다. 아내 희정도 1966년에 광주에서 태어났는데, 어렸을 때 이웃 사람들이 걸핏하면 자기 집으로 찾아와 어머니가 아끼는 냉장고에 고기를 맡겨 두던 기억이 있다고 한다. 장모님께서는 흡사 특권층 고객을 대상으로 한 스위스 비밀금고 관리인 같은 역할을 한 셈이다.

좁은 시멘트 벽돌집에 흑백 TV와 냉장고를 갖추고 사는 생활이 뭐 그리 대단하냐고 생각하는 사람도 있을 것이다. 하지만 일제 식민통치

(1910~1945년)와 제2차 세계 대전, 남북한의 분단(1948년)에 이어 한국 전쟁에 이르기까지 어렵고 가난한 시대를 살았던 내 부모 세대에게는 그런 생활은 그야말로 꿈이나 다름없었다. 어머니는 나와 여동생 연희, 그리고 남동생 하석이 반찬 투정을 할 때마다 철딱서니 없다며 꾸짖으셨다. 어머니는 당신께서 우리만 할 때는 달걀 한 개만 먹어도 운이 좋은 거였다는 말씀을 자주 하셨다. 당시에는 달걀 한 개도 먹을 여유가 안 되는 집이 많았거니와, 설사 그럴 여유가 있는 집이라 해도 그런 귀한 음식은 늘 가장인 아버지나 일을 하는 손위 남자 형제들 몫으로 돌아갔기 때문이다. 또 어머니는 한국전쟁 때 다섯 살의 나이로 굶주림을 겪은 외삼촌 이야기도 종종 하셨다. 어린 외삼촌이 빈 밥그릇이라도 좋으니 밥그릇을 쥐어 보기라도 했으면 좋겠다고 말하는 걸 들었을 때 가슴이 찢어질 듯 아팠다는 이야기였다. 내 아버지도 어려운 세월을 지내기는 마찬가지였다. 아버지는 고기를 좋아하는데다 식욕까지 왕성하신 분인데, 한국전쟁 기간 중이었던 중학교 때는 쌀과 미군 부대에서 흘러나온 마가린, 간장, 그리고 고추장만 먹고 살아야 했고, 열 살 때에는 세 살 아래인 동생이 요즘 한국에서는 거의 알려지지도 않은 이질에 걸려 죽어 가는 것을 무기력하게 지켜보아야만 했다.

그로부터 오랜 세월이 흐른 2003년에 나는 케임브리지에서 휴가를 얻어 한국을 방문했다. 그때 친구이자 정신적 스승이며 노벨상 경제학상 수상자인 조지프 스티글리츠 교수를 모시고 서울에 있는 국립박물관을 구경시켜 드린 적이 있었다. 그곳에서 우리는 1950년대 후반과 1960년대 초반 서울의 어느 중산층 동네 사람들의 생활을 찍은 흑백사진 전시회를 우연히 관람하게 되었는데, 전시된 사진들의 내용은 내가 어린 시절에 겪었고, 지금도 기억하고 있는 모습 그대로였다. 그런데 조지프와 내 뒤에 서 있던 이십 대 초반으로 보이는 젊은 여성 두 명 중 하나가 소리를 질렀다.

"이게 정말 한국이란 말이야? 꼭 베트남 같아!"

나와 그 여성의 나이 차이는 이십여 년에 불과했지만, 나에게는 친숙한 장면이 그 여성에게는 아주 생소한 모양이었다. 그때 스티글리츠 교수를 돌아보며 이야기했다. 나는 이런 변화를 거치며 살아왔으니 개발경제학자로서 정말로 '혜택을 받은' 사람이라고. 정말이지 나는 그 순간 중세 영국사 연구자로서 헤이스팅스 전투를 실제로 목격한 사람이나, 아니면 천문학자로서 빅뱅의 시대로 회귀하는 여행을 한 사람이 된 듯한 느낌이었다.

우리 가족의 두 번째 집은 한국의 경제 기적이 한창 진행되고 있던 1969년부터 1981년 사이에 살았던 집인데, 그 집에는 수세식 변기는 물론이고 중앙난방 장치까지 갖춰져 있었다. 비록 우리가 이사한 직후 보일러에 불이 붙어 집이 다 타버릴 뻔하는 일이 벌어지기는 했지만 그런 집에 살 수 있었던 우리 가족은 운이 좋은 사람들이었다. 당시에는 대부분의 가구가 연탄을 때서 난방을 했는데, 연탄을 땔 때 나오는 일산화탄소 때문에 해마다 겨울이면 수천 명이 목숨을 잃곤 하던 시절이었던 것이다. 이 모든 것이 아득한 옛날 일 같지만 실제로는 그다지 멀지 않은 시기에 있었던, 한국의 기술 수준이 어떠했는지를 생생하게 보여 주는 이야기들이다.

나는 1970년에 초등학교에 입학했다. 그 학교는 평범한 사립학교로 한 학급당 아동 수가 65명이나 되었다. 하지만 인근의 공립학교는 학급당 아동 수가 우리 학교보다 훨씬 많은 90명이었고, 바로 그런 사실 때문에 우리 학교 학생들은 학교에 대한 자부심이 대단했다. 오랜 세월이 흐른 뒤 나는 케임브리지에서 열린 어떤 세미나에 참석했다가 한 강연자가 1980년대에 국제통화기금IMF이 강요한 예산 감축(이에 대해서는 나중에 자세히 논의하겠다) 때문에 아프리카 일부 국가에서는 학급당 아동 수가 30여 명에서 40명 남짓으로 증가했다고 말하는 것을 들었다. 그 순간 나는 내가 어렸을 때 한국 학교들의 형편이 얼마나 열악했는지를 새삼 절감했다. 내가 초등학교에 다닐 때만 해도 한국에서 가장 형편이 좋은 학교에서나 학급당 아동 수가 40명이었고, 사람들은 그런 이야기를 들으면 "그렇게 학생 수가 적다니 어떻게 된 거야?"하며 의아해할 정도였다. 급속하게 팽창하던 도시 지역의 공립학교들은 학급당 아동 수가 100명 가까이에 이르고, 그래도 수용할 공간이 부족해 교사들이 2부제 혹은 3부제 수업을 해야 할 만큼 시설이 열악했기 때문이다. 이런 당시의 형편을 고려한다면, 종종 체벌이 일어나고 모든 것을 주입식으로 교육하는 방식이 진행된 것도 이상한 일이 아니다. 이런 교육 방식은 분명히 문제가 많지만, 그래도 그랬기 때문에 한국은 1960년대 이후 거의 모든 아동들에게 최소한 6년의 교육을 제공할 수 있었던 것이다.

내가 초등학교 3학년이던 1972년에 학교 운동장이 갑자기 군대의 야영지로 탈바꿈했다. 이는 장군 출신의 박정희 대통령이 계엄령을 선포하자 학생들이 이에 반대하는 시위를 벌이기 시작했는데, 그 시위를 막기 위해 군대가 운동장에 주둔하게 되었기 때문이다. 다행스럽게도 그 군대는 나나 내 친구들을 을러대려고 우리 학교에 온 것이 아니었다. 한국의 아동들이 학습적인 면에서 볼 때 조숙하다고 알려져 있기는 하지만, 솔직히 말해 아홉 살짜리 꼬마들이 입헌정치를 이해할 수는 없는 노릇이었다. 내가 다니던 학교는 대학교 부설 초등학교였다. 군대는 그 대학의 반항적인 대학생들을 표적으로 삼고 있었다. 실제로 한국의 대학생들은 군사 독재의 정치적 암흑기 동안 민족의 양심이었으며, 1987년 군사 독재를 종식시키는 데 주도적인 역할을 했다.

박정희 장군은 1961년에 쿠데타로 권력을 장악했고, 그 후 민간인 신분으로 대통령 선거에 출마하여 세 번 연속으로 당선되었다. 경제 개발 5개년 계획을 통해 한국의 '경제 기적'을 선도하는 데 성공한 것이 그의 당선을 가능하게 한 추진력이었다. 물론 그의 당선을 확실하게 하기 위해 선거 부정과 정치적 속임수가 동원되었다는 것은 덧붙일 필요가 없을 것이다. 세 번째이자 헌법상 마지막이어야 했던 박정희의 대통령 임기는 1974년으로 끝나게 되어 있었다. 그러나 박정희는 그것을 인정하지 않고 마지막 임기를 절반쯤 남겨 둔 시점에서 남미 사람들이 흔히 '친위 쿠데타'라고 일컫는 것을 실행에 옮겼다. 그 결과 국회가 해산되고 박정희에게 사실상의 종신 대통령직을 보증하기 위해 누덕누덕 기워진 선거 제도가 급조되었다. 그는 한국은 민주주의에 따르는 혼란을 감당할 만한 능력이 없다는 구실을 내세우면서, 국민들에게 북한 공산주의에 맞서서 자국을 보호하고 경제 개발을 더욱 촉진시켜야 한다고 역설했다. 또 그는 1981년까지 1인당 국민소득 1,000달러를 달성하겠다고 공표했는데, 당시 많은 사람들은 그 같은 목표가 망상에 가까운 터무니없는 것이라고 비판했다.

박정희 대통령은 1973년에 접어들자 야심적인 중화학 공업화 정책을 강행해 나갔다. 최초의 제철소와 최초의 현대적인 조선소가 생산에 돌입하고, (비록 부품의 대부분이 수입품이기는 했지만) 최초로 국내에서 설계한 자동차 생산 공정이 가동되기 시작한 것은 물론, 그 밖에 전자, 기계, 화학 등 여러 가지 선진적인 산업 분야에서 새로운 회사들이 설립되었다. 그 결과 1972년에서 1979년 사이에 한국의 1인당 국민소득은 달러로 따져 5배가 넘는 놀라운 증가를 기록했고, 수출도 점차 빠른 속도로 증가해 수출 총액이 9배로 늘어났다.[4] 또 모두 터무니없는 것이라 여기던 1인당 국민소득 1,000달러의 목표는 계획보다 4년이나 일찍 달성되었다.

경제 개발에 대한 한국의 강박 관념은 교육에도 여실히 반영되었다. 우리는 외국산 담배를 피우는 사람을 보면 신고하는 것이 애국자로서의 의무라고 배웠다. 한국은 수출에서 벌어들인 외화는 기계를 비롯하여 산업 발전에 필요한 여러 가지 원·부자재를 수입하는 데 고스란히 써야 했다. 공장에서는 '산업 역군들'이 수출 전쟁을 수행하고 있었고, 소중한 외화는 산업 역군들이 흘리는 피와 땀 그 자체였다. 따라서 그렇게 소중한 외화를 불법적인 외국산 담배와 같은 하찮은 물건을 사는 데 탕진하는 사람들은 '매국노' 취급을 받았다. 학창 시절 내 친구들 가운데 이런 '반역 행위'를 실제로 신고한 사람은 아무도 없었을 것이다. 그러나 아이들은 친구 집에 갔다가 외국산 담배가 눈에 띄면 몹시 입방아를 찧어 댔다. 아이들은 그 친구의 아버지—담배를 피우는 사람은 십중팔구 남자였다—를 범죄자는 아니라 해도 매국노에다 비도덕적인 사람이라고 헐뜯었다.

수입 금지 조치와 높은 관세, 그리고 (사치품에 대한 특별소비세 같은) 물품세 부과 등의 방식을 통해 산업 발전에 필수적이 아닌 일에 외화를 낭비하는 것은 금지되거나 강력히 억제되었다. 이른바 '사치품' 항목에는 소형 자동차에서부터 위스키, 과자류에 이르기까지 다양한 물건들이 포함되어 있었는데, 1970년대 후반 정부의 특별 허가로 덴마크산 과자가 수입되었을 때 기뻐했던 기억은 아직도 생생하다. 마찬가지 논리로 사업이나 유학 등의 사유로 정부의 명시적인 허가를 받은 경우를 제외하고는 해외여행이 금지되었다. 내 경우에도 미국에 친척들이 몇몇 살고 있지만, 23세 때인 1986년 케임브리지로 유학을 오기 전까지는 한국 바깥의 땅을 밟아 본 적이 없었다.

물론 그렇다고 해서 외국산 담배를 피우거나 금지된 과자류를 먹는 사람이 전혀 없었던 것은 아니다. 정부의 강력한 단속에도 불구하고 상당히 많은 양의 외국산 상품들이 유통되고 있었는데, 그중에는 일본에서 밀수된 상품들도 있었지만 대부분은 한국에 주둔하고 있는 무수히 많은 미군 부대에서 불법적으로, 혹은 반半합법적으로 흘러나온 것이었다. 아마도 한국전쟁에 참여했던 미군 병사들은 영양 상태가 부실한 한국 어린이들이 자신들을 졸졸 쫓아다니면서 껌이나 초콜릿을 달라고 구걸하던 모습을 잊지 못하고 있을 것이다. 1970년대의 한국에서도 여전히 미군 부대에서 흘러나오는 상품들이 사치품으로 대접을 받았다. 풍족한 중산층 가정은 가게나 행상인을 통해 M&M's 초콜릿과 탱 주스 가루를 샀다. 이들만큼 풍족하지 않은 사람들은 '부대찌개'를 파는 식당에 가곤 했다. 한국의 전통 요리인 김치찌개에는 김치 외에도 돼지고기가 주재료로 들어가지만, 부대찌개는 돼지고기 대신 미군 부대에서 은밀한 방법으로 흘러나온 여분의 베이컨과 소시지, 돼지고기 통조림 등이 들어간 까닭에 사람들이 싼 값으로 즐길 수 있었기 때문이다.

내 경우에는 (미군들이 전선에서 바로 먹을 수 있도록 만들어진 통조림 식량인) C레이션 상자에 든 스팸과 콘드비프, 초콜릿, 비스킷, 그리고 그 밖에 이름도 모르는 갖가지 것들을 먹어 보는 것이 꿈이었다. 이런 조카를 생각해 육군 장성이셨던 외삼촌은 미군들과 함께 합동 군사 훈련을 할 때면 자신의 몫으로 나온 C레이션을 모아 두었다가 내게 선물로 주시곤 했다. 미군 병사들은 훈련장에서 나오는 C레이션의 질이 형편없다고 푸념을 하곤 했다는데, 나에게는 그것들이 (영국 최고의 식료품점인) 포트넘 앤드 메이슨 브랜드의 피크닉용 식품이나 마찬가지였다. 생각해 보면 당시 한국은 바닐라 아이스크림에 바닐라를 넣지 못해 나는 중학교에 들어가 영어를 배우기 전까지는 바닐라가 '향이 없다'는 뜻인 줄 알았을 정도였으니 당연한 일이었다. 나처럼 영양 상태가 좋은 중상층 아동의 형편이 이러했으니 나머지 아동들의 형편이 어떠했는지는 충분히 짐작할 수 있을 것이다.

내가 중학교에 입학하자 아버지는 선물로 카시오 전자계산기를 사주셨다. 내게는 상상하기도 힘든 선물이었다. 당시 그 계산기의 가격은 의류 공장 노동자 임금의 절반쯤 되었을 터이니, 아무리 자식 교육을 위해서라면 아까운 게 없는 아버지라 하더라도 막대한 지출을 했던 셈이다. 20년이 지난 뒤 전자 기술의 급속한 발전과 생활수준의 향상 덕분에 한국에서 전자계산기는 백화점에서 사은품으로 나눠 줄 정도로 흔한 것이 되었고, 그렇게 생긴 전자계산기들 가운데 많은 수가 유아용 장난감으로 쓰이고 있는 것이 현실이다. (한국 어린이들이 수학을 잘하는 것이 어렸을 때부터 계산기를 가지고 놀아서는 아니다!)

물론 한국의 경제 '기적'에는 부정적인 측면이 존재했다. 시골의 가난한 가정에서 태어난 많은 소녀들은 초등학교를 졸업하자마자 '입을 하나라도 덜고' 남자 형제 하나라도 더 고등교육을 받을 수 있게 하기 위해 일자리를 찾아 나서야 했다. 그중 많은 수가 도시 중산층 가정의 가정부가 되어 숙식만 제공받고 일해야 했으며, 운이 좋아야 쥐꼬리만 한 용돈이나마 받을 수 있었다. 다른 소녀들과 불운한 소년들은 블레이크가 묘사한 19세기의 '어두컴컴하고 음침한 공장' 같은 곳이나 현대 중국의 저임금 착취 공장을 연상시키는 곳에서 일해야 했다. 주요 수출 산업이었던 섬유와 의류 산업 노동자들은 대개 낮은 임금을 받으며 위험하고 비위생적인 근로 환경에서 하루 12시간 이상 일을 해야 했다. 공장을 운영하는 일부 사람은 노동자들이 용변을 보러 가는 횟수가 많아지면 얼마 되지 않는 이윤을 축낼 수도 있다고 생각해 식사 때 국을 주지 않는 경우도 있었다. 자동차, 철강, 화학, 기계 등 새롭게 부상한 중공업의 근로 조건은 훨씬 좋은 편이었지만, 전체적으로 볼 때 한국의 노동자들은 당시로서는 세계 최장의 장시간 노동에 해당하는 주당 평균 53~54시간의 노동을 해야 했다.

도시에는 빈민가가 형성되었다. 낮은 산지에 형성되어 있던 빈민가는 과거 한국 풍경의 대부분을 이루며 '달동네'라는 별칭으로 불렸는데, 이것은 1970년대에 인기 있던 TV 연속극에서 따온 이름이었다. 대여섯 명의 식구가 비좁은 방 한 칸에서 몸을 맞대고 살거나, 수백 명이 변소 한 칸, 수도꼭지 한 개를 함께 쓰는 일도 많았다. 이런 빈민가는 그 후 점차 늘어나는 중산층 사람들이 살 수 있는 새로운 아파트 단지를 마련하기 위해 많은 수가 강제로 철거되었고, 그곳에 살던 사람들은 위생 시설이 더 형편없고 도로 시설도 빈약한 외딴 동네로 쫓겨나야 했다. 급속한 경제 성장과 새로운 일자리의 창출 덕분에 가난한 사람들이 빈민가에서 벗어나는 것이 가능하기는 했지만, 빈민가에서 벗어나지 못한 사람들은 (도시 개발이 근접 미개발 지역으로까지 뻗치는) 도시 확산 현상에 떠밀려 자꾸만 더 멀리 외진 곳으로 밀려나야 했다. 그중 어떤 사람들은 서울의 쓰레기 매립지인 난지도에서 폐품을 가려내며 살기도 했는데, 한국인이 아니라면 2002년 월드컵 경기 기간 중에 보았던 서울의 인상적인 축구 경기장 주변에 있는 아름다운 공원이 옛날의 난지도 쓰레기 매립지 위에 세워졌다는 사실을 알 길이 없을 것이다. (현재 이곳에는 버려진 유기물에서 끌어 온 메탄을 연소하여 가동하는 환경 친화적인 초현대식 발전소가 있다.)

내가 고등학교에 다니던 1979년 10월, 박정희의 독재와 2차 오일쇼크에 잇따른 경제 위기로 국민들의 불만이 고조된 가운데 박정희 대통령이 측근인 (현재의 국정원에 해당하는) 중앙정보부장의 손에 암살당하는 예기치 않은 사건이 일어났다. 그 뒤 짧은 '서울의 봄'이 이어지며 민주주의에 대한 희망이 용솟음쳤으나, 이런 희망은 1980년 5월의 광주학살로 2주 동안의 무장 민중 봉기를 진압한 뒤 권력을 장악한 전두환 장군의 군사 정부에 의해 무참하게 짓밟히고 말았다.

1980년대 초반 한국은 이처럼 암울한 정치적 좌절에도 불구하고 에콰도르, 모리셔스, 코스타리카 등과 함께 중진국 대열에 끼게 되었다. 그러나 당시의 한국은 오늘날 우리가 알고 있는 부유한 국가와는 거리가 멀었다. 그때만 해도 우리 고등학생들 사이에는 '홍콩 간다'는 속어가 유행했는데, 그것은 '상상할 수 없을 정도로 기분이 좋다'는 뜻이었다. 지금도 홍콩은 한국보다 훨씬 부유한 곳이지만, 당시의 그 표현은 홍콩의 1인당 국민소득이 한국의 국민소득에 비해서 3~4배 높았던 1960년대와 1970년대의 현실을 반영하고 있었다.

나는 1982년에 대학에 입학했을 때 요즘 들어 뜨거운 논쟁에 휩싸이고 있는 지식재산권(지적재산권, 지적소유권) 문제에 관심을 가지게 되었다. 당시 한국은 고급 상품들을 모방할 수 있는 능력을 갖추고, (음악, 패션 상품, 책 등의) 보다 고상한 생활을 원할 만큼 경제적인 여유를 갖게 되었지만, 독창적인 아이디어를 내놓아 국제 특허나 저작권, 상표를 개발하고 소유할 만큼 세련된 수준에는 이르지 못한 상황이었다.

오늘날 한국은 세계에서도 손꼽힐 정도로 '창의력이 풍부한' 나라이다. 한국은 해마다 미국 특허청이 승인하는 특허 수에서 다섯 손가락 안에 꼽히는 나라이다. 그러나 1980년대 중반까지만 해도 한국은 '역설계reverse engineering'(역공학)에 의지하여 살고 있었다. 내 친구들은 작은 업체에서 파는 '조립' 컴퓨터를 사곤 했는데, 이것은 그야말로 여기저기서 모은 부품으로 조립된 것이었다. 상표의 경우도 사정은 마찬가지였다. 당시 한국은 세계에서 손꼽히는 표절의 중심지로 짝퉁 나이키 신발과 루이비통 가방을 대량으로 생산해 냈다. 얼굴이 그다지 두껍지 않은 사람들은 사이비 제품을 만드는 데 만족했다. 나이키와 모양은 비슷하지만 정확한 상표는 나이스라거나, 나이키의 등록 상표에서 가지 하나가 더 뻗어 있는 모양의 상표가 붙은 신발을 만들어 내는 식이었다. 이런 사이비 제품이 정품으로 팔리는 일은 거의 없었다. 사이비 제품을 사는 사람들은 자신이 정품을 사는 게 아니라는 사실을 분명히 알고 있었던 것이다. 그들이 이런 행동을 하는 이유는 남의 눈을 속이려는 데 있는 것이 아니라 패션에 대한 자기 취향을 표현하는 데 있었다. 사람들은 저작권과 관련된 상품도 똑같이 취급했다. 오늘날 한국은 (영화, TV 드라마, 대중가요 등에서) 엄청난 양의 저작권 상품을 수출하고 있지만, 당시에는 정식으로 수입된 LP 레코드나 비디오가 너무나 비쌌기 때문에 정품을 구입할 여유가 있는 사람이 거의 없었다. 그래서 우리는 해적판 로큰롤 음반을 들으면서 자랐는데, 얼마나 음질이 좋지 않은지 마치 누군가 뒤에서 열심히 튀김을 하고 있는 것처럼 심한 잡음이 섞여 있어 '튀김가게 음반'이라는 별명으로 불리곤 했다. 외국 원서도 평범한 학생들의 형편으로는 도저히 살 수 없을 만큼 비쌌다. 나는 교육에 투자하는 것을 마다하지 않는 부유한 가정 출신이라 수입된 원서를 몇 권쯤은 가지고 있었지만, 내가 가진 영어로 된 책 중에서 몇 권을 제외한 나머지 대부분은 해적판이었다. 아마도 이런 불법적인 책들이 없었더라면 나는 케임브리지에 입학하지도 못했고, 지금까지 견뎌 내지도 못했을 것이다.

1980년대 말 내가 케임브리지에서 대학원 과정을 마칠 즈음 한국은 1인당 소득에서 중상위권 국가가 되었다. 이것을 가장 여실히 입증하는 것은 유럽 국가들이 한국인들에게 더 이상 입국 비자를 요구하지 않게 되었다는 사실이다. 대부분의 한국인은 그 무렵부터 더 이상 불법적 이민을 할 이유가 없었다. 한국은 1996년에 부자 나라들의 모임인 경제협력개발기구OECD에 가입하는 등 제법 살게 되었음을 은연중 과시했지만, 그 행복감은 한국을 삼켜 버린 1997년의 금융 위기로 말미암아 크게 위축되고 말았다. 한국은 이 금융 위기 이후 과거의 성장세를 완전히 회복하지 못하고 있는데, 그 주된 이유는 한국이 '자유 시장 원칙'을 지나치게 열정적으로 신봉하게 된 데 있다. 이에 대해서는 나중에 이야기하기로 하겠다.

최근 들어 여러 가지 문제를 겪고 있기는 하지만, 지난 45년간 한국의 경제 성장과 그로 인한 사회적 변화는 실로 괄목상대할 만한 것이었다. 한국은 세계에서 손꼽힐 정도로 가난한 나라에서 1인당 국민소득으로 볼 때 포르투갈이나 슬로베니아와 어깨를 나란히 하는 나라로 도약했다.[5] 또 주요 수출품으로는 텅스텐 원광과 어류, 그리고 사람의 머리털로 만든 가발 정도나 꼽혔던 나라가 이제는 전 세계가 탐을 내는 맵시 있는 이동전화와 평면 TV를 수출하는 하이테크 강국이 되었다. 영양 공급 및 의료 기반의 개선으로 요즘 한국에서 태어나는 아이의 기대 수명은 1960년대 초반에 태어난 사람보다 무려 스물네 살이 늘어난

77세에 달한다. 신생아 사망률은 1,000명당 78명에서 5명으로 줄어 과거처럼 자식을 잃은 슬픔에 가슴이 찢기는 듯한 고통을 맛봐야 하는 부모의 수도 대폭 줄었다. 이러한 수명 관련 지표의 측면에서 볼 때 한국은 아이티가 스위스가 된 것만큼의 진보를 이루어 냈다.[6] 어떻게 이런 '기적'이 가능할 수 있었을까?

대부분의 경제학자에게 이 질문에 대한 답은 대단히 간단하다. 한국이 성공의 길을 걷고 있는 것은 자유 시장 원칙을 따랐기 때문이다. 한국은 안정된 통화 가치와 작은 정부를 갖추고 민영 기업과 자유 무역을 토대로 경제를 운영하고 있으며, 외국인 투자에 대해 우호적인 태도를 견지해 왔다는 것이다.

이런 견해는 18세기 경제학자 애덤 스미스와 그의 추종자들의 자유주의 경제학을 현대적 관점에서 해석한 것으로, 흔히 신자유주의 경제학으로 알려져 있다. 신자유주의 경제학은 1960년대에 처음 출현하여 1980년대 이후 경제학의 지배적인 견해가 되었다. 18세기와 19세기의 자유주의 경제학자들은 자유 시장에서의 무한 경쟁이야말로 모든 사람들에게 최대의 능률을 발휘할 것을 요구한다는 점에서 한 나라의 경제를 활성화하는 최선의 방법이라고 생각했다. 이들의 경우 정부 개입은 수입 제한을 통해서든 독점의 형성을 통해서든 잠재적인 경쟁자의 진입을 제한하여 경쟁의 압력을 감소시킨다는 이유에서 해로운 것으로 간주했다. 신자유주의자들은 과거의 자유주의자들이 지지하지 않던 일부 정책과 제도를 옹호하고 있다. 그중에서 가장 주목할 만한 것이 (특허나 중앙은행의 독점적인 화폐 발행 등) 특정한 형태의 독점과 정치적 민주주의이다. 그러나 전체적으로 보면 신자유주의자들은 과거의 자유주의자들이 가지고 있던 자유 시장에 대한 열광을 그대로 물려받

왔다. 지난 25년 동안 개발도상국에 적용된 신자유주의 정책이 일련의 실망스러운 결과를 초래하면서 약간의 '미세 조정'을 거치기는 했지만 규제 철폐와 민영화, 그리고 국제 무역과 투자에 대한 개방이라는 신자유주의의 핵심 어젠다는 1980년대 이후 동일하게 유지되고 있다.

개발도상국과 관련한 신자유주의의 행동 방침은 미국이 주도하는 부자 나라 정부들의 협력체에 의해 추진되고, 주로 그들에 의해 통제되는 '사악한 삼총사'를 이루는 국제 경제 기구인들 IMF, 세계은행, 세계무역기구WTO에 의해 중재되어 왔다. 부자 나라 정부들은 원조 예산과 자국의 시장에 대한 접근권을 당근으로 내세우며 개발도상국이 신자유주의 정책을 채택하도록 유도하고 있는데, 이는 때로 특정 기업들에 이익을 주는 목적도 있지만 대개는 관련 개발도상국들 내에 외국 상품과 외국인 투자 일반에 대해 우호적인 환경을 조성하기 위한 것이다. IMF와 세계은행은 차관을 얻으려는 개발도상국들에 신자유주의 정책을 채택한다는 조건을 부가하는 역할을 수행하고 있고, WTO는 (농업이나 섬유와 같이) 부자 나라들이 취약한 분야가 아니라 부자 나라들이 우위를 점하는 분야에 자유 무역의 원칙을 정립하는 데 기여하고 있다. 이 부자 나라 정부들과 국제 경제 기구들은 고도로 훈련된 일군의 이론가들의 지지를 받고 있는데, 그 이론가들 중 일부는 자유 시장 경제학의 한계를 알고 있으면서도 정작 정책 권고를 할 때는 그런 한계를 무시하는 경향을 보이곤 한다. (이런 경향은 무너진 공산주의 경제에 대해 충고하던 1990년대에 특히 심했다.) 다양한 조직과 개인들은 이런 식으로 돈과 권력의 후원을 받는 막강한 선전 기관, '금융과 지식의 복합체'를 조직하고 있는 것이다.

이런 신자유주의 주도자들은 1960년대에서 1980년대에 이르는 기적의 세월 동안 한국이 신자유주의적 경제 발전 전략을 추구했다고 선전한다.[7] 그러나 현실은 전혀 다르다. 한국 정부는 이 기간 동안 민간 부문과의 협의 아래 특정한 새로운 산업을 선택하고, 보호 관세나 보조금을 비롯해 (무역진흥공사가 제공하는 해외 마케팅 정보와 같은) 여러 가지 형태의 정부 지원을 통해 그 산업이 국제 경쟁을 견딜 수 있을 만큼 '성숙'할 수 있도록 육성했다. 게다가 한국 정부는 모든 은행을 실질적으로 소유하고 있었기 때문에 기업의 생명줄인 대출까지 관리할 수 있었다. 일부 대형 사업은 국영 기업에 의해 직접 추진되기도 했는데, 그 대표적인 사례가 제철 회사인 포스코였다. 그렇지만 한국 정부는 국가 소유라는 사안에 대해 이데올로기적이라기보다는 실용적인 태도를 가지고 있었다. 민간 기업들이 제대로 일을 한다면 다행이지만, 그러지 않고 주요 분야에 투자를 게을리 한다거나 하면 한국 정부는 주저하지 않고 국영 기업을 설립했다. 또 종종 부실 기업을 인수하여 재정비한 다음 (항상 그런 것은 아니었지만) 민간에 다시 매각하곤 했다.

한국 정부는 그와 함께 부족한 외환에 대해서도 절대적인 통제권을 행사했다. (외환 관리법을 위반한 사람은 사형을 받을 수도 있을 정도로) 한국 정부의 절대적인 외환 통제권은 신중하게 선정된 외환 사용의 우선순위 목록과 함께, 어렵게 벌어들인 외화가 중요한 기계설비류와 산업 원자재를 수입하는 데 우선적으로 사용되도록 보장했다. 한국 정부는 외국인 투자에 대해서도 강력한 통제권을 행사했다. 변화해 나가는 경제 개발 계획에 따라 특정 부문에 대한 외국인 투자는 쌍수를 들어 환영하는가 하면, 다른 특정 부문에 대한 외국인 투자는 완전히 금지하는 식이었다. 한국 정부는 또한 '역설계'를 격려하고, 특허 상품의 '위조품 제조'를 눈감아 주는 등 외국의 특허권에 대해 관대한 태도를 보였다.

한국 경제가 자유 무역 체제라는 일반적인 인식은 한국의 수출 성공 때문에 형성된 것이다. 그러나 일본과 중국의 경우에서도 볼 수 있듯이 수출의 성공은 자유 무역을 전제로 하는 것이 아니다. 초기의 (간단한 의류와 값싼 전자 제품 따위) 한국 수출품들은 새롭고 보다 고도화된 산업에 필수적인 선진 기술과 값비싼 기자재를 사들이는 데 필요한 외화를 획득할 수 있는 유일한 방법이었다. 한국 정부는 그렇게 해서 도입된 새로운 산업들을 관세와 보조금으로 보호했는데, 그것은 국제 경쟁으로부터 영원히 보호하기 위해서가 아니라 해당 산업이 새로운 기술을 흡수하고 조직화하여 세계 시장에서 본격적으로 경쟁할 수 있을 때까지 시간을 벌어 주기 위한 것이었다.

한국의 경제 기적은 시장 인센티브와 국가 관리의 교묘하고도 실용적인 조합이 빚어낸 결과이다. 한국 정부는 공산국가들이 그랬던 것처럼 시장을 말살하지는 않았지만, 그렇다고 해서 한국 정부가 자유 시장에 대해 맹목적인 믿음을 가지고 있는 것도 아니었다. 한국의 경제 발전 전략은 시장을 진지하게 받아들이기는 하지만 시장이 정책 개입을 통해서 조정되어야 할 때가 많다는 사실을 깨닫고 있었다.

이런 '이단적인' 정책으로 부유해진 것이 한국뿐이라면 자유 시장의 주창자들이 한국의 사례는 단순한 예외에 지나지 않는다고 단정할 수도 있을 것이다. 하지만 한국은 예외가 아니다. 나중에 논의하겠지만, 오늘날의 선진국들은 거의 대부분 신자유주의 경제학에 배치되는 정책 처방을 토대로 해서 부자 나라가 되었다. 자유 시장과 자유 무역의 본거지라고 여겨지는 영국과 미국도 예외는 아니다.

오늘날의 부자 나라들은 자국 산업의 보호를 위해 보호 관세와 보조금을 사용하고, 외국인 투자자를 차별했다. 이런 방법은 모두 신자유주의 경제학자들이 질색하는 것이고, 현재의 WTO 협정과 같은 다자간 조약에 의해서 크게 제약받고 있으며, 원조 공여자들과 국제 금융 기구 —그중에서도 IMF와 세계은행이 특히 심하다—에 의해 금지되고 있는 것들이다. 그런 보호 정책을 그다지 사용하지 않았던 나라는 네덜란드와 (제1차 세계 대전 이전의) 스위스 등 한두 나라뿐이다. 그러나 네덜란드나 스위스 역시 (다른 장에서 상술하겠지만) 특허 보호를 거부하는 등 다른 면에서 정통적인 신자유주의 경제학의 처방을 따르지 않기는 마찬가지였다. 단적으로 말해 오늘날 부자 나라들의 과거 기록을 보면 외국인 투자 문제나 국영 기업, 거시경제 관리, 그리고 정치 기구와 관련된 정책 등의 측면에서 현대 신자유주의 경제학의 정통적 견해에서 크게 벗어나 있다.

그럼에도 왜 부자 나라들은 개발도상국들에 자기 나라에서 실제로 시행해 성공을 거둔 전략을 사용하라고 권하지 않는 것일까? 왜 자본주의의 역사에 관해 꾸며 낸 엉뚱한 이야기, 그것도 앞뒤조차 제대로 맞지 않는 거짓말을 퍼뜨리고 있는 것일까?

1841년 독일의 경제학자 프리드리히 리스트는 영국이 자신들은 높은 관세와 광범위한 보조금을 통해서 경제적인 패권을 장악해 놓고서 정작 다른 나라들에는 자유 무역을 권장하고 있다고 질타했다. 그는 영국이 세계 최고의 경제적 지위에 도달하기 위해 스스로 타고 올라간 "사다리를 걷어차 버렸다"라고 비난하며 "정상의 자리에 이른 사람이 다른 사람들이 뒤따라 올 수 없도록 자신이 타고 올라간 사다리를 걷어차 버리는 것은 아주 흔히 쓰이는 영리한 방책"[8]이라고 꼬집었다.

오늘날 부자 나라 사람들 가운데는 가난한 나라의 시장을 장악하고, 가난한 나라에서 경쟁자가 나오는 것을 막기 위해 자유 시장과 자유 무역을 설교하는 사람들이 분명히 존재한다. 그들은 "우리가 했던 대로 하지 말고, 우리가 말하는 대로 하라"라며 '나쁜 사마리아인'• 처럼 곤경에 처한 다른 사람들을 이용하고 있다. 그러나 더 걱정스러운 것은, 요즘에는 아예 자신들이 권장하는 정책이 개발도상국들에 나쁜 영향을 미친다는 사실조차 인식하지 못하는 나쁜 사마리아인들이 많다는 사실이다. 오늘날 자본주의의 역사는 완전히 다시 쓰여졌다. 그 때문에 부유한 세계에 사는 사람들 가운데에는 개발도상국들에 자유 무역과 자유 시장을 권장하는 것이 역사적 위선이라는 것조차 깨닫지 못하고 있는 사람들이 많다.

나는 어딘가에 존재하는 사악한 비밀 조직이 탐탁잖은 사람들이나 실각한 사람들을 의도적으로 사진에서 지우고 역사를 고쳐 쓰고 있다는 이야기를 하려는 것이 아니다. 역사는 승자에 의해서 쓰이는 것이고, 과거는 현재의 관점에서 재해석하는 게 인지상정이다. 그런 만큼 부자 나라들은 어느 정도는 무의식적으로 과거의 자국 역사를 실제 모습 그대로가 아닌 현재 스스로를 바라보는 자국의 관점에 더 어울리게끔 점진적으로 고쳐 쓸 수밖에 없다. 이는 요즘 사람들이 (1871년 이전에는 이탈리아라는 나라가 존재하지 않았음에도 불구하고) 르네상스 시대의 '이탈리아'에 관하여 글을 쓴다거나, '영국' 왕과 여왕의 목록에 프랑스어를 사용한 (노르만의 정복 왕들인) 스칸디나비아인을 포함시키는 것과 마찬가지이다.

• 이 이야기는 성경에 나오는 '착한 사마리아인'에서 따온 이야기이다. 당시 사마리아인들은 곤경에 빠진 사람을 이용하는 것을 부끄러워하지 않는 무정한 사람들이라는 것이 일반적인 인식이었지만, 성경에서는 노상강도에게 약탈당한 한 남자가 '착한 사마리아인'의 도움을 받는 사건이 인용된다.

바로 그 때문에 지난날 자신들은 부자가 되기 위해 자유 무역, 자유 시장 정책을 채택했다는 순진하지만 잘못된 믿음을 갖고, 그것을 기반으로 가난한 나라들에 자유 무역, 자유 시장 정책을 권유하는 나쁜 사마리아인들이 많이 있는 것이다. 하지만 그들은 돕고자 하는 나라들의 형편을 더 악화시키고 있을 뿐이다. 아니, 어느 면에서는 이런 나쁜 사마리아인들이 '사다리 걷어차기'에 전념하는 사람들보다 더 심각한 골칫거리가 될 수 있다. 독선주의가 이기주의보다 더 고치기 어려운 경우가 많은 것처럼 말이다.

나쁜 사마리아인들이 품은 의도가 좋은 것이냐 나쁜 것이냐는 중요하지 않다. 문제는 어떻게 해야 이 나쁜 사마리아인들이 가난한 나라들에 해를 끼치는 일을 그만두게 할 수 있느냐에 있다. 과연 이 나쁜 사마리아인들은 자유 무역과 자유 시장을 설파하는 대신 어떤 일을 해야 할까? 이 책은 이런 질문에 대해 역사와 현대 세계의 분석, 미래에 대한 예측과 변화를 위한 제안 등을 통해 몇 가지 답을 제시하고자 한다.

우선 나는 1장과 2장을 통해 자본주의와 세계화의 진정한 역사를 검토하는 것에서 논의를 시작하려 한다. 이 두 개의 장에서 나는 독자들이 '역사적 사실'이라고 받아들이고 있지만, 실제로는 잘못되었거나 부분적인 진실에 불과한 것이 얼마나 많은지 제시할 것이다. 영국과 미국은 자유 무역의 발상지가 아니다. 실제로 이 두 나라는 오랜 세월에 걸쳐 세계에서 가장 보호주의적인 나라였다. 보호 관세와 보조금 정책을 쓰는 나라들이 모두 성공하는 것은 아니지만, 보호 관세와 보조금 정책을 사용하지 않고 성공한 나라는 거의 없다. 대부분의 개발도상국들에 자유 무역은 선택할 수 있는 문제가 아니었다. 자유 무역은 외부에서 강요된 것이었는데, 때로는 군사력을 통해 강요되기도 했다. 많은 개발도상국은 자유 무역을 실시할 때는 아주 형편없는 성과를 올리다가, 보호 관세와 보조금 정책을 사용하면서 좋은 성과를 거두곤 했다. 가장 좋은 성과를 올린 나라들은 선택적으로, 그리고 점차적으로 경제를 개방했던 나라들이었다. 신자유주의의 자유 무역, 자유 시장 정책은 성장을 위해 형평을 희생한다고 내세우지만, 실제로는 이 두 가지를 모두 손에 넣지 못하고 있다. 시장이 자유화되고 국경이 개방되었던 지난 25년 동안 성장은 점점 둔화되어 온 것이다.

역사와 관련된 사항에 관해 서술하는 1장과 2장에 이어지는 (3장에서 9장까지의) 장에서 나는 경제 발전과 관련 이른바 정통적인 지혜라고 일컬어지는 것들을 뒤집기 위해 본격적으로 경제 이론과 역사, 당대의 증거들을 혼합한 논의를 전개할 것이다. 자유 무역은 가난한 나라들의 선택의 자유를 축소시킨다. 장기적인 관점에서 보면 외국 회사가 자국에 발을 들여놓지 못하도록 하는 것이 외국 회사를 돕는 길일 수 있으며, 17년 동안 적자를 낼 회사에 투자하는 것이 훌륭한 투자가 될 수도 있다. 세계에서 손꼽히는 회사들 가운데는 국가가 소유하고 운영하는 회사들도 상당수 있으며, '생산성이 높은 외국'으로부터 아이디어를 '빌리는 것'은 경제 발전을 위해 필수적인 것이다. 안정된 물가와 신중한 정부 재정 정책이 경제 발전에 해가 될 수도 있다. 부정부패는 시장이 지나치게 작아서가 아니라 시장이 지나치게 크기 때문에 존재하는 것이다. 자유 시장과 민주주의는 타고난 짝이 아니며, 국민들이 게을러서 나라가 가난한 것이 아니라 나라가 가난하기 때문에 국민들이 '게으른 것'이다.

이 책의 첫 장이 '미래의 역사'에서 출발했듯이 이 책의 마지막 장도 '미래의 역사'에서 출발한다. 하지만 마지막 장에서 제시되는 미래의 역사는 무척이나 암울하다. 물론 일부러 비관적으로 만든 것이기는 하다. 하지만 그 시나리오 자체는 확실하게 현실에 근거하고 있다. 이 '미래의 역사'를 통해 나는 나쁜 사마리아인들이 선전하는 신자유주의 정책을 계속 밀고 나갈 경우 우리가 앞으로 어떤 미래를 맞게 될지를 제시하고자 한다. 마지막 장의 나머지 부분에서는 이 책에서 논의하는 세부 정책적 대안에서 추출해 낸 핵심 원칙 몇 가지가 제시된다. 이것은 개발도상국이 경제를 발전시킬 수 있도록 돕고자 하는 사람들이 행동 방침을 정할 때 고려해야 할 원칙이다. 마지막 장의 시작은 비록 암울하지만 끝은 (따라서 이 책은) 대부분의 나쁜 사마리아인들을 변화시켜 개발도상국이 경제 상황을 개선하는 것을 돕도록 만들 수 있다고 믿는 이유를 설명하면서 낙관적인 분위기로 마무리된다.

1

렉서스와 올리브 나무 다시 읽기

세계화에 관한 신화와 진실

BAD SAMARITANS

어느 날 어떤 개발도상국의 선도적 자동차 회사가 자체 생산한 승용차를 처음으로 미국에 수출하게 되었다. 그때까지 이 회사는 부자 나라에서 만든 자동차의 복제품이나 만들던 곳으로, ('바퀴 네 개에 재떨이 하나'라고 불러도 될 만큼) 조잡한 싸구려 소형차였지만 독자 모델이었기에 이날은 이 나라와 이 회사가 새삼 자부심을 가질 만한 중요한 날이었다.

하지만 안타깝게도 이 자동차는 실패했다. 미국인들 대부분이 이 소형차가 볼품이 없다고 생각했으며, 알 만한 사람들은 보잘것없는 제품이나 만들어 내는 나라에서 생산한 자동차에 목돈을 들이는 것을 꺼렸다. 이 자동차는 결국 미국 시장에서 철수할 수밖에 없었고, 이 실패를 계기로 이 나라 국민들 사이에서는 큰 논쟁이 벌어지기 시작했다.

많은 사람들은 이 회사가 주력 사업이던 방직기 제작에 집중해야 했다고 주장했다. 사실 이 나라의 최대 수출 품목은 실크였다. 게다가 이 회사가 자동차 생산에 뛰어든 지 25년이 지났는데도 아직 국제무대에 내놓을 만한 자동차를 만들지 못한다면, 앞으로도 가망이 없을 터였다. 그간 이 나라 정부는 이 회사가 성공할 수 있도록 온갖 기회를 제공했다. 정부는 수입 자동차에 대해 높은 관세를 부과하고, 자동차 산업에 대한 외국인 투자를 엄격히 규제함으로써 이 회사가 국내에서 상당한 이윤을 올릴 수 있도록 돌봐 주었다. 10년쯤 전에는 정부가 공적 자금을 투입해 부도가 임박한 이 회사를 살린 적도 있었다. 정부 정책을 비판하는 사람들은 지금이라도 20년 전에 몰아낸 외국 자동차의 수입을 자유화하고, 외국 자동차 회사들이 다시 사업을 시작할 수 있도록 허용해야 한다고 주장했다.

다른 의견을 내놓는 사람들도 있었다. 그들은 자동차 생산과 같은 '중요한' 산업을 발전시키지 않으면 미래를 기대할 수 없으며, 모든 사람이 좋아할 만한 자동차를 만들 수 있으려면 보다 많은 시간이 필요하다고 주장했다.

이것이 바로 1958년 일본에서 벌어진 일로 이 회사는 토요타이고, 이 자동차는 토요펫이었다. (토요다 자동 방직기라는) 방직기 제조사로 출발한 토요타는 1933년에 자동차 생산에 뛰어들었다. 일본 정부는 1939년에 GM과 포드를 몰아냈고, 1949년에는 (중앙은행인) 일본은행에서 돈을 끌어다 토요타를 부도 위기에서 구해 냈다. 이제는 연어 하면 스코틀랜드, 와인 하면 프랑스를 연상하듯이 일제 자동차가 '자연스러운' 단어가 되었지만, 50년쯤 전만 해도 많은 일본인을 포함해 대부분의 사람이 일본의 자동차 산업은 존재해서는 안 된다고 생각했다.

토요펫이 물러난 지 50년 만에 토요타의 고급 승용차 렉서스는 세계화의 중요한 상징이 되었다. 미국의 저널리스트 토머스 프리드먼이 쓴 『렉서스와 올리브 나무』라는 책 덕분이었다. 이 책의 제목은 프리드먼이 1992년 일본 여행 중에 신칸센 고속열차에서 얻은 깨달음과 관련이 있다. 당시 프리드먼은 도요타 시에 위치한 렉서스 공장에서 깊은 인상을 받은 상태에서 도쿄로 돌아가는 중이었다. 그는 우연히 신문에서 자신이 오랫동안 특파원으로 일한 적이 있는 중동의 분쟁 관련 기사를 읽었는데, 그 순간 한 가지 생각이 그의 머리를 스쳤다. 그것은 "세상의 절반은… 세계화 체제에서 성공하기 위해 자국의 경제를 현대화하고 능률화하고 민영화하면서 보다 나은 렉서스를 만드는 일에 열중하고 있다. 그러나 세상의 나머지 절반—때로는 한 나라의 절반, 때로는 한 사람의 절반—은 누가 어떤 올리브 나무를 차지할 것인지를 놓고 싸움에 열중해 있다"라는 것이었다.[1]

프리드먼의 견해에 따르면, 올리브 나무 세상에 있는 나라들은 그가 "황금 구속복golden straitjacket"이라고 일컫는 특정한 경제 정책에 맞게끔 스스로를 변화시키지 않으면 렉서스 세상에 발을 들여놓을 수 없다. 그는 황금 구속복에 대해 설명하면서 오늘날의 신자유주의 경제학의 정통적인 견해를 다음과 같이 요약한다. 황금 구속복을 입고 싶은 나라는 국영 기업의 민영화, 안정된 물가 수준, 정부 조직의 규모 감축, (재정 흑자까지는 안 되어도) 재정 균형의 달성, 무역의 자유화, 외국인 투자와 자본 시장에 대한 규제 해제, 외환 자유화, 부정부패의 감소, 연금의 민영화 등을 달성해야 한다는 것이다.[2] 프리드먼에 따르면 새로운 세계화 경제에서 성공을 달성할 수 있는 유일한 방법은 오직 이것뿐이다. 그가 제시한 황금 구속복은 세계화라는 가혹하지만 상쾌한 게임에 뛰어드는 데 이용 가능한 유일한 의복이다. 프리드먼은 "안타깝게도 이 황금 구속복은 '누구에게나 맞는 치수'로 된 옷이다. … 그 옷은 누가 입어도 아름답거나 점잖거나 편안한 옷은 아니다. 그러나 그 옷은 이미 팔리고 있고, 지금이라는 역사의 계절에 진열장에 놓여 있는 유일한 모델이다"[3]라고 단언하기까지 한다.

하지만 만일 일본 정부가 1960년대 초 자유 무역을 주장하는 경제학자들의 말을 따랐다면 렉서스는 존재하지 않았을 것은 엄연한 사실이다. 그리고 현재의 토요타는 기껏해야 구미 자동차 회사의 하위 파트너 junior partner 역할을 하고 있거나, 아니면 아예 흔적도 없이 사라지고 말았을 것이다. 일본 경제 전체도 마찬가지 꼴이 되었을 것이다. 일본이 일찌감치 프리드먼의 황금 구속복을 입었더라면 여전히 1960년대 수준의 3류 산업 국가로, 칠레와 아르헨티나, 남아프리카공화국과 소득 수준이 비슷한 나라로 남아 있었을 것이다.[4] 일본은 1960년대만 해도 총리가 프랑스 대통령 샤를 드골에게 "트랜지스터 라디오 판매원"이라는 모욕적인 말로 퇴박을 맞은 적이 있는 나라였다.[5] 다시 강조하지만 만일 일본인들이 프리드먼의 충고를 따랐더라면 지금 렉서스를 수출하는 국민이 아니라 누가 (실크 원료인 누에의 먹이가 되는) 뽕나무를 차지할 것인지를 놓고 싸우는 국민이 되었을 것이다.

세계화의 정사正史

토요타의 사례는 프리드먼과 그의 동료들이 권장하는 세계화 논리에 어딘가 크게 아귀가 맞지 않는 부분이 있음을 시사하고 있다. 그게 과연 무엇인지를 명확하게 하기 위해 나는 그들이 말하는 소위 '세계화의 정사正史'가 어떤 것인지를 밝히고, 그 한계가 어디에 있는지를 논의하고자 한다.

정사에 따르면 3세기가 넘는 세월 동안 진행되어 온 세계화의 경로는 다음과 같다.[6] 영국은 18세기에 다른 나라들보다 앞서 자유 시장과 자유 무역 정책을 채택했다. 19세기 중반 영국의 눈부신 경제 성공으로 자유 시장·자유 무역 정책의 우수성이 명백해지자 다른 나라들도 역시 무역을 자유화하고 국내 경제에 대한 규제를 해제하기 시작했다.

이런 자유주의적인 세계 질서는 영국의 패권 아래 1870년 즈음에 완성되었는데, 이를 뒷받침했던 것은 자유방임주의적인 국내 산업 정책, 상품·자본·노동의 국가 간 흐름을 막는 장벽의 완화, (물가 안정으로 상징되는) 화폐 가치의 안전성 원칙과 재정 균형에 의해 보장된 국내외적인 차원에서의 거시경제의 안정 등이었다. 이렇게 되자 한동안 전례 없는 번영의 시대가 이어졌다.

하지만 안타깝게도 제1차 세계 대전이 끝나자 일이 틀어지기 시작했다. 전쟁이 끝나고 세계 경제가 불안정해질 기미를 보이자 각국은 어리석게도 다시 무역 장벽을 쌓았다. 1930년 미국은 자유 무역을 버리고 저 유명한 스무트-홀리 관세Smoot-Hawley tariff를 법제화했다. 독일, 일본 등은 자유주의 정책을 버리고 무역 장벽을 높이 세웠으며, 파시즘 및 대외 침략과 관련이 깊은 카르텔을 구성했다. 결국 1932년 자유 무역의 옹호자였던 영국마저 유혹에 굴복하여 관세 제도를 다시 도입하게 되면서 세계의 자유 무역 시스템은 무너지고 말았다. 그리고 이로 인한 세계 경제의 위축과 불안정, 그에 뒤이어 발발한 제2차 세계 대전으로 말미암아 첫 번째 자유주의 세계 질서의 마지막 자취는 사라지고 말았다.

제2차 세계 대전이 끝나자 세계 경제는 좀 더 자유주의적인 방향으로 재조직되었는데, 이번에 패권을 장악한 것은 미국이었다. 특히 초기의 GATT(관세 무역 일반 협정) 회담에서는 무역 자유화 분야에서 부자 나라들 간의 중요한 진전이 이루어졌다. 그러나 공산주의 국가들은 물론 대부분의 개발도상국에서는 여전히 보호주의와 국가 개입이 지속되고 있었다.

다행스럽게도 이러한 반反자유주의적인 정책은 신자유주의가 발흥한 1980년대 이후 대부분 폐기되었다. 1970년대 말이 되자 개발도상국들의 (보호 관세, 보조금, 규제를 토대로 한) 이른바 수입 대체 산업화ISI[•] 진략이 실패했음이 너무나 명백해졌다. 게다가 자유 무역을 시행하면서 외국인 투자를 환영하던 동아시아의 '경제 기적'이 다른 개발도상국들의 자성을 일깨우는 경종 노릇을 했다. 결국 1982년의 제3세계 외채위기 이후 많은 개발도상국들이 국가개입주의와 보호무역주의를 단념하고 신자유주의를 받아들였다. 이 같은 세계적인 통합을 지향하는 추세가 획득한 최고의 영광은 1989년에 있었던 공산주의의 붕괴였다.

전례가 없을 정도로 빠르게 진행된 운송 및 통신 기술의 발전도 불가피하게 개발도상국들의 정책 변화를 가져왔다. 이와 함께 국제 무역이나 투자를 통해서 여러 나라에 흩어져 있는 파트너끼리 상호 이득이 되는 경제 관계를 맺을 수 있는 가능성도 극적으로 증대되었다. 결국 문호 개방은 그 어느 때보다 중요한 국가 번영의 결정 요인이 되었다.

세계적 차원의 경제 통합이 심화되면서 범세계적인 관리 시스템도 꾸준히 강화되었다. 그 중 가장 중요한 사실은 1995년에 GATT가 무역 분야뿐만이 아니라 외국인 투자 규제나 지식재산권과 같은 다른 여러

• 수입 대체 산업화Import Substitution Industrialization는 후진국이 기존에 수입해서 사용하던 각종 제품을 국내에서 생산하기 시작함으로써 수입품을 국산품으로 '대체' 한다는 아이디어이다. 수입 대체 산업화는 수입품에 대한 관세나 할당 제도, 국내 생산자에 대한 보조금 지급 등의 수단을 통해 수입품을 인위적으로 비싸게 만드는 방법으로 수행되는데, 1930년대 많은 남미 국가들이 채택했다. (이에 대해서는 나중에 살펴보겠지만) 당시 남미를 제외한 대부분의 국가들은 식민지였거나, 자체적으로 관세 제도를 실행할 수 있는 권리를 박탈당한 '불평등 조약'의 피해자라는 점에서 수입 대체 산업화 전략을 실행에 옮길 만한 형편이 아니었다. 그 때문에 대부분의 개발도상국은 1940년대 중반에서 1960년대 중반 사이 독립을 획득한 후에야 수입 대체 산업화 전략을 채택할 수 있었다.

가지 분야의 개방을 촉진하는 강력한 기관인 세계무역기구WTO로 승격되었다는 것이다. WTO는 현재 단기 금융을 담당하는 국제통화기금 IMF, 장기 투자를 담당하는 세계은행과 함께 범세계적인 관리 시스템의 핵심을 이루고 있다.

정사에 따르면 이 같은 발전의 결과로 개방과 번영의 가능성 측면에서 볼 때 초기 자유주의의 '황금기'(1870~1913년) 외에는 필적할 것이 없는 전 지구적인 세계 경제가 형성되었다. WTO의 초대 사무총장인 레나토 루지에로가 이런 새로운 세계 질서 덕분에 우리는 "다음 세기(21세기) 초반에는 전 지구적인 차원에서 빈곤을 일소할 수 있는 잠재력—몇십 년 전만 해도 이상적인 개념이었지만 이제는 현실적인 가능성"을 가질 수 있게 되었다고 엄숙하게 선언했을 정도였다.[7]

현재 널리 받아들여지고 있는 세계화에 대한 이런 해석은 자신의 나라를 경제적인 번영의 길로 이끌고자 하는 정책 입안자들을 위한 지도로 간주될 정도이다. 하지만 안타깝게도 이런 해석은 근본적으로 사실을 호도하고 있다. 잘못된 지도를 내놓음으로써 우리가 어디서 왔으며, 현재 어디에 있고, 앞으로 어디로 가야 할 것인지를 잘못 판단하게 하고 있는 것이다. 과연 무엇이 잘못되었는지 지금부터 살펴보자.

세계화의 진실

1997년 6월 30일, 홍콩은 마지막 영국 총독 크리스토퍼 패튼에 의해 공식적으로 중국에 반환되었다. 이와 관련해 많은 영국의 논평가들은 중국 공산당 휘하에 들어간 홍콩 민주주의의 장래를 놓고 안달을 했다. 하지만 홍콩의 경우

1994년이 되어서야 민주적인 선거가 허용되었는데, 그것은 영국의 통치가 시작된 지 152년 만의 일이며, 예정된 중국 반환을 3년 앞두고 있던 해의 일이었다. 그런데 홍콩이 처음에 어떻게 해서 영국의 식민지가 되었는지를 기억하는 사람은 아무도 없는 것 같았다.

홍콩은 1842년 아편전쟁의 결과로 난징조약이 체결된 직후 영국의 식민지가 되었는데, 아편전쟁은 19세기 제국주의의 기준으로 본다 해도 대단히 수치스러운 사건이었다. 당시 영국은 국민들의 차에 대한 선호도가 크게 늘어나면서 중국과의 무역에서 막대한 적자를 내게 되었다. 그러자 영국은 무역 적자를 메우려는 필사적인 시도로 인도에서 생산된 아편을 중국에 수출하기 시작했는데, 영국은 중국에서의 아편 판매가 불법이라는 단순한 사실 때문에 무역 수지의 균형을 잡으려는 자신들의 숭고한 대의가 방해받는 일을 방치할 수는 없었다. 결국 1841년 영국 정부는 중국 측이 불법적인 아편 화물을 압수하자 이를 빌미로 전쟁을 선포했다. 이 전쟁에서 대패한 중국은 난징조약에 서명함으로써 홍콩을 영국에 '할양'하고 자국의 관세 자주권을 포기해야 했다.

아편전쟁은 한마디로 자칭 '자유' 무역의 선도자가 자국의 마약 불법 거래를 방해했다는 이유로 다른 나라에 전쟁을 선포한 것이었다. 이렇듯 (1870~1913년 사이의) 첫 번째 세계화 시기에 영국의 패권 하에 발전하고 있던 상품·사람·돈의 자유로운 이동은 대부분 시장의 힘이 아니라 군사력 덕분에 가능했다. 그 결과 이 시기에 자유 무역을 실천했던 나라들은—영국을 제외하면—대부분 식민 지배나 (난징조약 같은) '불평등 조약'의 결과로 자유 무역을 강요당한 약소국들이었다. 불평등 조약은 다른 무엇보다 약소국들에 관세를 자율적으로 부과할 권리를 박탈하고, 외부적으로 결정된 낮은 고정 관세(3~5%)를 강요했다.[8]

식민주의와 불평등 조약은 19세기 말과 20세기 초 '자유로운' 무역을 촉진하는 데 결정적인 역할을 했다. 하지만 세계화를 옹호하는 수많은 책에서는 이런 사실들이 거의 언급되지 않는다.[9] 설령 명시적으로 언급하는 경우가 있다 해도 그 역할은 전체적으로 볼 때 긍정적인 것으로 묘사된다. 가령 영국의 역사학자인 니얼 퍼거슨은 『제국』이라는 유명한 저서에서 아편전쟁을 포함해 대영 제국의 수많은 악행들을 솔직하게 기록하면서도, 전반적으로 보면 대영 제국은 좋은 일을 했다고 주장하고 있다. 자유 무역은 만인에게 이익을 주는 것이고, 대영 제국은 가장 적은 비용을 들이면서 자유 무역을 보장할 수 있는 방법이었다는 것이다.[10] 그러나 식민주의와 불평등 조약에 묶여 있던 나라들이 올린 경제 성과는 형편없었다. 1870년에서 1913년 사이 (일본을 제외한) 아시아의 1인당 국민소득은 연간 0.4% 증가한 반면, 아프리카의 1인당 국민소득은 0.6% 증가했다.[11] 같은 기간 서부 유럽의 1인당 국민소득은 1.3%, 미국의 1인당 국민소득은 1.8% 증가했다.[12] 대단히 흥미로운 점은 이 시기 관세 자율권을 되찾은 이래 세계에서 손꼽힐 만큼 높은 관세를 자랑하던 중남미 국가들은 미국과 비슷한 속도로 성장했다는 사실이다.[13]

다음 장에서 좀 더 자세히 살펴보겠지만 부자 나라들은 약소국들에 자유 무역을 강요하면서도 다른 한편 스스로는 매우 높은 관세를 유지했는데, 그것은 산업 관세에서 특히 심했다. 자유 무역의 발상지인 영국의 경우 19세기 중반 자유 무역으로 개종하기 전까지 손꼽히는 보호 무역 국가였다. 물론 1860년대와 1870년대의 짧은 기간 동안 유럽에는 자유 무역과 유사한 것이 존재했고, 특히나 영국에서는 관세가 없었던 것이 사실이다. 그러나 이것은 일시적인 것이었고, 1880년대부터 대부분의 유럽 국가들은 보호 무역의 장벽을 다시 세웠다. 이는 신세계에서 수입되는 값싼 농산물로부터 농민을 보호하고, 새롭게 부상하는 철강·화학·기계 등 '중화학' 산업을 육성하기 위해서였다.[14] 결국 첫 번째 세계화의 물결의 주요 설계사였던 영국은 이미 언급했듯이 1932년에 자유 무역을 포기하고 다시 관세를 도입했다. 정사에 따르면 이 사건은 영국이 보호무역주의의 '유혹에 굴복'한 것으로 묘사되고 있다. 그러나 이런 조치가 대부분 경쟁 국가들, 특히 미국이 보호 무역을 통해 새로운 산업을 발전시키는 데 성공한 결과 영국의 경제적 우위가 쇠퇴했기 때문에 내려졌다는 사실을 언급하지는 않는다.

결국 19세기 말에서 20세기 초에 걸친 첫 번째 세계화의 역사는 현대의 신자유주의의 정통적 견해에 부합되도록 다시 쓰여지고 있는 셈이다. 오늘날의 부자 나라들이 취했던 보호무역주의의 역사는 지극히 과소평가되고 있고, 현재의 개발도상국들의 관점에서 보자면 고도의 전 지구적인 통합이 제국주의적 근원에서 비롯된 것이라는 사실은 거의 언급되지 않는 식이다. 이 사건에 드리워진 마지막 커튼—즉 영국의 자유 무역 포기—의 묘사 역시 편파적이다. 엄밀하게 짚어 보면 영국이 자유 무역을 포기하게 된 진정한 원인은 경쟁국들이 보호무역주의를 성공적으로 활용한 데 있다는 사실이 거의 언급되지 않기 때문이다.

신자유주의자냐 신바보주의자냐?

세계화의 정사는 제2차 세계 대전 직후의 시기를 불완전한 세계화의 시기로 묘사하고 있다. 그에 따르면 이 시기 부자 나라들 사이의 경제 통합은 크게 증대되었고,

따라서 급속한 성장이 이루어졌다. 반면에 대부분의 개발도상국들은 1980년대 이전까지 세계 경제에 완전히 편입되는 것을 거부했기 때문에 경제 발전에서 뒤처지게 되었다.

하지만 이런 이야기는 부자 나라들 사이에서 이루어진 세계화의 진전 과정을 잘못 설명하고 있다. 부자 나라들이 1950년대부터 1970년대까지 관세 장벽을 크게 낮추기는 했다. 그렇지만 그들은 이 시기 자국의 경제 발전을 촉진하기 위해 (그중에서도 특히 연구개발R&D 분야에 대한) 보조금, 국영 기업, 은행 대출에 대한 정부 개입, 자본 통제 등의 여러 가지 정책도 병행했다. 정작 부자 나라들의 성장이 둔화된 것은 신자유주의적 프로그램을 실행하기 시작했을 때부터였다. 1960년대와 1970년대에 부자 나라들의 1인당 국민소득은 연간 3.2% 증가했지만, 이후 20년 동안 국민소득 증가율은 2.1%로 크게 떨어진 것이다.[15]

정사에서 더욱 잘못된 부분은 개발도상국들의 경험에 대한 설명이다. 세계화의 정사를 기록한 사관들은 전후 시기를 개발도상국들의 경제적 재난의 시대로 묘사한다. 이들은 개발도상국 경제 실패의 원인이 시장 논리를 거역할 수 있다는 생각을 주입한 '잘못된' 경제 이론을 받아들인 데 있다고 주장한다. 그 결과 개발도상국들은 (농업, 광물 채취, 노동 집약적 제조업 등) 자신들이 잘할 수 있는 활동을 억제하고, 자부심을 느끼게는 하지만 경제적으로 헛된 일에 불과한 '돈 먹는 하마' 프로젝트나 진척시켰다는 것이다. 이와 관련 가장 유명한 사례가 막대한 보조금을 쏟아 부어 제트비행기를 생산하던 인도네시아였다.

경제학자 제프리 색스와 앤드루 워너의 유명한 논문에서는 개발도상국들이 1964년 GATT에서 확보한 "비대칭적인 보호 무역"의 권리가 "자국 경제의 목을 옥죄는, 속담에 나오는 밧줄"로 묘사되기까지 했다.[16] 브라질 중앙은행 총재(1997~1999년)를 지냈던 구스타부 프랑쿠는 똑같은 지적을 좀 더 투박하지만 훨씬 간결하게 표현했다. 그는 자신이 수신한 정책의 목적은 "40년 동안의 우둔함을 원상태로 돌려놓는 것"이며, 유일한 선택은 "신자유주의자가 되느냐, 신바보주의자가 되느냐 하는 것"이라고 말했다.[17]

문제는 개발도상국들의 '성적이 형편없었던 옛날'이 전혀 형편이 없었던 것은 아니라는 점이다. 개발도상국들의 경우 보호 무역과 국가 개입이라는 '잘못된' 정책을 추구했던 1960년대와 1970년대에 1인당 국민소득이 연간 3.0%나 증가했다.[18] 내가 존경하는 동료 아지트 싱 교수는 이 시기를 "제3세계의 산업혁명" 시기라고 강조했다.[19] 이런 성장률은 (앞에서 보았듯이)'제국주의 시대'에 자유무역주의의 영향 아래에서 달성했던 것에 비해 엄청난 개선이며, 19세기 산업혁명 때 부자 나라들이 달성했던 1~1.5%보다 뛰어난 것이다. 또 이것은 지금까지 이들 국가가 기록한 성장률 가운데 가장 높은 수치이기도 하다. 개발도상국들이 신자유주의 정책을 실행에 옮긴 1980년대 이후는 1960년대와 1970년대에 기록했던 성장률의 절반 정도의 속도(1.7%)로 성장했다. 부자 나라들의 성장률도 (3.2%에서 2.1%로) 역시 둔화되었지만, 그 둔화의 정도는 개발도상국의 경우보다 크지 않았다. 이는 이들 국가가 개발도상국들만큼 신자유주의 정책을 광범위하게 도입하지 않았기 때문이다. 1980년에 전체 개발도상국 소득의 12%, 2000년에는 30%를 차지했던 중국과 인도를 제외하면, 이 시기 개발도상국들의 평균 성장률은 훨씬 낮아질 것이다. 그런데 중국과 인도는 지금까지도 프리드먼이 제시한 황금 구속복을 입는 것을 거부하고 있는 나라이다.[20]

경제 성장의 실패는 중남미와 아프리카에서 특히 두드러지는데, 그

곳은 신자유주의 프로그램이 아시아보다 훨씬 더 철저하게 실행된 곳들이다. 1960년대와 1970년대 중남미의 1인당 국민소득은 연간 3.1%나 증가하여 개발도상국들의 평균 성장률을 약간 앞서갔다. 특히 브라질은 동아시아 '기적의' 경제 성장률과 거의 맞먹는 속도로 성장했다. 그러나 중남미는 1980년대부터 신자유주의를 채택하면서 '성적이 형편없었던 옛날'의 성장률의 3분의 1에도 못 미치는 속도로 성장하고 있다. 조정 기간이라는 걸 감안해 평균 산출식에서 1980년대를 뺀다 하더라도, 1990년대 남미의 1인당 국민소득 성장률(1.7%)은 '성적이 형편없었던 옛날'의 성장률(3.1%)의 거의 절반에 지나지 않는다. 2000년에서 2005년까지 중남미의 사정은 더더욱 나빠졌고, 1인당 국민소득은 겨우 연간 0.6% 증가하여 거의 정체된 상태에 있었다.[21] 아프리카의 1인당 소득은 1960년대와 1970년대에도 연간 1~2%로 비교적 더디게 성장했다. 하지만 1980년대 이후 아프리카는 생활수준이 도리어 하락했다. 지난 사반세기 동안 아프리카 경제의 대부분은 IMF와 세계은행에 의해 운영된 만큼 이런 기록은 결국 정통 신자유주의 경제학자들의 유죄를 증명하는 판결문이라 할 수 있을 것이다.

1980년대 이후 신자유주의적 세계화의 형편없는 '성장' 기록은 당혹스러울 정도이다. 성장의 가속화—필요하다면 불평등의 증대와 약간의 빈곤 증대라는 대가를 치르고라도—는 신자유주의 개혁이 내건 목표였다. 우리는 부를 더 많이 나누어 가지려면 그 전에 먼저 '더 많은 부'를 창출해야 하며, 신자유주의야말로 이 목표를 달성할 수 있는 방법이라는 이야기를 되풀이해서 들어 왔다. 그러나 신자유주의적 정책의 결과 대부분의 국가에서 소득 불평등은 증대한 반면, 성장은 사실상 크게 둔화되었다.[22]

게다가 신자유주의가 풍미했던 기간에는 경제 불안정까지 급증했다. 세계는, 그중에서도 개발도상국의 세계는 특히 1980년대 이후 더 큰 규모의 금융 위기를 보다 빈번하게 겪어 왔다. 다시 말해 신자유주의의 세계화는 경제 생활의 모든 전선—성장, 평등, 안정—에서 실패했다. 그럼에도 불구하고 우리는 늘 신자유주의 세계화가 전례 없는 풍요를 가져왔다는 이야기를 듣고 있다.

개별 국가의 차원에서 볼 때도 정사에서 사실 왜곡이 이루어지고 있음은 명백하다. 정통 신자유주의 경제학자들은 우리에게 이런 역사를 믿으라고 강요하고 있지만, 제2차 세계 대전 이후 경제 개발에 성공한 개발도상국들은 거의 모두 보호 관세와 보조금을 비롯한 갖가지 형태의 정부 개입을 활용하는 민족주의적 정책을 통해 성공을 거두었다.

나는 프롤로그에서 모국인 한국의 경우를 소개한 바 있다. 하지만 동아시아에서 일어난 그 밖의 '기적'의 경제들 역시 범세계적인 경제 통합에 대해 전략적인 접근을 택함으로써 성공을 거두었다. 대만은 한국과 매우 유사한 전략을 채택한 나라이다. 대만은 국영 기업을 한국보다 훨씬 광범위하게 사용했지만, 외국인 투자자들에 대해서는 한국보다 다소 우호적인 태도를 보였다. 싱가포르는 자유 무역을 실시하고 외국인 투자에 크게 의존해 왔지만, 그 밖의 측면에서는 신자유주의적 이상에 순응하지 않고 있다. 싱가포르는 외국인 투자자들을 환영했다고는 해도 전략적이라고 판단하는 산업에 대해서는 다국적 기업(초국적 기업)들을 유인하기 위해 막대한 보조금을 지출했는데, 그중에서도 특히 특정 산업을 겨냥한 기반 시설과 교육에 대한 정부 투자 형태가 두드러진다. 게다가 싱가포르는 (거의 모든 토지가 정부 소유이고) 모든 주택의 85%를 공급하는 주택개발원을 포함해 경제에서 국영 기업이 차지하는 비중이 세계에서 손꼽힐 정도로 높은 나라이다.

홍콩은 예외적인 사례이다. 홍콩은 자유 무역과 방임주의 산업 정책을 써서 부자가 되었다. 그러나 홍콩은 독립 국가가 아닌 (그렇다고 싱가포르와 같은 도시 국가도 아닌) 보다 거대한 체제에 속한 하나의 도시였다. 1997년까지 홍콩은 영국의 식민지로서 그들의 대對아시아 무역 및 금융 산업의 거점으로 이용되었고, 이제는 중국 경제의 금융 중심지이다. 따라서 홍콩으로서는 독립적인 산업 기반을 갖는 것이 그리 필수적인 일이 아니었다. 그럼에도 불구하고 홍콩은 중국으로 반환이 시작되었던 1980년대 중반까지 1인당 제조업 생산고에서 한국을 두 배나 앞섰다. 그렇다고 홍콩이 완전한 자유 시장 경제인 것도 아니었는데, 이와 관련 가장 중요한 사실은 주택 상황을 관리하기 위해 홍콩의 모든 땅을 홍콩 정부가 소유하고 있었다는 점이다.

최근 중국과 인도의 경제 성공 사례 역시 무조건적이 아닌, 민족주의적 입장에 기반하여 전략적으로 세계화 경제에 통합되는 것이 중요하다는 사실을 보여 준다. 19세기 중엽의 미국 혹은 20세기 중엽의 일본이나 한국과 마찬가지로 중국은 자국의 산업 기반을 구축하기 위해 고율의 관세를 부과했는데, 1990년대까지 평균 관세율은 30%가 넘을 정도였다. 중국이 일본이나 한국보다 외국인 투자를 환영하고 있다는 것은 이미 공인된 사실이다. 그러나 중국은 아직도 외국인 소유에 대해 상한선을 긋고, 일정 비율의 국산 부품 사용 의무를 부과하고 있다.

세계화의 옹호자들은 오늘날 인도 경제의 성공 원인을 1990년대 초의 무역과 금융의 자유화에서 찾는 경우가 많다. 그러나 최근의 몇 가지 연구는 인도의 성장 가속화가 실제로는 1980년대에 시작되었다는 점을 들어 "개방 확대로 인한 성장 가속화"라는 단순한 논리에 의혹을 제기하고 있다.[23] 게다가 1990년대 초의 무역 자유화 이후에도 인도의 평균 제조업 관세는 30% 이상이었다. (지금도 인도의 관세는 25%이다.) 1990년대 이전에 인도의 일부 산업 부문에서 보호무역주의가 지나쳤던 것만은 분명하다. 하지만 그렇다고 해서 인도가 1947년 독립 당시부터 자유 무역을 채택했더라면 훨씬 더 큰 경제적 성공을 거두었을 것이라고 말할 수는 없는 일이다. 게다가 인도는 외국인 직접투자에 대해서도 가혹한 제한—진입 제한, 소유권 제한, (일정 비율의 국산 부품 사용 의무와 같은) 다양한 행위 요건—을 부과하고 있다.

전후 세계화 시기에 신자유주의 전략을 써서 성공을 거둔 것으로 보이는 나라가 있다면 그것은 바로 칠레이다. 사실 칠레는 1973년 아우구스토 피노체트 장군의 쿠데타 이래 미국과 영국을 비롯한 다른 어느 나라보다도 앞서서 이 전략을 채택했고, 이후 경제 '기적'을 일으킨 동아시아 국가들만큼 빠르게 성장한 것은 아니지만 순조롭게 성장해 왔다.[24] 칠레가 신자유주의의 성공 사례로 꾸준히 인용되는 것도 그래서이다. 칠레가 훌륭한 경제적 성장을 이루어 냈다는 사실은 부인할 수 없다. 하지만 칠레의 실상은 정통 신자유주의 경제학자들이 주장하는 것보다 훨씬 복잡하다.

칠레의 초기 신자유주의 실험은 이른바 (신자유주의 경제학의 중심지인 시카고 대학에서 공부한 칠레 출신의 경제학자 그룹인) '시카고 보이스Chicago Boys'에 의해 주도되었는데, 그 결과는 끔찍했다. 이 실험은 1982년 전체 은행 부문에 대한 국유화라는 방법으로 해결하지 않을 수 없었을 만큼 극심한 금융 위기로 막을 내렸으며, 칠레는 1980년대 후반이 되어서야 비로소 피노체트 집권 이전의 소득 수준을 회복할 수 있었다.[25] 금융 위기 이후 신자유주의가 실용적인 방향으로 선회하자 비로소 칠레의 경제 성장이 순조로워졌다. 예컨대 칠레 정부는 수출업자들에게 해외 마케팅과 연구개발 분야에서 많은 지원을 하는 식이었다.[26] 또한 최근에는 미국과 체결한 자유무역협정FTA 때문에 자본 통제를 발동하지 않겠다고 약속한 바 있지만, 1990년대에는 자본 통제를 시행해 단기적인 투기성 자금의 흐름을 효과적으로 줄인 적도 있다. 하지만 보다 중요한 사실은 칠레 경제의 발전이 지속될 수 있을 것인지와 관련해 의문의 여지가 많다는 것이다. 지난 30년 동안 칠레에서는 많은 제조 업체가 무너진 반면에 천연자원에 기반한 수출품에 대한 의존은 심화되었다. 결국 칠레는 생산성이 높은 활동으로 옮겨 갈 수 있는 기술적 능력이 없다는 점에서 궁극적으로 도달 가능한 번영의 수준에서 뚜렷한 한계에 직면하고 있는 것이다.

요약하면 1945년 이후의 세계화에 대한 진실은 정사와는 완전히 상반된다. 1950~1970년대는 국가주의적 정책에 의해 뒷받침되던 통제된 세계화의 시기였다. 반면에 지난 25년간은 급격하고 통제되지 않은 신자유주의적 세계화의 시기였다. 통제된 세계화 시기의 세계 경제는 최근에 비해 훨씬 빠르게 성장했고, 훨씬 안정적이었고, 소득 분배도 훨씬 균등했다. 이런 현상은 특히 개발도상국들에서 두드러졌다. 그러나 정사는 이 통제된 세계화의 시기를 개발도상국들의 국가주의적 경제 정책이 끔찍한 재앙을 불러온 시기로 그리고 있는데, 이렇게 왜곡된 역사적 기록을 퍼뜨리는 의도는 신자유주의 정책의 실패를 감추고자 하는 데 있다.

누가 세계 경제를 운용하는가?

세계화 경제에서 벌어지는 대부분의 일은 부자 나라들에 의해 결정된다. 설령 부자 나라들이 의식적으로 영향력을 행사하려 하지 않더라도 그렇게 된다. 부자 나라들은 세계 생산고의 80%를, 국제 무역의 70%를, (해마다 다르기는 하지만) 전체 외국인 직접투자의 70~90%를 차지하고 있는데,[27] 이는 부자 나라들의 국가 정책이 세계 경제에 막강한 영향력을 행사할 수 있다는 것을 의미한다.

그러나 부자 나라들이 가진 막강한 영향력보다 더 중요한 것은, 바로 그 영향력을 발휘해 자기들이 원하는 대로 세계 경제의 규칙을 만들고자 하는 부자 나라들의 의도이다. 예컨대 선진국들은 특정한 정책의 채택을 대외 원조의 조건으로 삼는다거나, (신자유주의적 정책의 채택과 같은) '착한 행동'에 대한 대가로 특혜적인 무역 협정을 제공하는 방식으로 가난한 나라들이 특정한 정책을 채택하도록 유도하고 있다. 그렇지만 개발도상국들의 정책 형성에서 보다 중요한 역할을 하는 것은 내가 '사악한 삼총사'라고 부르는 다자간 기구들, 즉 IMF, 세계은행, WTO이다. 이들 사악한 삼총사는 부자 나라들이 조종하는 꼭두각시 인형은 아니지만, 주로 부자 나라들에 의해 통제되고, 부자 나라들이 원하는 나쁜 사마리아인 같은 정책을 구상하고 실행에 옮긴다.

IMF와 세계은행은 1944년 전후 국제 경제 관리 체제를 구상 중이던 연합국(본질적으로는 미국과 영국)의 회담을 통해 설립되었다. 이들을 '브레턴우즈 기구'라고 부르는 것은 IMF와 세계은행의 설립 제안이 나왔던 회담지가 바로 미국 뉴햄프셔주에 위치한 휴양지 브레턴우즈이기 때문이다. 원래 IMF는 국제수지가 위기 상황에 처한 나라들이 디플레이션 정책을 사용하지 않고도 국제수지 적자를 줄일 수 있도록 차관을 제공하기 위해 설립되었다. 또 공식 명칭이 '국제부흥개발은행IBRD'인 세계은행은 전쟁으로 파괴된 유럽 국가들의 재건 및 식민 지배에서 벗어나 독립한 지 얼마 되지 않은 사회들의 경제 발전을 돕기 위해 설립되었다. 즉 세계은행은 (도로나 다리, 댐과 같은) 기반 시설 개발 프로젝트에 대한 자금 제공을 통해 해당 국가의 재건과 발전을 돕는 것을 목적으로 하였다.

하지만 제3세계 외채 위기가 있었던 1982년 이후 IMF와 세계은행의 역할은 크게 달라졌다. 이들은 이른바 구조조정 프로그램SAPs이라는 합동 작전을 통해 개발도상국의 정책에 대해 막강한 영향력을 발휘하기 시작했다. 이 프로그램들은 브레턴우즈 기구의 본래 임무에서 훨씬 벗어나 정부 예산, 산업 규제, 농산물 가격, 노동 시장 규제, 민영화 등 개발도상국들의 거의 모든 경제 정책을 포괄하는 것으로 확장되었다.

1990년대 들어 차관에 이른바 체제 관련 융자 조건governance conditionalities을 붙이기 시작하면서부터는 이들의 '임무 확장'이 한층 더 진전되어 민주주의, 정부의 분권화, 중앙은행의 독립은 물론 기업의 지배구조와 같은 그 이전까지는 생각조차 할 수 없었던 영역에 대한 간섭이 시작되었다.

하지만 이런 임무 확장에는 심각한 문제가 있다. IMF와 세계은행은 상당히 제한된 임무를 수행하기 위해 출범하였다. 그렇지만 이 기구들은 자신들로부터 돈을 빌려 가는 나라들은 경제 운용에 실패한 나라들이고, 그런 만큼 그것이 경제적 성과에 영향을 미친다면 자신들의 본래 임무를 넘어서는 새로운 영역이라 하더라도 마땅히 개입해야 한다고 주장하며 자신들의 영역을 확장한 것이다. 이런 논리에 따른다면 우리

인생에서 IMF와 세계은행이 개입하지 못할 영역은 없다. 한 나라 안에서 일어나는 모든 일은 경제 활동과 관련이 있는 만큼 IMF와 세계은행은 출산율의 결정에서부터 인종 통합, 남녀 차별은 물론 문화적 가치에 이르기까지 모든 사안에 대해 조건을 달 수 있어야만 한다.

내 말을 오해하지는 마시라. 나는 차관에 조건을 붙이는 것 자체에 반대하는 것이 아니다. 채권자가 조건을 다는 것은 정당한 일이다. 하지만 조건 설정은 채무의 변제와 관련성이 깊은 영역으로 한정되어야 한다. 그렇지 않으면 채권자가 채무자 인생의 모든 측면에 개입할 수 있다.

가령 내가 은행 대출을 받아 공장을 확장하고자 하는 중소기업 사장이라고 하자. 은행의 담당 직원이 채무의 변제와 관련하여 일방적으로 조건을 부과한다 해도 그것은 정당하다. 또 공장을 확장할 때 어떤 종류의 건축 자재를 사용하고, 어떤 종류의 기계를 구입해도 되는지의 여부와 관련해 특정한 조건을 부과한다 해도 받아들일 수 있다. 하지만 나에게 (채무 변제와 전혀 무관한 것은 아니기는 하지만) 기름진 식사를 하면 건강이 나빠져 빚을 갚을 능력이 줄어드니 지방 섭취를 줄이라는 조건을 내세운다면, 그건 가당찮은 간섭이다. 물론 몹시 암담한 상황이라면 나는 자존심을 버리고 이런 터무니없는 조건에도 동의할 것이다. 그러나 (가족과 함께 지내는 시간을 줄이면 사업에 투입할 수 있는 시간이 늘어나고, 그러면 채무 불이행 가능성을 줄일 수 있다는 근거에서) 나에게 집에 있는 시간을 하루 한 시간 이내로 줄이라는 어처구니없는 조건을 내건다면, 나는 그 사람 얼굴을 후려갈기고 그 은행에서 뛰쳐나올 것이다. 물론 식습관과 가정생활이 사업을 경영하는 나의 능력과 무관한 것은 아니다. 그러나 그 관련성은 간접적이고 주변적인 것이다.

IMF의 경우 처음에는 통화 평가절하 등 채무국의 국제수지 관리와 밀접한 관계가 있는 사항만을 조건으로 내걸었다. 하지만 차츰 예산 적자가 국제수지 불안의 핵심적인 요인이라는 근거에서 정부 예산과 관련한 조건을 내걸기 시작했고, 나중에는 대부분의 개발도상국들의 경우 국영 기업에서 발생한 손실이 예산 적자의 주요한 요인이라는 근거에서 국영 기업의 민영화와 같은 조건까지 내걸기에 이르렀다. 이런 논리에 의해 시작된 임무 확장은 끝없이 이어졌다. 가령 IMF는 1997년 한국에 대해 '민간 부문' 회사들의 부채가 지나치게 많은 것이 한국 금융 위기의 주요한 원인이라는 논리로 이 회사들의 부채 규모를 놓고 조건을 내걸었다.

흡사 상처에 소금을 뿌리는 나쁜 사마리아인처럼, 부자 나라들은 IMF의 금융 원조에 따른 조건으로, 채무국들이 자국 경제를 조정하는 것과는 거의 무관하나 채권국들에는 이익이 되는 정책을 채택하도록 강요하는 일도 많다. 1997년에 한국이 IMF와 맺은 협정을 본 어떤 이는 몹시 격분해서 "이 협정안의 서너 가지 조항들은 일본과 미국이 오랫동안 한국에 채택을 유도해 왔던 정책의 복사판이다. 이 협정안에는 특정한 일본 상품에 대한 무역 장벽의 축소를 앞당기는 것과 … 한국 기업들에 대해 적대적인 인수에 참여해 대주주로서의 소유권을 확보할 수 있고, 은행업 및 기타 금융 서비스업에 대한 직접적인 참여를 늘릴 수 있도록 외국인 투자자들에게 자본 시장을 개방하는 것이 포함되어 있다. 물론 수입 공산품으로 인한 경쟁 심화와 외국인 소유권의 확장은 … 한국 경제에 도움이 될 수 있다. 하지만 한국인들뿐 아니라 많은 사람들은 … 한국이 곤경에 처하자 예전에 거부했던 무역 및 투자 정책을 받아들이도록 강요하는 것은 IMF의 권력 남용이라고 보고 있다"[28]라는 논평을 내놓기도 했는데, 이렇게 말한 이는 반자본주의도 무정부주의자도 아닌 1980년대 로널드 레이건 정부의 경제 자문으로 핵심적인 역할을 수행했던 하버드의 보수적인 경제학자 마틴 펠드스타인이었다.

이 장의 앞부분에서 지적했듯이 브레턴우즈 기구들의 정책이 대부분의 개발도상국들에서 성장 저하와 불평등한 소득 분배의 심화, 그리고 경제 불안정을 낳았을 뿐임에도 불구하고 나쁜 사마리아인 같은 나라들의 융자 조건 악용과 결부된 IMF와 세계은행의 임무 확대는 정말이지 용납하기 어렵다.

그렇다면 IMF와 세계은행은 어째서 이런 형편없는 결과를 초래한 잘못된 정책을 끈질기게 고수하는 것일까? 그것은 이들의 의사결정 지배 구조가 부자 나라들의 이익에 유리한 쪽으로 심하게 치우쳐 있기 때문이다. 브레턴우즈 기구들은 (1원 1표 시스템으로) 근본적으로 어떤 나라가 가지고 있는 자본금 액수에 따라 결정이 이루어진다. 그 결과 부자 나라들은 IMF와 세계은행의 전체 투표권 중 60%를 장악해 절대적인 통제권을 행사하고 있다. 심지어 미국은 가장 중요한 18개 영역에서 사실상의 거부권을 행사할 수 있을 정도이다.[29]

이런 의사결정 지배 구조로 말미암아 IMF와 세계은행은 개발도상국 각각에 맞게끔 신중하게 고안된 정책 대신 부자 나라들이 일반적으로 타당하다고 받아들이는 표준적인 정책 패키지를 강요할 수밖에 없었다. 그에 따른 성과는 좋지 않았다. 게다가 이들의 정책이 타당하다 하더라도 해당 국가가 외부의 강요로 간주하고 저항하면 그 정책은 실패로 끝나는 경우가 많았다.

최근 들어 이런 비판의 목소리가 높아지자 IMF와 세계은행 역시 여러 가지로 대응하고 있는데, 그중에는 겉치레에 불과한 조치들도 있다. 가령 IMF는 자신도 빈곤 문제에 관심을 기울이고 있다는 표시로 '구조조정 프로그램'을 '빈곤 감축 및 성장 촉진 프로그램'이라고 부르고 있다. 하지만 내용상으로는 예전과 달라진 것이 거의 없다. 보다 폭 넓은 주체와 대화할 수 있는 통로를 마련하기 위한 노력이 전혀 없었던 것도 아니다. 예컨대 세계은행이 비정부기구NGO들과 협의하는 것을 꼽을 수 있을 것이다. 그러나 이런 협의의 영향력은 미미하다. 게다가 개발도상국의 비정부기구들이 간접적으로라도 세계은행으로부터 자금을 지원받는 경우가 계속 늘어나는 지금 시점에서 이런 조치의 실효성은 더더욱 의심스럽다.

IMF와 세계은행은 또한 프로그램에 대한 '주인 의식'을 증대시키기 위해 프로그램의 구상 단계에서 해당 국민들을 참여시키고자 노력하고 있는데, 이런 노력은 실제로 별다른 효과를 보지 못하고 있다. IMF나 세계은행은 고도로 훈련된 경제학자 군단과 무수한 금융 자원을 가지고 있는 반면, 개발도상국들은 여기에 맞서 논쟁을 벌일 만한 지적 자원이 부족한 나라가 대부분이다. 게다가 IMF와 세계은행은 내가 "다양성에 대한 헨리 포드식 접근법"• 이라고 일컫는 방법을 채택해 왔다. 즉 정책과 관련하여 받아들일 수 있다고 간주하는 국가별 차별화의 폭이 대단히 협소하다는 것이다. 그런 상황에서 개발도상국들은 선거나 임명을 통해 IMF나 세계은행에서 근무했던 사람들을 핵심 경제 부서에 앉히는 경향이 늘고 있다. 결국 '국가별' 해결책들 역시 갈수록 브레턴

• 헨리 포드는 "자동차가 검은색이기만 하면 고객들이 원하는 어떤 색깔로도 차를 칠해 줄 수 있다"라는 유명한 말을 했다.

우즈 기구들이 내놓는 해결책을 닮게 되는 것이다.

1995년 GATT의 우루과이 라운드에 따라 WTO가 창립되면서 사악한 삼총사가 완성되었다. 그러나 WTO의 활동 내용에 대해서는 다른 장에서 자세하게 다룰 예정이니 여기서는 논의의 초점을 WTO의 의사 결정 지배 구조에 국한하도록 하자.

WTO는 여러 가지 면에서 비판받고 있다. 많은 사람들은 WTO가 선진국이 개발도상국 시장에 파고들기 위한 도구에 지나지 않는다고 주장하며, 심지어는 다국적 기업의 이익을 증진시키기 위한 수단이라고 주장하기까지 한다. 이런 비판에는 타당한 측면들이 있는데, 그에 대해서는 나중에 살펴볼 것이다.

비록 이런 비판을 받고 있기는 하지만 WTO는 개발도상국들이 가장 큰 발언권을 가진 국제 조직이다. WTO는 IMF나 세계은행과는 달리 1국 1투표권을 받아들였다는 점에서 '민주적'이다. (물론 인구가 13억인 중국과 50만에도 미치지 않는 룩셈부르크에 각각 투표권을 하나씩 주는 것이 '민주적'이냐에 대해서는 이견이 있을 수 있다.) 또한 유엔의 경우 안전보장이사회의 5개 영구 회원국이 거부권을 갖고 있지만, WTO에서는 그 어느 나라도 거부권을 갖지 못한다. 따라서 수적으로 우세한 만큼 개발도상국들이 WTO에서 차지하는 지위는 IMF나 세계은행에서 차지하는 지위보다 훨씬 더 높다.

그렇지만 불행하게도 실제로 투표가 이루어지는 것이 아니라 소수의 부자 나라들로 이루어진 과두 집단에 의해 WTO가 운영되고 있다. 가령 (1998년의 제네바 회의, 1999년의 시애틀 회의, 2001년의 도하 회의, 2003년의 칸쿤 회의 등) 여러 차례의 각료 회의에서는 초청받은 사람만 참석할 수 있는 이른바 그린룸 회의를 통해 모든 중요한 협상이 이루어진 것으로 알려졌는데, 이 회의에 초청된 것은 부자 나라들과 부자 나라들이 무시할 수 없는 (인도와 브라질 같은) 몇몇 개발도상국뿐이었다. 이에 반발한 몇몇 개발도상국 대표들은 1999년 시애틀 회의에서 초청을 받지 못했음에도 그린룸 회의에 들어가려 시도하다가 결국 물리적인 힘에 의해 쫓겨난 일도 있었다.

그러나 이런 극단적인 수단이 아니라 하더라도 WTO의 결정은 부자 나라들에 유리한 쪽으로 치우치기 십상이다. 부자 나라들은 해외 원조 예산을 빌미로 삼거나, IMF나 세계은행 혹은 '지역별' 다자간 금융 기구•들의 융자 결정에 영향력을 행사하는 방법으로 개발도상국들을 협박하거나 회유할 수 있기 때문이다.

이뿐만이 아니다. 지적 자원과 협상 능력에서 부자 나라들과 개발도상국 사이에는 엄청난 격차가 있다. 내가 전에 가르쳤던 한 학생은 아프리카 출신으로 모국에서 외교 업무를 담당하다 최근 그만두었다. 그에 따르면, 그를 포함해 단 세 명이서 제네바에서 열리는 WTO 관련 모든 회의에 나라를 대표해 참석해야 했다. 그런데 하루에 대개 12건씩 회의가 열렸기 때문에 이들 세 명은 몇 개의 회의는 아예 제쳐 놓아야 했고, 나머지 회의에도 세 명이 분담해 참석해야 했다. 결국 한 사람이 회의 하나에 두세 시간 정도만 배분할 수 있다는 이야기이다. 그 결과 제때 들어가 유용한 성과를 올리기도 했지만, 때를 놓쳐 아무것도 건지지 못한 적도 적지 않았다고 한다. 이에 비해 아주 극단적으로 대조되는 사례를 들자면, 미국은 파견된 지식재산권 담당자만 해도 수십 명이

• 아시아개발은행ADB, 미주개발은행IDB, 아프리카개발은행AFDB, 예전에 공산주의였던 경제권을 대상으로 하는 유럽부흥개발은행EBRD이 여기에 속한다.

넘었다고 한다. 그럼에도 그는 자기 나라는 그나마 운이 좋은 편이라고 말했다. 제네바에 단 한 명도 보내지 못하는 개발도상국이 스무 곳이 넘고, 한두 사람만으로 버텨야 하는 나라들도 많으니 그렇다는 것이다. 이와 비슷한 무수한 이야기들은 하나같이 국제 무역 협상 자체가 부자 나라들에 유리하도록 판이 짜여져 있다는 것을 암시한다. 국제 무역 협상은 흡사 어떤 사람들은 권총을 들고 싸우는데, 어떤 사람들은 공중 폭격을 하고 있는 전쟁과 같은 것이다.

나쁜 사마리아인들이 이길 것인가?

신자유주의에 기반한 반反혁명의 선두에 섰던 마거릿 대처 영국 총리는 "대안이 없다"라는 말로 자신을 비판하는 사람들을 물리친 적이 있는데, 세계화에 대한 나쁜 사마리아인들의 설명 방식에는 바로 이 '대안 없음'이라는 식의 분위기가 스며들어 있다.

나쁜 사마리아인들은 세계화를 통신과 운송 기술의 거침없는 발전에서 비롯된 피할 수 없는 결과라고 말하기를 좋아한다. 이들은 자신들을 비판하는 사람들을 "어느 올리브 나무를 차지할 것인지를 놓고 다투는" 시대에 뒤떨어진 현대판 러다이트주의자들[30]이라고 표현하기를 즐긴다. 이들에 따르면 역사의 흐름을 거스르면 재앙이 일어날 뿐이며, 이는 양차 대전 사이의 시기에 일어난 세계 경제의 붕괴와 1960~1970년대에 벌어진 개발도상국들의 국가 주도형 산업화의 실패가 입증한다는 것이다. 이들은 세계화라는 역사의 흐름에서 살아남을 수 있는 방법은 한 가지뿐인데, 그 방법은 거의 모든 성공한 경제가 번영해 가는 동안 입었던 것이라고 회자되는, 치수가 하나뿐인 황금 구속복을 입는 것이라고 주장한다. 그것 말고는 대안이 없다는 것이다.

이 장에서 나는 대안 없음이라는 결론은 세계화를 추진하는 힘에 대해 근본적으로 잘못된 인식에서, 역사를 이론에 맞추어 왜곡하는 태도에서 나온 것임을 지적했다. 자유 무역은 대개 약소국 스스로 선택한 것이 아니라 억지로 강요된 것이었으며, 선택권을 가지고 있던 나라들의 대부분은 짧은 예외 기간을 제외하고는 자유 무역을 선택하지 않았다는 것도 보여 주었다. 선진국이든 개발도상국이든 성공한 경제는 거의 모두 세계 경제로의 무조건적인 통합 과정이 아닌, 선택적이고 전략적인 통합 과정을 거쳐 현재의 위치에 도달했다는 것도 제시했다. 실제로 개발도상국들은 정책 자율성을 완전히 박탈당했던 (식민 지배와 불평등 조약으로 점철된) 첫 번째 세계화 시기나 정책 자율성이 크게 위축되었던 지난 사반세기보다 상당한 정책 자율성을 가지고 국가 주도의 산업화를 추진했던 '형편없었던 옛날'인 그 시절에 훨씬 더 나은 성과를 올렸다.

세계화와 관련해서 불가항력적인 것은 존재하지 않는다. 세계화의 주된 추진력은 나쁜 사마리아인들이 주장하듯이 기술이 아니라 정치, 즉 인간의 의지와 결정이다. 만일 기술이 세계화의 정도를 결정한다면 (증기선과 유선전신에 의존하던) 1870년대보다 (인터넷을 제외하고는 모든 현대화된 운송과 통신 기술을 확보하고 있던) 1970년대에 세계화가 덜 진전된 이유를 설명할 방법이 없다. 기술은 세계화의 외부적인 경계를 규정지을 뿐이다. 엄밀하게 말해 세계화가 어떤 형태를 취할 것인지의 여부는 우리가 어떤 국가 정책을 만들고, 어떤 국제 협정을 만드느냐에 달려 있다. 이렇게 본다면 '대안 없음'이라는 명제는 잘못된 것이다. 현재 진행되고 있는 신자유주의 세계화에 대한 대안은 있다. 그것도 한 가지가 아닌 다른 여러 가지 대안들이 있다. 그것이 바로 이 책의 나머지 부분에서 우리가 살펴볼 것이다.

2

대니얼 디포의 이중생활

부자 나라는 어떻게 부자가 되었는가?

BAD SAMARITANS

『로빈슨 크루소』의 저자인 대니얼 디포의 인생은 다채로웠다. 그는 소설을 쓰기 전에는 모직물과 양말·포도주·담배를 수입하는 사업가였고, 왕립복권회사와 주택의 창문 수에 따라 재산세를 징수하던 악명 높은 창호세 사무소 같은 정부 기관에서도 일했다. 또한 그는 정치 팸플릿의 저자로 상당한 영향력을 행사하는가 하면 정부 스파이로 이중생활도 했는데, 처음에는 보수당인 토리당 출신 하원 의장 로버트 할리를 위해, 나중에는 할리의 정적인 로버트 월폴이 이끄는 자유당인 휘그당 정부를 위해 스파이 활동을 하느라 그의 인생은 점점 더 복잡해졌다.

디포는 경제학자로도 활동했는데, 경제학자로서 그의 활동은 거의 알려져 있지 않다. 『로빈슨 크루소』와 『몰 플랜더스』 등 그가 쓴 소설은 널리 알려져 있지만, 그가 쓴 주요 경제 저작인 『영국 상업 발전 계획』(1728)은 거의 잊히다시피 했다. 널리 읽히는 리처드 웨스트의 디포 전기에는 이 책에 대한 언급 자체가 없다. 폴라 백샤이더가 써서 상까지 받은 전기에도 이 책은 디포의 아메리카 원주민에 대한 견해 등 중요하지 않은 주제들과 관련해서만 언급되어 있을 뿐이다.[1] 그러나 이 책은 튜더 왕조의 산업 정책에 대한 심층적이면서도 통찰력 있는 설명으로 현대를 사는 우리에게 많은 가르침을 준다.

이 책(앞으로는 『계획』이라 부르자)에서 디포는 튜더 왕조, 특히 헨리 7세와 엘리자베스 1세가 당시 유럽의 하이테크 산업이었던 모직물 제조업을 영국에서 발전시키기 위해 정부가 보호주의와 보조금, 독점권의 분배, 산업 스파이 활동의 지원을 비롯한 여러 가지 형태로 개입하는 과정을 설명하고 있다. 영국은 튜더 왕조 때까지만 해도 수입에 필요한 자금의 조달을 원모 수출에 의존하는 비교적 후진적인 경제였다. 당시 모직물 제조업은 (오늘날의 벨기에와 네덜란드에 해당하는) 저지대국 중에서도 플랑드르의 브뤼헤와 겐트, 이프르에 집중해 있었는데, 영국은 이 지역에 원모를 수출함으로써 일정한 이윤을 확보할 수 있었다. 하지만 원모를 모직물로 바꿀 줄 아는 저지대국 사람들은 그보다 훨씬 더 많은 이윤을 거두고 있었다. 다른 사람들이 할 수 없는 어려운 일을 할 줄 아는 사람들이 더 많은 이윤을 벌어들이는 것이 경쟁의 법칙이기 때문이다. 15세기 말, 헨리 7세는 이런 상황을 바꾸어 놓고자 했다.[2]

디포에 따르면 헨리 7세는 특사를 보내 모직물 제조에 알맞은 입지를 찾게 했고,[3] 앞서 에드워드 3세가 했듯이 저지대국에서 숙련된 기술자들을 빼내 왔다.[4] 그는 또 국내 원모 가공업의 발전을 장려하기 위해 원모 수출에 대한 세금을 올리는 것은 물론이고, 원모 수출을 일시적으로 금지하기까지 했다. 1489년에는 국내에서의 원모 가공 확대를 촉진하기 위한 조치로 일정한 가격 이하의 조잡한 것을 제외한 미완성 모직물의 수출을 전면 금지했는데,[5] 헨리 8세 역시 선왕의 이런 뜻을 유지하기 위해 1512년과 1513년, 1536년에 미완성 모직물의 수출을 금지했다.

디포가 강조하고 있듯이 헨리 7세는 영국의 모직물 생산자들이 저지대국의 숙련된 경쟁자들을 금방 따라잡을 수 있을 거라는 환상은 품지 않았다.[6] 그는 대량의 가공된 원모를 다룰 수 있을 만큼 영국의 모직물 공업이 발전했다고 판단되었을 때에야 비로소 원모에 대한 수출 관세를 높였다. 또 영국이 국내에서 생산된 원모의 전량을 처리할 만한 능력이 없다는 사실이 명백해지자 재빨리 원모 수출 금지령을 철회했다.[7] 『계획』에 따르면 영국이 원모 수출을 완전히 금지할 수 있을 정도로 충분한 생산 능력을 갖추게 된 것은 엘리자베스 1세의 재임기 중반인 1578년으로, 헨리 7세가 '수입 대체 산업화' 정책을 실시한 지 거의 100년 만의 일이었다.[8] 그러나 일단 원모 수출 금지령이 내려지자 원료를 손에 넣을 수 없는 저지대국의 경쟁자들은 파멸에 빠져들 수밖에 없었다.

만일 헨리 7세가 이런 정책을 추진하지 않고 그 후계자들 또한 노력을 배가하지 않았더라면, 영국은 원료 수출국에서 유럽 하이테크 산업의 중심국으로 변모하는 것이 아예 불가능했거나, 아니면 그 과정이 몹시 어려웠을 것이다. 그러나 그 후 모직물 제조업은 영국의 가장 중요한 수출 산업이 되었다. 그리고 거기서 얻은 소득은 대부분 산업혁명에 동력을 공급하기 위한 엄청난 양의 원료와 식량 수입 자금으로 제공되었다.[9] 『계획』은 이렇듯 영국이 다른 나라들보다 앞서서 경제적 성공을 거둔 것은 남들보다 먼저 번영의 진정한 경로—자유 시장과 자유 무역—를 찾아냈기 때문이라는 자본주의 창세 신화를 산산조각 내고 있다.

경제학을 가르치는 사람들은 흔히 대니얼 디포가 쓴 소설의 주인공 로빈슨 크루소를 신자유주의적 자유 시장 경제학의 영웅인 '합리적 경제인'의 원형으로 거론하곤 한다. 이들의 주장에 따르면 크루소는 혼자 살면서도 늘 '경제적으로' 결정을 내렸다. 소비와 여가에 대한 자신의 욕구를 충족하는 일에서 합리적인 인간답게 최소한의 노력만 기울일 수 있도록 행동한 것이다. 그렇다면 크루소가 가까운 섬에서 혼자 사는 다른 사람을 발견했다고 가정해 보자. 이 두 사람은 어떻게 거래를 해야 할까? 자유 시장 이론은 시장(교환)을 도입해도 크루소가 처한 상황의 본질은 근본적으로 바뀌지 않는다고 주장한다. 자신의 생산물과 이웃의 생산물 사이의 교환 비율을 정할 필요는 있겠지만, 크루소의 삶은 예전과 똑같이 계속된다는 것이다. 합리적 인간인 크루소는 계속해서 합리적으로 결정을 할 것이기 때문이다. 자유 시장 경제 이론에 따르면, 자유 시장이 작동하는 것은 바로 우리가 크루소와 똑같은 존재이기 때문이다. 우리는 우리가 원하는 것이 무엇인지, 그리고 그것을 어떻게 이룰 수 있는지를 정확하게 알고 있다. 따라서 사람들로 하여금 자신이 바라는, 또는 자신에게 좋은 것이라고 알고 있는 일을 하도록 놓아 두는 것이 최선의 경제 운영 방법이다. 여기서 정부는 거치적거리는 방해물일 뿐이다.

하지만 디포의 『계획』을 뒷받침하는 경제학은 로빈슨 크루소의 경제학과 완전히 상반된다. 디포는 『계획』을 통해 영국의 모직물 제조업을 발전시킨 것은 자유 시장이 아니라 정부의 보호와 보조금이었다는 사실을 분명히 밝히고 있다. 헨리 7세는 자신의 조국이 유능한 원모 생산자인 만큼 계속 그 지위를 유지해야 한다는 시장의 신호를 무시하고, 이 달갑지 않은 진실을 고의로 왜곡시키는 정책을 도입함으로써 영국을 선도적인 제조업 국가로 변모시키는 과정의 막을 열었다. 경제 발전을 위해서는 로빈슨 크루소처럼 오늘을 위해 살아가는 사람이 아니라, 헨리 7세처럼 새로운 미래를 만들어 내는 사람이 필요하다. 결국 디포는 스파이로서도 이중적으로 생활했지만, 경제학자로서도 이중적으로 생활한 셈이다. 그의 소설은 디포 자신도 깨닫지 못하는 사이에 자유 시장 경제 이론의 중심적인 인물을 창조했고, 그의 경제 분석은 자유 시장과 자유 무역의 한계를 뚜렷하게 입증했으니 말이다.

영국, 세계에 도전장을 던지다

디포는 토리당 정부를 위한 스파이 노릇을 하면서 이중생활을 시작했지만, 앞서 이야기했듯이 나중에는 로버트 월폴이 이끄는 휘그당 정부를 위해서 스파이 노릇을 했다. 월폴은 흔히 초대 영국 총리로 알려져 있지만, 실제로 '총리'라는 직명을 가진 적은 없었다.[10]

월폴은 오히려 부패한 사람으로 유명했다. 그는 '독직 행위를 일상적인 시스템으로 바꾸어 놓은' 사람으로 알려져 있을 정도이다. 그는 (추종자들 사이에) 귀족 작위와 공직, 그리고 특전을 능란하게 배분함으로써 자신의 권력의 토대를 유지했다. 덕분에 그는 (1721년에서 1742년까지) 21년이라는 엄청나게 긴 기간 동안 총리 직위를 지킬 수 있었다. 그의 정치적 수완은 조너선 스위프트가 『걸리버 여행기』에서 그린 플림냅이라는 인물 속에 영원히 살아남아 있다. 플림냅은 릴리퍼트 제국의 총리이자, 릴리퍼트에서 고위 공직에 앉을 사람을 선발할 때 쓰는 엉뚱한 방법인 줄타기 춤의 대가이다.[11] 그러나 월폴은 매우 유능한 경제 관료였다. 그는 재무 장관으로 일할 때 국채를 갚는 데만 사용하는 '상환 기금'을 만들어 정부의 신용을 향상시켰다. 그는 또 저 유명한 사우스 시 버블 사건•으로 빚어진 재정적인 난관을 처리할 수 있는 유일한 사

• 사우스시south sea는 1711년 (디포에게 처음으로 첩자 노릇을 맡겼던) 로버트 할리에 의해서 창립된 회사로 스페인령 아메리카에서의 독점적인 무역권을 보장받았다. 이 회사는 실질적인

람이라는 평가를 받아 1721년 총리 자리에 올랐다.

월폴은 총리가 되자마자 영국의 산업 및 무역 정책의 초점을 극적으로 전환하는 일대 정책 개혁을 단행했다. 월폴이 총리에 취임하기 전까지만 해도 영국의 정책 목표는 주로 식민 지배와 (영국과 관련된 모든 무역은 영국 선박을 통해 이루어져야 한다는 내용의) 항해조례를 통해 무역을 장악하고 국가의 세입을 창출하는 것에 있었다. 모직물 제조업 육성이 가장 중요한 예외이기는 했으나, 거기에도 역시 세입을 늘리려는 동기가 한몫을 하기는 마찬가지였다. 하지만 1721년에 월폴은 제조업 육성을 겨냥하는 정책들을 도입했다. 그에 필요한 새로운 법률을 제안하면서 의회에 대한 왕의 성명이라는 형식으로 표출된 월폴의 선언은 "공산품을 수출하고 해외에서 원자재를 수입하는 것이야말로 공공복지를 도모하는 데 가장 크게 기여할 수 있는 확실한 방법임에 틀림없다"[12]라는 것이었다.

월폴이 1721년에 제정한 법률의 기본적인 목적은 외국의 경쟁으로부터 영국 제조업을 보호하고 수출을 장려하는 데 있었다.[13] 그에 따라 수입된 외국 공산품에 대한 관세는 크게 올랐고, 제조업에 사용되는 원자재에 대한 관세는 크게 낮아지거나 아예 폐지되었고, 공산품 수출은 수출 보조금을 비롯한 여러 가지 방법으로 장려되었다.[14] 또 마지막에는 파렴치한 제조업자들이 해외 시장에서 영국산 상품의 명성에 먹칠을 하는 것을 막을 수 있도록 공산품들, 그중에서도 특히 직물 제품의

수익은 거의 없었지만 장래의 무역 가능성에 대한 터무니없는 소문으로 말미암아 주가가 폭등했다. 이 회사 주식에 대해 투기의 광풍이 몰아치기 시작한 1720년 1월 이래 8월까지 7개월 만에 주가가 10배나 오를 정도였다. 이후 주가가 떨어지기 시작해 1721년 초에는 1720년 1월 수준으로 돌아갔다.

품질을 관리하기 위한 규제까지 도입되었다.[15]

이런 정책은 제2차 세계 대전 후 일본, 한국, 대만과 같은 동아시아 '기적'의 경제들이 사용해 성공을 거둔 정책들과 아주 유사하다. 나 자신을 포함해 많은 사람들이 1950년대 일본의 정책 입안자들에 의해 고안되었다고 믿었던 정책이 실상 오래전에 영국에서 발명된 것이었다.[16]

월폴의 보호 무역 정책은 다음 세기에도 굳건하게 자리를 지켰고, 그 덕택에 영국 제조업은 유럽 대륙의 제조업을 따라잡은 것은 물론, 결국에는 앞서 나가게 되었다. 영국은 이렇듯 19세기 중반까지 고도의 보호 무역 국가였다. 1820년 영국의 경우 수입 공산품에 대한 평균 관세율은 45~55%였는데, 저지대국은 6~8%, 독일과 스위스는 8~12%, 프랑스는 20% 남짓이었다.[17]

영국이 무역 정책에 활용한 무기는 관세만이 아니었다. 영국은 식민지에서의 선진적인 제조 활동에 대해 무조건적인 금지령을 내렸다. 월폴은 미국에 고급 철강을 생산하는 새로운 철강소의 건설을 금지함으로써 미국인들이 부가가치가 높은 강철 대신에 부가가치가 낮은 선철과 철봉 제조에 매달리게 만들었다.

영국은 또한 식민지들이 자국의 제품과 경쟁하게 될 만한 제품을 자국이나 해외로 수출하는 것을 금지했다. 영국은 당시 영국산 면직물보다 품질이 우수했던 인도산 면직물(캘리코)의 수입을 금지했으며, 1699년에는 (양모조례를 통해) 식민지들이 다른 나라로 모직물을 수출하는 것을 금지함으로써 아일랜드의 모직물 산업을 파괴하고 미국 내 모직물 산업의 출현을 막았다.

최종적으로 영국은 식민지에 대해 1차 상품의 생산을 장려하는 정책을 펼쳤다. 월폴은 (대마, 목재, 판재 같은) 미국 내에서 생산된 원료에 대해 (미국 쪽에는) 수출 보조금을 지급하고 (영국 쪽에는) 수입세를 폐지했다. 그는 미국인들이 영국 제조업의 경쟁자로 부상하는 일이 없도록 1차 상품 생산에 확실하게 묶어 두고자 했다. 식민지 사람들은 이렇듯 가장 수익성이 높은 '하이테크' 산업을 영국의 손아귀에 곱게 남겨 두어야 했으니, 영국이 경제 발전에서 세계 최선두를 달리는 혜택을 누리는 일은 떼어 놓은 당상이나 다름없었다.[18]

영국 경제의 이중생활

세계적으로 유명한 자유 시장 경제학자 애덤 스미스는 월폴이 주축이 되어 세웠던 '중상주의 체제'를 호되게 비판했다. 애덤 스미스의 역작인 『국부론』은 영국의 중상주의 체제가 절정에 달했던 1776년에 출간되었는데, 이 책에서 그는 보호 관세, 보조금, 독점권 부여 등의 중상주의 시스템이 만들어 낸 경쟁 제한이 영국 경제에 나쁜 영향을 미치고 있다고 주장•했다.

애덤 스미스는 월폴의 정책이 시대에 뒤처져 가고 있다는 것을 꿰뚫어 보았다. 물론 월폴의 정책이 없었더라면 영국의 많은 산업들은 해외의 우월한 경쟁자들을 따라잡을 기회를 잡기도 전에 무너지고 말았을 것이다. 하지만 영국 산업이 국제적으로 경쟁력을 갖추게 된 이상 보호무역은 그 필요성이 줄어든 정도가 아니라, 오히려 역효과를 내고 있었

• 그러나 스미스는 자유 시장 경제학자이기 이전에 애국자였다. 그가 자유 시장과 자유 무역을 지지한 것은 그것이 영국에 유리하다고 판단했기 때문이었다. 가장 노골적으로 '시장을 왜곡하는' 법령인 항해조례를 영국의 모든 무역 관련 법령 가운데서 가장 현명한 법령이라고 그가 극찬한 데서 이를 알 수 있다.

다. 스미스가 주장하는 것처럼 더 이상 보호할 필요가 없는 산업을 보호하면 그 산업은 안일해져 효율성을 잃게 될 우려가 있던 만큼, 당시 영국으로서는 자유 무역을 채택하는 편이 훨씬 이로웠다. 그러나 스미스는 시대를 다소 앞서가고 있었다. 그의 견해는 한 세대가 지나서야 확고한 영향력을 발휘했고, 영국이 진정한 자유 무역 국가가 된 것은 『국부론』이 출간되고 나서 84년 만의 일이었다.

『국부론』이 출간된 지 40여 년이 지나고 나폴레옹 전쟁이 끝난 1815년이 되면 벨기에와 스위스 같은 나라들이 기술 우위를 점했던 소수의 제한된 분야를 제외하고, 영국의 제조업자들이 세계 최고의 실력자로서 확고한 지위를 차지하고 있었다. 그들은 자유 무역이 자신의 이익과 맞아떨어진다는 것을 정확하게 이해하고 자유 무역을 옹호하는 활동을 개시했다. (물론 면직물 제조업자들이 외국의 경쟁자들에게 유리할 수도 있는 방직기 수출에 대해서는 무역을 제한하기를 원했던 것처럼, 제조업자들은 무역 제한이 자신에게 유리하다고 판단할 경우에는 기꺼이 무역 제한을 인정했다.) 특히 이들은 값싼 곡물의 수입을 제한하던 곡물법을 철폐하기 위한 활동에 나섰는데, 이는 임금을 낮추고 이윤을 끌어올릴 수 있다는 점에서 제조업자들에게 아주 중요한 일이었다.

곡물법 폐지 운동에 결정적으로 도움을 준 것은 경제학자이자 직업적 주식 투자자였던 데이비드 리카도가 제시한 비교 우위 이론으로, 이 이론은 오늘날까지도 자유 무역 이론의 핵심을 이루고 있다. 리카도 이전의 일반적인 인식은 한 나라가 어떤 상품을 상대국보다 더 값싸게 만들 수 있을 때에만 무역을 할 이유가 있다는 것이었다. 리카도는 이런 일반적인 인식을 멋지게 뒤엎었다. 리카도에 따르면 한 나라가 모든 물건의 생산에서 다른 나라보다 효율성이 높은 경우에도 그 나라는 무역 상대국에 대해 최고의 가격 우위를 가지는 물건의 생산에 집중할 때 보다 많은 이익을 얻을 수 있다. 뒤집어 말하면 한 나라가 무역 상대국에 대해 가격 우위를 가지고 있는 상품을 하나도 생산하지 못하고 있다고 하더라도, 가격 열위의 정도가 가장 적은 상품의 생산에 집중하면 무역을 통해 이익을 얻을 수 있다는 것이다. 리카도는 이 이론을 통해서 19세기 자유무역주의자들의 손에 "자유 무역은 모든 나라에 이익이 된다"라고 주장할 수 있는 간단하고도 강력한 무기를 쥐여 주었다.

리카도의 이론은 절대적으로 옳다. 그 이론의 좁은 테두리 안에서는 그렇다. 리카도의 이론은 정확히 말해 각 나라들이 "자신의 현재 기술 수준을 그대로 감수하는 한에서는" 자신이 비교적 잘하는 것들에 집중하는 것이 좋다는 의미이다. 여기에 대해서는 어느 누구도 반박할 수가 없다.

그의 이론이 통하지 않는 것은 어떤 나라가 보다 고도의 기술을 획득해 대부분의 다른 나라가 할 수 있는 것보다 더 어려운 일들을 하고자 할 때, 즉 경제를 발전시키고자 할 때이다. 새로운 기술을 흡수하려면 시간과 경험이 필요하다. 이때 기술적으로 뒤처진 생산자들은 새로운 기술을 배우는 동안 국제적인 경쟁으로부터 보호를 받을 필요가 있다. 하지만 여기에는 희생이 따른다. 보다 우수하고 보다 저렴한 상품을 수입할 수 있는 기회를 포기해야 한다는 점에서 그렇다. 그러나 이것은 선진적인 산업을 발전시키길 원한다면 마땅히 치러야 할 대가이다. 리카도의 이론은 현재 상태를 그대로 감수하려는 사람들을 위한 것이지, 현재 상태를 바꾸려고 하는 사람들을 위한 것은 아니다.

1846년에 영국 무역 정책에 대대적인 변화가 일어났다. 곡물법이 폐지되고 수많은 공산품에 대한 관세가 철폐된 것이다. 현대의 자유 무역주의 경제학자들은 곡물법의 폐지를 애덤 스미스와 데이비드 리카도의 지혜가 미련한 중상주의를 누르고 승리를 거둔 것으로 서술하곤 한다.[19] 우리 시대의 선도적인 자유 무역 경제학자인 컬럼비아 대학의 자그디시 바그와티 교수는 이것을 "역사적 전환"이라고 부르기도 한다.[20]

그러나 이 시기에 정통한 많은 역사학자들은 식량 가격을 낮추는 것은 곡물법 폐지주의자들의 한 가지 목표에 불과했음을 지적하고 있다. 그것은 동시에 "농산물과 1차 원료에 대한 시장을 확장하여 유럽 대륙의 공업화 추세를 멈추"려는 의도를 가진 "자유 무역 제국주의"에 입각한 행동의 일환이었다는 것이다.[21] 영국은 국내 농업 시장을 대규모로 개방함으로써 경쟁자들을 농업으로 유인하려 했다. 실제로 곡물법 폐지 운동의 지도자 리처드 코브던은 곡물법이 없었더라면 "십중팔구 미국과 독일에서 공업이 자리 잡지 못했을 것이다. 프랑스, 벨기에, 스위스에서는 공업이 자리 잡기는 했겠지만 지금처럼 번성하지는 못했을 것이다. 영국의 숙련공들이 먹던 값비싼 식량은 사실상 값싼 식량을 생산하는 나라들의 제조업자들에 대한 보조금 역할을 했다"[22]라고 논한 바 있다. 1840년 곡물법반대연맹의 핵심 멤버이자 당시의 상공부에 해당하는 무역위원회 위원이었던 존 보우링도 이와 비슷한 논조로, 독일 관세동맹에 가입한 국가들에 밀 경작에 집중하고 그 밀을 팔아 영국 공산품을 사라고 노골적으로 충고했다.[23] 게다가 관세가 완전히 폐지된 것은 1860년이 되어서였다. 요컨대 저명한 경제 사학자 폴 베어록이 표현한 대로, 영국은 "장기간 지속되어 온 높은 관세 장벽" 뒤에 숨어 경쟁국들을 누르며 기술적 우위를 획득하고 나서야 자유 무역을 채택[24]한 셈이다. 사정이 이러니 프리드리히 리스트가 "사다리 걷어차기"라는 이야기를 하는 것은 당연한 일일 것이다.

미국, 싸움판에 들어서다

영국의 위선적 행동에 대한 가장 신랄한 비판문은 독일인에 의해 쓰여졌지만, 정책과 관련하여 사다리를 걷어차는 영국의 행동에 가장 열심히 저항한 나라는 독일이 아니었다. 그렇다고 자유 무역을 옹호하는 영국에 맞서 보호 무역을 옹호해 온 것으로 알려진 프랑스도 아니었다. 그 대항마 역할을 맡은 것은 정작 한때 영국의 식민지였으며, 지금은 자유 무역의 선두 주자가 된 미국이었다.

미국은 영국의 식민 지배를 받으며 설움을 톡톡히 당한 바 있다. 영국은 미국이 새로운 산업을 보호하기 위해 관세를 이용하는 것을 금지했다. 영국 제품과 경쟁이 되는 제품을 수출하는 것도 금지하고, (제품보다는) 원료를 생산하라고 보조금을 주기까지 했다. 그뿐 아니라 미국인들이 생산할 수 있었던 제품에 대해서는 철저한 규제를 가했다. 이런 정책 뒤에 숨은 의도는 식민지 미국에 새로운 산업이 출현하고 있다는 소식을 들은 대大 피트가 1770년에 했던 "(뉴잉글랜드) 식민지가 말발굽에 박는 못을 생산한다고 해도 절대로 허락해서는 안 된다"[25]라는 진술로 훌륭하게 요약된다. 실제로 영국 정책은 이런 진술에 내포되어 있는 것보다는 약간은 관대해 몇 가지 공업 활동은 허용했다. 하지만 미국에서 하이테크 제품의 제조는 철저히 금지했다.

영국인들이 모두 대 피트처럼 몰인정했던 것은 아니다. 자유 무역이 미국에 도움이 될 거라는 확신을 가지고 미국인들에게 자유 무역을 권장하던 사람도 있었으니, 그는 스코틀랜드 출신으로 자유 무역 경제학의 시조가 된 애덤 스미스였다. 그는 『국부론』에서 진지한 어조로 공업을 발전시키지 말라고 미국인들에게 충고했다. 그는 "유럽 공산품의 수입을 막으려는" 어떠한 시도도 "진정한 부와 발전을 향한 미국의 전진에 도움을 주는 게 아니라 오히려 방해"가 될 것이라고 주장했다.[26]

초대 국무 장관과 3대 대통령을 역임한 토머스 제퍼슨을 비롯한 많은 미국인들이 이 의견에 동의했다. 그러나 격렬하게 반대하는 사람들도 있었다. 영국이 그랬던 것처럼 미국도 제조업을 발전시켜야 하며, 그것을 목표로 정부의 보호와 보조금 정책을 사용해야 한다고 주장한 것이다. 이런 움직임의 정신적 지주는 반半스코틀랜드인인 신출내기 알렉산더 해밀턴이었다.

해밀턴은 카리브해의 네비스섬에서 (미덥지는 않지만 귀족 혈통이라고 주장하는) 스코틀랜드인 행상과 프랑스 혈통의 여성 사이에서 사생아로 태어났다. 그는 뛰어난 재기와 넘치는 열정으로 권력을 잡기 위해 노력했다. 해밀턴은 독립전쟁 때이던 22세에 조지 워싱턴 장군의 전속부관이 되었으며, 1789년에 33세라는 엄청나게 젊은 나이에 미국의 초대 재무 장관이 되었다.

1791년 해밀턴은 미국 의회에 『제조업에 관한 보고서』(앞으로는 『보고서』라고 하자)를 제출했다. 그는 『보고서』를 통해 미국이 산업 발전 프로그램을 마련해야 한다는 견해를 밝혔다. 핵심은 미국과 같은 후진국은 외국과의 경쟁으로부터 '유치산업infant industry'을 보호하고, 그 산업들이 자기 발로 설 수 있을 때까지 육성해야 한다는 것이었다. 당시에는 이류였던 (지금의 컬럼비아 대학인) 뉴욕의 킹스 칼리지에서, 전공도 없이 이것저것 공부한 35세의 이 건방진 재무 장관은 젊은 조국에 이러한 행동 경로를 따를 것을 권함으로써 세계적으로 저명한 경제학자 애덤 스미스의 충고를 노골적으로 반박하는 일에 나섰다.

앞서 언급했던 것처럼 '유치산업'을 보호하는 관행은 예전부터 있었다. 하지만 그것을 처음 이론으로 만들어 이름을 붙인 것은 해밀턴이었다. (유치산업이란 말도 해밀턴이 만든 것이다.) 흔히 이 이론의 시조로 잘못 알려지고 있는 프리드리히 리스트는 훗날 이 이론을 발전시킨 사람으로 원래 자유무역주의자였다. 그는 세계 최초의 FTA인 독일 관세동맹을 옹호하던 중심 인물로, 미국에서 정치적 망명 중이던 1820년대에 유치산업 보호론을 배웠다. 해밀턴의 유치산업 보호론은 이후 여러 세대에 걸쳐서 많은 나라의 경제 발전 프로그램을 고무시켰고, 자유 무역 경제학자들에게는 혐오의 대상이 되었다.

해밀턴은 『보고서』에서 자국의 산업 발전을 이루기 위한 일련의 방법을 제안했다. 그 방법 가운데는 보호 관세와 수입 금지령, 보조금, 핵심 원자재의 수출 금지령, 산업 원자재에 대한 수입 자유화와 관세 리베이트, 발명품에 대한 포상과 특허 부여, 상품의 표준에 대한 법령 제정, 금융과 운송의 하부 구조 개발 등이 포함된다.[27] 해밀턴이 이런 정책을 지나치게 사용하는 것에 대해 충분히 경고했다고는 해도, 이런 정책 자체가 매우 강력하고 '이단적인' 처방임에는 틀림없다. 만일 그가 지금 어느 개발도상국의 재무 장관이었다면 IMF와 세계은행은 틀림없이 그 나라에 융자를 하는 것을 거부하고, 그를 재무 장관 자리에서 쫓아내기 위해 로비를 벌였을 것이다.

해밀턴의 『보고서』에 대한 의회의 반응은 그가 권고한 내용에 미치지 못했다. 당시 미국 정치가 남부 대농장 소유주들에 의해 좌지우지되고 있었던 것이 가장 큰 이유였다. 그들은 미국의 제조업을 발전시키는 데는 아무런 관심도 없었다. 그저 농산물을 수출하여 얻은 수익으로 유럽의 고품질 공산품을 최대한 낮은 가격으로 수입할 수 있는 상황을 원했는데, 이는 충분히 이해할 수 있는 일이었다. 어쨌거나 해밀턴의 『보고서』가 제출된 이후 외국 공산품에 대한 평균 관세는 5% 정도에서 12.5% 남짓으로 올랐다. 하지만 이것은 공산품을 사는 사람들을 미성숙한 미국 산업을 지원하도록 유인하기에는 턱없이 낮은 비율이었다.

해밀턴은 결국 자신의 프로그램을 보다 진전시킬 기회를 잡지 못한채 유부녀와의 혼외 정사에 관한 추문이 돈 직후인 1795년에 재무장관 직에서 물러나게 되었다. 모났지만 유능했던 이 남자의 인생은 50세인 1804년에 뉴욕에서 벌인 권총 결투로 끝나고 말았는데, 그에게 도전했던 상대는 한때 친구였다가 정적으로 돌변한 에런 버Aaron Burr로, 당시 토머스 제퍼슨 대통령 밑에서 부통령으로 일하던 인물이었다.[28] 그러나 만일 해밀턴이 10년쯤만 더 살았더라면 자신의 프로그램이 하나도 빠짐없이 채택되는 것을 볼 수 있었을 것이다.

1812년 영국의 해상 봉쇄 정책에 미국이 반발해 미영전쟁이 발발하자 미국 의회는 당장 관세를 평균 12.5%에서 25%로 올렸다. 게다가 전쟁으로 말미암아 영국과 유럽의 공산품 수입까지 막혀 미국 내에서 새로운 산업이 부흥할 수 있는 숨통이 트이게 되었다. 전쟁이 끝나자 이제 막 발흥하기 시작한 제조업자들은 당연히 그런 보호 조치가 지속·확대되기를 원했다.[29] 이에 따라 1816년에 관세는 더욱 올라가 평균 35%에 이르게 되었고, 1820년이 되자 평균 40%까지 치솟으면서 해밀턴의 프로그램은 확고하게 자리 잡았다.

해밀턴은 제2차 세계 대전이 끝나기 전까지의 미국 경제 정책을 위한 청사진을 제시했다. 그는 유치산업 프로그램으로 공업이 급속히 발전할 수 있는 조건을 만들었고, (또다시 토머스 제퍼슨과 그 추종자들의 반대에 직면했지만) 국채 시장을 설립했으며 은행 제도의 발전을 장려했다.[30] '뉴욕 히스토리컬 소사이어티'가 최근에 있었던 전시회에서 그를 "현대의 미국을 만든 사람"이라고 부른 것은 결코 과장이 아니었다.[31] 만일 해밀턴의 선견지명이 묵살되고, 그의 최대의 라이벌이자 자치적인 자작농으로 이루어진 농업 경제를 이상 사회로 여기던 (아울러 이런 생활 양식을 지탱하기 위해 노예를 소유하고 있었던) 토머스 제퍼슨의 견해를 따랐다면, 미국은 막강한 식민 본국에 반항하는 별 볼 일 없는 농업 국가에 머무른 채 세계 최강국으로 부상할 수 없었을 것이다.

링컨과 관세와 남북전쟁

1820년대에 해밀턴의 무역 정책이 확립되기는 했지만 관세 문제는 이후 30여 년 동안 미국 정치에 상존하는 긴장의 원천이 되었다. 남부의 농업 주들은 끊임없이 공산품 관세를 낮추고자 시도했고, 북부의 공업 주들은 관세를 높은 상태로 유지하거나 아니면 더 높이자는 주장을 폈다. 1832년에는 자유 무역을 지지하는 사우스캐롤라이나주가 새로운 연방 관세법의 수용을 거부하여 정치적인 위기가 형성되기도 했다. 이런 '연방법 거부 사태'는 앤드루 잭슨 대통령이 관세율 인하를 제안하는 한편—하지만 미국 자유 시장 자본주의의 전설적인 영웅이라는 그의 이미지에도 불구하고, 그가 제안한 인하 폭은 별로 크지 않았다—사우스캐롤라이나에 대해 군사력을 사용하겠다고 협박함으로써 해결되었다. 그러나 이것은 일시적인 무마책에 불과했고, 곪아 가고 있던 갈등은 결국 에이브러햄 링컨 대통령 재임 시에 발발한 남북전쟁(1861~1865년)이라는 폭력적인 해결 방안을 향해 치달았다.

많은 미국인들은 16대 대통령 에이브러햄 링컨을 미국 노예들을 해방시킨 '위대한 해방자'라고 부른다. 하지만 링컨은 유치산업 보호를 강력하게 옹호했던 인물이었던 만큼 미국 공업을 보호한 '위대한 보호자'라는 명칭까지 달아야 마땅한 사람이다. 링컨은 휘그당의 헨리 클레이 밑에서 정치 경력을 쌓았는데, 헨리 클레이는 유치산업 보호(그의 말을 빌리면 '국내 산업의 보호')와 운하 등의 사회간접자본에 대한 투자(그의 말을 빌리면 '내적인 개선')로 이루어진 '미국 시스템'의 창설을 옹호했다.[32] 클레이와 마찬가지로 켄터키주에서 태어난 링컨은 25세 때인 1834년에 휘그당 소속의 일리노이 주의원으로 정치에 입문했으며, 정치 입문 초기에는 클레이의 신임받는 보좌관으로 일하였다.

카리스마가 있던 클레이는 정치 입문 초기부터 두각을 나타냈다. 그는 1810년에 하원 의원으로 당선된 직후 (1811~1820년과 1823~1825년 두 차례에 걸쳐) 하원 의장에 취임했다. 그는 서부 출신 정치인으로 북부 주에서의 제조업 발전이 미국의 미래라고 보고 서부 주들을 설득하여 북부 주에 합세시키기를 원했다. 그런데 서부 주들은 전통적으로 공업이 발달하지 않았기에 자유 무역을 옹호하는 입장이었고, 따라서 같은 입장을 가진 남부 주들과 연합을 하고 있었다. 클레이는 그런 서부 주들에 대해 연방 정부가 서부 지역을 개발하기 위한 사회간접자본에 투자를 하는 대신, 보호주의적인 공업 발전 프로그램을 후원하는 쪽으로 입장을 바꿔야 한다고 주장했다. 클레이는 (1824년과 1832년, 1844년) 세 번에 걸쳐 휘그당의 대통령 후보전에 뛰어들었으나 패배했다. 하지만 1844년 (선거인단 투표가 아닌) 일반 투표에서는 거의 승리할 뻔했다. 이런 클레이 대신에 대통령에 당선된 휘그당 후보들—윌리엄 해리슨(1841년)과 재커리 테일러(1849~1850년)—은 분명한 정치적 혹은 경제적 견해가 없는 장군들이었다.

1854년 마침내 공화당이 설립되면서 보호무역주의자들은 링컨을 후보로 내세워 대통령 선거에서 이길 수 있었다. 오늘날 공화당은 스스로를 '원로당Grand Old Party'이라고 부르지만 토머스 제퍼슨 시절부터 이렇게 저렇게 모습을 바꿔 가며 존재했던 민주당(요즘 사람들로서는 혼란스럽겠지만 당시에는 민주공화당이라고 불렸다)보다 훨씬 어린 당이다. 공화당은 19세기 중반 유지 가능성이 점차 희박해지고 있는 노예제에 기반한 농업 경제로 되돌아가자는 구상 대신, 급속하게 밖(서부)으로, 그리고 앞(공업화)으로 향해 움직이는 나라에 적합한 새로운 비전에 기초하여 설립되었다.

공화당이 구상한 선거 전략은 휘그당의 미국 시스템에 서부 주들이 강력하게 요구하는 공유지 무상 분배를 결합한 것이었다. 서부 주들의 공유지 무상 분배에 대한 요구는 당연히 남부의 지주들에게 혐오감을 불러일으켰다. 그들은 공유지 무상 분배를 전면적인 토지 개혁으로 나아가는 미끄러운 비탈길의 시작이라고 생각했기 때문이다. 공유지 무상 분배의 법제화는 남부 출신 의원들로 말미암아 번번이 틀어지곤 했다. 하지만 공화당은 5년 동안 농지를 경작하는 정착민에게 160에이커의 땅을 불하할 것을 약속하는 공유지 불하법인 홈스테드법을 통과시키겠다고 장담했는데, 이것은 결국 남북전쟁으로 남부의 의원들이 탈퇴한 1862년에야 통과되었다.

반면에 남북전쟁 이전의 미국 정치에서 노예 제도는 오늘날 많은 사람들이 생각하고 있는 것처럼 분열적 요소가 아니었다. 노예 제도 철폐론자들은 일부 북부 주들에서 강력한 영향력을 발휘하고 있었는데, 그중에서도 매사추세츠주가 특히 심했다. 그러나 북부에서도 노예 제도 철폐론이 우세한 견해는 아니었다. 노예 제도에 반대하는 많은 사람들조차 흑인들이 인종적으로 열등하다고 생각해 투표권을 비롯한 완전한 시민권을 부여하는 것에는 반대했기 때문이다. 이들은 노예 제도를 당장 철폐하자는 급진론자들의 제안을 대단히 비현실적인 것이라고 생각했다. '위대한 해방자'인 링컨도 같은 견해를 가지고 있었다. 링컨은 즉각적인 노예 해방을 촉구하는 신문 사설에 대해 "노예를 해방시키지 않고 연방을 구할 수 있다면, 나는 그렇게 할 것이다. 모든 노예를 해방시켜야만 연방을 구할 수 있다면, 나는 그렇게 할 것이다. 일부 노예만 해방하고 나머지는 그대로 남겨 두고 연방을 구할 수 있다면, 역시 나는 그렇게 할 것이다"[33]라고 썼다. 당시를 연구하는 역사학자들은 링컨이 1862년에 노예 제도를 철폐한 것은 도덕적인 확신에서 나온 행동이 아니라 전쟁에서 이기기 위한 전략적인 조처였다는 데 의견을 같이하고 있다. 실제로 남북전쟁을 초래한 노예제만큼이나 중요한 문제, 아니 어쩌면 그보다 훨씬 더 중요한 문제는 바로 무역 정책을 둘러싼 불화였다.

1860년 선거 운동 기간 동안 보호무역주의가 강한 몇몇 주에서 공화당원들은 민주당을 '남부-친영국-관세 반대-연방 반대당'이라고 공격했다. 이는 자유 무역이 미국이 아니라 영국에 이익이 된다는 것을 암시하는 클레이의 '미국 시스템' 이론에 기초한 주장이었다.[34] 그러나 링컨은 선거 운동 기간 동안 관세 문제는 되도록 거론하지 않으려 애를 썼다. 거기에는 민주당의 공격을 피하려는 의도도 있었지만, 공화당 안에도 (대부분 민주당 출신으로 노예제에 반대하는) 자유 무역론자들이 있었으므로 생겨난 지 얼마 되지 않아 허약한 당의 통합을 유지하려는 의도에서였다.

하지만 링컨은 당선이 되자 공업 관세를 미국 역사상 최고 수준으로 올렸다.[35] 그는 남북전쟁을 치르기 위한 비용이 필요하다는 것을 그 명분으로 내세웠는데, 이는 미국이 처음으로 관세를 대폭 올렸던 미영전쟁(1812~1816년) 시기에 내세웠던 명분과 같은 것이었다.[36]

1913년 민주당이 선거에 이기고 언더우드 관세 법안이 통과되면서 공산품에 대한 평균 관세는 44%에서 25%로 낮아졌다.[37] 그러나 미국이 제1차 세계 대전에 참전하게 되면서 관세는 다시 올라갔다. 이어서 1921년 공화당이 다시 집권하게 되면서 관세는 또 올라갔지만, 1816~1913년 사이의 수준까지는 아니었다. 이후 1925년까지 공산품에 대한 평균 관세는 37%까지 올라갔는데, 대공황이 시작되고 1930년에 스무트-홀리 관세법이 제정되면서 더 올라가게 되었다.

자유 무역 신화에서 스무트-홀리 관세의 우둔함은 곡물법 반대 운동의 지혜로움만큼이나 대표적인 이야깃거리가 되었다. 자유무역주의 경제학자인 자그디시 바그와티는 이것을'가장 뚜렷하고 극적인 반反무역적 오류'라고 부르기까지 했는데,[38] 이는 잘못된 견해이다. 스무트-홀리 관세는 실시 시기가 적합하지 않았기 때문에 국제적인 관세 전쟁을 초래하기는 했다. 미국이 제1차 세계 대전 이후 세계 최대의 채권국이라는 새로운 지위에 올랐다는 점을 고려하면 더욱 그랬다. 그러나 스무트-홀리 관세는 자유무역주의 경제학자들이 주장하는 것처럼 미국의 전통적인 무역 정책에서 근본적으로 벗어난 것은 아니었다. 우선 그 법이 통과된 후 평균적인 공산품 관세율이 48%로 올랐는데, (1925년) 37%에서 (1930년) 48%로 오른 것이 작은 건 아니지만 극심한 변화라고까지는 할 수 없다. 게다가 스무트-홀리 관세법 제정 이후 정해진 48% 관세는 (대단히 높은 편에 들어가기는 하지만) 남북전쟁 이후 존재했던 미국 관세율의 범위를 벗어난 것은 아니었다.

미국은 19세기 내내, 그리고 1920년대까지도 세계에서 가장 강력한 보호 무역 국가였다. 그럼에도 미국 경제는 빠르게 성장했다. 스위스 출신의 유명한 경제 역사학자 폴 베어록은 (1846~1861년 사이에) 미국 경제에서 보호 무역이 크게 축소된 것이 미국의 경제 성장률에 눈에 띄게 긍정적인 영향을 미치지는 않았다고 지적한다.[39] 일부 자유무역주의 경제학자들은 미국이 보호무역주의에도 불구하고 이 기간에 빠르게 성장한 원인은 풍부한 부존자원과 넓은 국내 시장, 그리고 낮은 문맹률 등 성장에 유리한 조건이 많았기 때문이라고 주장한다.[40] 그러나 나중에 살펴보겠지만 이와 같은 조건을 거의 갖추지 못한 많은 나라들 역시 보호 무역 장벽 뒤에서 빠르게 성장했다는 사실을 고려하면 이런 반론은 설득력을 잃게 된다. 간단히 말해 독일, 스웨덴, 프랑스, 핀란드, 오스트리아, 일본, 대만, 한국의 경우를 생각해 보라.

제2차 세계 대전 이후 (공업 분야에서는 어느 누구도 도전할 수 없을 정도로 우위를 점하게 된) 미국은 무역을 자유화하고 자유 무역의 대의를 대대적으로 옹호하기 시작했다. 그러나 미국은 단 한 차례도 (1860~1932년 사이) 자유무역주의 시기의 영국만큼 강력하게 자유 무역을 실시한 적이 없다. 미국은 영국처럼 무관세 정책을 펼쳤던 적이 없다. 게다가 미국은 필요하면 언제든 관세 외의 다른 보호주의 정책을 서슴없이 사용하였다.[41] 그뿐인가. (절대적인 자유 무역은 아니지만) 자유무역주의를 강화한 후에도 미국 정부는 연구개발 지원과 같은 여타의 수단으로 핵심 산업을 장려했다. 1950년대에서 1990년대 중반까지만 해도 미국 연방 정부의 지원은 전체 연구개발 비용의 50~70%를 차지했는데, 이는 일본과 한국 등 '정부 주도형' 국가에서 볼 수 있는 20% 남짓 되는 수치를 크게 웃도는 것이었다. 이 같은 연방 정부의 연구개발 지원이 없었더라면 미국은 컴퓨터, 반도체, 생명과학, 인터넷, 항공우주과학 등 핵심 산업 분야에서 세계의 다른 국가들에 대해 기술적 우위를 유지할 수 없었을 것이다.

다른 나라들, 부끄러운 비밀들

보호무역주의가 경제 성장에 실제로 해가 된다면, 정작 보호 무역적인 정책을 펼친 영국과 미국 두 나라의 경제는 어떻게 해서 역사상 가장 성공적이 되었을까? 한 가지 가능한 대답은 영국과 미국이 보호 무역 국가이기는 했으나, 그 보호 수준이 다른 나라들에 비해 약했기 때문에 보다 번영할 수 있었다는 것이다. 보호무역주의 성향이 강한 것으로 유명한 프랑스나 독일, 일본과 같은 부자 나라들은 영국이나 미국보다 훨씬 높은 관세 장벽을 쌓지 않았을까?

하지만 현실은 그렇지 않았다. 1930년대의 스페인을 제외한다면 오늘날의 부자 나라 가운데 영국이나 미국만큼 강력하게 보호 무역 정책을 실시했던 나라는 없다.[42] 흔히 보호무역주의의 본가처럼 알려진 프랑스나 독일, 일본 세 나라도 늘 영국이나 미국보다 관세가 훨씬 낮았다. (물론 이는 영국과 미국이 경제적인 우세를 점한 후 자유 무역으로 선회하기 이전의 이야기이다.)

프랑스는 흔히 자유 무역 국가인 영국의 대척점에 서 있는 보호 무역 국가로 여겨진다. 그러나 1821년에서 1875년 사이, 특히 1860년대까지는 프랑스가 영국보다 관세가 낮았다.[43] 프랑스가 1920년대와 1950년대에 보호 무역 정책을 펴기 시작했을 때조차 평균 공업 관세율은 30%를 넘은 적이 없다. 반면에 영국과 미국의 평균 공업 관세율의 최고치는 50~55%에 달했다.

독일의 경우는 항상 관세가 낮았다. 19세기와 (제1차 세계 대전 이전까지) 20세기 초에 걸쳐 독일의 평균 공업 관세율은 5~15%로, 영국과 미국의 (1860년대 이전) 평균 공업 관세율 35~50%보다 낮았다. 산업 보호에 더욱 적극적으로 나서기 시작한 1920년대에도 독일의 평균 공업 관세율은 20% 근처에 머물렀다. 독일의 이런 사례를 고려할 때 파시즘과 보호무역주의를 동일시하는 자유 무역 이론은 사실을 오도하고 있는 셈이다.

일본은 공업 발전 초기에 사실상 자유 무역을 실시했다. 그러나 이것은 일본의 자발적인 선택이 아니라, 일본이 문호를 개방한 1853년 이래 서구 국가들에 의해 강제로 서명해야 했던 일련의 불평등 조약들 때문이었다. 이 조약들은 1911년까지 일본의 관세율을 5% 이하로 묶어 놓았다. 하지만 일본이 관세 자주권을 확보하고 공업 관세를 올린 이후에도 일본의 평균 공업 관세율은 30% 남짓에 불과했다.

프랑스 등의 나라들이 상대적으로 보호주의적으로 보이게 된 것은 제2차 세계 대전 이후 세계 최강국으로 등장한 미국이 무역을 자유화한 이후부터였다. 그러나 당시에도 그 차이는 그리 크지 않았다. 1962년 미국의 평균 공업 관세율은 13%를 유지했는 데 반해, 네덜란드와 서독은 7%로 미국에 비해 보호주의적 경향이 덜했다. 벨기에와 일본, 이탈리아, 오스트리아, 핀란드의 경우 관세율이 이보다 약간 높았다고 하지만 14%에서 20% 사이를 벗어나지 않았다. 1959년에 관세율을 30%로 올렸던 프랑스만이 예외였다.[44] 1970년대 초가 되자 미국은 더 이상 자유 무역의 선도적인 옹호자를 자처할 수 없게 되었다. 그즈음에는 다른 부자 나라들도 경제적으로 미국을 따라잡고 관세율을 낮출 수 있는 형편이 되었기 때문이다. 실제로 1973년에 미국의 평균 공업 관세율은 12%였는데, 핀란드는 13%, 오스트리아는 11%, 일본은 10%였으며, 유럽경제공동체EEC 국가들은 8%로 미국보다 훨씬 낮았다.[45]

한마디로 자유 무역의 옹호국인 영국과 미국 두 나라의 경우 세계를 지배하는 산업 강국이 되기 전까지는 자유 무역 경제가 아니었을 뿐만 아니라, 부자 나라들 가운데서도 가장 심하게 보호 무역을 실시했던 나라였다.•

물론 관세는 어떤 나라가 유치산업을 장려하기 위해 사용할 수 있는 많은 수단들 가운데 하나일 뿐이다. 단적으로 해밀턴이 처음 내놓은 권고 사항에는 특허와 품질 기준, 사회간접자본에 대한 공공투자 등 유치산업을 장려할 수 있는 11개 유형의 수단이 들어 있었다. 영국과 미국은 관세를 가장 공격적으로 사용한 나라일 것이다. 그러나 다른 나라들의 경우 종종 관세 정책 대신 다른 여러 가지 정책 개입 수단—가령 국영 기업, 보조금, 또는 수출 시장 지원 등—을 보다 강력하게 사용하곤 했다.

오늘날의 부자 나라 정부들은 (영국과 미국을 제외하고는) 대부분 공업화 초기에 국영 기업을 설립하였다. 이는 민간 부문 기업가들에게 대규

• 평균 공업 관세율이 정확한 실상을 알려 주는 것은 아니다. 특정 부문에 대한 고율의 보호 관세가 다른 부문의 무관세 혹은 낮은 관세로 상쇄된 덕분에 평균 공업 관세율이 비교적 낮게 되는 경우도 있기 때문이다. 일례로 19세기 말과 20세기 초에 독일은 (5~15%라는) 비교적 낮은 '평균' 공업 관세율을 유지했지만, 제철과 제강 등의 전략 산업에 대해서는 강력한 관세 보호 정책을 펼쳤다. 같은 기간에 스웨덴도 평균 관세율은 15~20%였지만 새롭게 떠오르는 엔지니어링 산업에 대해서는 보호 정책을 강력하게 시행했다. 벨기에의 경우 20세기 전반부에는 (평균 공업 관세율이 10% 남짓으로) 전체적인 보호 수준은 그리 높지 않았지만, 자국 경제에 핵심적인 직물 부문(30~60%)과 제철 산업(85%)만큼은 엄격하게 보호했다.

모로 모험적 투자를 감행할 수 있을 만한 역량이 부족했기 때문이다. 몇몇 민간 기업에 대해서는 보조금을 비롯한 (해외 숙련 노동자를 데려오는 등의) 여러 가지 지원을 제공했는데, 이런 경우는 사실상 민관 합작기업이나 마찬가지였다. 18세기 독일 공업화의 선두 주자인 프로이센은 이 같은 방법으로 아마포 방직, 제철, 제강 등의 부문을 진흥했다. 이와는 달리 일본은 (5장에서 자세히 설명하겠지만) 국가 소유와 특정 산업을 겨냥한 보조금 지급 등의 방법을 통해 제강, 조선, 철도 산업의 건설에 착수했다. 또 19세기 말 스웨덴 정부는 당시 거의 전적으로 민간 부문에 의존했던 철도 산업의 선두주자인 영국이나 미국의 경우와는 달리 국가가 철도 산업 개발을 주도했는데, 1913년에 이르러서는 길이로 따지면 철로의 3분의 1, 화물 운송량으로 따지면 60%를 스웨덴 정부가 소유하고 있을 정도였다. 스웨덴의 이런 민관 합작기업의 형태는 전신과 전화, 수력발전 개발에도 계속 이용되었다. 또 스웨덴 정부는 아주 일찍부터 연구개발에 보조금을 제공했다.

제2차 세계 대전 후 대부분의 부자 나라 정부들은 산업을 진흥하기 위한 노력을 강화했다. 가장 큰 변화는 프랑스에서 일어났다. 일반적인 인식과는 달리 프랑스 정부가 언제나 개입주의적이었던 것은 아니었다. 프랑스는 루이 14세 시대에 오랫동안 재무 장관(1665~1683년)을 지냈던 장 바티스트 콜베르로 대표되는 국가 행동주의의 전통이 있었으나, 이는 프랑스 혁명 후 폐기되었다. 이어 나폴레옹 시대가 끝나고 제2차 세계 대전이 시작되기 전까지 (나폴레옹 3세 시대를 제외하고는) 프랑스 정부는 극단적인 자유방임주의 경제 정책을 실시했다. 프랑스 경제 정책사에 관한 한 주요 연구서에 따르면, 이 시기 프랑스 정부의 공업 진흥 전략은 대개 박람회 조직과 '상공회의소'에 대한 감독, 경제 관련 통계의 수집, 그리고 사업가들에 대한 훈장 수여 등에 불과했다.[46] 하지만 1945년 이후 프랑스 정부는 보수적이고 자유방임적인 정책이 상대적인 경제 쇠퇴와 그로 말미암은 두 차례 세계 대전에서의 패배를 초래했다는 사실을 인정하고, 경제 분야에서 적극적인 행동에 나서기 시작했다. 프랑스는 (공산주의의 '의무義務 계획' 개념과 대조되는) '유도誘導 계획'을 도입했다. 프랑스는 국영화를 통해 핵심 산업을 통제하는 한편 국영 은행을 통해 전략 산업에 대한 투자의 물길을 열어 놓고, 1960년대까지 공업 관세를 비교적 높은 수준으로 유지함으로써 새로운 산업이 성장하는 데 필요한 숨통을 틔워 주고자 한 것이다. 프랑스는 이 전략이 성공해 1980년대가 되면 많은 분야에서 기술 선두 주자로 면모를 일신한다.

일본의 경우에는 저 유명한 통상산업성(현재 경제산업성)이 이제는 하나의 전설이 되어 버린 산업 발전 프로그램을 만들어 냈다. 제2차 세계 대전 이후 일본의 공업 관세는 그다지 높지 않았다. 대신에 일본 정부는 외환을 관리하며 수입을 엄격하게 통제하고, (기계를 구매하거나 기술 특허를 사들이는 등의) 선진 기술 도입에 필요한 외화 공급을 최대화하기 위해 적극적으로 수출을 장려했다. 일본의 수출 진흥책에는 정부 산하 기관인 일본무역진흥회(현재 일본무역진흥기구)의 정보 및 마케팅 지원뿐만이 아니라 직간접적인 수출 보조금 지원 등도 병행되었다. 또 유치산업이 새로운 생산 능력을 축적할 수 있는 여지를 마련해 주기 위해 이 외에도 여러 면에서 애를 썼다. '여신 규제 프로그램'을 통해서는 저리의 정책 자금을 공급해 자금난을 덜어 주었다. 또 다국적 기업들에 의한 외국인 투자를 엄격하게 규제함으로써 대부분의 핵심 산업에 대한 외국인 투자를 금지했다. 설령 외국인 투자를 허용하는 경우에도 외국인 소유권에 대해서는 엄격한 상한선을 설정했는데, 상한선은 보통 49%였다. 게다가 외국인 소유 회사들에는 기술을 이전하고, 투입 원자재의 일정 부분을 일본 내에서 조달해야 할 의무를 부과했다. 아울러 일본 정부는 낙후되었거나 비용이 많이 드는 기술이 수입되지 않도록 기술 유입까지 규제했다. 그러나 19세기 때와는 달리 핵심 제조업을 육성하기 위해 국영 기업을 이용하지는 않았다.

핀란드, 노르웨이, 이탈리아, 오스트리아 등의 나라들은 제2차 세계대전 직후 상당히 낙후된 공업 부문을 급속하게 발전시키기 위해 프랑스, 일본과 비슷한 산업 진흥 전략을 사용했다. 이 나라들은 1960년대까지 상당히 높은 수준의 관세를 유지했으며, 산업 발전을 위해 국영 기업을 적극적으로 이용하였다. 핀란드와 노르웨이에서는 이 같은 전략이 대단한 성공을 거두었다. 또 핀란드나 노르웨이, 오스트리아는 정부의 적극적인 개입을 통해 금융 자원을 전략 산업에 집중 지원했다. 그 밖에 핀란드는 외국인 투자를 엄격하게 통제했고, 이탈리아는 대부분의 지역에서 지방 정부가 직접 나서서 중소기업들에 마케팅과 연구 개발에 대한 지원을 제공했다.

이렇듯 오늘날의 부자 나라들은 모두 유치산업을 장려하기 위해 (관세, 보조금, 외국 무역에 대한 규제와 같은) 국가주의적인 정책을 사용했다. 이런 여러 가지 정책들이 정확히 어떻게 조합되어 언제부터 어느 정도의 기간 동안 사용되었는지는 나라마다 다르다. 물론 예외는 있다. (19세기 이후 가장 자유 무역을 충실히 수행한 나라인) 네덜란드와 (제1차 세계 대전 때까지의) 스위스는 일관되게 자유 무역을 실행했다. 그러나 이들조차 20세기 초반이 되어서야 특허권을 보호하기 시작했으니 오늘날의 신자유주의적인 기준에는 부합되지 않는다. 스위스는 (6장에서 자세히 논의하겠지만) 1888년에 최초로 특허법을 도입했지만 이것은 기계적인 발명품에 한정된 것이었고, 특허법을 전면적으로 도입한 것은 1907년 이후였다.

자유무역주의 경제학자들은 내가 이 장에서 제시한 역사적 증거에 반박하기 위해 보호무역주의와 경제 발전이 동시에 존재했다는 이유만으로 보호무역주의가 경제 발전을 유도했다고 증명되는 것은 아니라고 주장하고 있다.[47] 맞는 말이다. 하지만 나는 최소한 어떤 것(경제 발전)을 그와 같은 시기에 존재했던 다른 것(보호무역주의)으로 설명하고 있다. 그런 만큼 자유무역주의 경제학자들은 오늘날의 부자 나라들이 부자가 되기 전까지 자유 무역을 실천하지 않았음에도 불구하고 어떻게 자유 무역이 경제적인 성공을 설명하는 해답이 될 수 있는 것인지를 설명해야 한다.

역사에서 배우는 올바른 교훈

로마의 정치가이자 철학자 키케로는 "과거에 어떤 일이 이루어졌는지를 알지 못한다면 항상 어린 아이처럼 지내는 셈이다. 과거의 노력을 무시한다면 세계는 늘 지식의 유아기에 머물러 있을 것이다"라고 말했다.

키케로의 이 말은 다른 어떤 분야보다도 발전 정책을 계획하는 분야에서 더 중요한 의미를 가지지만, 이 말의 중요성은 이 분야에서 가장 흔히 간과되고 있다. 우리가 이용할 수 있는 역사적 경험들은 많지만, 우리는 이런 경험에서 배우려고 노력도 하지 않은 채 오늘날의 부자 나라들이 자유 무역과 자유 시장 정책을 통해 발전했다는 널리 알려진 신화를 아무런 의심 없이 받아들이고 있는 것이다.

우리는 역사를 통해 거의 모든 부자 나라들이 자국 경제를 발전시키기 위해 보호와 보조금, 규제 정책을 혼합하여 사용한 것을 알 수 있다. 이것은 1장에서 소개된 경제 발전에 성공한 개발도상국들의 역사만 보아도 확인할 수 있는 것이지만, 이 장에서 논의된 오늘날의 부자 나라들의 역사 또한 이 사실을 확인해 주고 있다.

안타깝게도 부자 나라들이 가난한 나라들을 상대로 '사다리 걷어차기'를 하면서 자유 시장, 자유 무역 정책을 강요해 왔다는 사실 역시 역사를 통해 얻을 수 있는 교훈이다. 이미 안정된 자리를 차지한 나라들은 자신들이 과거에 사용해 효과를 보았던 민족주의적 정책을 통해 경쟁국이 늘어나는 것을 원치 않는다. 부자 나라들의 클럽에 최근 합세한 나의 모국 한국도 이런 경향에서 벗어나지 않는다. 한국은 한때 세계에서 손꼽힐 정도로 보호주의적인 나라였지만, 지금은 WTO에서 완전한 자유 무역까지는 아니라 하더라도 제조업에 대한 관세를 크게 낮출 것을 주장하고 있다. 한국은 한때 해적판의 천국이었음에도 불구하고 지금은 중국과 베트남에서 한국 가요의 해적판 CD와 한국 영화의 해적판 DVD를 만들고 있는 것을 걱정하고 있다. 더욱 어이없는 현실은 한국에서 자유 시장을 옹호하는 이들이 그리 오래 지나지 않은 과거 어느 시기에 국가 개입주의와 보호무역주의 정책을 입안하고 실행에 옮겼던 장본인들인 경우가 많다는 것이다. 그들 대부분은 아마도 해적판 미국 경제학 교과서를 보면서 자유 시장 경제학을 배웠고, 여가 시간에는 해적판 로큰롤 음악을 듣거나 해적판 할리우드 영화 비디오를 보았던 사람들일 것이다.

하지만 '사다리 걷어차기'보다 더 심각하고 더 널리 퍼진 것이 역사에 대한 건망증이다. 나는 프롤로그에서 어느 나라든 자신도 모르는 사이에 점진적으로 현재의 자화상에 맞게끔 역사를 다시 쓰고 있다고 설명하였다. 어쨌든 부자 나라 사람들 가운데는 자신의 선조들이 지국을 부자로 만들기 위해 썼던 정책이라는 확고한 믿음을 가지고 자유 무역과 자유 시장 정책을 권장하는 이들이 많다. 가난한 나라가 이런 정책들이 경제 발전에 악영향을 미친다고 항의하면, 잘못된 지식에 기반했거나[48] 부도덕한 지도자의 사익을 위해 봉사하는 것이라고 몰아붙인다.[49] 나쁜 사마리아인들은 자신들이 권장하는 정책이 우리가 역사를 통해 최선의 발전 정책이라고 배운 것과 근본적으로 배치된다는 것을 깨닫지 못한다. 물론 이런 정책을 권장하는 이들의 의도 자체는 선량한 것일 수 있다. 그러나 이것 역시 해롭기로는 일부러 '사다리를 걷어차려는' 의도에서 행하는 정책 권장과 마찬가지이다.

다행스럽게도 역사에서는 선진국들이 반드시 나쁜 사마리아인처럼 행동해야만 하는 것은 아니라는 것, 그리고 더 나아가 나쁜 사마리아인 행세를 하지 않는 것이야말로 부자 나라들에 이익이 된다는 것을 명백하게 입증하는 사례들도 있다. 가장 최근에 있었던 중요 사례로는 1947년 마셜 플랜이 시작되고 나서 1980년대에 신자유주의가 부상하기 전까지의 기간을 들 수 있다.

1947년 6월 미국은 마셜 플랜을 통해 고의적으로 독일 경제를 약화시켜 왔던 기존 정책을 폐기하고, 유럽의 전후 재건에 대량의 자금을 지원하는 일을 개시했다.• 실제로 투입된 금액이 그리 크지는 않았지만 마셜 플랜은 필수적인 수입 비용과 사회간접자본의 재건 비용을 조달함으로써 전쟁으로 파괴된 유럽의 경제 발전에 시동을 거는 데 중요한 역할을 했다. 더욱 중요한 사실은 마셜 플랜의 경우 미국이 과거의 적국들까지 포함한 다른 나라들의 번영이 자국의 이익에 부합하는 것으로 본다는 신호였다는 것이다. 미국은 또한 다른 부자 나라들을 설득하여 가난한 나라들이 민족주의적 정책을 통해 경제를 발전시키려는 것을 돕거나, 아니면 최소한 허용이라도 하도록 이끌었다. 미국과 다른 부자 나라들은 1947년에 제정된 GATT를 통해 개발도상국들이 부자 나라들보다 훨씬 더 적극적인 방법으로 자국의 생산자들을 보호하고 보조하는 것을 허용했다. 이것은 부자 나라들이 식민주의와 불평등 조약을 통해 개발도상국들을 억지로 자유 무역에 끌어들이던 시절과는 크게 대조적인 현상이었다. 부자 나라들의 이 같은 태도 변화는 부분적으로 영국과 프랑스 같은 나라들이 가진 식민주의에 대한 죄책감에 원인이 있었을 것이다. 하지만 가장 중요한 원인은 세계 경제의 새로운 주도권자로 나선 미국이 가난한 나라들의 경제 개발에 대해 (계몽된) 깨

• 마셜 플랜은 1947년 6월 5일 당시 미국 국무 장관이었던 조지 마셜이 하버드 대학에서 한 연설을 통해 발표되었고, 1947년 7월 파리에서 열린 회의를 통해 세부적인 내용이 협의되었다. 1948년부터 1953년까지 진행된 이 프로그램을 통해 약 130억 달러(현재 가치로 따지면 약 1,300억 달러)가 전쟁으로 파괴된 유럽 경제의 재건을 위해 투입되었다. 마셜 플랜은 제1차 세계 대전 이후 미국 외교 정책의 근간을 이루던 모건도 플랜을 대체했다. 당시 재무 장관 헨리 모건도(1934~1945)의 이름을 딴 모건도 플랜은 독일의 팽창주의적 야심에 종지부를 찍기 위해 독일을 탈공업 목농 국가로 만드는 데 초점을 두고 있었는데, 선진적인 독일 기계류를 탈취하고자 하는 소련의 욕심과 맞물려 독일 경제를 파괴하는 데 커다란 효과를 거두었다. 하지만 얼마 지나지 않아 이 계획은 지속 불가능하다는 것이 분명해졌다. 허버트 후버 전 미국 대통령은 1947년 독일을 방문한 후 모건도 플랜을 독일 인구가 6,500만 명에서 4,000만 명으로 2,500만 명이 줄지 않으면 실현될 수 없는 '망상'이라고 비난하기도 했다. 이 주제에 대한 흥미로운 논의는 다음 논문을 참조하라. E. Reinert(2003), "Increasing Poverty in a Globalised World: Marshall Plans and Morgenthau Plans as Mechanisms of Polarisation of World Incomes" in H-J. Change(ed.), *Rethinking Development Economics*(Anthem Press, London).

인 태도를 가지게 되었던 것을 꼽을 수 있다.

이런 '깨인' 전략은 눈부신 결과를 낳았다. 부자 나라들은 이른바 '자본주의의 황금기'(1950~1973년)를 경험했나.[50] 유럽의 1인당 소득 증가율은 자유주의의 황금기(1870~1913년)의 1.3%에서 4.1%로 치솟았으며, 미국은 1.8%에서 2.5%로 올랐고, 일본은 1.5%에서 8.1%로 급등했다. 엄청난 성장의 달성과 함께 소득 불평등 완화와 경제 안정도 이루어졌다. 더욱 중요한 사실은 이 시기 동안 개발도상국들 역시 좋은 성과를 거두었다는 점이다.

1장에서 지적했듯이 1960년대와 1970년대에 개발도상국들은 '관용적인' 국제 시스템 속에서 국가주의적 정책을 활용한 결과 1인당 소득이 3%로 성장했다. 이것은 개발도상국들이 '첫 번째 세계화'(1870~1913년) 시기 자유주의적 정책 하에서 달성했던 성장률보다 엄청나게 높은 것이며, 1980년대 이후 신자유주의 정책 하에서 달성했던 성장률의 2배에 해당하는 것이다.

미국이 1947~1979년 사이에 가난한 나라들에 너그럽게 굴었던 것은 소련과의 경쟁을 의식하지 않을 수 없었던 냉전 상황 때문이라고 깎아내리는 사람들도 있다. 물론 냉전이 미국의 외교 정책에서 중요한 역할을 한 것을 부정할 수는 없다. 하지만 그렇다고 해서 마땅히 치하해야 할 공적을 외면하는 것은 옳지 않다. 19세기 말과 20세기 초 '제국주의 시대'의 강국들은 극심한 경쟁을 하면서도 약소국들에 얼마나 지독하게 굴었던가.

지금까지 1장과 2장에서 살펴본 근현대의 역사는 이후 장들에서 펼쳐지는 나의 논의의 토대가 될 것이다. 이후 장들에서는 오늘날의 나쁜 사마리아인들이 경제 정책의 핵심적인 분야—국제 무역, 외국인 투자 규제, 민영화, 특허 등의 지식재산권 보호, 그리고 거시경제 정책—와 관련해 정확히 어떤 잘못을 저질렀는지 설명하고, 가난한 나라의 경제 발전을 촉진하기 위해 어떤 행동을 해야 하는지 제안할 것이다.

3

여섯 살 먹은 내 아들은 일자리를 구해야 한다!

자유 무역이 언제나 정답인가?

BAD SAMARITANS

내게는 여섯 살 난 아들이 있다. 이름은 진규다. 아들은 나에게 의존하여 생활하고 있지만, 스스로 생활비를 벌 충분한 능력이 있다. 나는 아들의 의식주 비용과 교육 및 의료 비용을 지불하고 있지만, 내 아들 또래의 아이들 수백만 명은 벌써부터 일을 하고 있다. 18세기에 살았던 대니얼 디포는 아이들은 네 살 때부터 생활비를 벌 수 있다고 생각했다.

그뿐인가. 일을 하면 진규의 인성 개발에도 많은 도움이 될 것이다. 아이는 지금 온실 속에서 살고 있기에 돈이 중요한 줄 모르고 지낸다. 아이는 자기 엄마와 내가 저를 위해 노력하는 것에 대해, 자신의 한가로운 생활을 보조하고 자신을 가혹한 현실로부터 보호해 주는 것에 대해 전혀 고마움을 모른다. 아이는 과잉보호를 받고 있으니 좀 더 생산적인 인간이 될 수 있도록 경쟁에 노출시켜야 한다. 아이가 경쟁에 더 많이, 그리고 더 빨리 노출될수록 미래에 아이의 발전에는 더 많은 도움이 될 것이고, 아이는 힘든 일을 감당할 수 있는 정신력을 갖추게 될 것이다. 나는 아이를 학교에 보내지 말고 일을 하게 해야 한다. 아이에게 더 많은 직업 선택의 기회를 주기 위해서 아동 노동이 합법적이거나 최소한 묵인이라도 되는 나라로 이주를 생각할 수도 있는 노릇이다.

내 귀에는 여러분이 나를 보고 미친 사람이라고 욕하는 소리가 들린다. 생각이 짧다고, 매몰찬 사람이라고. 여러분은 나에게 아이를 보호하고 양육해야 한다고 말할 것이다. 내가 여섯 살 먹은 아이를 노동 시장으로 몰아넣는다면 아이는 약삭빠른 구두닦이 소년이 될 수도 있고, 돈 잘 버는 행상이 될 수도 있다. 하지만 뇌수술 전문의나 핵물리학자가 되는 일은 결코 없을 것이다. 만일 아이가 그런 직업을 가지려면, 내가 앞으로 적어도 10년 이상의 세월 동안 보호와 투자를 해야 할 것이다. 여러분이 단순히 세속적인 관점에서 보아도 아이를 학교에 보내지 않아 절약되는 돈을 보고 히죽거리는 것보다는 아들의 교육에 투자를 하는 편이 현명하다고 말할 것이다. 어쨌든 내 생각이 옳다면, 올리버 트위스트는 생각이 짧은 착한 사마리아인 브라운로 씨의 손에 구조되는 것보다는, 늙은 악당 페이긴을 위해서 소매치기를 하는 편이 나았을 것이다. 브라운로 씨는 소년 올리버에게서 노동 시장에서 경쟁력을 유지할 수 있는 기회를 빼앗은 것이다.

나의 이런 터무니없는 주장은 개발도상국에는 급속하고 대대적인 무역 자유화가 필요하다는 자유무역주의 경제학자들의 주장과 근본적으로 논지가 일치한다. 이들은 개발도상국의 생산자들이 생존을 위해 자신의 생산성을 끌어올리려는 동기를 가질 수 있도록 지금 당장 가능한 한 경쟁에 많이 노출시켜야 한다고 주장한다. 보호는 안이함과 나태함만 유발할 뿐이므로, 경쟁에 노출되는 것이 빠르면 빠를수록 경제 발전에 더 많은 도움이 된다는 것이다.

그러나 동기 부여 외에도 주목해야 할 것이 있다. 그것은 바로 능력이다. 진규가 여섯 살에 학교를 그만둔다면 설령 2,000만 파운드라는 엄청난 보수를 주겠다는 제의나 머리에 총알을 박아 넣겠다는 무시무시한 협박이 있다 해도, 어려운 뇌수술을 성공시킬 수는 없을 것이다.

마찬가지로 개발도상국의 산업 역시 너무 일찍부터 국제적인 경쟁에 노출되면 살아남지 못한다. 이들에게는 선진 기술을 익히고 효율적인 조직을 만드는 등의 능력을 키워 갈 수 있는 시간이 필요하다. 이것이 바로 내가 앞 장에서 미국의 초대 재무 장관이었던 알렉산더 해밀턴이 처음으로 이론화하고, 그 이전과 이후의 정책 입안자들이 여러 세대에 걸쳐서 사용해 온 것이라고 소개한 유치산업 이론의 핵심이다.

물론 유치산업 이론을 주장하는 사람들이 말하듯이 내가 진규에게 제공하는 보호의 손길이 그 아이를 경쟁으로부터 영원히 막아 주는 엄폐물이 되어서는 안 된다. 여섯 살 난 아이에게 일을 시키는 것은 옳지 않지만, 마흔 살 먹은 어른에게까지 보조하는 것 역시 옳지 않은 일이다. 궁극적으로 아이는 크고 넓은 세상으로 나가서 직업을 가지고 자립적인 생활을 해야 한다. 부모는 아이가 보람 있고 보수가 좋은 직업을 가질 수 있는 능력을 쌓을 때까지만 보호해야 한다.

물론 부모가 자식을 키우다 보면 흔히 일어나는 일처럼 유치산업 보호가 일을 그르칠 수도 있다. 과잉보호를 하는 부모가 있는 것처럼 정부가 유치산업을 지나치게 응석받이로 키울 수도 있는 것이다. 마찬가지로 어른이 되어서도 자립적으로 살아갈 준비를 하지 않으려는 아이가 있는 것처럼, 아무리 유치산업 지원책을 써도 밑 빠진 독에 물을 붓는 것이나 마찬가지인 회사가 있게 마련이다. 아동기를 넘어서까지 부모의 지원을 받으려고 부모를 조종하는 아이가 있는 것처럼, 약삭빠른 로비 활동을 통해 정부 보호를 연장하는 산업이 있는 것이다. 그러나 제대로 기능을 하지 못하는 가정이 있다는 것이 부모가 자녀를 양육하지 말아야 한다는 논거가 될 수는 없다. 마찬가지로 유치산업 보호 정책에서 실패한 사례가 있다고 해서 전략 그 자체가 잘못된 것이라고 할 수는 없다. 보호주의의 잘못된 사례는 그 정책이 현명하게 사용되어야 한다는 것을 말해 줄 뿐이다.

자유 무역은 통하지 않는다!

자유 무역은 좋은 것이다. 이것이 신자유주의 정통파의 핵심 이론이다. 신자유주의자들에게 이것은 너무나 자명한 전제이다. 예전에 케임브리지에서 나와 함께 연구하던 출중한 동료이자 유럽부흥개발은행EBRD에서 수석 이코노미스트로 일했던 빌럼 뷔터 교수는 예전에 이를 두고 "명심하라. 일방적인 무역 자유화는 어느 누가 보상을 받아야 하는 '양보'나 '희생'이 아니라 자기 이익을 위한 '깨인' 행동이다. 호혜적인 무역 자유화는 무역의 이익을 더 늘리지만, 호혜적이 아니더라도 무역의 자유화는 이익을 가져온다. 이 경제 이론은 자명한 것이다"[1]라고 간결하게 표현한 적이 있다. 자유 무역의 가치에 대한 믿음은 정통 신자유주의 이론에서 매우 핵심적인 것으로, 신자유주의 경제학자들을 정의하는 가장 확실한 것이다. 자유 무역에 대한 믿음이 있다면 신자유주의적 명제들의 다른 요소(자본 시장 개방이나 강력한 특허권 보장, 심지어는 민영화)에 대해 (완전히 부인하지는 않지만) 의문을 품더라도 여전히 신자유주의 교파 안에 머무를 수 있다. 그러나 자유 무역을 반대한다면 이 사실 하나만으로도 확실하게 신자유주의 교파로부터 파문당하게 될 것이다.

나쁜 사마리아인들은 이런 확신에 근거하여 개발도상국들을 자유 무역으로 극한까지 밀어붙이거나, 적어도 무역을 조금이라도 더 자유로운 방향으로 몰아붙이는 데 전력을 기울여 왔다. 지난 사반세기 동안 대부분의 개발도상국은 엄청난 정도로 무역을 자유화해 왔다. 1982년 제3세계 외채 위기 직후에 개발도상국들은 처음으로 IMF와 세계은행의 독촉을 받아 무역을 자유화했다. 1995년 WTO가 설립된 후 무역 자유화에 대한 압박은 좀 더 단호해졌다. 지난 10여 년 동안 쌍무적·지역적 FTA도 급격하게 늘어났다. 하지만 안타깝게도 1장에서 논의했던 것처럼 이런 엄청난 무역 자유화에도 불구하고—아니 나의 입장에서 보자면 바로 이 사실 때문에—이 기간 동안 개발도상국들의 형편은 전혀 나아지지 않았다.

(자유 무역 진영의 얼굴 마담인) 멕시코의 사례는 특히 주목할 만하다. 자유 무역으로 성공할 만한 개발도상국이 있다면 그것은 바로 멕시코였다. 멕시코는 (미국이라는) 세계 최대의 시장과 접경하고 있으며, 1995년 이후로 미국과 (북미자유무역협정NAFTA을 통해) FTA를 맺고 있다. 또한 미국에 거주하는 수많은 멕시코 이주민들은 비공식적인 차원에서 중요한 사업상 연줄을 제공할 수 있다.[2] 멕시코는 다른 가난한 개발도상국들과는 달리 숙련 노동자와 유능한 경영자의 인력 풀, 그리고 비교적 선진화된 (도로, 항만 같은) 사회간접자본을 갖추고 있다.

자유무역주의 경제학자들은 자유 무역이 멕시코의 성장을 가속시켜 이익을 가져왔다고 주장한다. NAFTA 이후 1994년에서 2002년 사이에 멕시코의 1인당 국내총생산GDP은 해마다 1.8%씩 성장했는데, 이는 1985년에서 1995년 사이의 성장률 0.1%에 비하면 어마어마한 상승이라는 것이다.[3] 그러나 멕시코는 1980년대 중반에 이미 신자유주의로 전향한 만큼 NAFTA 이전 10년 역시 광범위한 무역 자유화가 이루어진 기간이다. 따라서 0.1%라는 성장률 역시 무역 자유화로 인한 결과라고 하겠다.

1980년대와 1990년대 멕시코의 광범위한 무역 자유화는 수입 대체 산업화 시기에 정성 들여 일구어 놓은 산업을 모조리 파괴했고, 그에 따라 (보수가 좋은 제조업 일자리들이 사라지면서) 경제 성장의 둔화와 실업, 임금 하락 현상이 나타났다. 멕시코의 농업 부문 역시 보조금의 혜택을 받은 미국 농산물 (특히 대부분의 멕시코인들의 주식인 옥수수) 때문에 심각한 타격을 입었다. 엎친 데 덮친 격으로 NAFTA의 긍정적인 영향력은 지난 몇 년 동안 바닥을 드러내고 말았다. 2001~2005년의 멕시코 성장 실적은 연간 1인당 소득 증가율 0.3%(5년간 총증가율은 겨우 1.5%)로 보잘것없었다.[4] 이에 비해 '성적이 형편없던 옛날'인 수입 대체 산업화 시기의 1인당 소득 증가율은 연간 3.1%로 NAFTA 시기보다 훨씬 높았다.[5]

멕시코는 대대적인 무역 자유화의 때 이른 도입으로 실패한 두드러진 사례이다. 그러나 이런 사례들은 멕시코 외에도 여러 가지가 있다.[6] 코트디부아르의 경우는 1986년 관세 축소 이후 화학, 직물, 제화, 자동차 산업이 거의 무너지고 실업률이 치솟았다. 짐바브웨의 경우는 1990년 무역 자유화 이후 실업률이 10%에서 20%로 급증했다. 무역 자유화 지지자들은 무역 자유화 때문에 파산한 기업에서 빠져나온 자본과 노동 자원이 새로운 직업으로 흡수될 것으로 기대하고 있었다. 그러나 이런 전환은 충분한 규모로 이루어지지 않았고, 이 때문에 성장은 멎고 실업은 급증했다.

무역 자유화는 이 밖에도 여러 가지 문제를 낳고 있다. 가난한 나라들의 입장에서는 관세 수입의 축소로 말미암아 정부의 예산 압박이 커지는 것도 아주 심각한 문제이다. 가난한 나라들은 세금 징수 능력이 취약한데, 관세는 개중 가장 징수하기 쉬운 세금이다. 따라서 가난한 나라들은 (관세 수입이 전체 세입의 50%를 넘는 경우도 있을 정도로) 관세에 크게 의존하고 있다.[7] 결과적으로 많은 개발도상국들에서는 대대적인 무역 자유화에 뒤이어 엄청난 규모의 재정 조정을 이루어야 했다. 최근 IMF의 한 보고서도 세금 징수 능력이 취약한 저소득 국가들에서 지난 25년 동안 무역 자유화로 인하여 줄어든 세입 가운데 다른 세금으로 벌충된 경우는 30% 미만이라고 지적하고 있다.[8] 게다가 무역 자유화로 말미암은 경제 활동의 약화와 높은 실업률 역시 소득세 세입을 감소시켰다. 그런데 이 나라들은 IMF로부터 예산 적자를 줄이라는 상당한 압력을 받고 있었던 만큼 세수 감소는 곧 극심한 지출 감축을 의미했고, 이것은 대개 교육·의료·사회간접자본 등의 필수적인 분야에 대한 재정 지출을 줄여 장기적인 성장에 악영향을 주었다.

1980년대 일부 개발도상국들에는 '일정한' 정도의 '점진적인' 무역 자유화가 유리할 뿐만 아니라 필수적인 것일 수 있었다. 인도와 중국의 경우가 바로 그렇다. 그러나 지난 사반세기 동안 실제로 진행된 것은 급속하고, 무계획적이고, 포괄적인 무역 자유화였다. 독자들은 보호주의적인 수입 대체 산업화 시기의 '성적이 형편없던 옛날'에 개발도상국들의 성장률이 현재의 자유 무역 하에서 이룬 성장률의 평균 두 배에 이르렀다는 점을 상기하기 바란다. 개발도상국들에는 자유 무역이 통하지 않는 것이다.

이론이 나쁘면 결과도 나쁘다

자유무역주의 경제학자들은 이 모든 사실을 불가사의한 일로 간주한다. 자유 무역이라는 이론적으로 확증된(뷔터 교수의 표현을 빌리자면 '빈틈이 없는 경제 이론'에 입각한) 정책을 사용하고 있는데도 어떻게 이토록 형편없는 성과를 낼 수 있단 말인가? 그러나 놀랄 일이 아니다. 그들의 이론에는 몇 가지 심각한 한계가 있다.

현대의 자유 무역 이론은 이른바 HOS(헥크셰르-올린-새뮤얼슨) 이론• 을 기초로 하고 있다. HOS 이론은 2장에서 개괄했던 데이비드 리카도의 이론에서 유래한 것이지만, 결정적으로 다른 점이 있다. 리카도 학파의 이론에서처럼 나라마다 가진 기술이 다른 데서 비교 우위가 비롯하는 것이 아니라, 나라마다 가진 (자본과 노동 같은) '생산 요소' 간의 비율이 다른 데서 비롯하는 것이라고 가정하는 것이다.[9]

하지만 리카도 학파의 이론이냐 HOS 이론이냐에 관계없이 모든 자유 무역 이론에서는 어떤 나라든 일부 생산물에 대해 비교 우위를 가진다. 즉 어떤 나라든 '상대적으로' 잘 생산할 수 있는 물건이 있다는 것인데, 이는 너무나 자명한 사실이다.•• HOS 이론에 따르면 어떤 나라

• HOS 이론은 스웨덴 경제학자 엘리 헥크셰르, 베르틸 올린과 미국 경제학자 폴 새뮤얼슨의 이름을 딴 것으로 헥크셰르와 올린은 20세기 초에 이 이론을 개척했고, 새뮤얼슨은 20세기 중반에 이이론을 완성했다. 자유 무역 이론의 하나인 이 이론에 따르면, 상품 하나하나에는 어떤 나라든 해당 상품을 생산하려고 할 경우 사용되는 (가장 효율적인) 오직 하나의 '최적'의 기술이 있다. 그렇다면 어떤 나라의 비교 우위는 기술에 의해서 결정될 수가 없고, 리카도의 이론에서처럼 어떤 상품의 생산에 사용되는 기술이 그 나라에 얼마나 적합한가에 의해서 결정된다. HOS 이론에서는 어떤 나라에 어떤 기술이 적합한가 아닌가는 그 기술이 그 나라에 상대적으로 풍부한 생산 요소(자본과 노동)를 얼마나 집중적으로 사용하느냐에 달려 있다.

•• 따라서 '비교 우위'란 말에서 '비교'란 나라 사이의 비교를 의미하는 것이 아니라, 상품 사이의 비교를 의미하는 것이다. 사람들은 이 두 가지를 혼동하기 때문에 가난한 나라들은 어떤 것에 대해서도 비교 우위를 가지지 않는다고 생각하는 경우가 있다. 하지만 그것은 논리적으로 성립될 수 없는 일이다.

든 상대적으로 풍부하게 보유하고 있는 생산 요소를 보다 집중적으로 사용하는 생산물에 대해서 비교 우위를 가진다. 가령 독일이 자동차와 봉제인형 두 가지 모두를 과테말라보다 훨씬 더 값싸게 생산할 수 있다고 하더라도 노동보다는 자본이 상대적으로 더 풍부하므로 독일은 자본을 더 집중적으로 사용할 수 있는 자동차에 집중하는 편이 유리하다. 과테말라는 자동차와 봉제인형의 생산 능력이 모두 독일에 비해서 뒤떨어지지만, 자본보다는 노동을 더 많이 사용하는 봉제인형의 생산에 집중해야 한다.

어떤 나라가 자신의 근본적인 비교 우위 패턴에 가깝게 따라가면 갈수록 이 나라가 소비할 수 있는 양은 점점 더 많아진다. 이것은 그 나라 자체 내의 생산(즉 그 나라가 비교 우위를 가지고 있는 상품의 생산)이 늘어난 데서도 기인할 수 있지만, 더 중요한 요인으로는 다른 상품의 생산에 집중하고 있는 다른 나라들과의 무역이 늘어난 것 때문이다. 이 나라는 어떻게 이러한 결과를 이룰 수 있을까? 모든 것을 그대로 놓아두기만 하면 된다. 자유롭게 선택을 할 수 있는 조건이라면 기업들은 (로빈슨 크루소처럼) 합리적인 태도로 자신이 상대적으로 잘하는 일에 집중하고 외국인들과 무역을 할 것이다. 바로 여기서 자유 무역은 가장 좋은 것이고, 무역 자유화는 아무리 일방적인 경우라 해도 유익한 것이라는 명제가 나온다.

그러나 HOS 이론의 이런 결론은 결정적으로 생산적인 자원이 어떤 경제 활동이든 자유롭게 넘나들 수 있다는 가설에 의존하고 있다. 이 가설은 어느 한 경제 활동에서 방출된 자본과 노동은 곧바로 아무런 추가적 비용 없이 다른 경제 활동에 흡수될 수 있다는 것을 의미한다. (경제학자들 사이에서 '생산 요소의 완벽한 이동성' 가설로 알려져 있는) 이런 가설에 따르면 변화하는 무역 패턴에 적응하는 것은 아무런 문제도 되지 않는다. 정부가 관세를 내리는 바람에 제철소가 수입품의 증가로 문을 닫게 되면, 제철 산업에 사용되던 (노동자, 건물, 용광로 같은) 자원은 상대적으로 수익이 좋은 (생산성, 따라서 수익이 똑같거나 더 높은) 다른 산업, 예를 들어 컴퓨터 산업에서 사용된다. 이 과정에서 손해를 보는 사람은 아무도 없다.

하지만 현실에서는 사정이 다르다. 생산 요소들은 필요하다고 해서 당장 모양을 바꿀 수 없다. 생산 요소들은 대개 물리적인 속성이 고정되어 있으며, 산업들 사이를 넘나들면서 사용될 수 있는 '보편적인 용도'를 가진 기계들이나 '보편적인 기술'을 가진 노동자들은 거의 존재하지 않는다. 망한 제철소에서 나온 용광로는 컴퓨터를 만드는 기계로 개조될 수 없고, 제철소 노동자는 컴퓨터 산업에 적합한 기술을 가지고 있지 않은 만큼 재훈련을 받지 않으면 실업 상태로 남아 있게 된다. 이들은 기껏해야 현재 자신들이 지니고 있는 기술을 아무짝에도 쓸 수 없는, 숙련도가 낮은 직업에서 일을 찾게 될 것이다. 이 사실은 1997년 영국에서 인기를 모았던 코미디 영화 〈풀 몬티The Full Monty〉에서 적나라하게 표현되고 있다. 이 영화에서는 제철 도시 셰필드의 제철소 노동자 출신 실업자 여섯 명이 스트리퍼로 새로운 인생을 시작하려고 애를 쓴다. 무역 자유화 때문이든 생산성이 훨씬 높은 외국의 새로운 생산자들의 부상 때문이든, 이렇듯 무역 패턴이 변화하면 이득을 보는 사람과 손해를 보는 사람들이 분명히 있게 마련이다.

대부분의 자유무역주의 경제학자들은 무역 자유화 때문에 이득을 보는 사람들과 손해를 보는 사람들이 존재한다는 것을 인정하면서도, 이 사실이 무역 자유화에 대한 부정적인 논거가 될 수 없다고 주장한다.

이들은 무역 자유화가 전체적으로 볼 때 이득이 된다는 가정에서 출발한다. 이득을 본 사람들이 얻은 이득이 손해를 본 사람들이 잃은 것보다 많으므로, 이득을 본 사람들은 손해를 본 사람들이 입은 손해를 모두 보상하고 나서도 자기 몫으로 챙길 것이 있다는 것이다. 이것을 '보상의 원리'라고 부르는데, 경제 변화로 인해 이득을 본 사람들이 손해를 본 사람들의 손해를 완전히 보상하고 나서도 자기 몫으로 챙길 것이 있다면, 이런 변화는 바람직하다는 것이다.

하지만 이런 주장이 가진 첫 번째 문제는 전체적으로 볼 때 무역 자유화가 반드시 이득을 가져오는 것은 아니라는 사실이다. 무역 자유화의 과정에서 이득을 보는 사람들이 있다고 하더라도 이들이 얻는 이득이 손해를 보는 사람들이 입은 손해만큼 많지 않을 수 있다. 게다가 무역 자유화는 성장률을 감소시키고 경제를 위축시킬 수 있는데, 실제로 지난 20년 동안 이런 일이 수많은 개발도상국에서 일어났다.

그뿐 아니라 이득을 본 사람들이 손해를 입은 사람들의 손해보다 더 많은 이득을 본다 하더라도 시장의 작용을 통해서 그 보상 과정이 자동적으로 이루어지는 것은 아닌 만큼 예전보다 더 가난해지는 사람이 있을 수 있다. 무역 자유화가 모든 사람들에게 이익을 줄 수 있는 것은 직장을 잃은 노동자들이 더 나은(혹은 현재와 비슷한) 일자리를 더 빨리 구할 수 있을 때, 그리고 필요가 없어진 기계들이 새로운 기계들로 개조될 수 있을 때뿐이다. 하지만 이런 경우는 매우 드물다.

이것은 개발도상국들에서는 더 심각한 문제로 나타난다. 개발도상국에서는 보상의 메커니즘이 전혀 존재하지 않거나 매우 취약하기 때문이다. 선진국에서는 복지 시스템이 무역 조정 과정에서 손해를 입은 사람들에게 실업 급여, 의료 및 교육 보장, 심지어는 최저 소득 보장을 통해서 보상을 제공하는 메커니즘으로 기능한다. 스웨덴을 비롯한 스칸디나비아 국가들처럼 실업 노동자들이 새로운 기술을 습득할 수 있도록 매우 효과적인 재훈련 프로그램을 실시하는 나라들도 있다. 그러나 개발도상국들은 대부분의 경우 복지 시스템이 매우 취약하거나 사실상 존재하지 않는다. 요컨대 무역 조정 때문에 희생자가 된 개발도상국 사람들은 사회의 나머지 성원들을 위해서 희생을 치른 것이지만, 그런 희생은 부분적인 보상조차 받지 못하는 것이다.

그 결과 가난한 나라들의 경우 무역 자유화로 인한 이득이 부자 나라들에 비해 훨씬 불균등하게 분배된다. 게다가 개발도상국에는 너무나 가난해서 근근이 입에 풀칠을 하며 사는 사람들이 많다는 점을 고려하면, 단기간에 이루어지는 대대적인 무역 자유화는 일부 사람들의 생활을 파멸로 몰아넣는다는 것을 의미한다. 무역 조정으로 인한 실업은 선진국에서는 생사를 가르는 문제가 아닐 수 있지만, 개발도상국들에서는 생사를 가르는 문제가 되는 경우가 많다. 이것이 가난한 나라의 무역 자유화에 대해서는 더 신중해야만 하는 이유이다.

경제 자원의 이동 불가능성과 보상 메커니즘의 취약함에서 비롯되는 단기적인 무역 조정의 문제는 아무리 심각하다 해도 부차적인 문제에 지나지 않는다. (적어도 나와 같은 경제학자들에게) 더 심각한 문제는 자유무역주의 이론이 주어진 자원을 단기간에 어떻게 효과적으로 사용하는가와 관련된 이론이지, 장기적인 경제 발전을 통해서 가용 자원을 늘려가는 것과 관련된 이론은 아니라는 점이다. 자유 무역 이론의 주창자들은 우리가 그렇게 믿었으면 하고 바라겠지만, 자유 무역 이론은 정작 자유 무역이 '경제 발전'에 유리하다고 하지는 않는다.

문제의 본질은 이렇다. 새로운 산업에 진입하는 개발도상국의 생산자들은 우월한 외국의 생산자들과 경쟁할 수 있는 능력을 갖추기 전까지는 (보호 정책, 보조금을 비롯한 여러 가지 방법을 통해서) 국제 경쟁으로부터 (부분적으로) 격리되는 기간이 있어야 한다. 물론 유치산업이 '자라나서' 다른 해외의 생산자들과 경쟁할 수 있게 되면 격리 조치는 사라져야 한다. 하지만 이런 과정은 점진적으로 이루어져야 한다. 만일 지나치게 빨리 격심한 국제 경쟁에 노출된다면 이런 생산자들은 곧 사라지게 될 것이다. 이것이 내가 이 장의 서두에서 아들 진규를 들먹이면서 제시했던 유치산업에 관한 주장의 본질이다.

나쁜 사마리아인인 부자 나라들은 개발도상국들에 자유 무역을 권장하면서, 자신들이 모두 완전한 자유 무역은 아니더라도 그에 가까운 무역을 하고 있다는 걸 강조한다. 그러나 이것은 마치 여섯 살 먹은 아이를 키우는 부모를 보고, 성공한 어른들은 부모에게 의지하지 않으며, 또한 자립을 했기 때문에 성공한 것이라는 논리를 들이대면서 여섯 살 먹은 그 아이를 일터로 보내라고 충고하는 것과 같다. 성공한 어른들은 성공을 했기 때문에 자립을 한 것이지, 자립을 했기 때문에 성공을 한 것이 아니다. 하지만 그들은 이 사실을 깨닫지 못한다. 실제로 성공한 사람들은 대부분 어린 시절에 부모로부터 경제적, 정서적으로 든든한 지원을 받아 온 사람들이다. 2장에서 논의한 바처럼 부자 나라들은 자국의 생산자들이 준비를 갖추었을 때에만, 그것도 대개는 점진적으로 무역을 자유화했다. 요컨대 역사적으로 살펴보면 무역 자유화는 경제 발전의 원인이 아니라 경제 발전의 결과이다.

항상 그런 것은 아니지만 자유 무역이 '단기적으로는' 최상의 무역 정책이 되는 경우가 있을 수 있다. 자유 무역이 그 나라의 현재 소비를 극대화할 가능성이 높기 때문이다. 그러나 무역 자유화는 결코 경제 발전을 위한 최선의 방법이 아니다. 자유 무역은 단적으로 말해 개발도상국들이 생산성 증대 효과가 낮고, 따라서 생활수준 향상 효과도 낮은 부문들에 집중하도록 만들기 쉬운 정책이다. 그렇기 때문에 자유 무역을 통해서 성공을 거두는 나라들은 거의 드물고, 성공한 나라들의 대부분은 정도의 차이는 있지만 한결같이 유치산업 보호 정책을 사용해 온 나라들이다. 가난한 나라들은 경제 발전의 취약에서 비롯된 낮은 소득 때문에 자국의 미래를 결정하는 데서 구사할 수 있는 자유를 크게 제약받는다. 따라서 '자유' 무역 정책은 역설적으로 그 정책을 실행에 옮기는 개발도상국들의 '자유'를 축소시키는 것이다.

국제 무역 시스템과 그 불만

부자 나라들은 자유 무역이 현실적으로나 이론적으로나 통하지 않는다 해도 전혀 개의치 않는다. 자유 무역의 성적이 이토록 형편없는데도 불구하고 나쁜 사마리아인인 부자 나라들은 1980년대 이후로 개발도상국에 대해 무역 자유화를 강력하게 장려해 왔다.

앞의 장들에서 논의했던 것처럼 1970년대 후반까지는 부자 나라들이 자발적으로 가난한 나라들로 하여금 더 많은 보호 정책과 보조금을 쓸 수 있도록 허용했다. 그런데 1980년대에 들어서자 사정이 달라졌다. 이런 변화는 미국에서 가장 뚜렷하게 나타났다. 미국은 경제적으로 뒤떨어진 나라들과의 국제 무역과 관련하여 대승적인 입장을 취해 왔지만, 1980년대에 들어서자 갑자기 19세기 영국의 '자유 무역 제국주의'와 흡사한 시스템으로 재빠르게 갈아탔다. 미국 대통령 로널드 레이건은 GATT의 우루과이 라운드 회담이 시작되었던 1986년에 이런 새로운 방침을 분명하게 표현했다. 당시 레이건은 "우리와 거래하는 무역 상대국들과 새로운 그리고 훨씬 개방적인 협정—상대국들이 자국의 시장을 완전히 개방하고 자국의 상품을 대하는 것처럼 미국의 상품을 대하게 될 협정"을 요구했다.[10] 이 협정이 현실화된 것은 1986년 우루과이 푼타델에스테에서 시작되어 1994년 모로코의 마라케시에서 끝난 GATT의 우루과이 라운드 무역 회담을 통해서였다. 그 결과 WTO 체제가 설립되었는데, 이 새로운 국제 무역 시스템은 GATT 조직에 비해 개발도상국들에 훨씬 불리한 쪽으로 치우쳐 있다.

표면적으로 보면 WTO는 '경기장을 평평하게' 만들어 놓고 회원국들 누구나 똑같은 규칙에 의거해 경기를 벌일 것을 요구하고 있다. 어느 누가 이것에 반대할 수 있겠는가? 그러나 중요한 것은 WTO 전체 회원국이 전체 협정에 서명을 해야 한다는 '일괄 타결' 원칙이 채택되었다는 점이다. GATT 제도 하에서 각국은 어느 협정에 서명할지 선택할 수 있었고, 따라서 많은 개발도상국들이 자국이 원하지 않는 협정, 예컨대 보조금의 사용을 제한하는 협정에는 발을 들여놓지 않을 수 있었다. 그러나 일괄 타결 방식에서는 전체 회원국이 똑같은 규칙을 지켜야 한다. 전체 회원국이 관세를 줄여야 하고, 수입 쿼터제와 (극빈국에만 허용되는) 수출 보조금, 그리고 대부분의 국내 보조금을 폐기해야 한다. 게다가 자세히 들여다보면 경기장 자체도 기울어져 있다는 것을 알 수 있다.

우선 부자 나라들은 평균적으로 보면 보호의 정도가 낮긴 하지만 가난한 나라들이 수출하는 상품들, 특히 의류와 직물 분야의 상품들에 대해 불균형하게 보호 조치를 사용하는 경향이 있다. 즉 가난한 나라들이 부자 나라의 시장에 수출을 하려고 하면 다른 부자 나라들보다 훨씬 높은 관세를 내야 한다. 옥스팜의 보고서는 "미국의 전체 수입 세율은 1.6%이다. 이 세율은 많은 개발도상국들에 대해서는 급격하게 올라간다. 평균적인 수입세를 살펴보면, 인도와 페루의 4% 남짓에서부터 니카라과 7%, 방글라데시나 캄보디아, 네팔의 경우 14~15%에 이른다"라고 지적하고 있다.[11] 결국 2002년에 경제 규모로 따지면 영국의 3분의 1에도 못 미치는 인도가 영국보다 훨씬 많은 관세를 미국에 지불하였다. 더 놀라운 것은 같은 해에 경제 규모로 따지면 프랑스의 3%에 지나지 않는 방글라데시가 프랑스와 거의 같은 규모의 관세를 미국에 지불했다는 사실이다.[12]

'경기장을 평평하게 만든' 것처럼 보인 행동이 실제로는 선진국들에 유리하게 돌아가는 데에는 구조적인 이유가 있다. 관세가 가장 좋은 사례이다. 우루과이 라운드로 인하여 극빈국을 제외한 모든 국가의 관세율은 비율로 볼 때 크게 낮아졌다. 그러나 개발도상국들의 경우는 애초에 관세가 상대적으로 높았기 때문에 부자 나라들에 비해 축소된 관세의 절대적인 규모가 훨씬 크다. 예컨대 WTO 협정 이후 인도의 평균 관세율은 71%에서 32%로 축소되었고, 미국의 평균 관세율은 7%에서 3%로 축소되었다. 비율로 따지면 관세 축소율은 (각각 55% 남짓 축소된 만큼) 똑같지만 그로 인한 절대적인 영향은 크게 달라진다. 인도에서는 100달러짜리 수입 상품의 소비자 가격이 171달러에서 132달러로, 소비자의 행동을 크게 바꾸어 놓을 수 있을 만큼 대폭 줄어들 것이다. 반면에 미국에서는 소비자 가격이 107달러였던 상품이 103달러로 낮아질 텐데, (4% 미만이라는) 이런 가격 차이는 대부분의 소비자들이 거의 알아채지 못할 정도이다. 다시 말해 관세를 동일한 비율로 축소한다고 해도 처음에 관세율이 높았던 나라의 경우에는 훨씬 큰 충격을 받게 되는 것이다.

또 분야에 따라서는 '경기장을 평평하게' 만드는 것 자체가 부자 나라들에 대한 일방적인 혜택을 의미하는 경우도 있다. 이런 사례로 가장 중요한 것이 특허를 비롯한 다양한 지식재산권의 보호를 강화하는 무역 관련 지식재산권TRIPS 협정이다. (자세한 논의는 6장에서 하겠지만) 재화와 용역의 교역에서는 아무리 가난한 국가라도 팔 만한 것이 있게 마련이다. 하지만 지식재산권의 분야에서는 대부분 선진국이 판매자이고 개발도상국이 구매자이므로, 지식재산권 보호를 확대하면 주로 개발도상국이 그 부담을 떠안게 된다. (자세한 논의는 4장에서 하겠지만) 외국인 투자자에 대한 규제를 제한하는 무역 관련 투자 조치TRIMS 협정의 경우에도 마찬가지이다. 이 분야에서도 가난한 나라들은 대부분 외국인 투자를 받을 뿐이지 외국에 투자할 수 있는 처지가 아니다. 따라서 가난한 나라들은 외국인 회사들을 규제할 수 있는 능력이 줄어듦에도 불구하고 해외에서 활동하고 있는 자국 출신 기업이 아예 없기 때문에 이런 규제 축소에 따른 '보상'은 얻지 못한다.

그런데다 선진국들이 필요로 하는 분야에 대해서는 수많은 예외 규정이 만들어졌다. 예컨대 국내 보조금은 대부분 금지되어 있지만 농업, 기초 연구개발, 그리고 지역 불균형 해소와 관련된 보조금은 허용된다. 이것들은 모두 부자 나라들이 대대적으로 사용하고 있는 보조금들이다. 부자 나라들은 연간 1,000억 달러로 추정되는 농업 보조금을 방출한다. 그중에는 미국의 땅콩 농장주 25,000명에게 지급되는 40억 달러의 보조금, 핀란드의 (사탕무로 만든) 설탕 생산을 보조해 주는 유럽연합EU의 보조금이 포함되어 있다.[13] 모든 부자 나라 정부는 기초 연구개발에 대해 엄청난 보조금을 지원하며 관련 산업의 경쟁력을 키우고 있는데, 그중에서도 미국 정부가 특별히 열심이다. 개발도상국들에는 이런 보조금의 사용이 허용된다 해도 그림의 떡이다. 개발도상국들은 기초 연구개발을 많이 하지 않으니 보조금을 지급할 대상이 거의 없기 때문이다. 유럽공동체EC에서 광범위하게 사용되어 온 지역 불균형 해소를 위한 보조금의 경우를 살펴보자. 이 방침은 겉보기에는 중립적인 것 같지만 실제로는 주로 부자 나라들의 이익에 부합하는 것이다. 부자 나라들은 지역 불균형을 시정한다는 명분으로 보조금을 지급하여 기업들이 '구조적으로 침체된' 지역으로 진출하도록 유인하고 있다. 그 나라의 국내적인 관점에서 보면 이런 방침은 그 국가의 지역 불균형 해소에 도움이 될 수 있겠지만, 국제적인 관점에서 보면 이런 보조금은 특정한 산업을 장려하기 위한 보조금과 다를 바가 없다.

부자 나라들은 자국 형편에 맞는 분야에서만 '경기장을 평평하게 만든다'는 비난에 맞서 자신들이 개발도상국들에 '특별 및 차별 대우SDT'를 하고 있다고 떠벌이는 경우가 많다. 그러나 특별 및 차별 대우는 이제 GATT 체제 하에 존재했던 특별 및 차별 대우의 희미한 그림자에 지나지 않는다. 개발도상국들, 그중에서도 특히 (WTO의 용어로는 '저개발국가'인) 극빈국들을 위해 만든 몇 가지 예외 사항이 있기는 하지만, 그 대부분은 영구적인 비대칭적 제도를 제공하는 것이 아니라 극빈국들이 부자 나라들과 똑같은 마지막 목적지에 도달하기 전까지 (5년 내지 10년의) 좀 더 긴 과도기를 주는 식이다.[14]

한마디로 나쁜 사마리아인인 부자 나라들은 '경기장을 평평하게 만든다'는 명목으로 자신들에게 유리하도록 조작된 새로운 국제 무역 체제를 만들어 냈다. 그들은 과거 자국 경제를 발전시키기 위해 효과적으로 써먹었던 무역과 산업 정책의 여러 가지 도구들을 가난한 나라들이 사용할 수 없게끔 방해하고 있다. 이들이 기를 쓰고 막으려는 대상은 관세와 보조금만이 아니라 외국인 투자의 규제, 외국인 지식재산권의 '침해'까지 포함되는데, 여기에 대해서는 이어지는 장에서 살펴볼 것이다.

농업을 위해서 공업을 희생시키라고?

부자 나라들은 우루과이 라운드의 결과에 만족하지 않고 개발도상국들에 자유화를 더욱 거세게 몰아붙이고 있다. 예를 들어 외국인 투자 규제에 대한 제약을 무역 관련 투자 조치 협정에서 받아들여진 것 이상으로 강화하려는 움직임이 있었다. 이런 움직임은 처음에는 (1998년) OECD에서 시도되었다가 다음에는 (2003년) WTO를 통해서 시도되었다.[15] 이런 움직임이 두 차례 모두 좌절되자 선진국들은 공격의 초점을 바꾸어 개발도상국들의 공업 관세를 대폭 축소하는 쪽에 집중하고 있다.

비농산물 시장 접근NAMA이라고 불리는 이 제안은 2001년 WTO 도하 각료 회의에서 처음 제기되었다. 이 제안은 2002년 12월 미국 정부가 2015년까지 모든 공업 관세를 철폐하자는 제안으로 판을 키워 놓으면서부터 결정적인 동력을 얻었다. 여러 가지 제안들이 부상하고 있지만, 비농산물 시장 접근 협상이 부자 나라들이 마음먹은 대로 진행된다면 개발도상국들의 관세 상한선은 현재의 10~70%에서 5~10%로 떨어질 수 있다. 이런 관세율은 19세기와 20세기 초 약소국들이 관세 자주권을 박탈당한 상태에서 보통 3~5%라는 낮은 관세율을 획일적으로 수용하지 않을 수 없었던 '불평등 조약'의 시기 이후에는 볼 수 없었던 낮은 수준이다.

부자 나라들은 개발도상국들이 공업 관세를 인하하는 데 대한 보상으로 사국의 농업 관세와 보조금을 낮추어 가난한 나라들의 수출 증대를 돕겠다고 약속하고 있다. 자유 무역 이론에 따르면 일방적인 무역 자유화에는 자체적인 보상이 따르게 마련이지만, 이런 식의 공업과 농업 맞바꾸기 방식을 윈-윈win-win 거래라고 선전하고 있는 것이다.

이 제안은 2005년 12월 WTO 홍콩 각료 회의에서 협의되었지만 합의가 이루어지지 않아 협상이 이듬해 여름까지 연장되었고, 이듬해 여름에는 일시 중지 상태에 놓이게 되었다. 인도 상공부 장관인 카말 나스는 이 협상을 '사람으로 치면 중환자실과 화장터 중간쯤 되는 것'이라고 표현한 것으로 유명하다. 부자 나라들은 개발도상국들이 충분한 공업 관세 축소를 제시하지 않는다고 했고, 개발도상국들은 부자 나라들이 농업 관세와 보조금 분야의 충분한 감축은 제시하지 않으면서 지나치게 급격한 공업 관세 축소를 요구하고 있다고 주장했다. 이 협상은 현재 중단 상태에 있다. 그렇지만 전통적으로 WTO를 비판해 왔던 사람들을 포함해 많은 사람들은 근본적으로 이 '공업과 농업 맞바꾸기' 방식을 전향적인 것으로 여기고 있다.

단기적으로 볼 때 부자 나라의 농산물 시장에 대한 개방 확대로 이익을 보는 개발도상국이 있을 수도 있다. 그러나 이런 개발도상국은 얼마 되지 않는다. 많은 개발도상국들이 사실상 순수한 농산물 수입국이므로 이런 조치를 통해 이익을 얻을 가능성은 거의 없는 것이다. 부자 나라들이 대대적으로 보조금 지원을 하고 있는 농산물을 수입하고 있는 형편이라면 개발도상국들은 이 조치 때문에 오히려 손해를 입을 수 있다. 이 보조금이 폐지되면 개발도상국들의 수입 비용이 늘어나게 되기 때문이다.

전체적으로 볼 때 부유한 나라들의 농산물 시장 개방의 주요 수혜자는 농업 분야가 강력한 (미국, 캐나다, 오스트레일리아, 뉴질랜드 같은) 부자 나라들이다.[16] 선진국들은 가난한 나라들이 수출하고 있는 (커피, 차, 코코아 같은) 농산물에 대해서는 자국 내에 보호해야 할 국내 생산자들이 없으므로 대부분 보호 조치에서 제외하고 있다. 따라서 주로 밀, 소고기, 유제품 등의 '온대 지방' 농산물 분야에서 보호와 보조금 감축이 이루어지게 될 것이다. 브라질과 아르헨티나 두 나라를 제외하면 개발도상국들 가운데 이런 농산물을 많이 수출하고 있는 나라는 없다. 그뿐만 아니라 부자 나라들 내에서 농산물 시장 무역 자유화 조치로 인해 '손해'를 보게 될 것으로 예상되는 사람들의 일부는 선진국 내부의 기준으로 결코 유복하지 않은 사람들, 즉 노르웨이나 일본, 스위스 등의 가난한 농민들이 포함되는 데 반해, 이런 조치로 혜택을 입는 개발도상국 사람들은 국제적인 기준으로 볼 때 유복한 사람들인 브라질이나 아르헨티나의 농업 자본가들일 것이다. 이런 의미에서 볼 때 부자 나라들의 농산물 자유화가 개발도상국의 가난한 농민들에게 도움이 될 것이라는 일반적인 인식은 잘못된 것이다.•

더욱 문제가 되는 것은, 부자 나라들의 농산물 자유화가 가난한 나라들의 발전을 돕는 중요한 방법이라고 여기는 사람들의 경우 이것이 공

• 부자 나라들의 농산물 자유화로 인한 또 다른 주요한 수혜자, 즉 그 농산물의 소비자들은 그다지 큰 혜택을 누리지 못한다. 소득에서 차지하는 비중으로 볼 때 이들의 농산물 소비는 (식품이 약 13%, 주류와 담배는 4%인데, 그중 농산물 자체의 비용은 극히 작은 부분을 차지할 정도로) 이미 굉장히 낮은 수준이다. 더구나 (커피, 차, 코코아 등) 이들이 구매하는 농산물의 많은 수는 이미 무역이 자유화되어 있다.

짜로 얻어지는 것이 아니라는 사실을 간과한다는 점이다. 가난한 나라들은 그 대가로 여러 가지 양보를 해야 하는데, 문제는 이런 양보—공업 관세 축소, 외국인 투자 규제 폐지, 그리고 지식재산권에 대한 '관용적인 입장' 포기—가 장기적으로 볼 때 이들 나라의 경제 발전을 더욱 어렵게 만든다는 데 있다. 이 책에서 내가 시종일관 지적하고 있는 바와 같이 공업 관세와 외국인 투자 규제, 그리고 지식재산권에 대한 관용적인 입장은 개발도상국이 경제 발전을 위해서 사용할 수 있는 중요한 정책 도구이다.

이 점을 고려하면 부자 나라들의 농산물 자유화를 둘러싸고 현재 전개되고 있는 논쟁은 우선순위가 잘못 매겨져 있다. 일부 개발도상국들이 선진국의 농산물 시장에 접근할 수 있다는 것은 중요한 일일 수 있다.• 그러나 개발도상국들의 입장에서는 해외 농산물 시장이 확대되는 것보다 보호와 보조금, 외국인 투자 규제 등을 적절히 사용하여 자국의 경제를 발전시키는 것이 훨씬 중요하다. 개발도상국들이 유치산업을 장려할 수 있는 도구들의 사용을 포기하는 '대가'를 치러야만 부자 나

• 경제 발전의 초기 단계에서는 농업을 주업으로 하는 사람이 많으므로 개발도상국의 농업은 가난을 줄이는 데 매우 중요하다. 농업 생산성의 증대는 또 이후의 공업 발전에 필요한 건강하고 생산성이 높은 노동자들의 인력 풀을 창출한다. 게다가 경제 발전의 초기 단계에서는 농산물 외에는 팔 만한 물건이 거의 없는 나라의 경우에는 십중팔구 수출품 중에서 농산물이 차지하는 비중이 높을 것이다. 내가 앞에서도 언급한 바와 같이 경제 발전에서 수출이 차지하는 중요성을 고려하면 (그 증대 가능성은 크지 않다 하더라도) 농산물 수출은 최대한 장려되어야 한다. 부자 나라들의 농산물 시장 개방의 확대는 개발도상국의 농산물 수출 증대에 도움이 된다. 그러나 농업 생산성과 농산물 수출의 증대는 '유치산업 장려'를 위한 국가의 개입을 필요로 하는 경우가 많다. 농업 생산자들, 그중에서도 소규모의 농업 생산자들은 특히 (생산에 필요한 관개시설과 수출에 필요한 도로 부문 같은) 사회간접자본과 국제적인 마케팅, 연구개발에 대한 정부의 투자와 지원을 필요로 한다.

라들에 의한 농산물 자유화를 따낼 수 있는 조건이라면 이런 비용은 더더욱 지불할 가치가 없다. 개발도상국들은 자국의 미래를 팔아 눈앞에 있는 사소한 이익을 챙기는 일을 해서는 안 된다.

무역은 늘리고 이데올로기는 줄이고

지금으로서는 믿기 어려운 사실이겠지만 한때 북한은 남한보다 더 부유했다. 일본은 1910년부터 1945년까지 한반도를 지배하는 동안 북한 지역의 공업 발전에 주력했다. 북한이 중국과 가까울 뿐만 아니라 광산 자원, 그중에서 특히 석탄이 풍부한 곳이었기 때문에 일본의 식민 통치자들에게는 중국을 차지하려는 제국주의적인 야심을 펼칠 수 있는 이상적인 근거지로 보였기 때문이다. 일본이 한반도에서 물러난 뒤에도 북한은 1960년대까지 이미 확보하고 있던 식민지 공업 유산 덕분에 남한에 대해 경제적인 우위를 유지할 수 있었다.

현재 남한은 세계에서도 손꼽히는 공업 강국이 되었지만 북한은 가난에 시달리고 있다. 남한은 외부 세계와 공격적으로 교역에 나서고 외국 기술을 적극적으로 흡수했지만, 북한은 자급자족의 방침을 따랐기 때문이다. 남한은 무역을 통해 선진 기술에 대해서 배우고 선진 기술을 사들이는 데 필요한 외화를 벌어들였다. 북한도 나름대로 몇 가지 기술적인 업적을 이루어 냈다. 비날론의 대량생산 방법을 개발한 것이 그 한 가지 사례이다. 비날론은 1939년 한국의 과학자가 석회석을 주원료로 하여 개발한 것으로, 나일론 이후 두 번째로 개발된 인조섬유였다. 이 섬유는 쾌적한 직물을 만드는 데 적합하지 않아 다른 곳에서는 전혀 인기를 얻지 못했지만, 북한 사람들은 비날론 덕분에 의류 분야에서 자급자족을 할 수 있었다. 그러나 개발도상국이 선진 기술을 지속적으로 수입하지 않고 혼자 자체적으로 물건을 개발하는 데에는 한계가 있다. 결국 북한은 기술적인 면에서 볼 때 과거―1940년대 일본의 기술과 1950년대 소련의 기술―에 묶여 있고, 남한은 세계에서 손꼽히는 역동적인 기술 국가가 되었다. 무역이 경제 발전에 도움이 된다는 것을 입증하는 데 이보다 더 좋은 근거가 있을까?

결론적으로 말해 경제 발전은 선진 기술을 습득하고 숙달하는 것과 관련이 있다. 물론 이론적으로는 한 나라가 자체적으로 기술을 개발할 수 있다. 하지만 북한의 사례에서 보았듯이 이런 기술 자급자족 전략은 곧 벽에 부딪히게 마련이다. 이 때문에 경제 발전에 성공한 나라들의 사례에서는 (6장에서 자세히 논의하겠지만) 하나같이 선진적인 외국의 기술을 습득하고 숙달하기 위한 진지한 노력들이 돋보인다. 그러나 선진국에서 기술을 수입하려면 개발도상국들은 (기술 특허나 기술 자문 용역 같은) 직접적인 방식으로든 (더 좋은 기계의 구입 같은) 간접적인 방식이든 해당 기술의 구매에 필요한 외화를 손에 쥐고 있어야 한다. 그리고 여기에 필요한 외화는 (외국 원조 같은) 부자 나라들의 선물 형태로 제공될 수도 있지만, 대부분은 수출을 통해 벌어들여야 한다. 따라서 무역이 없이는 기술 발전이 있을 수 없고, 기술 발전이 없으면 경제 발전이 있을 수 없다.

하지만 무역이 경제 발전에 필수적이라는 논리와 자유 무역이 경제 발전에 가장 좋다(또는 무역이 자유로울수록 더 좋다)는 나쁜 사마리아인들의 논리 사이에는 큰 차이가 있다. 그럼에도 자유무역주의 경제학자들은 반대론자들의 기를 꺾기 위해서 자유 무역에 반대하는 사람들은 진보에 반대하는 사람이라고 암시하는 교묘한 속임수를 효과적으로 이용해 왔다.

한국의 사례에서 볼 수 있듯이 자유 무역을 해야만 국제 무역에 적극적으로 참여할 수 있는 것은 아니다. 만일 유치산업을 장려하지 않고 자유무역주의를 추구했다면 한국은 지금과 같은 중요한 무역 국가가 되지 못하고, 아직도 1960년대에 주된 수출 품목이었던 (텅스텐 원광, 생선, 해초 등의) 원료나 (직물, 사람의 머리털로 만든 가발 같은) 낮은 기술, 낮은 가격의 상품을 수출하고 있을 것이다. 1장에서 썼던 비유를 사용해 보면, 만일 1960년대부터 자유 무역 정책을 견지했다면 한국 사람들은 아직도 누가 어떤 머리털을 손에 넣느냐를 놓고 다투고 있을 것이다. 한국의 성공 비결은 새로운 유치산업이 발전하여 노련해지고 국제적 경쟁력을 가지게 됨에 따라 보호하는 분야를 끊임없이 바꾸어 가면서 보호와 개방 무역 정책을 적절하게 혼합한 데 있다. 이것은 그리 대단한 '비결'이 아니다. 앞의 장들에서 언급했던 바와 같이 오늘날의 부자 나라들 대부분이 부유해진 비결이며, 최근에 성공을 이룬 개발도상국들이 성공을 거둔 비결과 똑같은 것이다. 보호가 발전을 보증하는 것은 물론 아니다. 하지만 보호가 없는 발전은 무척이나 어렵다.

따라서 진심으로 개발도상국들이 무역을 통해 발전하도록 도우려 한다면, 부자 나라들은 1950년대에서 1970년대 사이에 그랬던 것처럼 비대칭적인 보호주의를 용인하고 자국에 대한 보호의 수준을 개발도상국들보다 훨씬 낮출 필요가 있다는 것을 인정해야 한다. 세계 무역 체제는 개발도상국들이 유치산업을 장려하기 위해 필요한 도구—보호관세, 보조금, 외국인 투자 규제 등—를 보다 자유롭게 사용할 수 있도록 허용함으로써 개발도상국들의 경제 발전 노력을 지원해야 한다. 그런데 오늘날의 세계 무역 체제는 선진국들이 필요로 하는 분야에 보호와 보조금 사용을 더 쉽게 하도록 허용하고 있다. 세계 무역 체제는 개발도상국들이 훨씬 절실하게 필요로 하는 분야에 보다 쉽게 보호와 보조금을 사용할 수 있도록 나아가야 한다.

이런 논의를 하는 데 부자 나라들의 농산물 자유화에 대한 올바른 입장을 정립하는 것이 특히 중요하다. 부자 나라들이 농산물 보호 수준을 낮추는 것은 브라질과 아르헨티나 등 몇몇 개발도상국에만 도움이 될 뿐, 대부분의 개발도상국에는 아무런 도움이 되지 못한다. 무엇보다도 현재 부자 나라들이 요구하고 있는 것처럼 부유한 세계에서의 농산물 자유화를 개발도상국들의 유치산업 진흥 수단의 사용에 대한 규제 강화를 조건으로 내세워서는 안 된다.

경제 발전을 위해 국제 무역이 중요하다는 것은 아무리 강조해도 지나치지 않다. 그러나 경제 발전이라는 목표에 이르는 최선의 길은 자유무역이 아니다. 한 나라가 자국의 필요와 능력이 변화하는 정도에 어울리도록 조정된 보호와 보조금의 혼합 정책을 꾸준히 사용할 때에만 무역은 그 나라의 경제 발전에 도움이 된다. 무역은 자유무역주의 경제학자들에게 맡겨 두기에는 경제 발전을 위해 너무 중요한 사안이다.

4

핀란드 사람과 코끼리

외국인 투자는 규제해야 하는가?

BAD SAMARITANS

핀란드 사람들은 스스로에 대해 농담하기를 즐긴다. 가령 독일 사람, 프랑스 사람, 미국 사람, 핀란드 사람에게 각각 코끼리에 관한 책을 써 보라고 하면 어떤 책이 나올까? 빈틈없는 성격을 가진 독일 사람은 『코끼리에 대해 알려진 모든 것』이라는 제목으로 주석이 빵빵하게 달린 두 권짜리 두툼한 학술서를 쓸 것이다. 철학적 명상과 존재론적 고민에 자주 빠지는 프랑스 사람은 『코끼리의 인생과 철학』이라는 책을, 사업적인 감각이 뛰어난 미국 사람은 『코끼리로 돈 버는 법』이라는 책을, 그리고 핀란드 사람은 『코끼리는 핀란드 사람들을 어떻게 생각할까』라는 책을 쓸 것이다.

핀란드 사람들은 이런 식으로 자신들의 자의식이 지나치게 강한 것을 꼬집곤 한다. 하지만 핀란드 사람들이 자신들의 정체성에 집착하는 것은 충분히 이해할 수 있다. 이들의 언어는 우랄알타이어계로 가까운 이웃인 스웨덴이나 러시아 말보다는 한국이나 일본 말에 더 가깝다. 핀란드는 또 스웨덴 식민지로 600여 년을 지냈고, 러시아 식민지로 다시 100여 년을 보냈다. 수천 년 동안 한족, 훈족, 몽고족, 만주족, 일본, 미국, 러시아 등 주변에 있는 모든 민족에게 시달려 온 한국인의 한 사람으로서 나는 핀란드 사람들의 이런 심정에 공감할 수 있다.

따라서 핀란드 사람들이 러시아로부터 독립한 1918년 이후로 외국인들을 멀리하려고 갖은 노력을 다해 온 것도 놀라운 일은 아니다. 핀란드는 1930년대에 외국인이 20% 이상을 소유한 기업들 모두를—놀라지 마시라!—공식적으로 '위험한' 기업으로 분류하는 법률을 도입하기까지 했다. 핀란드 사람들이 아무리 직설적이라 해도 그렇지 '위험' 기업이라니…. 결국 핀란드는 외국인 투자를 거의 받지 못했다.[1] 1960년대 영국의 전설적인 코미디 그룹 몬티 파이선은 1980년 〈핀란드〉라는 노래에서 "핀란드, 핀란드, 핀란드… 그대는 애처롭게 무시당하고, 자주 푸대접받지" 하고 노래했는데, 이들은 아마도 핀란드 사람들이 무시당하고 푸대접받는 것이 자청해서 그런 것이라는 사실을 미처 알지 못했을 것이다.

핀란드는 1987년에 관련 법규를 개정하여 외국인 소유 상한선을 40%로 완화했다. 그러나 모든 외국인 투자는 여전히 상공부의 승인 대상으로 남아 있었다. 핀란드에서 외국인 투자가 전면적으로 자유화된 것은 1993년의 일이었는데, 이것도 1995년 유럽연합에 가입하기 위한 준비 조치의 일환이었다.

신자유주의 정통파의 견해에 따른다면, 50년이 넘도록 지속된 이런 극단적인 외국인 배척 전략은 핀란드의 경제 전망에 극심한 악영향을 미쳤어야 했다. 하지만 핀란드는 1990년대 중반 이후 세계화의 성공적인 본보기로 칭송받고 있다. 특히 핀란드의 이동전화 회사 노키아는 이를테면 세계화의 명예의 전당에 헌납된 것이나 다름없다. 세계 경제에 편입되는 것을 원치 않았던 나라가 갑자기 세계화의 우상이 된 것이다. 어떻게 이런 일이 일어날 수 있을까? 이에 대한 대답은 나중으로 미루고, 일단은 외국인 투자를 둘러싼 찬반론부터 검토하도록 하자.

외국 자본이 꼭 필요한가?

개발도상국들은 대부분 저축만으로 국내 투자 수요를 충족하기 어렵다는 것을 알고 있다. 따라서 잉여 저축이 있는 외국에서 필요한 자금을 끌어오는 것이 바람직한 일이라는 데에는 논쟁의 여지가 없을 것이라고 생각하기 쉽다. 나쁜 사마리아인들이 개발도상국들은 돈이 자유롭게 흘러들어 올 수 있도록 국내 자본 시장을 개방해야 한다고 주장하는 것도 이런 근거에서이다.

신자유주의 경제학자들의 주장에 따르면, 국제적인 자본 이동의 자유화는 '저축 격차'를 메울 뿐만 아니라, 자본이 세계적인 범위에서 최고의 수익을 올릴 수 있는 프로젝트로 흘러들 수 있게 함으로써 경제적 효율성을 향상시킨다는 장점이 있다. 또한 국경을 넘나드는 자유로운 자본의 흐름은 정부 정책과 기업의 의사결정 구조에 '최상의 업무 처리 기준'을 확산시킨다.[2] 이것은 기업이나 국가가 제대로 운영되지 않으면 외국인 투자자들이 당장 손을 뗄 것이라는 논지인데, 논쟁의 여지가 있기는 하지만 일부에서는 자본 배분의 효율성 증대로 인한 직접적인 혜택보다는 이런 '부수적인 혜택'이 훨씬 더 중요하다고 주장하기도 한다.[3]

개발도상국으로 흘러드는 외국 자본의 흐름은 크게 원조, 부채, 투자의 세 요소로 이루어진다. 원조는 다른 나라에서 증여받는 돈으로, 흔히 해외 원조 혹은 공적개발원조ODA라고 한다. 부채는 은행 융자와 (정부 혹은 기업의) 채권으로 이루어진다.[4] 투자는 포트폴리오 지분 투자와 외국인 직접투자FDI 형태로 이루어진다. 포트폴리오 지분 투자는 경영에 대한 영향력보다는 경제적 수익을 추구하기 위해 지분(주식)을 소유하는 방식이고, 외국인 직접투자는 회사 경영에 일상적으로 영향

력을 행사하기 위해 지분을 매수하는 방식이다.[5]

비록 일부 경제학자들은 '바람직한' 원조, 즉 지정학적 동기에서 비롯되지 않은 원조는 효과가 있다고 주장하지만, 신자유주의 경제학자들 사이에서도 해외 원조는 아무런 효과가 없다는 입장이 점차 힘을 얻고 있다.[6] 부채와 포트폴리오 지분 투자 역시 변동성이 높다는 단점을 가진 것으로 지적되고 있다.[7] 특히 은행 융자의 경우에는 변동성이 높은 것으로 유명하다. 예컨대 1998년의 개발도상국에 대한 은행의 순융자 총액은 500억 달러였다. 하지만 1997년의 아시아, 1998년의 러시아와 브라질, 2002년의 아르헨티나와 같은 일련의 금융 위기가 개발도상권 국가들을 강타하자 4년 동안 (연평균 -650억 달러라는) 마이너스 상태로 바뀌었다가, 2005년에는 (670억 달러로) 1998년에 비해 30%나 증가했다. 은행 융자만큼 변동성이 높은 것은 아니지만, 채권을 통한 자본 유입 역시 변동 폭이 크다.[8] 또 포트폴리오 지분 투자는 은행 융자만큼 변동성이 크지는 않지만 채권에 비하면 훨씬 더 변동성이 크다.[9]

이런 식의 자본 흐름은 변동성이 클 뿐 아니라, 바람직하지 않은 시점에 유입되거나 유출되는 경향이 있다. 특정 개발도상국의 경제 전망이 밝으면 지나치게 많은 외국 금융 자본이 몰려와 자산 가격은 일시적으로 실질 가격 이상으로 높아지면서 자산 버블을 형성한다. 반면에 상황이 악화되면 자산 버블이 터지고 외국 자본이 한꺼번에 철수하게 되면서 경기 침체가 악화된다. 이와 같은 '쏠림 현상'은 1997년 아시아 금융 위기 때 가장 뚜렷하게 나타났다. (한국, 홍콩, 말레이시아, 태국, 인도네시아 등) 장기적인 경제 전망이 밝았던 나라들에서마저도 외국 자본이 대규모로 빠져나간 것이다.[10]

이런 쏠림 현상은 경기순응적pro-cyclical 행동이라고 알려져 있는데,

국내 투자자들 사이에도 존재한다. 내부자 정보를 이용할 수 있는 국내 투자자들은 경제 상황이 나빠지면 외국인 투자자들보다 먼저 해당 국가를 빠져나가는 경우도 많다. 그러나 외국인 투자자들의 쏠림 현상은 국내 투자자들의 쏠림 현상에 비해 충격이 훨씬 더 크다. 이는 개발도상국의 금융 시장에서 움직이는 돈이 국제 금융 시스템 속에서 흘러다니는 돈에 비해 그 양이 미미하기 때문이다. 개발도상국 주식 시장 가운데 가장 크다는 인도 주식 시장은 미국 주식 시장 규모의 30분의 1에도 미치지 못한다.[11] 사하라 이남 아프리카에서 두 번째로 큰 나이지리아 주식 시장은 미국 주식 시장의 5,000분의 1에도 미치지 못하고, 가나 주식 시장은 미국 주식 시장의 0.006%에 지나지 않는다.[12] 한마디로 부자 나라의 자산은 드넓은 바다와 같은데, 그 가운데 단 한 방울만 잘못 움직여도 개발도상국의 금융 시장을 휩쓸어 버리는 홍수가 될 수 있는 것이다.

따라서 개발도상국들이 1980년대와 1990년대에 나쁜 사마리아인들의 강권에 못 이겨 자본 시장을 개방한 뒤로 금융 위기를 훨씬 자주 경험하게 된 것은 우연의 일치라고 할 수는 없다. 탁월한 경제 사학자 두 명이 진행한 연구에 따르면, 세계 금융의 개방화가 이루어지지 않았던 1945~1971년 사이에 개발도상국들은 금융 위기는 단 한 번도 겪지 않았고, 통화 위기는 16번, '쌍둥이 위기'(금융 위기와 통화 위기가 동시에 일어나는 경우)는 한 번 겪었다. 그러나 1973~1997년 사이에 개발도상권 국가들에서는 17번의 금융 위기와 57번의 통화 위기, 그리고 21번의 쌍둥이 위기가 발생했는데,[13] 이는 1998년 이후 (브라질, 러시아, 아르헨티나 등에서) 발생한 대규모 금융 위기는 포함되지도 않은 숫자이다.

현재 국제 금융 흐름의 변동성과 경기 변동 증폭성은 자그디시 바그와티 교수와 같은 열렬한 세계화 지지자조차 '막가파식 국제 금융 자본주의의 위험성'을 경고할 정도로 심각하다.[14] 1980년대 이래, 특히 1990년대 들어 자본 시장 개방을 강력하게 밀어붙였던 IMF도 최근 들어서는 태도가 바뀌어 개발도상국의 자본 시장 개방을 지지하는 목소리가 크게 약화된 상태이다.[15] IMF는 현재 "자본 계정의 때 이른 개방은 … 유입 구조를 불리하게 만들고, 해당 국가에 갑작스러운 자금 흐름의 중단이나 역류 상황에 노출시키는 등의 해를 입힐 수 있다"라는 것을 인정하고 있다.[16]

테레사 수녀 같은 외국 자본?

(부채와 포트폴리오 지분 투자 같은) 국제적인 '금융' 흐름의 행동 방식과 외국인 직접투자의 행동 방식은 전혀 다르다. 개발도상국에 유입된 순수한 외국인 직접투자의 흐름은 1997년의 경우 1,690억 달러였는데,[17] 개발도상권 국가들이 금융 혼란에 시달리던 1998~2002년 사이에도 연간 1,720억 달러였다.[18] 외국인 직접투자는 이처럼 안정적으로 돈을 공급할 뿐만 아니라 경제 발전에 도움을 주는 여러 가지 요소들도 함께 제공하는 것으로 알려져 있다. 유럽연합의 영국 위원으로 일했던 리언 브리턴 경이 요약한 바에 따르면, 외국인 직접투자는 "여유 자본의 공급원이자 건전한 대외 균형의 달성에 기여하는 것으로, 생산성 증대·고용 증대·효율적인 경쟁·합리적인 생산 및 기술 이전의 토대이자 경영 노하우의 공급원"이라는 것이다.[19]

그렇다면 외국인 직접투자를 환영해야 한다는 주장에는 이론의 여지가 없는 것 같다. 외국인 직접투자는 다른 형태의 외국 자본의 흐름과는 달리 안정적이다. 게다가 돈을 공급할 뿐만 아니라 조직 및 기능, 기술의 향상을 가져옴으로써 투자 유치국의 생산 능력을 향상시킨다. 한마디로 외국인 직접투자는, 유명한 칠레의 경제학자이자 나의 은사이며 현재 케임브리지 대학의 동료 교수이기도 한 가브리엘 팔마가 야유하듯이 '테레사 수녀 같은 외국 자본'으로 환대받고 있다. 그러나 외국인 직접투자에도 한계가 있고 문제점은 있다.

첫째, 1990년대 말에서 2000년대 초 개발도상국들의 금융 혼란 시기에 외국인 직접투자의 흐름이 매우 안정적이었다고 하지만 모든 나라에서 항상 그랬던 것은 아니다.[20] 여기에 더해 자본 시장이 개방되어 있는 경우 외국인 직접투자로 들어온 자금을 '유동화'시켜 신속하게 빼내 가는 것이 가능해진다는 점도 고려해야 한다. 어떤 IMF 간행물에서도 지적했듯이, 외국 기업의 자회사는 자사의 자산을 이용해 국내 은행에서 돈을 빌린 다음 외화로 바꿔 해외로 내보낼 수도 있고, 본사가 자회사에 빌려주었던 사내 대부금을 회수할 수도 있다.[21] 극단적인 경우에는 유입된 외국인 직접투자의 대부분이 이런 통로를 이용해서 빠져나가서 결국 투자 유치국의 외환 보유고 증대에 아무런 도움을 주지 않을 수도 있다.[22]

외국인 직접투자가 언제나 안정적인 외화 공급원으로 기능하는 것은 아닐뿐더러, 투자 유치국의 외환 보유고에 부정적인 영향을 줄 수도 있다. 외화를 끌어들일 수도 있지만, (부품 수입이나 해외 융자 계약 같은) 외화의 추가 수요를 낳을 수도 있는 것이다. 물론 수출을 통해 추가적인 외화를 끌어들일 수도 있다. 하지만 외국인 투자 기업이 자기가 지출하는 것보다 더 많은 외화를 벌어들일 것인지의 여부에 대해서는 예단할 수가 없다. 이 때문에 많은 나라가 외국 회사들의 외화 취득과 지출—예컨대 의무 수출량이나 국산 부품 사용량 등—을 통제하고 있는 것이다.[23]

외국인 직접투자의 또 하나의 단점은 둘 이상의 나라에서 활동하는 다국적 기업들에 '이전 가격 조작'의 기회를 제공한다는 것이다. 이전 가격 조작이란 법인세율이 가장 낮은 나라에서 활동하는 자회사가 가장 높은 이윤을 올릴 수 있도록 다국적 기업 자회사들끼리 서로 지나치게 싸거나 지나치게 비싸게 거래하는 관행을 말하는데, 여기서 '지나치게'라는 것은 결코 과장이 아니다. 영국의 자선단체 크리스천 에이드의 보고서에 따르면 0.4달러짜리 중국산 TV 안테나, 40달러짜리 볼리비아산 로켓 발사 장치, 528달러짜리 미국산 불도저처럼 어이없을 정도로 싸게 매겨진 수출 사례가 있는가 하면, 한 개에 5,484달러인 독일산 쇠톱 날, 4,896달러인 일본산 족집게, 1,089달러인 프랑스산 렌치 등 눈이 튀어나올 만큼 비싼 가격을 매긴 수입 사례가 있는 것이다.[24] 이는 다국적 기업들을 둘러싸고 벌어지는 전형적인 문제인데, 갈수록 법인세를 아주 적게 내거나 아예 내지 않게 되어 있는 조세 도피처가 늘어나게 되면서 문제가 점점 심각해지고 있다. 다국적 기업들은 대부분의 이윤을 세금 감면 업종으로 등록되어 있는 페이퍼 컴퍼니로 옮겨 놓는 방법을 통해 세금 부담을 대폭 줄일 수 있기 때문이다.

외국인 직접투자가 없으면 세금을 물릴 수 있는 소득 자체가 발생하지 않을 테니 투자 유치국으로서는 이전 가격 조작에 대해 불평할 게 없지 않느냐는 주장도 있을 수 있다. 하지만 이는 부당한 주장이다. 모든 기업은 정부가 국민이 낸 세금을 이용해 제공하는 (도로와 통신망, 공적 자금으로 교육과 훈련을 받은 노동자 등의) 생산적 자원을 이용하게 되어 있다. 그런 만큼 다국적 기업의 자회사들도 '자기 몫만큼' 세금을 내야 한다. 그러지 않는다면 해당 회사는 사실상 투자 유치국에 무임승차를 하는 셈이 된다.

외국인 직접투자 덕분에 기술 및 경영 노하우가 이전될 것이라고 기대하는데, 그조차 근거가 분명하지 않다. IMF 간행물마저 "여러 가지 형태의 자본 흐름 가운데 외국인 직접투자가 제공하는 혜택이 가장 클 것이라는 이론적인 가정이 있기는 하지만, 이런 혜택을 쉽게 입증할 만한 사례를 찾기가 어렵다"라는 것을 인정하고 있을 정도이다.[25] 왜 그럴까? 이는 외국인 직접투자의 형태에 따라 생산성에 미치는 영향이 다르기 때문이다.

외국인 직접투자라고 하면 흔히 인텔이 코스타리카에 설립한 새로운 마이크로칩 공장이나, 폭스바겐이 중국에 설립한 조립 라인을 떠올리곤 한다. 이런 종류의 투자를 '그린필드 투자'라고 부른다. 하지만 외국인 직접투자는 이미 설립된 회사를 사들이는 방식으로 이루어지는 경우가 많다. 이것을 '브라운필드 투자'라고 한다.[26] 그런데 개발도상국에는 외국인들이 인수하고 싶어 할 만한 기업이 상대적으로 적고, 그 때문에 브라운필드 투자의 비중이 낮다. 그럼에도 1990년대 이후 전세계에서 이루어진 외국인 직접투자의 절반 이상이 바로 이 브라운필드 투자였다. 심지어 브라운필드 투자가 최절정에 달한 2001년에는 전 세계 외국인 직접투자의 80%를 차지할 정도였다.[27]

브라운필드 투자는 새로운 생산 설비를 추가하지 않는다. 1997년 금융 위기 이후 한국의 대우자동차를 인수한 GM은 기존 공장을 그대로 인수하고, 예전에 만들던 것과 똑같은 자동차를 이름만 바꿔서 생산했다. 물론 그 과정에서도 새로운 경영 기법이나 우수한 엔지니어의 공급으로 생산 능력 증대에 이바지할 수는 있다. 다만 그렇게 될 것이라는 보장이 없다는 게 문제일 뿐이다.

브라운필드 투자는 또 인수한 회사의 생산 능력을 향상시킬 의도가 없는 경우도 많다. 외국인 직접투자자들은 금융 위기의 시기에 시장에서 과소평가를 받고 있다고 판단되는 회사를 인수한 다음, 다른 적당한 인수자를 찾을 때까지만 예전과 똑같이 회사를 운영할 수도 있다.[28] 아니면 외국인 직접투자자가 적극적으로 '자산 약탈'에 나서서 사들인 회사의 생산 능력을 파괴하는 일도 있다. 예컨대 스페인의 이베리아 항공사는 1990년대에 라틴아메리카 항공사의 몇 개 노선을 인수한 다음, 기존에 소유하고 있던 노후한 비행기들을 라틴아메리카 항공사가 소유하고 있던 새 비행기와 맞바꾸었다. 결국 라틴아메리카 항공사는 형편없는 서비스와 높은 보수 비용으로 인해 파산하고 말았다.

물론 외국인 직접투자의 경제적 혜택이 투자가 이루어진 기업에만 국한되는 것은 아니다. 외국인 직접투자를 받은 기업은 해당 지역에서 노동자들을 고용하고(그들은 그 과정에서 새로운 기능을 익힐 수도 있다), 해당 지역 생산자에게서 부품을 사들이며(납품 기업들은 그 과정에서 새로운 기술을 획득할 수도 있다), 국내의 다른 기업들에(새로운 경영 기법이나 해외 시장에 대한 지식을 제공함으로써) '전시 효과'를 미칠 수 있다. 이러한 파급 효과는 실질적으로 투자 유치국의 장기적인 생산 능력을 확장할 수 있게 해 주므로 결코 가볍게 넘길 만한 것은 아니다.

그러나 안타깝게도 파급 효과가 발생하지 않는 경우도 있다. 극단적인 예를 들자면 다국적 기업이 필요한 모든 부품은 수입하고, 해당 지역 노동자들은 단순한 조립에만 참여시키는 '엔클레이브enclave' 시설을 세우는 경우이다. 이때 노동자들은 새로운 기능을 익힐 수 없을 뿐만 아니라 파급 효과 역시 아예 발생하지 않거나, 발생한다 해도 극히 미미한 규모에 그치는 경향이 있다.[29] 투자 유치국 정부들이 파급 효과를 증대하기 위해 기술 이전, 국산 부품 사용, 또는 수출 등과 관련된 이행 요건을 부과하는 등의 방법을 채택하는 것도 그래서이다.[30]

외국인 직접투자로 인한 영향 가운데 가장 중요하면서도 가장 쉽게 간과되는 것이 (현재와 미래의) 국내 경쟁자들에게 미치는 영향이다. 국내 기업들은 때 이른 경쟁에 노출되지만 않는다면 '성장'해서 성공적으로 운영될 수도 있다. 하지만 외국인 직접투자를 통해 다국적 기업이 진입하게 되면, 이런 국내 기업들을 파괴하거나 국내 경쟁자의 출현을 막을 수 있다. 이 경우에도 투자 유치국의 단기적인 생산 능력은 향상된다. (현재와 미래의) 국내 기업의 자리에 대신 들어선 다국적 기업의 자회사는 일반적으로 국내 기업보다 생산성이 높기 때문이다. 그러나 결과적으로 해당 국가가 장기적으로 획득할 수 있는 생산 능력의 수준은 낮아질 수밖에 없다.

나중에 더 자세히 살펴보겠지만 그 원인은 일반적으로 다국적 기업들이 핵심적인 활동을 본국 밖으로 이전하지 않으려 하기 때문이다. 그에 따라 다국적 기업의 자회사가 장기적으로 도달할 수 있는 수준에는 일정한 한계가 있다. 1장에서 살펴본 토요타의 사례를 생각해 보자. 일본이 1960년대에 자동차 산업에서 외국인 직접투자를 허용했더라면, 토요타는 지금처럼 렉서스 생산 능력을 갖추기는커녕, 아예 망했거나 아니면 고작해야 미국 자동차 회사의 쓸모 있는 자회사 정도가 되는 데 그쳤을 것이다.

이런 사실을 고려한다면 개발도상국 정부가 외국인 직접투자로 인한 단기적인 혜택을 포기하고, 외국인 직접투자가 특정 부문으로 진입하는 것을 금지하거나 규제하는 방법을 채택하는 편이 합리적일 수 있다. 그래야만 해당 국가의 국내 기업이 장기적으로 수준 높은 활동에 참여할 수 있는 기회를 증대할 수 있기 때문이다.[31] 이것은 내가 앞의 장들에서 논의했던 유치산업 보호의 논리—장기적으로 생산 능력을 증대하기 위해 자유 무역이 가져다주는 단기적인 혜택을 포기하는 것—와 일맥상통하는 것이다. 실제 역사적으로 경제 발전에 성공한 나라들의 대부분이 가혹하다 싶을 정도로 외국인 직접투자를 규제해 왔다. 이제부터는 여기에 대해 살펴보도록 하자.

'군사력보다 더 위험하다'

"우량한 미국 유가증권을 외국인이 단 한 장도 소유하지 않고, 미국이 유럽의 은행가들과 대부업자들에게 착취당하는 신세에서 벗어나는 날이 온다면, 그날이 바로 우리에게는 행복한 날이 될 것이다." 1884년 미국의 『뱅커스 매거진』은 이렇게 썼다.[32]

여러분은 미국에서 간행되는 은행업자들의 잡지가 이렇듯 외국인 투자자를 적대시했다는 사실이 좀처럼 믿기지 않을 것이다. 그러나 당시에는 이것이 전형적인 모습이었다. 미국은 외국인 투자자들을 몹시 박대했던 이력이 있다.[33]

앤드루 잭슨은 오늘날 미국의 자유 시장 지지자들에게 영웅 대접을 받고 있는 인물이다. 하지만 그는 1832년에 외국인 지분이 (30%로) 지나치게 높다는 판단에서 준準중앙은행, 즉 (해밀턴이 세웠던 미합중국제1은행의 후신인) 미합중국제2은행에 대한 인가를 거부했다.[34] (유럽연합에 가입하기 전의 핀란드였다면 얼씨구나 하고 받아들였을 만한 결정이다.) 잭슨은 이 조치를 발표하면서 "이 은행 주식의 대부분이 어느 외국 국민의 손에 넘어가고, 공교롭게도 우리와 그 나라 사이에 전쟁이 벌어진다면 우리 꼴은 어떻게 될 것인가? … 우리의 통화를 통제하고, 우리의 공공자금을 받아가고, 수천 명의 국민들을 의존 상태에 묶어 두게 되면, 이는 적의 해군과 육군을 합친 군사력보다 훨씬 더 무섭고 위험한 상황이 될 것이다. … 만일 우리가 은행을 가져야 한다면 … 그것은 순전히 미국인의 것이어야 한다"라고 말했다.[35] 이런 말을 지금 어느 개발도상국의 대통령이 했다면 그는 외국인을 혐오하는, 시대에 뒤떨어진 인물이라는 낙인이 찍힌 채 국제 사회에서 배척당했을 것이다.

미국은 경제 발전 초기부터 제1차 세계 대전 때까지 줄곧 세계 최대의 자본 수입국이었다.[36] 따라서 이들은 외국인 투자자들의 '부재 경영'에 대해 상당한 우려를 가졌는데,[37] 해밀턴주의 계통의 민족주의 잡지 『나일스 위클리 레지스터』는 1835년에 "우리는 외국 자본을 두려워하지 않는다. 그것을 미국이 관리하기만 하면 말이다"라고 공언할 정도였다.[38]

미국 연방 정부는 이런 분위기를 반영하여 외국인 투자를 강력하게 규제했다. 주州 규모가 아닌 전국 규모 은행의 경우 영주권 없는 주주들은 의결권 행사조차 할 수 없게 하고, 미국 시민이 아니면 이사가 될 수 없도록 하였는데, 이는 "외국인 개인과 외국인 금융 기관은 자신들의 대표로 미국 시민을 이사회에 앉힐 의사가 있어야 전국 규모 은행의 주식을 살 수 있다"라는 의미였던 만큼 은행 부문에 대한 외국인 투자를 억제하는 역할을 했다.[39] 미국 의회는 또 1817년 연안 해운 독점권을 미국 선박에만 부여했는데, 이 정책은 제1차 세계 대전 때까지 유지되었다.[40] 천연자원 산업에 대한 외국인 투자에 대해서도 엄격한 규제가 따랐다. 토지에 대해서도 많은 주 정부들이 영주권 없는 외국인들의 투자를 금시하거나 제한했나. 1887년 연방 외국인 소유법의 경우에는 당시 토지 투기가 성행하던 준準주에서 외국인—또는 외국인 지분이 20%가 넘는 회사—에 의한 토지 소유까지 금지했다.[41] 그뿐만 아니었다. 연방 광산법은 미국인과 미국 법인으로 등록한 기업에 한해서만 채광권을 허용했으며, 1878년에는 목재법 제정을 통해 미국 거주민에게만 공공지 벌목을 허용했다.

주 법률 가운데는 외국인 투자에 대해 연방법보다 훨씬 더 적대적인 태도를 보이는 법들도 있었다. 많은 주들이 외국 회사에 대해 미국 회사보다 훨씬 무거운 세금을 매겼다. 1887년의 인디애나주의 법은 모든 외국 기업들에 대해 법원의 보호를 철회한 것으로 유명했다.[42] 뉴욕주 정부는 19세기 말 세계 일류로 발전해 나가고 있던 금융 부문의 외국인 직접투자에 대해 특별히 더 적대적인 태도를 취했는데, 이는 유치산업 보호의 뚜렷한 사례라 할 수 있다.[43] 뉴욕주 정부는 1880년대에 외국 은행들에 대해 (예금 업무, 어음할인 업무 등) '은행 업무' 참여를 금지하는 법을 제정했고, 이어서 1914년에는 은행법으로 외국 은행의 지점 설립을 금지했다. 예를 들어 (당시 예금 규모 면에서 세계에서 세 번째로 큰 은행이었던) 런던시티 앤드 미들랜드 은행은 전 세계에 867개의 지점을 두고 미국에만 45개의 대리 은행을 두고 있었음에도 정작 뉴욕에는 지점을 열지 못하였다.[44]

미국은 19세기에서 20세기 초까지 외국인 투자를 가장 많이 받았던 나라였음에도 이렇듯 외국인 투자에 대해 다방면으로 엄격한 통제를 실시했는데, 이는 최근 중국의 경우와 비슷하다. 중국 역시 최근 몇십 년 동안 다국적 기업을 엄격하게 규제했음에도 엄청난 양의 외국인 직접투자가 중국으로 쏟아져 들어오고 있는 것이다. 나쁜 사마리아인들은 외국인 투자를 규제하면 투자의 흐름이 줄어들고, 외국인 투자 규제를 완화하면 외국인 투자의 흐름이 증대될 것이라고 주장하고 있지만 현실은 정반대이다. 미국은 (세계에서 가장 높은 관세율의 유지와) 외국인 투자에 대한 엄격한 규제에도 불구하고—부분적으로는 바로 그런 규제 덕에—19세기부터 1920년대까지 세계에서 가장 빨리 성장했던 경제였다. 이는 외국인 투자 규제가 경제의 성공 전망에 부정적인 영향을 미친다는 일반적인 견해의 토대를 허무는 것이다.

외국인 투자 규제의 측면에서 미국보다 훨씬 가혹한 태도를 보였던 것은 일본이었다.[45] 특히 1963년 이전의 일본에서는 외국인 소유권이 49%로 제한되었고, '주요 산업'에 대한 외국인 직접투자는 전면 금지되었다. 이후 외국인 투자가 꾸준히 개방되었다고는 하지만 그 범위는 국내 기업이 준비가 되었다고 판단하는 산업으로 제한되었다. 결국 일본에 유입된 외국인 직접투자는 전체 국내 투자에 대비해 볼 때 공산권을 제외하고는 가장 낮은 수준을 기록하고 있을 정도이다.[46] 그러나 일본은 최근 들어 WTO에 제출한 문서에서 "(외국인 직접)투자의 제한은 발전 정책의 관점에서 볼 때 적절한 결정이라고 볼 수 없다"라고 말하고 있는데, 과거 일본이 취했던 행동을 생각할 때 역사에 대한 선택적 건망증과 이중 기준, 그리고 '사다리 걷어차기'의 전형적인 사례에 해당된다고 할 수 있다.[47]

한국과 대만을 외국인 직접투자 우대 정책의 선봉으로 여기는 경우가 많다. 그도 그럴 것이 두 나라는 외국 기업의 투자에 대한 규제가 전혀 없는 수출가공지구EPZ를 세워 일찌감치 성공을 거두었다. 그러나 한국과 대만의 경우 수출자유지역 밖에서는 외국인 투자자들에게 수많은 규제를 부과했다. 두 나라는 모두 이런 규제 정책을 토대로 기술적인 능력을 보다 빠르게 축적할 수 있었고, 그에 따라 수출자유지역 내부에서 시행되던 '무엇이든 허용한다'는 방식의 채택 필요성이 줄어들었다. 두 나라는 외국 기업들의 진입 분야를 제한하고, 외국인 지분의 상한선을 정했다. 이들은 또한 다국적 기업들이 가지고 들어온 기술들을 심사하였고, 수출 요건을 부과했다. 국산 부품 사용 요건은 (품질이 낮은 국산 부품들 때문에 수출 경쟁력이 지나치게 훼손되지 않도록) 수출하는 상품들에 대해서는 훨씬 관대하게 적용되었지만, 전체적으로 볼 때는 매우 엄격했다. 그 덕분에 한국은 1990년대 말 신자유주의 정책을 채택하기 전까지는 세계에서 외국인 직접투자에 가장 적게 의존하는 나라 중 하나였다.[48] 대만은 한국에 비하면 다소 온건한 규제 정책을 사용하며 외국인 투자에 좀 더 많이 의존했지만, 그 의존의 수준은 개발도상국 평균에 미치지 않는 수준이었다.[49]

경제 규모가 큰 (영국, 프랑스, 독일 같은) 유럽 국가들은 일본이나 미국, 핀란드만큼 심하게 외국인 투자를 규제하지는 않았다. 이들 국가는 제2차 세계 대전 이전에는 대부분 외국인 투자를 받는 쪽이 아니라 투자를 하는 쪽이었으므로 외국인 투자를 규제할 필요가 없었던 것이다. 그러나 이들 역시 제2차 세계 대전 직후에는 미국인들로부터, 이후에는 일본인들로부터 대규모 투자를 받게 되면서 외국인 직접투자의 흐름을 규제하고 이행 요건을 부과하기 시작했다. 이들은 1970년대까지는 주로 외환 관리를 통해 외국인 투자를 규제했고, 외환 관리를 폐기한 후에는 비공식적으로 이행 요건을 부과했다. 영국은 겉보기에는 외국인 투자자에게 우호적인 나라 같지만 국산 부품의 사용, 생산 규모,

그리고 수출과 관련하여 여러 가지 다양한 '조건'과 '자발적인 제한'을 부과했다.[50] 닛산이 1981년에 영국 공장을 세울 때 부가가치의 60%를 영국 내에서 조달하도록 강요당했는데, 이 비율은 80%까지 점진적으로 올리도록 규정되어 있었다. 영국 정부는 또 '무역 균형의 개선을 위하여 포드와 GM에 압력을 가했던' 것으로 알려져 있다.[51]

싱가포르와 아일랜드는 외국인 직접투자에 크게 의존해 성공하고 있는 나라들이다. 그러나 이들 역시 다국적 기업들이 원하는 대로 행동하도록 방임해야 한다는 것을 입증하는 사례가 될 수는 없다. 이들 정부는 외국 기업을 환영하면서도, 외국인 투자를 장래 자국의 경제 발전을 위해 전략상 중요하다고 판단하는 분야로 유인하는 선별적인 정책을 사용했다. 홍콩은 관대한 외국인 직접투자 정책을 쓰고 있지만, 싱가포르는 늘 목표 지향적인 접근 방식을 사용하여 왔다. 아일랜드는 외국인 직접투자에 대한 무차별적인 접근 방식을 폐기하고, 외국인 투자를 전자·제약·소프트웨어·금융 서비스 등의 부문으로 유인하는 집중 전략으로 갈아탄 뒤에야 효과적인 성장을 이루기 시작했다.[52]

요컨대 역사는 규제자들의 편이다. 오늘날의 부자 나라들 대부분은 자국이 투자를 받는 입장이었을 때는 외국인 투자를 규제했다. 그 규제의 정도가 매우 가혹한 경우도 있었는데, 핀란드·일본·한국, 그리고 (특정 부문에서의) 미국이 그 좋은 사례라 할 수 있다. 싱가포르와 아일랜드 등 외국인 직접투자를 적극적으로 유도하여 성공한 나라들이 있기는 하지만, 이들 역시 나쁜 사마리아인들이 현재의 개발도상국들에 권장하고 있는 것과 같은 자유방임적인 다국적 기업 정책을 채택하지는 않았다.

국경 없는 세계가 도래했는가?

경제 이론과 역사, 그리고 딩대의 경험들은 하나같이 외국인 직접투자로부터 진정으로 혜택을 얻기 위해서는 정부의 현명한 규제 조치가 필요하다는 것을 입증하고 있다. 그럼에도 나쁜 사마리아인들은 십여 년이 넘도록 외국인 직접투자에 대한 일체의 규제를 실질적으로 무효화하기 위해 갖은 공을 들여 왔다. 이들은 WTO를 통해서 무역 관련 투자 조치 협정을 이끌어 냈는데, 이 협정은 국산 부품 사용 요건, 수출 요건, 또는 외환 균형 요건 부과 등의 정책을 금지하는 내용이다. 이들은 현재 진행되고 있는 서비스 교역에 관한 일반 협정GATS 협상과 WTO에서 제시한 투자협정을 통해서 개방 확대를 재촉하고 있다. 부자 나라와 가난한 나라 사이에서 체결된 쌍무적이거나 지역적인 FTA들과 쌍무적인 투자조약BIT들 역시 외국인 직접투자를 규제하려는 개발도상국의 능력을 제한하고 있다.[53]

역사를 잊어라. 이것이 나쁜 사마리아인들이 이런 행동을 변호할 때 하는 말이다. 이들의 주장에 따르면 외국인 투자 규제는 과거에는 몇 가지 장점을 가지고 있었지만, 세계화가 새로운 '국경 없는 세계'를 창조해 낸 마당에서는 불필요하고 무익한 일이 되어 버렸다. 통신과 운송 기술의 발전으로 인한 '거리의 소멸death of distance'이 기업들을 점점 더 이동하기 쉬운, 국적이 없는 상태로 만들기 때문에 기업들은 더 이상 본국에 부속된 존재가 아니라고 주장하는 것이다. 기업들이 더 이상 국적을 가지지 않는다면 외국 기업을 차별할 근거가 없다는 것이 이들의 입장이다. 게다가 외국 기업들은 '원하는 곳이면 어디든 갈 수 있는' 존재로 규제가 있을 경우 규제가 없는 다른 나라로 이동할 것인 만큼 외국 기업들을 규제하려는 시도는 효과가 없다는 것이다.

이런 주장에 어느 정도 일리가 있는 것은 분명하다. 그러나 이는 지나치게 과장되어 있다. 오늘날 네슬레 같은 기업은 본국(스위스)에서 전체 생산량의 5% 미만을 생산하기는 하지만, 이는 아주 예외적인 경우이다. 국제화된 대규모 기업들은 대부분 해외에서 전체 생산량의 3분의 1 미만을 생산하고, 일본 기업들은 10분의 1 미만을 해외에서 생산한다.[54] (연구개발 등의) '핵심적인' 활동을 해외에 배치하는 경우도 있기는 하지만 대부분은 다른 선진국들에 배치되는 등 심한 '지역' 편향을 보인다.[55] (여기서 '지역'이란 북미, 유럽, 일본을 뜻하는데, 이 맥락에서 일본은 그 자체가 하나의 지역에 해당된다.)

기업의 최고위 의사 결정자들 역시 대부분 본국인이다. 프랑스 기업 르노와 일본 기업 닛산을 경영하는 레바논계 브라질인 카를로스 곤과 같은 사례도 있기는 하지만 이는 아주 예외적인 경우에 해당한다. 가장 극명한 사례로 1998년에 이루어진 독일 자동차 회사 다임러벤츠와 미국 자동차 회사 크라이슬러의 합병을 들 수 있다. 이 경우 실제로는 벤츠가 크라이슬러를 인수한 것이지만 당시 두 기업은 동등한 합병으로 선전되었다. 이렇게 해서 탄생한 다임러크라이슬러라는 새로운 기업의 이사회는 동수의 독일인과 미국인으로 구성되었다. 하지만 이는 처음 몇 년간의 일에 불과했고 얼마 후부터는 독일인들이 미국인들보다 많아졌는데, 해마다 다르기는 하지만 대개 독일인이 10~12명에 미국인은 1~2명뿐이었다. 미국 기업들도 외국 회사에 인수되면 외국인에 의해서 경영되는 것이다. (그러나 이게 바로 인수가 뜻하는 것 아니던가?)

따라서 오늘날에도 기업의 국적은 중요하다. 각각의 자회사들이 어느 정도 고도화된 사업에 진출할 수 있는지의 여부를 결정하는 것은 결국 해당 기업을 소유한 사람의 몫이다. 이 때문에 자본이 더 이상 나라라는 뿌리를 가지지 않는다는 가정에 입각해 경제 정책을 구상하는 것은 대단히 순진한 행위이다. 개발도상국의 입장에서는 특히 그렇다.

그렇다면 외국인 투자 규제의 필요성 여부를 떠나 외국인 투자의 실질적인 규제가 가능하지 않다는 주장은 어떻게 보아야 할 것인가? 나쁜 사마리아인들의 주장에 따르면, 이제 다국적 기업들은 어느 정도 '원하는 곳이면 어디든지 갈 수 있는' 상태가 되었기 때문에 '마음에 들지 않으면 발을 빼는 방식'으로 외국인 투자를 규제하는 나라들에 본때를 보일 수 있다.

이런 주장에 대해 당장 이렇게 반문할 수 있다. 나쁜 사마리아인들은 기업들의 이동성이 높아져 국가의 규제가 무력해졌다고 하면서, 어째서 개발도상국들로 하여금 외국인 투자를 규제하는 능력을 제한하는 국제 협정에 빠짐없이 서명하게 하려고 기를 쓰는 것인가? 신자유주의 정통파는 시장의 논리를 따르는 것을 좋아하니까 어떤 방법을 선택할 것인가 하는 것은 개발도상국에 맡겨 두면 되지 않겠는가? 외국인 투자자들이 우호적인 나라에 대해서만 투자 결정을 내린다면 그것만으로도 해당 개발도상국에 벌을 주거나 상을 주는 일이 되지 않겠는가? 부자 나라들이 개발도상국들에 이런 제한을 부과하기 위해 국제 협정에 의지하고 있는 상황이야말로 외국인 직접투자의 규제가 효력이 없다는 나쁜 사마리아인들의 주장이 사실이 아니라는 것을 드러내는 것이다.

다국적 기업이라고 해서 모두가 이동성이 있는 것은 아니다. 사실 생산 설비를 옮기기 쉽고, 필요한 기술 수준이 낮고, 노동자에 대한 훈련이 쉽다는 점에서 잠재적 투자지가 많은 (직물, 신발, 봉제인형 따위의) 산업이 있기는 하다. 그러나 그 밖의 많은 산업에서 기업들이 쉽게 생산지를 옮기지 못하는 데에는 여러 가지 이유가 있다. 가령 (광물 자원이나 특별한 기능을 가진 해당 지역 노동력 따위의) 이동성이 거의 없는 생산 요소가 필요하다거나, (중국같이) 거대 국내 시장이라는 유인이 있다거나, (일본 자동차 회사들을 위한 공급 네트워크가 구축되어 있는 태국이나 말레이시아처럼) 오랜 세월에 걸쳐 확립된 공급 네트워크가 있다거나 하는 식으로 말이다.

마지막으로 강조하고 싶은 사실은 다국적 기업들이 반드시 외국인 직접투자를 규제하는 나라를 피해 갈 것이라는 생각은 잘못이라는 점이다. 신자유주의 정통파들의 주장과는 반대로 외국인 투자의 유입 수준을 결정하는 데서 규제는 그다지 중요한 요소가 아니다. 만일 이들의 주장이 사실이라면 중국 같은 나라는 외국인 투자를 많이 받지 못해야 한다. 그러나 크고 빠르게 성장하는 시장과 우수한 노동력, (도로, 항만 따위의) 우수한 사회간접자본을 제공하는 중국은 전 세계 외국인 직접투자의 약 10%를 확보하고 있다. 19세기 미국에 대해서도 똑같은 주장을 적용할 수 있다.

연구 결과에 따르면 기업들이 주로 관심을 가지는 것은 첫째가 투자 유치국의 (시장의 크기와 성장 같은) 시장 잠재력이고, 다음으로는 노동력과 사회간접자본의 우수성 같은 사항들이다. 이들은 규제에 대해서는 크게 관심을 두지 않는다. 외국인 직접투자 개방의 옹호자로 널리 알려진 세계은행도 "특별한 인센티브와 직접투자를 관리하는 규제가 어떤 나라가 받는 투자의 양에 미치는 영향은 일반적으로 경제적, 정치적 분위기나 금융 및 환율 정책이 미치는 영향에 비하면 훨씬 작다"라는 사실을 인정한 바 있다.[56]

나쁜 사마리아인들은 국제 무역과 경제 발전의 인과 관계에 대한 주장에서도 그랬던 것처럼, 외국인 투자 규제와 경제 발전의 인과 관계에서도 완전히 오해하고 있다. 이들은 외국인 투자 규제를 자유화하면 더 많은 투자가 들어오고 경제 성장에 도움이 될 것이라고 생각한다. 그러나 외국인 투자는 경제 성장의 원인이 아니라 경제 성장의 결과로 따라오는 것이다. 명백한 진실은 규제 체계가 아무리 개방적이라 해도 해당 국가의 경제가 매력적인 시장과 높은 품질의 (노동, 사회간접자본 등의) 생산 자원을 제공하지 않으면 외국 기업들은 들어가지 않을 것이라는 점이다. 외국 기업들에 최대한의 자유를 허용하는 데도 불구하고 그다지 외국인 직접투자를 끌어들이지 못하는 개발도상국들이 많은 것은 바로 이 때문이다. 지속적으로 성장하는 나라만이 다국적 기업들의 관심을 끌 수 있다. 파티를 준비하는 사람이 무엇이든 하고 싶은 대로 해도 좋은 파티니 참석하라고 광고를 한다고 해서 사람들이 몰려드는 것은 아니다. 사람들은 재미있다고 알려진 파티에 가게 마련이다. 아무리 자유가 허용된다고 해도 굳이 재미없는 파티에 가서 재미있게 해 주는 손님은 없다.

'자본에 의해 착취당하는 것보다 나쁜 딱 한 가지는…'

전 케임브리지 대학 경제학 교수이자 역사상 가장 유명한 여성 경제학자라 할 수 있는 조앤 로빈슨은 "자본에 의해 착취당하는 것보다 나쁜 딱 한 가지는 자본에 의해 착취당하지 않는 것이다"라고 말했다. 내 생각도 똑같다. 외국인 투자, 그 중에서도 특히 외국인 직접투자는 경제 발전에 아주 유용한 도구가 될 수 있다. 그러나 외국인 투자가 얼마나 유용한지의 여부는 진행되는 투자의 종류와 투자 유치국 정부가 규제를 하는 방식에 따라 달라진다.

외국인의 금융 투자에는 혜택보다 위험이 더 많이 따른다. 이는 요즘의 신자유주의자들도 인정하는 것이다. 외국인 직접투자는 테레사 수녀님은 아니지만 '단기적으로는' 투자 유치국에 도움을 주는 경우가 많다. 그러나 경제 발전의 측면에서 중요한 것은 '장기적인' 것이다. 외국인 직접투자를 무조건적으로 수용하면 현실적으로 장기적인 경제 발전이 어려워질 수 있다. '국경 없는 세계'를 과장하는 주장이 있기는 하지만, 다국적 기업들은 국제적으로 활동하는 특정 국가의 기업에 지나지 않는다. 따라서 자회사들이 수준 높은 사업 부문에 참여하는 것을 허용할 가능성은 거의 없다. 또 다국적 기업 자회사들의 존재는 장기적으로 생겨날 가능성이 있는 국내 기업의 출현을 방해할 수도 있는데, 이런 상황은 투자 유치국의 장기적인 발전 잠재력에 악영향을 끼칠 가능성이 높다. 또 외국인 직접투자의 장기적인 혜택을 좌우하는 요인 중 하나는 다국적 기업들이 창출하는 파급 효과의 규모와 질인데, 이 파급 효과를 극대화하기 위해서는 적절한 정책 개입이 필수적이다. 그런데 안타깝게도 (국산 부품 사용 요건 따위의) 이런 개입에 필요한 주요 도구들이 이미 나쁜 사마리아인들에 의해서 금지된 상태이다.

따라서 외국인 직접투자는 '악마와의 거래'일 수 있다. 외국인 직접투자는 단기적으로는 유리하지만 장기적으로는 경제 발전에 불리할 수 있기 때문이다. 이 사실을 이해하는 사람들이 보기에는 핀란드의 성공이 놀라울 게 없다. (20세기 초까지는 유럽에서 가장 가난한 경제였던) 핀란드는 외국인 투자가 지나치게 일찍 자유화되면 자국 기업이 독립적으로 기술적·경영적 능력을 발전시킬 수 있는 여지가 없어질 것이라는 인식에 기초하여 외국인 투자 전략을 구사했다. 노키아는 전자 산업 관련 자회사에서 이윤을 얻기까지 17년의 세월을 들여야 했지만, 지금은 세계 최대의 이동전화 회사로 손꼽히고 있다.[57] 만일 핀란드가 일찌감치 외국인 투자를 개방했더라면 노키아는 지금과 같은 위치에 오르지 못했을 것이다. 아마도 외국 금융 투자자들이 노키아를 사들였다가 아무런 희망도 없는 전자 산업 자회사에 대한 보조금 지원을 중단할 것을 본사에 요구하여 그 회사를 말려 죽였을 것이다. 운이 좋았다 해도 다국적 기업들이 노키아의 전자 산업 부문을 사들여 부수적인 활동을 하는 자회사로 삼는 정도였을 것이다.

이런 상황을 뒤집어 보면 외국인 직접투자의 규제는 장기적으로는 외국 기업들에도 혜택을 줄 수 있다. 어떤 나라가 외국 기업을 배척하거나 그 활동을 심하게 규제하는 상황은 단기적으로 볼 때는 해당 외국 기업에 불리하다. 그러나 만일 외국인 직접투자를 적절하게 규제하여 이런 규제가 없었을 때보다 훨씬 높은 수준으로, 훨씬 빠르게 생산 능력을 축적할 수 있다면 이야기는 달라진다. 이런 상황은 (숙련 노동자, 훌륭한 사회간접자본 따위의) 보다 생산성이 높은 투입 요소와 보다 성공적인 투자처를 제공한다는 점에서 장기적으로 볼 때 외국 투자자들에게도 유리하다. 핀란드와 한국이 그 가장 좋은 사례일 것이다. 이들 나라는 외국인 투자에 대한 현명한 규제 덕분에 규제가 없었을 경우보다 더 부유하고, 더 교육 수준이 높고, 기술적인 면에서 더 역동적인 에너지를 가진 나라가 되었으며, 그에 따라 매혹적인 투자지가 될 수 있었다.

외국인 직접투자는 경제 발전에 도움을 줄 수 있다. 그러나 이것은 외국인 직접투자가 장기적인 발전 전략의 일환으로 도입되는 경우에만 해당하는 이야기이다. 외국인 직접투자 정책은 장기적으로 엄청난 잠재력을 발휘할 수도 있는 국내 생산자들을 고사시키지 않는 방향으로 구상되어야 한다. 또한 외국 기업들이 가지고 있는 선진적인 기술과 경영 기법들이 최대한도로 국내 기업에 이전되어야 한다. 싱가포르와 아일랜드처럼 외국 자본, 특히 외국인 직접투자를 적극적으로 유인하여 성공을 거두는 나라들이 있을 수 있고, 실제로도 있었다. 그러나 보다 적극적으로 외국인 투자를 규제하는 방법을 써서 성공한 나라들이 역사적으로도 더 많았고, 앞으로도 더 많을 것이다. 반면에 개발도상국들의 외국인 투자 규제를 막으려는 나쁜 사마리아인들의 시도는 개발도상국들의 경제 발전을 돕는 것이 아니라 방해할 가능성이 크다.

5

인간이 인간을 착취한다

민간 기업은 좋고, 공기업은 나쁜가?

BAD SAMARITANS

20세기의 가장 심오한 경제 사상가 중 한 사람으로 꼽히는 존 케네스 갤브레이스는 "자본주의에서는 인간이 인간을 착취하는데, 공산주의에서는 그 반대이다"라는 유명한 말을 남겼다. 그의 이 말은 자본주의와 공산주의 사이에는 아무런 차이가 없다는 의미가 아니다. 그는 결코 그럴 사람이 아니다. 갤브레이스는 비非좌파적 시각에서 현대 자본주의를 비판한 유명한 인물로, 그가 표현하려 했던 것은 인류 평등 사회의 건설을 약속했던 공산주의가 그 약속을 실현하지 못하는 것을 보고 많은 사람들이 느꼈던 깊은 실망감이었다.

19세기에 시작된 공산주의 운동이 내걸었던 주요 목표는 (공장과 기계 같은) '생산 수단'의 사적 소유의 폐지였다. 공산주의자들은 사적 소유를 자본주의의 분배 불평등을 빚어내는 궁극적인 원천이자 경제 비효율성의 원인이라고 보았다. 이들은 사적 소유가 시장의 '낭비적인' 무정부 상태의 원인이라고 믿었다. 이들의 주장에 따르면 경쟁자들의 투자 계획을 알지 못하는 많은 자본가들은 같은 물건의 생산에 지나치게 투자를 하곤 한다. 그래서 과잉 생산이 일어나 관련된 일부 기업들이 파산하면서, 기계들은 고철 더미가 되고 고용 가치가 있는 노동자들은 일손을 놓게 된다. 이들의 주장에 따르면 여러 자본가들의 결정이 중앙 집중화된 합리적인 계획을 통해 미리 조정될 수만 있다면 이런 과정에서 빚어지는 낭비는 사라진다. 공산주의의 핵심 이론가인 카를 마르크스가 지적한 대로 자본주의의 기업들은 시장이라는 무정부 상태의 바다에 둘러싸여 있는 계획이라는 섬들이다. 이 때문에 공산주의자들은 사적 소유를 폐지하면 경제를 단일의 기업처럼 보다 효율적으로 운영, 관리할 수 있다고 생각했다.

그러나 안타깝게도 기업의 국가 소유에 기초한 중앙 집중적 계획 경제가 올린 성과는 형편없었다. 통제되지 않는 경쟁이 사회적인 낭비를 초래할 수 있다는 점에서는 공산주의자들의 주장이 옳았지만, 완전한 중앙 집중적인 계획과 포괄적인 국유화를 통해 모든 경쟁을 억제하려던 시도는 경제의 역동성을 파괴하여 엄청난 비용을 초래했다. 게다가 공산주의 체제 하의 경쟁 부재와 과도한 하향식 규제는 순응주의, 관료적 형식주의, 그리고 부정부패를 낳았다.

공산주의가 경제 시스템으로서 실패했다는 데에는 이의를 제기할 사람이 거의 없을 것이다. 그러나 이런 결론에서 국영 기업이나 공기업이 비효율적이라는 주장을 이끌어 낸다면 이는 지나친 논리의 비약이다. 이런 견해는 1990년대 초반 영국의 마거릿 대처가 주도했던 선도적인 민영화 프로그램 이후 널리 퍼져 나갔고, 과거 공산주의권 경제들의 '체제 전환'이 이루어지던 1990년대에는 거의 종교에 가까운 신조의 지위를 얻었다. 과거에 공산주의에 속했던 세계는 한동안 전부 '민영은 좋고, 국영은 나쁘다'는 주문에 홀린 것 같았다. 공산주의를 멋지게 풍자한 조지 오웰의 소설 『동물 농장』에 나오는 "네 다리는 좋고, 두 다리는 나쁘다"라는 인간 배척 슬로건처럼 말이다. 이런 국영 기업의 민영화 역시 나쁜 사마리아인들이 지난 사반세기 동안 대부분의 개발도상국들에 강요했던 신자유주의 방침의 주요 항목이었다.

재판정에 선 국가 소유

나쁜 사마리아인들은 왜 국영 기업을 민영화해야 한다고 생각할까? 국영 기업에 반대하는 이들의 생각은 단순하지만 강력한 개념에서 비롯된다. 바로 사람은 자신의 소유물이 아닐 경우 제대로 돌보지 않는다는 것이다. 일상에서도 이를 확신할 수 있게 해 주는 사실이 흔히 목격되곤 한다. 여러분이 보일러 고장으로 배관공을 불렀다고 하자. 그런데 배관공은 오전 11시도 채 되지 않았는데 휴식 시간이라며 벌써 세 번째 자리를 뜬 상태이다. 이럴 때 여러분은 생각할 것이다. 이 배관공은 과연 자기 집 보일러를 고칠 때도 똑같이 행동할까? 공원에 쓰레기를 버리는 사람들의 경우에도 마찬가지이다. 이들도 자기 집 정원에는 쓰레기를 버리지 않을 것이다. 이렇듯 자기 물건은 최선을 다해 돌보지만, 자기 것이 아닌 물건은 함부로 다루는 것이 인간의 본성인 듯하다. 국가 소유에 대한 반대자들이 사람들로 하여금 어떤 물건을 최대한 효율적으로 사용하게 만들고 싶으면, 당사자들에게 해당 물건의 소유권을 주어야 한다고 주장하는 것도 그래서이다.[1]

소유권은 소유자에게 그의 재산과 관련하여 두 가지 중요한 권리를 준다. 첫 번째는 그 재산을 처분할 수 있는 권리이고, 두 번째는 그 재산을 사용하여 이득을 볼 수 있는 권리이다. 이윤은 재산의 소유주가 자신의 재산을 생산적으로 이용할 작정으로 구매한 (그의 공장에서 사용되는 원자재와 노동을 비롯한) 온갖 투입 요소에 대한 지불을 완료하고 난 뒤에 그에게 남는 것이다. 이 때문에 이윤을 청구할 권리를 '잔여 청구권'이라고 부르기도 한다. 이렇듯 소유주가 잔여 청구권을 가지고 있기 때문에 정해진 금액만 받으면 되는 투입 요소 공급자들은 그 이윤의 양에는 아무런 관심을 가지지 않는다. 바로 여기에 문제가 있다.

국영 기업은 전체 국민에 의해 집단적으로 소유되는 것이고, 고정된 임금으로 고용된 전문 경영인에 의해서 운영되는 기업이다. 따라서 잔여 청구권을 가지는 것은 국영 기업의 소유주인 국민이다. 고용된 경영자들이 해당 기업의 수익성에 신경을 쓰지 않게 되는 것도 그래서이다. 물론 '주인'인 국민들은 경영자의 임금을 국영 기업의 수익성에 따라 연동되도록 하여 '대리인들', 즉 고용한 경영자들이 국영 기업의 수익성에 관심을 가지게 만들 수 있다. 그러나 이런 인센티브 제도를 만들어 내기란 대단히 어려운 일로 알려져 있다. 그 까닭은 주인과 대리인 사이에는 근본적으로 정보의 격차가 있다는 데에 있다. 예컨대 고용된 경영자가 자신은 최선을 다했으며, 성과가 좋지 않은 것은 자신이 통제할 수 없는 요소들 때문이라고 한다면, 이것이 거짓말이라는 것을 어떻게 입증할 것인가? 이렇듯 주인이 대리인의 행동을 통제하기 어렵다는 사실을 '주인-대리인의 문제'라고 부르며, 그로 인한 (부실한 관리에서 비롯된 수익의 감소와 같은) 비용을 '대리인 비용'이라고 하는데, 이런 주인-대리인 문제는 국영 기업을 반대하는 신자유주의의 핵심적 견해이다.

그러나 주인-대리인 문제만이 국영 기업의 비효율성을 초래하는 원인인 것은 아니다. 국민 개개인은 이론적으로는 공기업을 소유하고 있지만 고용된 경영자들을 제대로 감독함으로써 자신의 재산, 즉 해당 국영 기업을 관리하고자 할 만한 동기가 없다. 국영 기업 경영자들을 추가적으로 감독함으로써 수익이 늘어난다 해도 그 증대분은 전체 국민에게 분배되는 데 반해, (해당 국영 기업의 대차대조표를 검토한다거나 문제점을 관련된 정부 기관에 알리는 데 필요한 시간과 노력 등의) 비용은 감독에 참여한 국민들에게만 부과되기 때문이다. 이런 경우에는 누구나 공기업 경영자들을 감독하는 일에는 관심이 없고, 단지 다른 사람들이 들인 노력의 결과에 '무임승차'하기를 희망할 것이다. 그러나 모든 사람이 무임승차를 한다면 관리자들은 어느 누구의 감독도 받지 않게 되고, 그에 따라 해당 국영 기업의 성과는 부실할 것이다. 이런 '무임승차 문제'를 쉽게 이해하고 싶다면 여러분 스스로 국영 기업—당신은 법적으로 그 회사의 소유주이다—의 성과를 감독해 본 적이 얼마나 되는지 헤아려 보라. 아마 단 한 번도 없을 것이다!

국영 기업을 반대하는 또 다른 주장으로는 '연성 예산 제약' 문제가 있다. 이에 따르면 국영 기업은 정부의 일부이기에 손실을 보거나 파산의 위기를 맞으면 정부로부터 추가 자금을 확보할 수 있는 경우가 많다. 따라서 국영 기업들은 예산 한도가 '늘어날 수 있는' 혹은 '연성인' 것처럼 행동하게 되는데, 이는 관리를 소홀히 해도 버틸 수 있다는 것이다. 유명한 헝가리 경제학자인 야노스 코르나이가 공산주의의 중앙 집중적 계획 하의 국영 기업의 행동을 설명하기 위해 제안한 연성 예산 제약 이론은 자본주의 경제의 국영 기업에도 적용할 수 있다. 그리고 국영 기업과 관련된 연성 예산 제약 문제의 사례로 가장 자주 인용되는 것은 결코 파산하는 법이 없는 인도의 '병든 기업'들이다.[2]

국영 대 민영

기업의 국영이나 공공 소유에 반대하는 주장은 이렇듯 매우 강력하다. 국민들은 공기업의 법적인 소유자이다. 하지만 이들에게는 해당 공기업의 운영을 맡고 있는 대리인을 감독하고자 하는 동기도, 그럴 만한 능력도 없다. 그에 따라 대리인인 관리자들은 기업의 이윤 극대화를 위해 노력하지 않게 되는데, 주인인 국민들은 구조적으로 대리인의 행동에 대한 정보 취득이 어려운 데다 자신들의 무임승차 문제까지 겹쳐 대리인들로 하여금 기업의 이윤 극대화에 나서도록 하기가 어렵다. 그에 더해 국가 소유는 기업들이 생산성 증대 대신 정치적인 로비에 의지해서 살아남는 것도 가능하게 한다.

그러나 기업의 국유화에 반대하는 이 세 가지 주장들은 마찬가지로 대규모 민간 기업에도 적용된다. 주인-대리인 문제와 무임승차 문제는 많은 대규모 민간 기업에 영향을 미친다. 아직도 대주주가 경영하는 (BMW나 푸조 같은) 대규모 기업이 있기는 하지만, 대규모 기업들의 대부분은 주식의 분산 소유로 인해 고용된 전문 경영인에게 경영을 맡긴다. 이렇듯 어떤 민간 기업이 고용된 전문 경영인에 의해 운영되고 수많은 주주들은 그 기업의 아주 작은 일부분만을 소유하고 있다면, 이 기업은 국영 기업과 똑같은 문제에 시달리게 된다. 국영 기업에 고용된 경영자들과 마찬가지로 이들 민간 기업에 고용된 경영자들 역시 최대한 공을 들일 동기가 없고(주인-대리인 문제), 주주들 개개인 역시 고용된 경영자들을 감독할 만한 동기가 없다(무임승차 문제).

정치적인 원인에서 발생한 연성 예산 제약의 문제 역시 국영 기업에만 국한된 것은 아니다. (고용을 많이 하는 기업이나 무기나 의료 등 정치적으로 민감한 산업에서 활동하는 기업 등의) 정치적으로 중요한 민간 기업들 역시 보조금은 물론이고, 심지어는 정부의 구제 금융 조치까지 기대한다. 제2차 세계 대전 직후 많은 유럽 국가에서 수많은 대규모 민간 기업들이 부실한 운영으로 인해 국유화되었다. 1960년대와 1970년대 들어 산업이 쇠퇴하자 영국에서는 노동당 정부, 보수당 정부 할 것 없이 주요 기업들을 국유화했다. (보수당 정부 때인 1971년의 롤스로이스, 노동당 정부 때인 1977년의 브리티시 레일랜드와 브리티시 에어로스페이스가 그에 해당된다.) 또 다른 예를 들어 보자. 그리스에서는 경제가 역경을 겪고 있던 1983년에서 1987년 사이에 파산 지경에 이른 43개 민간 기업들이 국유화되었다.[3] 반대로 국영 기업도 시장으로부터 완전히 자유로울 수는 없다. 성과가 좋지 않은 공기업이 문을 닫고, 경영자들은 해고당하는 사례가 세계적으로도 많은데, 이는 민간 부문에서의 기업 파산 및 인수에 해당하는 것이다.

중요한 사업을 담당하는 민간 기업들도 연성 예산 제약을 이용할 수 있다는 것을 알고, 아무런 부끄러움 없이 그런 기회를 철저하게 이용한다. 어느 외국 은행가는 제3세계 외채 위기가 한창이던 1980년대 중반 『월스트리트 저널』 지에 "우리 외국 은행가들은 돈을 벌 것 같을 때는 자유 시장을 지지하고, 돈을 잃을 것 같을 때는 국가를 믿는다"라고 말했을 정도이다.[4]

자유 시장을 공언하는 정부가 대규모 민간 기업에 대해 국가적인 금융 지원을 시행한 사례는 실제로도 많다. 스웨덴의 조선 산업은 1970년대 말 파산에 이르렀는데, 당시 44년 만에 처음으로 정권을 장악한 우파 정부의 국유화 조치에 의해 구제되었다. 그런데 이 우파 정부는 국가 규모 축소를 공약으로 내걸고 집권한 정부였다. 미국의 자동차 회사 크라이슬러는 1980년대 초 위기에 직면했지만, 당시 신자유주의적 시장 개혁의 선봉에 섰던 로널드 레이건 공화당 정부에 의해 구제되었다. 칠레는 부실하게 계획된 금융 자유화를 때 이르게 실시했다가 1982년에 금융 위기를 맞은 뒤 전체 은행 부문을 구제하기 위해서 공적 자금을 투입해야 했다. 자유 시장과 사적 소유를 방어한다는 명목으로 유혈 쿠데타를 일으켜 정권을 잡은 피노체트 정부에 의해서 말이다.

국영 기업에 반대하는 신자유주의적 견해가 더 근거 없는 것은 성공적으로 운영되고 있는 국영 기업의 사례가 수없이 많기 때문이다. 그 가운데는 세계적으로 손꼽히는 일류 기업들도 많다. 이제부터 그중 몇몇 중요한 기업에 대해서 논의하도록 하자.

국영 기업의 성공 사례

싱가포르항공은 세계적으로 높이 평가받는 기업이다. 이 기업은 효율적이고 친절하다는 점에서 세계 항공사 인기투표에서 여러 차례 선두 자리를 차지했다. 그뿐인가. 다른 대부분의 항공사들과는 달리 이 항공사는 35년 동안 단 한 번도 적자를 내지 않았다.

그런데 싱가포르항공은 싱가포르 재무부가 유일한 주주인 지주회사 테마섹이 지분의 57%를 장악하고 있는 국영 기업이다. 테마섹 홀딩스 지주회사는 싱가포르항공 외에도 효율성과 수익성이 높은 여러 정부 관련 회사GLC에서 지배 지분•(대개는 과반수의 지분)을 소유하고 있다. 거의 모든 토지가 국가 소유로 되어 있는 싱가포르에서는 정부 관련 회사들이 전화·전력·운송 등의 일반적인 공익 '시설' 산업뿐만 아니라 다른 대부분의 국가에서는 민간 부문이 소유하고 있는 반도체·조선·엔지니어링·해운·은행 등의 분야까지 운영한다.[5] 싱가포르 정부는

• 주식 가운데 어느 정도가 지배 지분인가에 대한 합의는 이루어지지 않은 상태이다. 일반적으로는 약 30%의 지분을 지배 지분으로 보지만, 지분 구조에 따라서는 15% 정도만 장악하고서도 기업을 통제하는 것이 가능할 수 있다.

또한 특정한 중요 상품과 용역을 제공하는 이른바 법정 기관들Statutory Boards을 운영하고 있는데, 주택개발청이 주택의 85% 남짓을 공급하고, 경제개발청은 산업 용지를 개발하여 새로운 기업을 육성하며 사업 컨설팅 서비스를 제공한다.

싱가포르에서 국영 부문의 규모는 국민생산에 대한 기여도로 따지면 한국의 두 배이고, 전체 국내 투자에 대한 기여도로 따지면 한국의 거의 세 배 규모에 이른다.[6] 그다음 한국의 국영 부문의 규모는 국민소득에 대한 기여도로 따지면 아르헨티나의 약 두 배, 필리핀의 다섯 배에 이른다.[7] 그런데도 사람들은 아르헨티나와 필리핀을 지나치게 비대해진 정부 때문에 실패한 사례로 간주하고, 한국과 싱가포르를 민간 주도 경제 발전의 성공 사례로 칭송하는 경우가 많다.

한국에도 (과거 포항제철이라 불렸으며 지금은 민영화된) 제철 회사 포스코라는 공기업의 성공 사례가 존재한다.[8] 한국 정부는 1960년대 말에 현대적인 제철 회사를 세우기 위해 세계은행에 융자를 신청했는데, 세계 은행은 이 사업 계획이 실행 불가능한 것이라고 판단하여 융자를 거절했다. 이는 터무니없는 결정이 아니었다. 당시 한국의 최대 수출품은 어류와 값싼 의류, 가발, 그리고 합판이었다. 한국에는 또한 제철에 필수적인 주요 원료 철광석과 점결탄 광산조차 없었다. 그렇다고 가까운 중국에서 원료를 수입할 수도 없었는데, 이는 동서 냉전 때문이었다. 결국 한국은 제철에 필수적인 원료를 멀리 오스트레일리아에서 실어와야 할 형편이었다. 그런데다 한국 정부는 이 모험적인 사업을 국영 기업으로 운영하겠다고 주장했다. 실패를 위한 처방으로 이보다 더 완벽한 것이 있겠는가? 그러나 (일본의 은행에서 조달한 자금으로 설립된) 이 회사는 1973년에 조업을 시작한 지 10년도 채 안 되어 세계적으로 손꼽히는 효율적인 제철 회사가 되었고, 지금은 규모 면에서 세계 3위의 지위를 차지하고 있다.

대만의 국영 기업 사례는 훨씬 더 놀랍다.[9] 대만의 공식적인 경제 이데올로기는 국민당 창립자인 쑨원 박사가 경제 발전을 추진하면서 제시한 '삼민주의 원칙'으로,[10] 여기에는 핵심 산업은 국가 소유로 해야 한다고 되어 있다. 따라서 대만은 엄청난 규모의 공기업 혹은 국영 기업 부문을 가지고 있다. 1960년대 및 1970년대에는 국영 부문이 국민생산의 16%를 차지했으며, 1996년까지는 민영화조차 거의 이루어지지 않았다. 1996년에 수많은 국영 기업들 가운데 18개가 '민영화'되었지만, 대만 정부는 여전히 이들 기업에 대해 (평균 35.5%라는) 지배 지분을 보유하고 이사진의 60%를 지명하고 있다. 대만의 전략은 바람직한 경제 환경—여기에는 공기업에 의한 값싸고 품질 좋은 원료의 공급도 포함된다—을 조성하되 민영화에 대해서는 크게 신경 쓰지 않고, 다만 민간 부문을 성장시키기 위해 노력한다는 것이다.

중국은 지난 30년간의 경제 성장 과정에서 대만과 비슷한 전략을 사용하고 있다. 과거 마오쩌둥 공산주의 하에서는 모든 공업 관련 기업들이 국가 소유였지만, 지금은 국영 기업 부문이 담당하는 공업 생산이 약 40%에 지나지 않는다.[11] 30년간의 경제 개혁 과정에서 큰 것은 쥐고 작은 것은 놓아 준다는 집대방소執大放小의 기치 아래 소규모 국영 기업들 가운데 일부가 민영화된 것도 한 원인이다. 그러나 중국에서 국영 기업의 비중이 낮아지는 주된 원인은 민간 부문의 성장에 있다. 또 중국이 고안한 독특한 기업 형태 중에는 혼합된 소유 형태를 기초로 한 향진기업township and village enterprises이라는 것이 있는데, 이것은 형식적으로는 그 지역 관청의 소유로 되어 있지만, 대개는 그 지역 유력

정치인들의 개인 소유처럼 운영되는 기업이다.

성공적인 공기업의 사례가 동아시아에만 있는 것은 아니다. 제2차 세계 대전 후 오스트리아, 핀란드, 프랑스, 노르웨이, 이탈리아 등 많은 유럽 국가들은 1980년대 이전까지 대규모 국영 기업 부문과 함께 경제적 성공을 이루어 왔다. 특히 핀란드와 프랑스에서는 국영 기업 부문이 기술 현대화에 앞장섰다. 핀란드의 공기업은 임업, 광업, 제철업, 운송 설비업, 제지 기계업, 그리고 화학 산업에서 기술 현대화를 주도했다.[12] 최근에 시행한 민영화 이후에도 핀란드 정부는 이 기업들 가운데 극소수에 대해서만 지배주 보유를 포기했다. 여러분이 놀랄지도 모르겠지만, 많은 프랑스 대표 기업들은 한때 모두 국영 기업이었다. 자동차의 르노, 통신 설비의 알카텔, 건축 자재의 생고뱅, 아르셀로에 합병되어 지금은 세계 최대의 제철 회사인 아르셀로미탈의 일부가 된 철강의 위지노르, 전자의 톰슨, 방산 전자의 탈레스, 정유의 엘프 아키텐, 독일의 회흐스트와 합병하여 아벤티스를 형성했고, 지금은 사노피-아벤티스의 일부인 제약의 론풀랑크 등이 그것이다.[13] 이 기업들은 국가 소유 상태에서 프랑스의 기술 현대화와 산업 발전을 주도했으며, 1986년부터 2000년 사이 다양한 시점에 민영화되었다.[14]

남미에서도 좋은 성과를 내는 국영 기업들을 찾을 수 있다. 브라질의 국영 정유 회사 페트로브라스는 최첨단 기술을 가진 세계 일류 기업이다. 브라질의 단거리 항공기 제작 회사 엠브라에르 역시 국가 소유로 세계 일류 기업이 되었다. 엠브라에르는 현재 단거리 항공기를 가장 많이 생산하는 기업인데, 규모 면에서는 에어버스와 보잉에 이어 세계 3위의 항공기 제작 업체이다. 이 회사는 1994년에 민영화되었지만, 브라질 정부는 아직도 (자본금의 1%에 해당하는) '황금주'를 소유하고, 군

용기 판매 및 해외 기술 이전과 관련된 특정한 거래에 대해서는 거부권을 가지고 있다.[15]

이렇게 성공적인 공기업들이 많은데 우리는 왜 이런 기업들에 대한 소식을 듣지 못한 걸까? 이는 언론계 혹은 학계에서 행하는 보고의 특성과도 관련이 있다. 언론은 전쟁, 자연재해, 전염병, 기근, 범죄, 파산 따위의 나쁜 사건들만 보도하는 경향이 있다. 물론 언론이 이런 사건들에 집중하는 것은 당연하고도 필요한 일이다. 그러나 이런 언론의 특성은 대중들에게 세상의 좋지 못한 면만을 제시하게 된다. 언론계와 학계가 국영 기업에 대해 조사를 하는 경우는 대개 (비효율성이나 부정부패, 또는 태만 같은) 좋지 못한 일과 관련되었을 때뿐이다. '모범적인 국민'의 평화롭고 생산적인 일상이 톱뉴스에 보도될 리가 없는 것이다. 마찬가지로 좋은 성과를 내고 있는 국영 기업들 역시 상대적으로 언론의 관심을 끌지 못한다.

그러나 국영 기업에 대한 긍정적인 정보가 적은 데에는 또 한 가지 중요한 이유가 있다. 지난 20~30년 동안 신자유주의의 득세로 인해 국가 소유에 대한 부정적인 인식이 퍼져 나간 상황 탓에 성공한 국영 기업들 스스로가 국가와 연관되어 드러나는 것을 원하지 않는 것이다. 싱가포르항공은 자사가 국가 소유라는 사실을 광고하지 않는다. (지금은 모두 민영화되었지만) 르노, 포스코, 엠브라에르 역시 자사가 국가 소유 시절에 세계 일류 기업이 되었다는 사실을 (굳이 감추려고 하지는 않지만 그렇다고) 눈에 띄게 하지 않으려고 노력한다. 소유권의 일부가 국유인 경우에는 대개 그 사실이 은폐된다. 예컨대 독일의 니더작센주 정부가 폭스바겐의 최대 주주라는 사실은 거의 알려져 있지 않다.

국가 소유에 대한 부정적인 평판이 형성된 주된 원인은 신자유주의 이데올로기 때문이다. 하지만 모든 것을 신자유주의 탓으로만 돌릴 수는 없다. 성과가 부진한 국영 기업들은 진 세계적으로 많다. 나는 싱과가 부진한 국영 기업에 대한 독자들의 관심을 분산시키기 위해 좋은 성과를 내는 국영 기업의 사례를 소개한 것은 아니다. 단지 공기업의 부진한 성과와 관련하여 '불가피한' 것은 있을 수 없으며, 반드시 민영화를 해야만 좋은 성과를 올릴 수 있는 것은 아니라는 사실을 보여 주기 위해 제시한 것일 뿐이다.

국영화를 해야 하는 이유

앞에서 나는 국영 기업이 부진한 성과를 내는 원인이라고 열거되는 이유들이 (정도는 다르겠지만) 하나같이 소유권이 분산되어 있는 대규모 민간 기업에 대해서도 적용된다는 사실을 지적했다. 나는 또한 좋은 성과를 내는 공기업들이 많이 있다는 것을 확인할 수 있는 사례들도 제시했다. 그러나 아직 중요한 이야기가 남아 있다. 경제 이론적으로 볼 때도 공기업이 민간 기업보다 우월한 상황들이 존재하기 때문이다.

그중 한 가지 상황은 장기적으로는 성공 가능성이 있지만 위험도가 높은 것으로 판단되는 모험적인 사업에 민간 부문의 투자자들이 자금을 대지 않으려고 하는 경우이다. 자본 시장은 자금의 빠른 회전력을 최대한 이용하기 위해 대개는 단기적인 수익을 향해 몰리는 특성이 있다. 회임 기간이 길고 위험한 대규모 사업 계획을 선호하지 않는 것도 그래서이다. 자본 시장이 이렇듯 지나치게 신중하여 실현 가능성이 있는 사업에 자금을 대지 않을 경우, 즉 경제학자들이 말하는 '자본 시장의 실패'가 발생할 때에는 국가가 설립한 국영 기업이 그 일을 맡을 수 있다.

자본 시장의 실패는 발전의 초기 단계, 즉 자본 시장이 성숙하지 않아 시장의 보수성이 강할 때 더욱 두드러진다. 따라서 역사를 살펴보면 각국은 경제 발전의 초기 단계에서 국영 기업에 의존하는 경우가 많았다. 2장에서 논의한 바와 같이 18세기 프리드리히 대제(1740~1786년) 치하의 프로이센은 직물(그중에서도 리넨), 금속, 무기, 도자기, 견직물, 그리고 제당 산업과 관련하여 수많은 '시범 공장'을 설립했다.[16] 19세기 후반 메이지 시대의 일본도 프로이센을 모델로 해서 조선, 제철, 채광, (면직, 모직, 견직 같은) 직물, 군비 산업을 비롯한 많은 산업에서 국영 시범 공장을 설립했다.[17] 일본 정부는 이들 기업이 자리를 잡자 곧 민영화했지만 일부 기업들, 그중에서도 특히 조선 업체는 민영화된 이후에도 막대한 보조금을 지원받았다. 한국의 제철 회사 포스코는 자본 시장의 실패로 인해 설립된 국영 기업의 현대적인, 그리고 보다 극적인 사례이다. 여기서 얻을 수 있는 보편적인 교훈은 명백하다. 흔히 생각하듯이 공기업은 자본주의의 폐지를 위해서가 아니라 자본주의적 발전의 시동을 걸기 위해 사용된 경우가 많다는 것이다.

국영 기업은 '자연 독점'이 있는 분야에도 설립될 수 있다. 자연 독점은 기술적인 조건 때문에 공급자를 하나만 두어야 시장의 요구를 가장 효율적으로 충족시킬 수 있는 상황을 이르는데, 전기·수도·가스·철도, 그리고 전화 같은 것이 자연 독점의 사례라 할 수 있다. 이런 산업의 생산 비용은 대부분 배급망의 건설 비용으로 들어간다. 따라서 배급망을 이용하는 고객의 수가 늘어나면 늘어날수록 단위당 공급 비용은 낮아지는 반면, 별도의 배급망을 가진 다수의 공급자를 허용할 경우에는 가구당 단위 공급 비용이 올라간다. 역사를 살펴보면, 선진국들은 이런 산업들도 처음에는 수많은 소규모 생산자들이 경쟁하는 형태로 시작하였으나, 나중에는 대규모 지역 독점, 혹은 국가 독점 기업으로 합병되었다. (그리고 대부분 국유화되었다.)

자연 독점이 있는 상태에서는 소비자들이 다른 공급자를 선택할 수 없으므로 공급자가 마음대로 가격을 정할 수 있다. 이에 더해 자칫 공급자가 소비자들을 '착취'할 수 있게 된다. 또 이런 상황은 독점 공급자도 메워 넣을 수 없는 사회적 손실, 전문 용어로 말하면 '자중 손실'•까지 초래할 수 있다. 따라서 이런 경우에는 정부가 그 사업을 인수하여 직접 운영하면서 사회적으로 적절한 양을 생산하는 것이 보다 효율적이다.

정부가 국영 기업을 설립하는 세 번째 이유는 국민들 사이에서 형평성을 유지해야 하기 때문이다. 민간 기업에 맡겨 둘 경우 외진 지역에 사는 사람들은 우편, 수도, 교통 등의 중요 서비스를 이용하기 어려워진다. 예컨대 스위스에서는 외딴 산간 지역의 주소지로 편지를 보내는 비용은 제네바의 주소지로 보내는 비용보다 훨씬 높다. 이윤에만 관심이

• 자중 손실(사중 손실)에 관한 본격적인 논의는 다소 전문적이지만 그 요점은 다음과 같다. 경쟁 시장에서 공급자는 가격을 마음대로 정하지 못한다. 경쟁자가 더 이상 가격을 낮추면 손실이 생기는 지점에 이르기 직전까지 가격을 낮출 수 있기 때문이다. 그러나 독점 기업은 생산량을 조정하는 방법으로 가격을 결정할 수 있으므로 자신의 이윤이 극대화되는 양까지만 생산한다. 일반적인 상황에서 독점 기업의 생산량은 사회적으로 적절한 생산량—즉 소비자가 지불할 의사가 있는 최대 가격이 공급자가 손해를 보지 않을 수 있는 최소 가격과 같을 때의 생산량—보다 적다. 독점 기업이 생산한 양이 사회적으로 적절한 생산량보다 적을 경우 공급자가 요구하는 최소 가격 이상의 금액을 지불할 의사는 있으나 독점 기업의 이윤 극대화 가격을 부담할 의사는 없는 일부 소비자들의 욕망은 충족되지 못한다. 이렇게 무시당한 소비자의 충족되지 않은 욕망이 바로 독점의 사회적 비용이다.

있는 기업이 우편 업무를 맡을 경우 이렇듯 산간 지역으로 보내는 우편 요금이 올라가게 되고, 그러면 그곳 주민들은 우편 서비스 이용 횟수를 줄이거나 아예 이용을 중단할 수밖에 없다. 따라서 정부는 모든 국민들이 마땅히 누려야 하는 핵심적인 서비스에 대해서는 손실을 감수하고라도 공기업을 세워 그 사업을 운영하겠다는 결정을 내릴 수 있다.

물론 이제까지 국영 기업을 설립하는 이유로 소개한 모든 문제들은 정부 규제나 세금-보조금 체계를 선택적으로 혹은 병행 실시하면서 민간 기업에 맡기는 방법으로도 해결할 수 있고, 실제로도 그런 방법이 사용되어 왔다. 예를 들어 장기적으로는 국가 경제 발전에 도움이 되지만 자본 시장은 자금 제공을 꺼리는 위험하고 모험적인 사업을 수행할 민간 기업에 대해 정부는 (정부 소유 은행을 통해) 자금을 제공하거나, (세금 수입을 활용해) 보조금을 지급할 수 있다. 정부가 민간 기업에 독점 산업에 대한 운영권을 내주되 가격과 생산량을 규제할 수도 있다. 또 정부가 민간 기업에 '보편적 접근권'을 제공한다는 조건을 달고 (우편, 철도, 수도 등의) 중요한 서비스를 제공하도록 허가해 줄 수도 있다. 그렇다면 국영 기업의 존재 의의는 없는 것 아닌가?

그러나 민간 기업에 대한 규제와 보조금의 선택적 혹은 병행 실시 방안은 국영 기업에 비해 관리하기 어려운 경우가 많다. 개발도상국 정부의 경우에는 특히 그렇다. 보조금 지급은 세금 수입을 전제로 하는데, 세금 징수는 간단해 보이지만 결코 쉽지 않은 일이다. 세금을 징수하려면 정보를 수집·처리하고, 부과된 세금을 계산하고, 탈세자들을 찾아내 처벌하는 능력을 보유하고 있어야 한다. 역사를 보면 알 수 있듯이 오늘날의 부자 나라들도 이런 능력을 개발하기까지는 오랜 세월이 걸렸다.[18] 개발도상국은 세금을 징수하는 능력과 보조금을 사용해서 시장의 한계에 대처하는 능력이 제한되어 있는 데다, 3장에서 지적했듯이 최근 들어서는 무역 자유화에 뒤이은 세수 감소로 인해 상황이 더욱 악화되고 있다. 정부 예산에서 관세 수입에 대한 의존성이 높은 가난한 나라들은 특히나 상황이 열악하다. 다양한 수단을 구사하는 똑똑한 규제자들을 다수 보유하고 있는 부자 나라들조차도 이런 부문에서는 성공적인 규제가 어려운 것으로 입증되고 있다. 2002년의 철도에 대한 사실상의 재再국영화 조치로 귀결된 1993년의 영국 철도 민영화로 인한 난장판 같은 상황이나, 미국 캘리포니아주의 전기 규제 완화 정책 실패로 인한 2001년의 어이없는 정전 사태 등이 그 두드러진 사례라 할 것이다.

개발도상국들은 효과적인 규제 법안을 제정하고, 규제 대상 기업들의 법적인 책략과 정치적인 로비에 대처할 수 있는 정부의 능력이 훨씬 열악하다. 그런데다 이들 규제 대상 기업들은 부자 나라로부터 풍족한 자원을 공급받는 거대 기업들의 자회사이거나 합작회사인 경우가 많다. 예컨대 프랑스와 필리핀의 컨소시엄인 메이닐라드 수도 서비스의 사례는 매우 시사적이다. 이 회사는 1997년에 마닐라의 약 절반에 해당하는 지역에 대한 수도 공급 서비스를 인수하여 세계은행으로부터 민영화의 성공 사례라고 격찬을 받았다. 그런데 메이닐라드는 능숙한 로비를 통해 원래의 계약 조건에서는 공식적으로 허용되지 않는 수도 요금의 연속 인상을 허락받고 나서도, 2002년에 요청했던 또 한 번의 수도 요금 인상이 승인되지 않자 일방적으로 계약을 해지해 버렸다.[19]

국영 기업은 많은 경우 민간 기업에 대한 규제와 보조금의 선택적 혹은 병행 실시 시스템에 비해 훨씬 실용적인 해결책이다. 세금과 규제 능력이 부족한 개발도상국의 경우에는 특히나 그렇다. 국영 기업은 좋은 성과를 올릴 수 있고(실제로 그랬던 사례도 많으며), 또 특정한 상황에서는 민간 기업을 앞서가는 성과를 낼 수 있다.

민영화의 함정

앞서 지적했듯이 국영 기업의 비효율성의 주요한 원인으로 꼽히고 있는 주인-대리인 문제, 무임승차 문제, 연성 예산 제약 등은 모두 실재하는 것이지만, 그렇다고 오직 국영 기업에만 존재하는 문제는 아니다. 분산 소유의 대규모 민간 기업들 역시 주인-대리인 문제와 무임승차 문제에 시달린다. 따라서 이 두 가지 문제에서는 소유의 형태가 중요하지 않다. 여기서 중요한 경계는 국영과 민영을 구분하는 것이 아니라 집중된 소유와 분산된 소유를 구분하는 것이다. 연성 예산 제약의 경우 국영과 민영의 구분이 훨씬 명확하지만, 그것이 절대적인 것은 아니다. 앞서 보았듯이 민간 기업이 정치적으로 중요한 사업을 운영하면서 정부의 재정 지원을 받을 수도 있고, 반대로 국영 기업이 경영진 교체와 부채 청산의 최종 인가 같은 강성 예산 제약에 노출될 수도 있으며, 실제로 그런 경우가 있다.

국가 소유 그 자체가 국영 기업의 여러 가지 문제점들을 빚어내는 유일한, 혹은 두드러진 근본 원인이 아니라면 소유 상태의 변화, 즉 민영화로는 이런 문제점들을 해결할 수 없다. 오히려 민영화에는 많은 함정이 있다.

첫 번째 함정은 어떻게 하면 '진짜 팔아야 할 만한 기업'을 매각하는가 하는 것이다. 자연 독점 사업이거나 필수적인 서비스를 공급하는 공기업의 매각은 현명한 처사가 아니다. 특히 국가의 규제 능력이 약할 경우에는 더욱 그렇다. 그러나 공적 소유를 유지할 필요가 없는 기업을 매각하는 경우에도 함정은 있다. 정부는 대개 부실한 기업, 정확히 말하면 잠재적인 구매자들로부터 거의 관심을 끌지 못하는 기업을 팔려고 한다. 이 경우 정부는 민간 부문의 관심을 끌 수 있도록 성과를 향상시키기 위해 해당 부실 기업에 대해 막대한 투자 및 구조 개편을 선택적으로 혹은 병행해서 실시해야 한다. 그러나 국가 소유 하에서 성과를 향상시킬 수 있다면 어째서 민영화를 하려 한단 말인가?[20] 이런 맥락에서 보면 정부의 강력한 민영화 의지 없이는 어떤 공기업의 재건이 정치적으로 불가능한 경우가 아니라면, 민영화를 하지 않고도 공기업이 가진 수많은 문제를 해결할 수 있다.

그뿐만 아니라 민영화 대상 기업은 '적절한 가격'으로 매각되어야 한다. 그것이 국민의 재산을 위탁받은 정부의 의무이다. 국영 기업을 지나치게 싼 값에 매각하는 것은 공공의 부를 구매자에게 넘겨주는 것으로, 바로 여기서 분배라는 중요한 문제가 제기된다. 더구나 이전된 부가 나라 밖으로 빠져나갈 경우에는 국가적인 차원에서 부의 손실이 일어난다. 구매자가 해외에 근거지를 두고 있는 경우에는 이런 일이 일어날 가능성은 보다 높아진다. 물론 공산주의 몰락 이후 민영화에 따른 러시아 '과두 재벌'의 사례에서 볼 수 있듯이, 자본 시장이 개방되어 있다면 그 나라의 국민들도 돈을 빼돌릴 수 있기는 하다.

'적절한 가격'을 받고 국영 기업을 매각하려면 '적절한 시기'에 '적절한 규모'로 민영화 프로그램을 시행해야 한다. 예를 들어 정부가 단기간에 지나치게 많은 기업들을 매각하려고 한다면 가격에 좋지 않은 영향을 미친다. 이런 식의 '떨이' 방식은 정부의 협상력을 약화시키고, 정부의 수입을 줄일 뿐이다. 1997년 금융 위기 이후 많은 아시아 국가들에서 이런 상황이 발생했다. 중요한 것은 주식 시장의 변동을 고려하여 주식 시장의 조건이 좋을 때 민영화를 하는 것이다. 말하자면 민영화의 시한을 한정해 놓는 것은 좋지 않은 방법이라는 것이다. 그러나 IMF는 대개 민영화 시한을 못박는 방법을 권장하고 있고, 상당수의 정부들 또한 자발적으로 그렇게 하고 있다. 하지만 이렇게 민영화 시한을 정해 놓으면 정부는 시장 조건이 유리하든 불리하든 관계없이 민영화를 강행할 수밖에 없게 된다.

그러나 무엇보다 중요한 것은 공기업을 '적절한 구매자'에게 파는 것이다. 민영화로 국가 경제에 도움을 주기 위해서는 공기업이 장기적으로 생산성을 향상시킬 능력을 가진 주체에게 매각되어야 할 필요가 있다. 이는 너무도 당연한 이야기일 수 있는데, 실제로는 그렇게 되지 않는 경우가 많다. (일부 국가에서 시행하고 있는 것처럼) 정부가 구매자에게 해당 산업에서 현재까지 달성한 실적을 입증하라는 요구를 하지 않을 경우, 그 기업은 경영이 뛰어난 사람이 아닌 자금 조달에 뛰어난 사람에게 팔릴지도 모른다.

강조해서 말하지만, 국영 기업이 부정한 방법을 통해 경영 능력이 부족한 사람들에게 매각되는 경우가 비일비재하다. 공산주의 몰락 이후 러시아에서는 엄청난 규모의 국가 소유 자산이 부정한 방법으로 새로운 '과두 재벌'의 손으로 넘어갔다. 많은 개발도상국의 경우에도 역시 민영화 과정이 부정부패로 얼룩지게 되면서 잠재적인 수익의 대부분이 국고가 아닌 몇몇 내부자의 주머니로 들어가고 있다. 이런 부정한 방법에 의한 이전은 불법적으로만 이루어지는 것은 아니다. 경우에 따라서는 합법적으로 이루어지기도 하는데, 가령 정부의 내부자가 자문을 제공하면서 높은 수수료를 챙기는 방식이다.

국영 기업을 반대하는 사람들은 부정부패 문제를 자주 들먹이곤 하는데, 얄궂게도 민영화 과정에도 역시 부정부패가 개입하는 경우가 많다. 안타깝지만 분명한 것은, 정부가 국영 기업 내의 부정부패를 통제하거나 일소할 능력이 없다면 민영화를 한다 해서 갑자기 부정부패를 막을 능력이 생기지는 않을 것이라는 사실이다. 실제로 부패한 공무원들은 어떤 대가를 치르고라도 민영화를 밀어붙이고자 하는 동기를 가지고 있다. 민영화를 하게 되면 후임자와 뇌물을 나누어 가질 필요도 없고, (국영 기업 관리자들이 원료 공급자들에게서 갈취할 수 있는 리베이트 같은) 장래에 발생할 모든 뇌물의 흐름을 '현금화'할 수도 있다. 여기에 또 하나 덧붙인다면, (8장에서 논의하듯이) 민간 기업 역시 부패할 수 있으므로 민영화가 부정부패를 줄일 확실한 방법이 될 수 없다는 것이다.

자연 독점이나 필수적인 서비스의 경우에는 '올바른 규제 체계'를 구축하지 않으면 민영화는 실패한다. 자연 독점 국영 기업의 경우는 정부의 적절한 관리 능력이 확립되지 않은 상태에서 민영화가 이루어지면, 비효율적이긴 하지만 (정치적으로는) 통제가 가능하던 공적인 독점이 비효율적이면서 통제도 되지 않는 민간 독점으로 대체되기 때문이다. 예를 들면 볼리비아의 경우 코차밤바 상수도 시스템이 1999년 미국의 벡텔에 팔린 직후 수도 요금이 세 배로 뛰면서 폭동이 벌어졌고, 결국은 다시 국유화되었다.[21] 아르헨티나의 경우는 1990년 도로를 부분적으로 민영화하면서 계약자에게 도로를 유지하는 대가로 통행료를 징수할 권리를 주었다. 그러자 계약자들은 "사람들의 왕래가 많은 해변 휴양지로 연결되는 도로를 운영하면서 운전자들이 통행료를 내지 않아도 되는 길에는 흙으로 장애물을 쌓아 두는 등의 행태로 사람들의 반발을 샀다. 어떤 고속도로 계약자들은 통행료가 바가지라는 여행자들의 불평이 이어지자 가짜 경찰 순찰차들을 매표소 앞에 세워 놓고 경찰의 지원을 받고 있는 것처럼 위장하기도 했다."[22] 또 1989년 멕시코 국영 전화 회사 텔멕스의 민영화에 대해서는 세계은행의 연구 자료조차 "텔멕스의 민영화와 그에 부속된 가격 및 세금 규제 제도는 소비자들—뿔뿔이 흩어져 있는 제대로 조직되어 있지 않은 그룹—에게 '무거운 짐을 지우고', 그로 인한 수익을 (외국인) 주주들과 직원들, 그리고 정부 등 잘 조직된 그룹들에게 나눠 주었다"라고 결론을 맺었다.[23]

지방 정부의 경우에는 규제력 부재의 문제가 특히 심각하다. 최근 들어 세계은행과 선진국 정부들은 정치적 지방 분권화를 추진하고 '서비스 공급자가 고객에게 더 가까이 다가서게 한다'는 명목으로 국영 기업을 지리적인 위치에 따라 작은 단위로 세분하고 규제 기능을 지방 정부로 넘기라고 재촉하고 있다. 하지만 이는 이론적으로는 근사해 보이지만, 실제로는 규제력 공백을 초래하게 될 가능성이 높다.[24]

검은 고양이든 흰 고양이든

국영 기업의 운영과 관련된 상황은 복잡하다. 좋은 성과를 내는 기업도 있고, 나쁜 성과를 내는 기업도 있다. 공적인 소유는 동일한 문제에 대해서도 어떤 맥락에서는 올바른 해결책이 될 수 있지만, 다른 맥락에서는 그렇지 않을 수 있다. 국영 기업과 관련된 여러 가지 문제들은 분산 소유의 대규모 민간 기업들에도 영향을 미친다. 민영화는 성공적인 결과로 이어지는 길이 될 수도 있지만, 재앙으로 다가서는 지름길이 될 수도 있다. 필수적인 규제 능력이 부족한 개발도상국의 경우에는 특히 그렇다. 민영화가 올바른 해결 방안이라 해도 실제로 민영화에 성공하는 것 자체가 어려울 수도 있다.

물론 상황이 복잡하다는 이야기가 '될 대로 되라'고 놓아두자는 뜻은 아니다. 경제 이론과 현실적인 사례를 검토하면 몇 가지 보편적인 교훈을 끌어낼 수 있기 때문이다.

정부의 세금 징수 능력 혹은 규제 능력이 그다지 높지 않은 경우에는 자연 독점 산업에 속하는 기업들이나 대규모 투자와 높은 위험도를 수반하는 산업에 속하는 기업들, 그리고 필수적인 서비스를 제공하는 기업들은 국영 기업으로 유지되어야 한다. 다른 조건들이 동일하다면, 국영 기업은 선진국에서 필요한 것이 아니라 자본 시장이 발전되어 있지 않고 규제와 징세 능력이 취약한 개발도상국에서 더 필요하다. 어떤 국영 기업이 정치적으로 중요한 가치를 지니고 있으나 성과가 부진한 경우 주식의 분산 판매에 기초한 민영화를 진행하는 방법으로는 근원적인 문제를 해결할 가능성이 희박하다. 민영화된 새로운 기업은 정도의 차이는 있겠지만 국가 소유 당시와 동일한 문제에 시달리게 될 것이다. 민영화를 할 때는 신중을 기해서 적절한 기업을 적절한 구매자에게 적절한 가격으로 팔고, 이후로도 그 기업을 적절한 방식으로 규제하고 관리해야 한다. 이와 같은 조건이 충족되지 않으면 설사 일반적으로 국가 소유가 유리하지 않은 산업이라 해도 민영화를 통해 성공적인 결과를 거둘 가능성은 없다.

굳이 민영화 방식을 채택하지 않더라도 국영 기업의 성과를 향상시킬 수 있는 방법은 있다. 이때 가장 중요한 일은 해당 기업이 가진 여러 가지 목표를 비판적으로 검토하고 우선순위를 분명히 하는 것이다. 공기업은 (여성 및 소수자에 대한 역차별 해소 같은) 사회적 목표에서 고용 창출과 산업화에 이르기까지 지나치게 많은 목표를 추구한다. 여러 목표를 추구하는 것 자체가 잘못은 아니다. 하지만 목표가 무엇인지, 그 목표들 사이의 상대적인 우선순위를 분명히 해 둘 필요는 있다.

감독 시스템 역시 개선될 수 있다. 대부분의 나라에서는 국영 기업에 대한 감독을 여러 기관이 담당한다. 그렇게 되면 어느 한 기관도 제대로 감독을 하지 않게 되거나, 아니면 중복된 감독으로 기업의 일상적인 운영이 불가능할 정도가 되는 경우가 있다. 예를 들어 국가 소유였던 한국전력은 1981년 한 해에만 108일에 걸쳐 8차례나 정부 감사를 받았던 것으로 알려져 있다. 이런 경우에는 (1984년에 한국에서 그랬듯이) 감독 책임을 단일 기관으로 통합하는 것이 효과적일 수 있다.

경쟁의 증가 역시 국영 기업의 성과 개선에 중요한 역할을 할 수 있다. 물론 경쟁이 심하면 심할수록 항상 더 좋은 성과를 거두게 된다고는 말할 수 없다. 그러나 경쟁은 기업의 성과를 개선하는 최선의 방법인 경우가 많다.[25] 자연 독점이 아닌 공기업이라면 국내 시장이나 수출 시장에서 민간 기업과 경쟁하도록 만드는 것은 어렵지 않다. 이런 사례들은 많다. 예를 들어 (완전 국유였으나 1996년 민영화된 뒤에도 국가가 30%의 지분을 장악하고 있는) 프랑스 르노는 민간 기업인 푸조 시트로엥 및 외국 자동차 회사들과 직접적으로 경쟁을 벌였다. 엠브라에르, 포스코와 같은 국영 기업들은 국내 시장에서는 독점이나 다름없었지만, 수출 주력 기업이었으므로 국제적인 경쟁을 이겨내야 했다. 또 다른 방법으로는 국영 기업을 하나 더 세워 경쟁을 증대시키는 방법도 있다.[26] 가령 한국 정부는 1991년 통신 업체 데이콤에 국제전화 사업권을 부여하고 기존의 국영 독점 기업 한국통신과 경쟁을 유도하여 1990년대 전화 산업 부문의 효율성 증대와 서비스 품질 개선에 크게 기여했다. 국영 기업들이 자연 독점인 산업의 경우에는 경쟁의 도입이 아예 불가능하거나, 경쟁이 오히려 사회적으로 비생산적인 결과를 낳을 수 있다. 하지만 이런 부문에서도 (항공 산업 대 철도 산업 식으로) '인접' 산업을 후원하는 방법으로 어느 정도 경쟁을 도입할 수 있다.[27]

결론적으로 말해 국영 기업을 성공적으로 운영할 수 있는 '단방약' 같은 해법이란 있을 수 없다. 따라서 우리는 국영 기업의 운영 문제와 관련해 중국의 지도자 덩샤오핑이 했던 "검은 고양이든 흰 고양이든 쥐를 잘 잡는 고양이가 좋은 고양이다"라는 유명한 말에 깃들어 있는 실용적인 태도를 가질 필요가 있다.

6

1997년에 만난 윈도 98

아이디어의 '차용'은 잘못인가?

BAD SAMARITANS

1997년 여름, 홍콩에서 열린 한 학회에 참석했을 때의 일이다. 홍콩이 뿜어내는 무궁무진한 에너지와 상업적 활력은 그런 것에 익숙해져 있는 한국인인 나에게도 아찔할 정도였다. 복잡한 거리에는 수십 명의 행상들이 해적판 컴퓨터 소프트웨어와 음악 CD를 늘어놓고 팔고 있었는데, 그중에서 컴퓨터 운영체제인 윈도98을 팔고 있는 것이 나의 눈길을 끌었다.

홍콩 사람들은 한국 사람들에 못지않게 해적판 복제에 능숙하다. 그렇지만 어떻게 본 제품이 나오기도 전에 복제품이 먼저 나올 수 있단 말인가? 누가 타임머신이라도 발명한 걸까? 아무리 기술이 좋은 홍콩 사람들이라고 해도 그럴 수는 없다. 아마도 누군가가 마이크로소프트 연구실에서 마무리 손질 중인 윈도98의 원본을 몰래 빼내 해적판을 만든 게 틀림없었다.

컴퓨터 소프트웨어의 복제는 너무나 쉽다. 새로 개발되는 상품은 (한 사람의 1년 동안 작업량을 뜻하는) 인년man-year으로 환산할 때 수백 년에 해당하는 노력이 투입된 결과물이다. 그런데 복제는 단 몇 초 만에 이루어진다. 빌 게이츠가 자선 사업에는 후하면서도, 자사의 소프트웨어를 복제하는 사람에 대해서는 혹독하게 구는 것도 그런 이유일 것이다. 연예 산업과 제약업 역시 복제 문제로 어려움을 겪고 있기는 마찬가지이다. 이 때문에 이들 역시 특허권, 저작권, 상표권 등의 지식재산권 보호 및 강화에 대단히 적극적이다.

걱정되는 점은 몇 안 되는 이 산업들이 지난 20년 동안 지식재산권에 관한 국제적인 방침 전체를 주도해 왔다는 사실이다. 이들은 WTO에서 이른바 무역 관련 지식재산권 협정을 도입하게 하기 위해 주도적으로 활동해 왔다. 이 협정은 지식재산권 보호의 범위를 확장하고, 보호 기간을 연장하고, 보호 수위를 전례 없을 정도로 높이 끌어올렸다. 그에 따라 개발도상국들은 경제 발전에 필요한 새로운 지식을 획득하는 것이 더 어려워지고 있다.

'천재는 불이고, 이익 추구는 연료다'

현재 수많은 아프리카 국가들이 HIV/AIDS에 시달리고 있다.[1] 더군다나 안타깝게도 HIV/AIDS 치료에 필요한 약값은 대단히 비싸 환자 1인당 연간 약값만 1만~1만 2,000달러에 이른다. 이 액수는 아프리카 국가들 가운데 HIV/AIDS 상황이 가장 심각하기는 하지만 그래도 제일 잘사는 남아프리카공화국이나 보츠와나의 1인당 연간 소득의 3~4배에 달한다. 또 이들만큼은 아니지만 그래도 발병률이 높은 편인 극빈국 탄자니아나 우간다의 1인당 소득의 30~40배에 해당한다.[2] 이런 상황을 고려하면 일부 아프리카 국가들이 인도나 태국 등지에서 '정품' 가격의 2~5%에 해당하는 300~500달러짜리 '복제'약을 수입하는 것도 이해가 간다.

그렇다고 아프리카 국가들이 특별히 급진적인 일을 하고 있는 것은 아니다. 모든 특허법에는 지식재산권이 공공의 이익과 충돌할 경우 해당 지식재산권 보유자의 권리를 제한하는 조항이 있다. 특허권자에게 가장 우호적인 미국 특허법의 경우에도 이는 마찬가지이다. 이런 상황에 처하면 해당 국가 정부들은 특허를 취소하거나, (특허권 보유자로 하여금 합리적인 사용료를 받고 제3자에게 특허를 허가하도록 하는) 강제 인가 조치를 실행하거나, (특허가 없는 나라에서 복제품을 수입하는) 병행 수입을 허용할 수 있다. 미국 정부 역시 2001년 탄저균 테러 사건 직후 강제 인가를 하겠다는 위협을 동원해서 독일 바이어(바이엘) 제약으로부터 특허약인 탄저병 해독제 시프로에 대해 80%의 가격 할인 조치를 유도해 낸 적이 있다.[3]

이렇듯 HIV/AIDS와 관련해 아프리카 국가들이 취한 조치는 정당한 것임에도 불구하고, 41개 제약사들은 단합해서 남아프리카공화국 정부에 본때를 보이기로 결정하고 2001년에 소송을 제기했다. 이들은 병행 수입과 강제 인가를 허용하는 남아프리카공화국의 약품법이 무역 관련 지식재산권 협정에 위배된다고 주장했지만, 사회적 비판과 대중적인 반발이 잇달자 자신들의 평판이 나빠질 것을 우려하여 결국 소송을 취하했다. 일부 제약사들은 이 일로 빚어진 부정적인 평판을 무마하기 위해 자사의 HIV/AIDS 치료제를 아프리카 국가들에 한해 대폭 할인하기도 했다.

제약사들은 HIV/AIDS 치료제 논쟁 과정에서 특허권이 보장되지 않을 경우 향후 신약 개발이 이루어지지 않을 것이라고 주장하였다. 자사가 개발한 약을 아무나 '훔쳐 갈' 수 있다면 신약 개발에 투자를 할 이유가 없다는 것이다. 세계제약협회연맹의 사무총장 하비 베일은 심지어 미국 대통령으로서는 유일하게 특허를 낸 바 있는 에이브러햄 링컨이 했던 "특허는 천재라는 불에 이익 추구라는 연료를 붓는 것"이라는 말까지 인용하며 "(지식재산권이) 보장되지 않는다면 민간 부문은 AIDS를 비롯한 여러 가지 전염성, 비전염성 질병들에 대비하기 위한 새로운 백신 개발에 수십 억 달러나 투자하지 않으려 할 것"이라고 주장했다.[4] 제약사들은 또 특허 제도(그리고 기타의 지식재산권들)에 대한 비판은 (단순히 약만이 아니라) 향후 새로운 아이디어의 공급 자체를 위협하고, 자본주의 제도의 생산성을 갉아먹는 일이라는 주장까지 덧붙였다.

이런 주장은 상당히 합리적인 것처럼 보인다. 그러나 이는 반쪽짜리 진실일 뿐이다. 똑똑한 사람들로 하여금 새로운 물건을 발명하게 하기 위해서는 반드시 '돈으로 매수'해야만 하는 것은 아니다. 물질적인 동기가 새로운 아이디어를 창안해 내는 데 중요한 역할을 하기는 하지만, 그 밖에도 동기는 여러 가지가 있다. HIV/AIDS 논쟁이 한창일 때 영국의 왕립자연과학학회인 로열 소사이어티 소속 회원 13명은 『파이낸셜 타임스』에 보낸 공개 편지에서 "특허는 발명과 발견을 촉진할 수 있는 여러 수단 중 하나일 뿐이다. 과학적 호기심과 인류를 이롭게 하고자 하는 욕망은 전체 인류 역사에서 항상 중요한 역할을 담당하여 왔다"라고 강조한 바 있다.[5] 실제로 세계 전역에서는 지금도 수많은 연구자들이 별다른 직접적인 이익을 얻지 못하면서도 새로운 아이디어들을 내놓고 있다. 정부 연구 기관이나 대학들은 자신들이 개발한 발명품에 대해 특허를 내는 것을 의식적으로 거부하곤 한다. 이렇듯 수많은 연구들이 특허 독점권에서 나오는 이익을 확보하고자 하는 동기 없이 진행되고 있는 것이다.

이런 사실들을 주변적인 현상으로만 치부할 것이 아니다. 많은 연구들이 비영리 조직에 의해 수행되고 있는데, 이는 미국의 경우에도 마찬가지이다. 예컨대 2000년 미국의 의약 관련 연구 자금 가운데 제약 업체에서 투자한 자금은 43%에 지나지 않는다. 나머지 57% 중에서 미국 정부가 투자한 것이 29%, 민간 자선 단체와 대학에서 투자한 것이 28%이다.[6] (실제로 이런 일이 벌어질 가능성은 전혀 없지만) 미국이 내일 당장 제약 특허를 폐지해 미국 제약사 전체가 연구소를 폐쇄한다 해도, 의약품 연구의 절반 이상은 계속 진행될 것이라는 이야기이다. 따라서 의약 업체 로비스트들이 선전하는 것과는 달리 특허권자의 권리에 대한 약간의 완화 조치—예를 들어 가난한 나라나 빈곤층 국민에 대한 가격 할인 혹은 개발도상국에 대한 특허 기간 단축—를 허용한다 해서 새로운 아이디어가 소멸될 가능성은 희박하다.

여기서 반드시 명심해야 할 사실은 특허의 경우 제약을 비롯한 화학·소프트웨어·연예 등 비교적 복제가 용이한 특정 산업의 경우에만 중요하다는 것이다.[7] 다른 산업의 경우에는 신기술을 복제하는 것이 쉽지 않다. 이 때문에 특허법이 없다 해도 혁신을 이룬 발명가에게는 자동적으로 일시적인 기술적 독점이 주어진다. 이 독점은 혁신자가 확보하게 된 자연발생적인 우위에서 비롯되는데, 그 예로는 (다른 사람들이 새로운 지식을 흡수하는 데 시간이 걸릴 수밖에 없는 데서 비롯되는) 모방 시차, (최초 개발자이자 가장 유명한 생산자라는) 명성의 우위, 그리고 (경험 축적을 통한 생산성의 자연스러운 증대 같은) '학습 곡선 경주'에서 출발의 우위 등을 들 수 있다.[8] 대부분의 산업에서는 이런 자연발생적 우위로 인한 일시적 독점 이윤만으로도 혁신에 대한 충분한 보상이 된다. 이것이 바로 19세기의 특허 반대론이 주장했던 유명한 논거였고,[9] 오스트리아 출신 미국인 경제학자 조지프 슘페터가 자신의 유명한 혁신 이론에서 특허를 전혀 다루지 않았던 이유였다. 슘페터는 기술 혁신자가 위에 소개한 메커니즘을 통해서 확보할 수 있는 독점 수익—그의 표현으로는 '기업가적 이윤'—은 새로운 지식 창출에 대한 투자를 유인하는 데 충분한 동기가 된다고 생각했다.[10] 지식재산권이 보장되어 이용할 수 있다면 대부분의 산업들도 기꺼이 이용하겠지만, 이들의 경우 실제 새로운 지식의 창출에 반드시 특허를 비롯한 지식재산권을 필요로 하는 것은 아닌 것이다. 따라서 특허권이 없으면 새로운 기술 진보가 있을 수 없다는 특허권 로비 단체들의 주장은 터무니없는 이야기라 할 수 있다.

복제가 용이하기 때문에 특허권을 비롯한 기타 지식재산권이 필수적인 산업의 경우에도 (저작권자 및 상표권자를 비롯한) 특허권자와 다른 사회 구성원들의 이해관계가 적절하게 균형이 이루어지도록 해야 한다. 특허권의 경우 당연히 독점을 창출할 수밖에 없고, 독점은 다른 사회 구성원들에게 비용을 부과하게 된다는 명백한 문제가 있기 때문이다. 가령 특허권자가 소비자를 착취하는 데 기술 독점을 이용할 수 있다. 일부 사람들이 마이크로소프트에 대해 생각하듯이 말이다. 그런데 이는 특허권자와 소비자들 사이의 소득 분배의 문제에 그치는 것이 아니다. (5장에서 설명한 바와 같이) 독점은 생산자가 사회적으로 바람직한 양보다 적은 양을 생산하여 이윤을 극대화할 수 있게 허용한다는 점에서 사회적 순손실을 창출한다. 또한 특허 제도는 비판자들이 지적하는 것처럼 '승자 독식' 구조인 탓에 (사회적인 관점에서 볼 때 비경제적인) 경쟁자들 사이에 연구 중복 현상을 초래하는 경우도 많다.

특허권을 옹호하는 사람들은 암묵적으로 혁신으로부터 얻을 수 있는 (생산성 증대와 같은) 이익이 특허 제도로 인해 발생하는 비용을 상쇄하고도 남으리라고 가정하고 있다. 그러나 이는 장담할 수 없는 일이다. 19세기 중반 유럽에서 일어난 강력한 반反특허 운동은 그 이익보다 비용이 더 높을 것이라는 이유에서 특허 제도를 반대했으며, 영국의 자유

시장 옹호지인 『이코노미스트』 역시 같은 이유에서 이를 지지했던 것으로 알려져 있다.[11]

물론 19세기에 특허에 반대했던 자유주의 경제학자들의 생각은 옳지 않았다. 이들은 특허를 비롯한 특정한 형태의 독점이 비용보다 더 많은 이익을 창출할 수 있다는 사실을 깨닫지 못했다. 예를 들어 자유무역 경제학자들이 열심히 지적하듯이 유치산업 보호는 인위적으로 국내 기업에 독점력을 부여한다는 점에서 비효율성을 낳는다. 그러나 앞의 장들에서 반복해 말했듯이 장기적인 생산성 증대분이 독점에서 비롯된 비용을 상쇄하고도 남는다면, 유치산업 보호는 정당화될 수 있다. 마찬가지 이유에서 나는 특허권을 비롯한 지식재산권의 보호를 지지한다. 지식재산권은 비효율성과 낭비를 낳을 가능성이 있지만 생산성을 증대시키는 새로운 아이디어를 창조하는 만큼 장기적으로는 그 비용을 상쇄하고도 남을 것이라고 믿기 때문이다. 그러나 특허 제도의 잠재적인 이익을 인정한다 해서 그 제도로 인한 비용이 전혀 없다는 것은 아니다. 만일 특허 제도를 잘못 설계하여 특허권자를 지나치게 보호한다면, 그 제도는 이익보다 훨씬 많은 비용을 창출할 것이다. 이는 지나친 유치산업 보호의 경우에서 본 바와 같다.

특허 제도를 비롯한 다른 유사한 지식재산권 보호 제도의 독점으로 인한 비효율성과 '승자 독식' 구조에서 빚어지는 경쟁으로 인한 낭비는 그 제도가 가진 유일한 문제점도 아니고 가장 중요한 문제점도 아니다. 지식재산권 보호 제도의 가장 치명적인 영향은 경제 발전을 위해 선진 기술을 필요로 하는 기술 후진국으로 지식이 흘러들어 가는 것을 차단할 가능성이 있다는 사실이다. 경제 발전의 핵심은 선진적인 외국 기술의 흡수이다. 아주 간단히 말해 특허 제도든 선진 기술의 수출 금지령이든, 선진 기술의 흡수를 어렵게 만드는 요소는 경제 발전을 어렵게 하는 것이다. 과거 부자 나라들은 이 점을 정확히 이해하고 있었고, 이런 사태의 발생을 막기 위해 갖은 수를 다 썼다.

존 로와 최초의 기술 '군비 경쟁'

물이 높은 데서 낮은 데로 흐르듯이 지식은 늘 많은 곳에서 적은 곳으로 흘러간다. 그리고 유입되는 지식을 잘 흡수하는 나라일수록 선진 경제를 잘 따라잡는다. 뒤집어 생각하면, 핵심 기술의 유출을 잘 통제하는 선진국일수록 기술 주도력을 더 오래 유지하는 것이다. 경제 발전을 둘러싼 게임의 중심에는 언제나 외국의 선진적인 지식을 흡수하려고 하는 후진국과 유출을 막으려는 선진국 사이에서 벌어지는 기술 '군비 경쟁'이 자리하고 있다.

18세기 들어 전통적인 기술에 비해 생산성 향상의 잠재력이 훨씬 큰 현대 공업 기술이 출현하면서 기술 군비 경쟁은 새로운 차원에 진입했다. 당시 신기술 경쟁을 주도했던 나라는 영국이었다. 2장에서 살펴본 튜더 왕조와 하노버 왕조의 경제 정책 덕분에 당시 영국은 유럽의, 더 나아가 세계의 선도적인 공업 강국으로 빠르게 성장하고 있었다. 영국은 당연히 선진 기술을 나누어 주는 것을 꺼렸다. 영국이 기술 유출을 막기 위해 법적인 장벽까지 세운 것도 그런 이유였다. 반면에 공업화를 진행 중이던 유럽의 다른 국가들과 미국은 이런 법률을 위반해서라도 영국의 선진적인 기술을 손에 넣으려 했다.

이 같은 신기술 군비 경쟁을 본격적으로 전개한 인물로 존 로(1671~1729년)를 들 수 있다. 그는 스코틀랜드 출신의 전설적인 재정가이자 경제학자로 약 1년간 프랑스의 재무 장관까지 지냈던 인물이다. 로에 관한 대중적인 전기를 집필한 재닛 글리슨은 그를 가리켜 "돈을 찍어 내는 사람"이라고 불렀는데,[12] 분명히 그는 여러 가지 의미에서 돈을 찍어 내는 사람이었다. 로는 대단히 유능한 재정가였다. 그는 외환 투기로 엄청난 돈을 벌고, 대규모 은행들과 무역 회사들을 세워 합병한 다음 그 회사들을 위해 왕실의 독점권을 따내고, 이어서 그 회사들의 주식을 팔아 어마어마한 이윤을 손에 넣었다. 로의 재정 전략은 지나치게 성공적이어서 오히려 파멸을 초래했다. 그로 인해 (2장에서 논의했던 같은 시대 사우스시 버블보다 규모가 세 배나 큰 금융 버블인) 미시시피 버블이 야기되면서 프랑스 재정이 파멸 상태에 빠진 것이다.• 로는 또한 승산을 정확히 계산할 줄 아는, 거짓말 같은 능력을 지닌 능숙한 도박꾼이었다. 경제학자로서의 그는 중앙은행이 보증하는 지폐의 사용을 주창

• 존 로John Law는 스코틀랜드의 은행가 가문에서 태어났다. 1694년에 결투 중에 사람을 죽이고 유럽 대륙으로 달아난 그는 여러 해 동안의 로비 끝에 1716년 프랑스 정부로부터 지폐 발행 은행인 방크 제네랄의 설립 허가를 따냈다. 그의 주요한 후원자는 루이 14세의 조카이자 (루이 14세의 증손자로) 어린 나이에 왕위에 오른 루이 15세의 섭정으로 있던 오를레앙 공작이었다. 1718년 방크 제네랄은 왕립은행이 되었고, 왕이 그 은행에서 발행한 지폐를 보증했다. 한편 로는 1717년에 미시시피 회사를 사서 주식회사로 만들었다. 이 회사는 경쟁사인 다른 무역 회사들을 흡수하여 1719년 인도 회사가 된 후에도 여전히 미시시피 회사라고 불렸는데, 해외 무역 전반에 대해 왕실 독점권을 가지고 있었다. 로가 (북미에 있는 프랑스령) 루이지애나 식민에 관한 떠들썩한 계획을 내놓고 그 전망을 과장하는 소문을 대대적으로 퍼뜨리자, 1719년 여름부터 이 회사의 주식에 대해 투기 열풍이 몰아치면서 1719년 초에서 1720년 초 사이에 주가가 30배로 부풀어 올랐다. 신흥 갑부를 가리키는 백만장자라는 용어가 만들어진 것도 이때 단기간에 엄청나게 많은 갑부들이 쏟아지면서였다. 로는 1720년 1월 재무 장관이 되었다. 그러나 얼마 후 미시시피 버블이 터지면서 프랑스 재정 제도는 파멸의 구렁텅이로 떨어졌고, 이로 인해 그는 1720년에 오를레앙 공에 의해 해고되었다. 이후 그는 프랑스를 떠나 1729년에 베네치아에서 가난뱅이 신세로 사망했다.

했다.[13] 대부분의 사람들이 금이나 은 따위의, 그 자체로서 가치를 가지는 물건만이 돈이 될 수 있다고 생각하던 당시에, 정부의 인가를 받으면 하찮것없는 종잇조각이라도 돈으로 만들 수 있다는 그의 생각은 매우 급진적인 것이었다.

오늘날 존 로는 흔히 미시시피 버블을 일으킨 재정 책략가로만 기억되지만, 그의 경제 지식은 단순한 재정 관리 수준을 넘어서고 있었다. 그는 튼튼한 경제를 만들려면 기술이 중요하다는 것을 알고 있었다. 그는 은행 사업과 미시시피 회사 사업을 전개하는 한편으로, 프랑스의 기술을 향상시키기 위해 영국의 숙련 노동자 수백 명을 데려왔다.[14]

당시에는 숙련 노동자들의 확보야말로 선진 기술을 습득할 수 있는 열쇠였다. 찰리 채플린은 자신의 걸작 영화 〈모던 타임스〉에서 노동자들을 같은 일이나 되풀이하는 어리석은 로봇 같은 존재로 재미있고도 신랄하게 묘사했지만, 첨단 기계화가 진전된 오늘날에도 노동자들을 그런 존재라 볼 수는 없다. 노동자들이 무엇을 알고 무엇을 할 줄 아느냐 하는 것이 해당 회사의 생산성을 좌우하는 중요한 요소이기 때문이다. 특히 과거에는 노동자들이 많은 기술들을 직접 몸으로 체화하고 있었기 때문에 그 중요성이 훨씬 더 두드러졌다. 당시의 기계는 매우 원시적이었고, 따라서 생산성은 기계를 조작하는 노동자들의 숙련도에 따라 크게 좌우되었다. 사람들은 공장 운영을 가능하게 하는 과학적 원칙들을 제대로 이해하지 못했기 때문에 일반적인 용어로 쉽게 기록된 기술 교육조차 이루어질 수 없었다. 따라서 기계를 무리 없이 조작할 수 있는 숙련 노동자의 중요성은 더더욱 부각될 수밖에 없었다.

영국은 숙련 노동자들을 빼내려는 로의 시도에 이은 러시아의 비슷한 시도에 충격을 받고, 1719년에 숙련 노동자 이주 금지법을 도입했다. 이 법에 따라 '교사敎唆'라고 알려진, 숙련 노동자들을 해외 일자리로 데려가는 행위가 금지되었다. 또 귀국 경고를 받고 6개월 이내에 고국으로 돌아오지 않는 이주 노동자들은 토지와 동산에 대한 권리를 잃고 시민권을 박탈당했다. 이 법은 특별히 모직물과 철, 강철, 동을 비롯한 금속업과 시계 제조업을 언급하고 있었지만, 실제로는 거의 모든 산업을 포괄하고 있었다.[15]

시간이 지남에 따라 기계들이 점점 복잡해지고, 기계에 내장되는 기술들이 늘어가기 시작했다. 그에 따라 핵심적인 기계의 확보가 숙련 노동자의 확보만큼 중요한 일이 되더니, 나중에는 핵심 기계의 확보가 숙련 노동자의 확보보다 훨씬 더 중요한 일이 되었다. 영국은 1750년에 모직물과 견직물 산업에서 사용하는 '도구와 연장'의 수출을 금지하는 새로운 법령을 도입했는데, 이 법령은 점차 확대되고 강화되어 면직물과 리넨 산업까지 포괄했다가, 1785년에는 아예 다양한 종류의 기계 수출을 금지하는 공구법이 도입되었다.[16]

다른 나라들은 영국을 따라잡으려면 선진 기술을 습득해야 한다는 것을 잘 알고 있었다. 이들로서는 선진 기술 습득을 위해 사용하는 수단들이 영국의 관점에서 '합법적'이냐 '불법적'이냐는 따질 때가 아니었다. 도제가 되어 기술을 배우는 것과 직접 공장을 둘러보는 것은 '합법적'인 수단이었다.[17] 하지만 영국에서 숙련 노동자들을 꾀어내는 것은 '불법적'인 수단이었다. 심지어 이들 정부는 산업 스파이를 일상적으로 고용하기까지 했다. 1750년대에 프랑스 정부는 전직 맨체스터 직물공이자 제임스 2세파의 장교였던 존 홀커를 외국 제조업 총감독관으로 임명했는데, 그 주요 임무는 프랑스 생산자들을 대상으로 직조 기술 자문을 담당하는 것과, 산업 스파이를 관리하고 숙련 노동자들을 영국에서 꾀어내는 것이었다.[18] 기계들의 밀수입도 숱하게 이루어졌다. 당시의 기계는 몇 개 되지 않는 부품으로만 이루어져서 분해를 하면 조금씩 숨겨 나올 수 있을 정도로 단순해 적발하기가 어려웠다.

18세기 내내 맹렬하게 숙련 노동자 빼내 오기, 기계 밀수입, 산업 스파이 활동을 이용한 기술 군비 경쟁이 진행되었다. 그러나 18세기 말이 되어 '체화되지 않는' 지식—즉 지식을 체화하고 있는 노동자들과 기계들로부터 분리할 수 있는 지식—의 중요성이 점차 증대함에 따라 기술 군비 경쟁의 본질이 근본적으로 바뀌었다. 이는 과학의 발전에 따라 적절한 훈련을 받은 사람이라면 누구나 이해할 수 있는 (과학적) 언어로 기록되는 지식이 늘어난 덕분이었다. 물리학과 역학의 원리를 이해할 수 있는 기술자라면 누구라도 도면만 보고도 기계를 복제해 낼 수 있었다. 마찬가지로 화학 공식을 손에 넣을 수만 있다면 훈련된 화학자들이 쉽게 의약품들을 복제할 수 있게 되었다.

체화되지 않는 지식은 숙련 노동자나 실물 기계 속에 체화된 지식에 비해 보호하기가 어렵다. 보편적인 과학 및 공학 언어로 기록된 아이디어는 복제하기가 쉽기 때문이다. 외국인 숙련 노동자들의 고용에는 온갖 종류의 개인적, 문화적 문제점이 뒤따랐다. 수입 기계의 경우에도 작동 원리를 제대로 알지 못한 상태에서는 최대한으로 활용할 수가 없었다. 체화되지 않는 지식이 갈수록 중요해지면서 지식을 체화하고 있는 숙련 노동자나 기계보다도 아이디어 그 자체를 보호하는 일이 더 중요해졌다. 결국 영국의 숙련 노동자 이주 금지령은 1825년에, 기계 수출 금지령은 1842년에 폐지되었다. 그리고 이런 법들 대신에 특허법이 아이디어의 흐름을 통제할 수 있는 중요한 도구로 부각되었다.

최초의 특허 제도는 1474년 베네치아에서 사용되었던 것으로 추정된다. 당시의 특허 제도는 '새로운 기술과 기계'를 발명한 사람에게 10년의 특권을 인정했다. 16세기 독일의 일부 소국들과 17세기 이후 영국이 체계적이지는 않지만 이 제도를 활용했다.[19] 이후 체화되지 않는 지식의 중요성이 점차 부각되던 18세기 말부터 특허 제도는 대단히 빠르게 퍼져 나갔다. 프랑스는 1791년, 미국은 1793년, 오스트리아는 1794년에 특허 제도를 도입했다. 오늘날의 선진국들은 대부분 프랑스에서 특허법이 제정되고 나서 반세기가 채 되기도 전에 특허법을 제정했다.[20] 또한 이들은 19세기 후반에 (1709년 영국이 최초로 도입한) 저작권법과 (1862년 영국이 최초로 도입한) 상표법과 같은 다른 여러 가지 지식재산권 법률을 도입했고, 얼마 뒤에는 특허와 상표에 관한 파리 협정(1883년),[21] 저작권에 관한 베른 협정(1886년)과 같은 지식재산권에 관한 국제 협정들까지 등장했다. 그러나 이런 국제 협정도 기술 군비 경쟁에서 사용되던 '불법적인' 수단을 완전히 몰아내지는 못했다.

변호사들이 끼어들기 시작하다

1905년은 현대 물리학에서 '기적의 해'로 알려져 있다. 이해에 알베르트 아인슈타인은 물리학의 발전 방향을 영원히 바꾸어 놓은 네 편의 논문을 발표했다.[22] 흥미로운 사실은 당시 아인슈타인이 물리학 교수가 아니라 첫 직장인 스위스 특허 사무소에 근무하던 말단 특허 사무원이었다는 것이다.[23]

만일 아인슈타인이 물리학자가 아니라 화학자였다면 스위스 특허 사무소를 첫 직장으로 잡을 수 없었을 것이다. 왜냐하면 스위스는 1907년 이전까지만 해도 화학 발명품에 대한 특허를 인정하지 않았기 때문이다.[24] 스위스는 1888년 이전에는 어떤 종류의 특허법도 제정하지 않았다. 1888년에 제정한 특허법도 '기계적인 모델로 표현될 수 있는 발명'에 대해서만 특허권을 부여했다. 이 조항은 자동적으로—그리고 의도적으로—화학적인 발명을 배제하고 있었다. 당시 스위스는 화학과 제약 기술 분야에서 세계를 주도하던 독일로부터 많은 기술을 '차용하고' 있었던 만큼 화학 관련 특허를 인정하는 것이 스위스의 이익에는 부합하지 않기 때문이었다.

스위스는 독일의 무역 제재 협박에 못 이겨 1907년이 되어서야 특허에 화학적 발명을 포함시켰다. 그러나 새로운 특허법이 보호하던 화학 기술 역시 오늘날의 무역 관련 지식재산권 제도가 요구하는 수준에는 미치지 못했다. 당시 다른 많은 나라들이 그랬던 것처럼 스위스 역시 (화학적 공정과 반대되는 개념의) 화학 물질에 대한 특허는 인정하지 않았다. 화학 물질은 기계적인 발명품과 달리 이미 자연에 존재하고 있는 것이며, 따라서 '발명자'는 그 물질 자체를 발명한 것이 아니라 단순히 그것을 분리하는 공정을 찾아냈을 뿐이라는 것이 그 근거였다. 스위스가 화학 물질을 특허의 대상으로 인정한 것은 1978년이 되어서였다.

당시 특허법이 없던 나라는 스위스만이 아니었다. 네덜란드는 1817년에 제정한 특허법을 1869년에 폐지했고, 1912년 이전까지는 특허법을 다시 도입하지 않았다. 네덜란드가 특허법을 폐지한 데에는 내가 앞서 언급한 바 있는 '특허는 인위적으로 독점을 창출하므로 자유무역의 원칙에 어긋난다'고 믿는 반反특허 운동의 영향이 상당했다.[25] 덕분에 지금은 잘 알려진 네덜란드 전자 회사 필립스가 1891년 네덜란드에 특허법이 없는 기회를 틈타 미국의 발명가 토머스 에디슨에게서 '차용한' 특허를 기초로 전구 생산업을 시작할 수 있었다.[26]

물론 스위스와 네덜란드의 경우는 극단적인 사례였다. 그러나 거의 19세기 내내 오늘날의 부자 나라들이 당시 운용했던 지식재산권 제도는 외국인의 지식재산권 보호에 대해서는 충실하지 못했다. 초기 특허법들은 대개 발명의 독창성을 검토하는 것에 소홀했다. 예를 들어 미국은 1836년 특허법 개정이 있기 전까지는 독창성 여부를 따지지 않고 특허를 승인했다. 그 덕분에 사기꾼들은 이미 사용되고 있는 장치에 대해 특허를 받은 다음—이를 '위조 특허'라 했다—특허권 침해 소송을 제기하겠다는 협박으로 해당 장치의 사용자들에게 돈을 갈취할 수 있었다.[27] 그러나 외국인의 지식재산권에 대한 보호 조항을 두지 않은 것은 고의적인 경우가 많았다. 영국, 네덜란드, 오스트리아, 프랑스, 미국 등 대부분의 나라에서는 수입된 발명품에 대한 특허가 허용되는 것으로 명시되어 있었다. 영국에서 1810년에 피터 듀란드가 프랑스의 니콜라 아페르의 발명을 활용한 통조림 기술로 특허를 낼 수 있었던 것도 그 덕분이었다. 당시 듀란드의 특허 신청서에는 외국인의 발명품으로 특허를 낼 때 흔히 사용되던 표현인 '어떤 외국인이 알려 준 발명'이라고 또렷이 기재되어 있었다.[28]

아이디어의 '차용'은 발명과 관련해서만 이루어진 것이 아니었다. 19세기에는 또 (과거의 일본, 한국, 대만, 그리고 오늘날의 중국에서 행해지는 것과 비슷한 방식으로) 광범위하게 상표 위조가 이루어졌다. 1862년에 영국은 외국인, 특히 독일인들이 영국 상품을 위조하지 못하게 하려는 특별한 목적 하에 상표법을 수정했는데, 그에 따르면 생산자는 필수적인 '제품 명세'에 원산지와 제조국을 기재해야 했다.[29]

그러나 이 법은 독일인들의 재치를 과소평가한 것이었다. 독일 회사들은 여러 가지로 교묘한 회피 전술을 고안해 냈다.[30] 예컨대 이들은 낱

개의 상품이 아닌 포장 위에 제조국을 표시했다. 일단 포장이 벗겨지면 소비자들로서는 제조국을 알 수 없도록 하기 위해서였는데, 시계와 강철 줄의 경우에 흔히 볼 수 있었다. 독일 제조업자들은 또 피아노나 자전거의 경우 조립되지 않은 상태에서 보내 영국에서 조립하는 요령을 부리기도 했다. 원산지 표시 도장을 거의 눈에 띄지 않는 곳에 찍는 방법도 사용하였다. 19세기 영국의 저널리스트 어니스트 윌리엄스가 독일의 모조품 만들기에 대한 책 『메이드 인 저머니』에 썼듯이, "어느 독일 회사는 대량의 재봉틀을 영국으로 수출하면서 잘 보이는 곳에는 '싱어'와 '북영국 재봉틀'이라는 라벨을 붙여 놓고, '메이드 인 저머니' 도장은 거의 눈길이 가지 않는 발판 밑에 찍었다. 그러니 대여섯 명의 재봉사들이 힘을 합쳐 재봉틀을 거꾸로 뒤집어 보기라도 하지 않는 이상 그 표시를 읽을 도리가 없었다"[31]라는 식이었다.

저작권 역시 걸핏하면 침해되었다. 미국은 지금이야 저작권에 대해 저리도 열심이지만, 1790년의 저작권법에서는 외국인에 대한 저작권 보호 자체를 인정하지 않았다. 미국은 1891년이 되어서야 국제저작권 협정—즉 1886년의 베른 협정—에 서명했는데, 당시까지만 해도 미국은 저작권에 관한 한 순수입국이었으므로 미국 저자만을 보호하는 것이 유리하다는 것을 알고 있었다. 미국은 심지어 20세기인 1988년 이전까지도 국외에서 출간된 저작물에 대해서는 저작권을 인정하지 않았다.

역사적 사실은 분명하다. 짝퉁 제조나 복제품 제조는 현대 아시아에서 처음으로 발명된 것이 아니다. 오늘날의 선진국들은 지식의 관점에서 볼 때 후진적이었던 시절에 하나같이 다른 나라 사람들의 특허권과 상표권, 저작권을 닥치는 대로 침해했다. 스위스는 독일의 화학적 발명을 '차용'했고, 독일은 영국의 상표를 '차용'했으며, 미국은 영국의 저작권을 '차용'했다. 물론 이들 중 그 어느 누구도 지금 기준으로 '정당한' 보상을 지불하지는 않았다.

나쁜 사마리아인인 부자 나라들은 이런 과거에도 불구하고 무역 관련 지식재산권 협정이나 쌍무적 FTA를 통해 역사적으로 전례가 없는 수준의 강력한 지식재산권 보호를 개발도상국들에 요구하고 있다. 이들은 그러면서 지식재산권 보호를 강화하면 새로운 지식의 생산을 자극하여 개발도상국을 포함한 모든 나라에 이익이 된다고 주장한다. 과연 사실인가?

미키마우스, 오래오래 사세요

1998년 미국의 저작권 보호 기간 연장법은 '저자 생존 시와 사망 후 50년, 법인에 의한 저작물인 경우에는 75년'이던 저작권 보호 기간을 '저자 생존 시와 사망 후 70년, 법인에 의한 저작물인 경우에는 95년'으로 늘렸다. 역사적으로 돌이켜 보건대, 이는 1790년의 미국 저작권법 규정상 저작권 보호 기간 14년에 14년 추가 연장이 가능하던 것에 비하면 엄청나게 늘어난 것이다.

하지만 1998년의 법은 불명예스럽게도 미키마우스 보호법(미국식 표현으로 '미키마우스'는 '수준 이하' 혹은 '엉터리'라는 의미가 있다- 옮긴이)으로 알려져 있다. 이런 별명이 붙은 것은 디즈니가 (만화 영화 〈스팀보트 윌리〉를 통해) 1928년에 최초로 만든 미키마우스의 탄생 75주년을 내다보고 저작권 연장 로비를 주도했기 때문이다. 또 하나 특기할 사실은 이 법은 소급 적용된다는 것이다. 기존 저작물의 보호 기간을 연장한다고해서 새로운 지식이 만들어지는 것이 아니라는 것쯤은 누구나 당장 알아

챌 수 있는데도 말이다.[32]

이야기는 저작권에서 끝나지 않는다. 미국 제약업은 로비를 통해 특허권을 사실상 최대 8년까지 연장하는 데 성공했다. 이들은 연장의 구실로 미국식품의약국FDA의 약품 승인 과정이 지연되는 경우를 보상하기 위한 필요성, 데이터 보호의 필요성 따위를 내세웠다. 당초 미국의 특허권 보호 기간은 저작권과 마찬가지로 14년이었다. 미국 제약업은 결국 자신의 발명품에 대한 특허 수명을 두 배로 늘리는 데 성공한 것이다.

지식재산권 보호 기간을 연장한 나라가 미국만은 아니다. (1850~1875년 사이의) 19세기 후반에 60개국의 평균 특허 수명은 약 13년이었다. 그러던 것이 1900~1975년 사이에는 16년 혹은 17년으로 연장되었다. 최근 들어 미국은 지식재산권 보호 기간의 상향 추세를 가속화하고 공고히 하는 데 주도적인 역할을 하고 있다. 미국은 WTO의 무역 관련 지식재산권 협정에 20년의 특허 보호 기간을 명문화함으로써 '세계적인 표준'으로 만드는 데 성공했고, 그에 따라 60개국의 평균 특허 수명은 2004년 19년으로 늘어나게 되었다.[33] 미국 정부는 또 쌍무적인 FTA를 통해 제약 특허의 사실상의 연장과 같은 무역 관련 지식재산권 협정을 넘어선 내용들을 퍼뜨리고 있다. 하지만 사회적 관점에서 볼때 20년의 특허 보호 기간이 13년이나 16년보다 낫다는 내용은 내가 아는 경제 이론 중에는 없다. 이 기간이 길어질수록 특허권자가 유리하다는 것만 분명할 뿐이다.

지식재산권 보호는 독점—및 그 사회적 비용—을 가져오므로 보호 기간 연장은 그 비용을 증대시킬 것임에 틀림없다. (여타의 다른 지식재산권 보호 강화책도 마찬가지이지만) 지식재산권 보호 기간 연장은 사회가 새로운 지식에 대해서 지불해야 하는 비용이 더 늘어난다는 것을 의미한다. 물론 보호 기간 연장이 (혁신의 유인을 강화하여) 더 많은 지식을 낳는다면 이 비용은 정당화될 수도 있다. 하지만 보호 기간 연장으로 인한 비용 증가를 보상하기에 충분할 정도로 지식이 증가되고 있다는 증거는 그 어디에서도 찾아볼 수 없다. 이 사실을 고려한다면 우리는 현재의 지식재산권 보호 기간이 과연 적절한지 신중히 검토해 보고, 필요하다면 단축해야 할 것이다.

끝을 접은 샌드위치와 강황

보호 결정이 내려진 새로운 아이디어가 보호할 만한 가치가 있다는 것이 지식재산권법의 기본적 가정이다. 모든 지식재산권 관련 법들이 해당 아이디어가 독창적일 것—전문적인 용어로 말하면 '참신성'과 '비非자명성'를 가지고 있을 것—을 요구하는 것도 그래서이다. 이는 이론적인 면에서는 논쟁의 여지가 없는 타당한 이야기처럼 보인다. 하지만 이것을 현실에 적용하기란 무척이나 어려운 일이다. 다른 무엇보다도 투자자들이 독창성의 기준을 낮추기 위해 로비를 하고자 하는 동기를 가지고 있기 때문이다.

예를 몇 가지만 들어 보자. 스위스 특허법의 역사를 살펴보면서 언급했던 바와 같이, (화학 공정과 대립되는 개념으로서의) 화학 물질은 특허로 보호할 가치가 없다고 생각하는 사람들이 많다. 해당 화학 물질을 추출한 사람들이 진정으로 독창적인 일을 한 것은 아니라고 보기 때문이다. 이런 이유에서 1960년대 혹은 1970년대 이전까지만 해도 (독일, 프랑스, 스위스, 일본, 북유럽 국가들 같은) 대부분의 부자 나라들에서는 화학 물질이나 제약 물질에 대한 특허가 인정되지 않았다. 스페인과 캐나다에서는 1990년대 초까지도 약품에 대해 특허를 낼 수 없었다.[34] 무역 관련 지식재산권 협성 이전까지만 해도 대부분의 개발도상국에서는 약품에 대한 특허를 인정하지 않았다.[35] 대부분은 약품에 대한 특허 제도가 아예 없거나, 인도와 브라질처럼 한때 약품 특허—브라질의 경우에는 공정 특허도 마찬가지였다—를 인정하다가 폐지하였다.[36]

특허 가능성 자체가 문제시되지 않는 물건들의 경우에도 과연 무엇이 가치 있는 발명품인지를 판단할 수 있는 명확한 방법이 없다. 예컨대 토머스 제퍼슨이 미국 특허 감독관이었을 때—자세한 이야기는 후술하겠지만 그는 특허에 반대했다. 그러나 특허 감독관은 국무 장관이 당연직으로 겸임하는 것이었다—하찮은 구실을 붙여 특허 신청을 거부하는 데 능했다. 그런 제퍼슨이 국무 장관의 직위에서 물러나면서 특허 감독관 직을 그만둔 뒤로는 연간 승인되는 특허의 수가 세 배로 늘어났다. 이런 결과가 나온 것이 과연 미국인들의 발명 재능이 갑자기 세 배나 늘어났기 때문일까?

1980년대 이후로 미국에서는 특허의 독창성 기준이 크게 낮아지고 있다. 애덤 제이프와 조시 러너 교수는 특허 제도의 현황에 관한 책에서 아마존닷컴의 '원 클릭' 인터넷 쇼핑, 스머커 식품의 끝을 접은 샌드위치 따위의 아주 명확한 것은 물론이고, 심지어는 (신선하지 않은 빵을 구워서) '빵을 신선하게 하는 법'과 (다섯 살 먹은 어린이에 의해서 '발명된') '그네 타는 법' 같은 것에 대해서도 특허가 주어지고 있다고 지적했다.[37] 처음 두 가지 사례는 특허권자들이 새로운 권리를 이용하여 경쟁자를 대상으로 소송을 제기하기까지 했다. 첫 번째 사례에서는 경쟁자인 반스앤노블닷컴이, 두 번째 사례에서는 경쟁자인 앨비 식품이 그 대상이었다.[38] 사람들은 '참신성과 비자명성의 검증'이야말로 진정으로 독창적인 아이디어에 대해서만 특허 독점이 인정된다는 것을 보증하는 것이라고 여긴다. 그러나 앞의 두 사례는 비록 스펙트럼에서 가장 특이한 극단에 있는 것들이긴 하지만, '참신성과 비자명성의 검증'이 무력화된 추세를 반영하고 있다.[39] 이 때문에 제이프와 러너가 말하는 '특허 폭발'이라고 하는 상황이 벌어지는 것이다. 이들에 따르면 미국에서 승인된 특허의 수는 1930년부터 1982년 사이에 연간 1%씩 늘어났고, 특허 승인이 보다 자유로워진 1983년부터 2002년 사이에는 연간 5.7%로 늘어났다.[40] 물론 이처럼 특허 승인이 대폭 증가한 것이 미국인들의 창의성이 갑자기 폭발적으로 늘어났기 때문은 아닐 것이다![41]

미국인들이 엉뚱한 특허를 인정하든 말든 다른 사람들이 상관할 필요가 있을까? 상관할 필요가 있다. 새로운 미국의 시스템은 다른 나라들, 특히 개발도상국들에 잘 알려져 있는 아이디어들, 그 나라에서는 너무나 오랫동안 잘 알려져 있었기 때문에 법적인 보호를 받지 못하는 아이디어들을 '도용'하도록 격려하고 있다. 이른바 '전통적 지식'의 도용이라고 알려진 행위이다. 이와 관련하여 가장 좋은 사례는 미시시피 대학에 근무하던 인도 출신 연구자 두 명이 강황의 의학적 활용과 관련하여 낸 특허이다. 상처를 낫게 하는 강황의 효능은 이미 수천 년 동안 인도에 알려져 있던 것이다. 이 특허는 뉴델리에 있는 농업연구회가 미국 법원에 소송을 제기한 끝에 취소되었다. 그러나 만일 이런 부당한 대우를 받은 나라가 인도가 아닌 작고 가난한 개발도상국이었다면, 그래서 이 같은 싸움을 할 만한 인적·재정적 자원이 부족했다면, 이 특허는 아직도 유지되고 있을 것이다.

이런 사례들에 충격을 받았을지도 모르겠다. 하지만 독창성의 기준을 낮추면서 일어난 가장 큰 폐해는 지식재산권 제도의 균형이 무너졌다는 데에 있지 않다. 현재 가장 심각한 문제는 지식재산권 제도가 기술 혁신을 촉진하는 박차가 아니라 장애물이 되기 시작했다는 점이다.

맞물린 특허의 횡포

아이작 뉴턴은 "내가 남들보다 조금 더 멀리 보고 있다면, 그것은 내가 거인의 어깨 위에 올라서 있기 때문이다"라는 말을 한 적이 있다.[42] 뉴턴의 이 말은 아이디어는 누적적으로 발전한다는 뜻이다. 이 때문에 특허와 관련된 초기 논쟁 당시 이 말은 특허에 반대하는 주장으로 인용되기도 했다. 새로운 아이디어들은 지적인 노력이 혼합된 발효조에서 튀어나오는 것인데, 어떤 발명품에 '마지막 손질'을 했다는 이유만으로 모든 영예—그리고 이익—를 독차지하는 것이 정당한 것이냐는 의문에서이다. 토머스 제퍼슨은 바로 이런 근거에서 특허에 반대했다. 그는 아이디어는 '공기와 같은 것'이기 때문에 소유될 수 없다고 주장했다.[43] (하지만 그는 사람을 소유하는 것은 아무런 문제가 없다고 보았고, 실제 수많은 노예를 소유하고 있었다.)

문제는 특허 제도에 내재해 있다. 새로운 아이디어의 생산에서 가장 중요한 투입 요소는 아이디어이다. 그러나 새로운 아이디어를 개발하려고 하는데 그 과정에서 필요한 아이디어를 다른 사람이 소유하고 있다면, 여러분은 대가를 지불하지 않고는 그 아이디어를 사용할 수 없다. 결국 새로운 아이디어의 생산 비용이 높아지는 것이다. 설상가상으로 당신이 낸 특허와 밀접한 관련을 가진 특허를 소유하고 있는 경쟁자에게서 특허 침해로 고소당할 위험까지 있다. 이런 소송은 여러분의 돈을 낭비하는 것일 뿐만 아니라, 분쟁이 해결될 때까지 문제의 기술이 발전하지 못하게 방해하는 것이기도 하다. 특허가 기술 발전을 촉진하는 박차가 아니라 장애물이 될 수도 있다는 것은 이런 맥락에서이다.

실제로 특허 침해 소송은 (19세기 중반의) 재봉틀에서 (20세기 초반의) 항공기, (20세기 중반의) 반도체 분야에서 미국 산업의 기술적 진보를 가로막는 주요한 장애물이었다. 재봉틀 산업에서는 이 문제에 대해 (싱어와 다른 몇몇 회사들 사이에서) 재치 있는 해결책을 찾아냈다. 그것은 바로 관련된 모든 회사들이 관련된 특허권 전체를 상호 교차하여 인가하는 '특허 풀'의 도입이었다. 하지만 (라이트 형제 대 글렌 커티스의) 항공기나 (텍사스 인스트루먼트 대 페어차일드의) 반도체의 경우에는 관련 회사들이 타협에 이르지 못했다. 그러자 결국 미국 정부가 개입하여 특허 풀을 강요했는데, 만일 미국 정부가 나서서 그렇게 하지 않았다면 해당 산업들은 지금처럼 진보할 수 없었을 것이다.

안타깝게도 서로 맞물린 특허 관계의 문제는 최근 들어 점점 악화되고 있다. 특허를 낼 수 있는 지식 자체가 갈수록 세분화·극소화되고 있어 특허 자체가 기술 진보를 가로막는 장애물이 될 위험성이 높아지고 있는 것이다. 이른바 황금쌀을 둘러싼 최근의 논쟁이 이런 우려를 생생하게 보여 준다.

2000년에 (스위스인) 잉고 포트리쿠스와 (독일인) 피터 바이어가 이끄는 일단의 과학자들이 (소화가 되면 비타민 A로 바뀌는) 베타카로틴을 함유한 쌀을 만들어 낼 수 있는 새로운 유전공학 기술을 발표했다. 베타카로틴의 자연적인 색상 때문에 황금색을 띤 이 쌀에는 황금쌀이란 이름이 붙었는데, 쌀을 주식으로 하는 나라의 수많은 가난한 사람들에게 중요한 영양소를 공급할 수 있는 만큼 '황금'이라는 수식어가 붙을 만하다고 생각하는 사람들이 적지 않았다.[44] 쌀의 경우 영양학적으로 매우 우수하기 때문에 단위 면적당 부양 인구가 밀에 비해서 더 높지만, 비타민 A라는 중요한 영양소가 부족하다. 쌀 외의 다른 것은 거의 먹지 못하는, 쌀을 주식으로 하는 나라의 가난한 사람들이 비타민 A 결핍증VAD에 걸리기 쉬운 것도 그래서였다. 21세기 초까지도 아프리카와 아시아에 있는 118개 국가의 1억 2,400만 명에 달하는 사람들이 비타민 A 결핍증을 앓고 있는 것으로 추정되었다. 그리고 그중 100만 혹은 200만 명이 해마다 사망하며, 50만 명이 회복 불가능한 실명 상태에 이르고, 수백만 명이 눈을 약하게 하는 안과 질환 내지는 안구 건조증에 시달려야 했다.[45]

황금쌀 논쟁은 2001년에 포트리쿠스와 바이어가 황금쌀 기술을 (당시에는 아스트라제네카였던) 제약 및 생명공학 분야의 다국적기업 신젠타에 팔면서 시작되었다.[46] 신젠타는 유럽연합을 통해서 간접적으로 그 연구에 자금을 제공한 만큼 황금쌀 기술에 대한 합법적인 부분 청구권을 가지고 있는 회사였는데, 포트리쿠스와 바이어는 훌륭하게도 신젠타와 열심히 협상하여 황금쌀로 인한 1년 소득이 1만 달러를 넘지 못하는 농부들에게는 기술 사용료를 면제해 주도록 했다. 그럼에도 불구하고 일부에서는 이처럼 중요한 '공익'적인 기술을 영리 추구가 목적인 기업에 파는 것은 용납할 수 없는 행위라는 비난이 일었다.

그에 대해 포트리쿠스와 바이어는 황금쌀 기술을 실용화하기 위해서는 특허를 받은 다른 기술들이 필요한데, 해당 기술들의 사용 허가 조건을 협상하는 데 어려움이 있기 때문에 신젠타에 황금쌀 기술을 팔 수밖에 없었다고 밝혔다. 과학자인 이들은 32개 회사와 대학에 속하는 70개의 관련 특허권에 대한 협상을 진행할 만한 자원이나 기술이 없다는 것이었다. 하지만 비판자들은 황금쌀의 혜택을 가장 많이 볼 수 있는 나라들과 관련된 확실한 특허는 10여 개에 지나지 않는다며 이들이 사실을 과장하고 있다고 반격했다.

그럼에도 문제의 본질은 변하지 않는다. 실험실에 있는 개별적인 과학자들의 힘만으로 기술을 발전시킬 수 있는 시대는 지나갔다. 이제는 서로 맞물려 있는 특허 관계라는 위험한 영역을 헤쳐 나갈 수 있는 법률가 집단이 있어야 한다. 만일 서로 맞물려 있는 특허 관계의 문제를 해결할 방안을 찾지 못하면 특허 제도는 실제로 기술 진보를 촉진하는 박차가 아니라 커다란 장애물이 될지도 모른다.

가혹한 규정과 개발도상국

최근의 제도상 변화로 인해 지식재산권의 경우 관련 비용은 증폭되고, 수익은 감소하고 있다. 독창성의 기준을 낮추고 특허—그리고 다른 지식재산권—의 수명을 연장하면, 특허에 대해 지불하는 비용은 예전보다 많아지는 반면에 특허의 평균적인 품질은 예전보다 낮아지게 된다. 또 앞서 HIV/AIDS의 사례에서 보았듯이, 부자 나라 정부들과 기업들의 태도 변화 역시 공익을 위해 특허권자들의 영리적인 이해관계를 무시하는 것을 더욱 어렵게 만들고 있다. 그리고 특허가 가능한 지식 자체가 세분화, 극소화됨에 따라 서로 맞물려 있는 특허 관계의 문제가 심화되며 기술 진보를 늦추고 있다.

개발도상국의 경우에는 이런 부정적인 영향이 더욱 크다. 부자 나라들, 그중에서도 특히 미국은 독창성 기준 완화 조치로 인해 예전부터 개발도상국에 있었던 전통적인 지식을 도용하는 행위가 보다 쉬워지고 있다. 반면에 개발도상국들이 절실하게 필요로 하는 약품 값은 점점 비싸지고 있다. 개발도상국들은 더 이상 복제 약을 제조(혹은 수입)할 수 없을 뿐만 아니라, 부자 나라의 제약 회사들에 대해서 공익 조항을 활용할 수 있을 만한 정치적 영향력을 가지고 있지 않다.

그러나 솔직히 말해 가장 큰 문제는 새로운 지식재산권 제도가 경제 발전을 더욱 어렵게 만들고 있다는 것이다. 부자 나라들이 전체 특허의 97%를, 그리고 저작권 및 상표권의 대다수를 장악하고 있는 상황에서 지식재산권 보유자들의 권리가 강화되면, 개발도상국들의 지식 획득 비용은 높아질 수밖에 없다. 세계은행의 추산에 따르면 무역 관련 지식재산권 협정 이후 기술 사용료의 증가로 인한 개발도상국의 추가 부담은 1년에 450억 달러에 달하는데, 이는 (2004~2005년 사이 연간 930억 달러 정도였던) 부자 나라들의 해외 원조 총액의 거의 절반에 해당된다.[47] 그 영향력을 측량하기는 어렵지만 저작권 강화로 인하여 교육, 특히 전문화되고 선진적인 외국 책들을 사용하는 고등 교육의 비용 역시 점점 상승하고 있다.

문제는 이것 외에도 더 있다. 각 개발도상국이 무역 관련 지식재산권 협정에 따르려면 새로운 지식재산권 제도를 세우고 실행하기 위해 많은 돈을 들여야 한다. 지식재산권 제도는 자동적으로 운영되는 것이 아니다. 저작권과 상표권을 제대로 수행하려면 많은 감독관들이 필요하다. 또 특허 관련 기관에는 특허 신청을 처리할 과학자와 엔지니어들이 있어야 하고, 법원에는 분쟁 해결을 도울 특허 관련 법률가들이 있어야 한다. 이런 모든 인력을 훈련하고 고용하는 데에는 돈이 들어간다. 하지만 자원이 한정된 국가에서 더 많은 특허 법률가들을 훈련하고 DVD

복제자들을 적발할 감독관들을 더 많이 고용하려면, 의사들과 교사들에 대한 훈련을 줄이고 간호사들이나 경찰관들의 고용을 줄일 수밖에 없다. 지금 개발도상국들이 더 필요로 하는 직업이 어떤 것인지는 누가 보아도 알 수 있다.

안타까운 사실은 개발도상국들은 불어난 사용료를 지불하고 새로운 지식재산권 제도의 실행에 필요한 추가 비용을 감당한다 해도 아무런 대가를 얻을 수 없으리라는 것이다. 부자 나라들은 혁신으로 인한 수익이 보호 강화로 인해 늘어나는 비용을 완전히 충당하지는 못한다 해도 지식재산권 보호를 강화함으로써 어느 정도나마 혁신의 증가를 기대할 수 있다. 하지만 개발도상국은 연구 능력이 없다. 연구를 할 인센티브는 높아질지 모르지만, 그 인센티브를 활용할 사람이 없는 것이다. 3장에서 이야기했던 내 아들 진규의 사례와 마찬가지 이치이다. 아무리 인센티브가 높다고 해도 그 일을 해낼 능력이 없다면 소용이 없다. 유명한 영국의 경제 저널리스트로서 세계화론자임을 자처하는 마틴 울프조차 지식재산권을 가리켜 대부분의 개발도상국들에서 "자국민을 교육할 능력, 외국 모델을 현지화할 능력, 심각한 공중보건 문제를 처리할 능력을 파괴할 가능성이 있는 지대 추출 장치"라고 표현했다.[48]

앞에서 계속 강조한 바와 같이 경제 발전의 근저에는 보다 생산적인 지식의 획득이 놓여 있다. 지식재산권에 대한 국제적 보호가 강화되면 될수록 후발 국가들의 새로운 지식 획득은 점점 어려워진다. 과거에 각국이 외국인의 지식재산권을 부실하게 보호하거나 아예 보호하지 않은 것도 바로 그 때문이다. 지식을 낮은 곳을 향해 흐르는 물에 비유한다면, 오늘날의 지식재산권 제도는 비옥한 경지가 될 가능성이 있는 땅으로 흘러드는 물을 막아 기술의 황무지로 바꾸어 놓는 댐과 같다. 이런 상황은 뜯어고쳐야 마땅하다.

균형을 잡아라

현재의 지식재산권 제도에 대해 비판하는 강의를 할 때마다 자주 받는 질문이 있다. "당신은 지식재산권에 반대를 하고 있는데, 그렇다면 다른 사람이 당신의 연구 논문을 훔쳐서 자기 이름으로 발표하는 것도 허용할 것인가?"라는 것이다. 이는 지식재산권을 둘러싼 논의에서 흔히 볼 수 있는 지나친 단순화의 징후일 뿐이다. 지식재산권 제도를 비판하는 것과 지식재산권 자체를 전면 폐지하자는 주장은 결코 같은 것이 아니다.

내가 주장하는 것은 특허권, 저작권 혹은 상표권을 철폐하자는 것이 아니다. 이런 권리들은 유용한 목적을 가지고 있다. 어느 정도의 지식재산권 보호는 유익한 일이고 때로는 꼭 필요한 일이지만, 그렇다고 해서 보호를 강화하면 할수록 더 좋은 것이라고 일반화해서는 안 된다. 이 점을 분명히 하기 위해 소금에 비유해 설명해 보자. 어느 정도의 소금은 인간의 생존에 꼭 필요하다. 소금의 섭취량을 약간 늘리면 건강에는 좀 더 해로울 수는 있지만 음식을 더 맛있게 먹을 수 있다. 그러나 소금 섭취량을 어느 수준 이상으로 늘리면 건강에 미치는 폐해가 맛있는 음식으로부터 얻는 이익을 넘어서게 된다. 지식재산권 보호도 마찬가지이다. 최소한의 보호는 지식 창조에 대한 인센티브를 제공하기 위해서도 반드시 필요할 수 있다. 보호의 양을 그보다 더 늘려도 거기서 얻을 수 있는 이익이 손실보다 더 클 수 있다. 그러나 보호가 지나치면 손실이 이익을 넘어서기 때문에 장기적으로는 경제에 악영향을 미칠 수 있다.

결국 현실적으로 중요한 것은 지식재산권 보호가 좋으냐 나쁘냐 하는 것이 아니다. 중요한 것은 새로운 지식을 만들어 낼 수 있도록 사람들을 격려해야 할 필요성과, 지식재산권으로 인한 독점 때문에 빚어지는 손실이 새로운 지식이 가져오는 이익을 넘어서지 않도록 보장해야 할 필요성 사이에서 어떻게 균형을 잡아야 하느냐는 것이다. 이렇게 되기 위해서는 현재 널리 퍼져 있는 지식재산권 보호의 강도를 약화시켜야 한다. 다시 말하자면 지식재산권 보호 기간을 단축하고, 독창성 기준을 높이고, 강제 인가와 병행 수입의 조건을 완화해야 한다.

만일 보호의 약화로 잠재적인 발명가들에 대한 인센티브가 부족해진다면—그럴 수도 있고, 그렇지 않을 수도 있는 일이다—공공 부문이 개입하면 된다. 그 방법은 여러 가지이다. (미국 국립보건원처럼) 특정 국가의 조직이나 (녹색 혁명을 위해 다양한 쌀 품종을 개발한 국제쌀연구소 같은) 국제적인 조직이 직접 연구를 진행하는 방식도 있을 수 있고, 민간 기업에 연구 결과에 대한 공공 접근권 보장을 조건으로 특정 분야 연구개발 보조금을 지원하는 방식도 있을 수 있다.[49] 이런 일들은 국가적인 차원과 국제적인 차원의 공공 부문에서 이미 진행하고 있는 것들이니 기존의 관행에서 급격하게 벗어나는 것도 아니다.

하지만 무엇보다도 중요한 것은 국제적인 지식재산권 제도가 개발도상국들이 새로운 기술적 지식을 합리적인 비용으로 획득하여 생산성을 높일 수 있도록 하는 방향으로 개혁되어야 한다는 점이다. 개발도상국들에는 약화된 지식재산권 제도—특허 수명의 단축, 사용료율의 삭감, 또는 강제 인가와 병행 수입 조건의 완화—가 허용되어야 한다.[50]

마지막으로 강조하고 싶은 것은 개발도상국들이 좀 더 쉽게 기술을 획득할 수 있도록 해야 할 뿐만 아니라, 이들이 보다 생산성이 높은 기술을 사용하고 개발하는 능력을 쌓을 수 있도록 도와야 한다는 점이다. 이를 위해 우리는 특허 사용료에 대한 국제적인 세금 제도를 제정하고, 그 제도를 이용해 개발도상국들에 대한 기술적 지원을 강화할 수 있다. 학술서에 대한 접근을 보다 용이하게 하는 방향으로 국제 저작권 제도를 개정하는 것 역시 도움이 될 것이다.•

어떤 제도든 마찬가지지만 (특허, 저작권, 상표권을 비롯한) 지식재산권이 유익한 것이냐 아니냐는 그것이 어떻게 구성되고, 어떻게 이용되느냐에 달려 있다. 어려운 것은 지식재산권을 완전히 폐지할 것이냐 아니면 철저하게 강화할 것이냐를 결정하는 것이 아니라, 지식재산권 보유자들의 이해관계와 사회의 나머지 구성원들—혹은 세계의 나머지 구성원들—의 이해관계 사이에서 균형을 잡는 것이다. 이런 균형이 제대

• 학술서에 대한 접근권은 개발도상국의 생산성을 향상시키는 데 매우 중요하다. 이는 프롤로그에서 언급했던 바와 같이 해적판 서적으로 공부를 했던 나의 경험에서도 드러난다. 우리는 부자 나라 출판사들이 개발도상국 내에서 학술서의 저렴한 재생산을 허용하도록 권장해야 한다. 이 출판사들이 출판한 책들은 너무나 비싸서 개발도상국 소비자들은 어차피 구입할 수가 없다. 따라서 이런 방법을 쓴다고 해서 이 출판사들이 크게 손해를 볼 일은 없을 것이다. 또한 우리는 개발도상국의 도서관들과 학자들, 학생들의 학술서 구입을 보조하는 특별한 국제기금을 만들 수도 있다. 이와 비슷한 논리로 개발도상국의 짝퉁 제품에 대한 부자 나라들의 공포감을 조명해 볼 수 있다. 프롤로그에서 지적했듯이 개발도상국에서 짝퉁을 사는 대부분의 사람들은 (관광객들까지 포함해서) 진품을 살 여유가 없다. 따라서 그 짝퉁들이 부자 나라로 몰래 반입되어 진품으로 팔리지 않는 한—이런 일은 거의 일어나지 않는다—짝퉁으로 인해 진품 제조업자의 수입이 줄어드는 경우란 현실적으로 거의 없다. 개발도상국 소비자들은 사실상 진품 제조업자들을 대신해서 무료 선전을 하고 있는 셈이라고 주장할 수도 있다. 특히 고도 성장을 하고 있는 개발도상국은 지금 짝퉁을 사서 쓰는 소비자들이 나중에는 진품을 사서 쓰는 소비자가 될 수 있다. 예컨대 많은 한국인들이 1970년대에는 짝퉁을 샀지만 지금은 진품을 사서 쓰고 있다.

로 잡혀야만 지식재산권 제도는 애초에 계획했던 유용한 목적, 즉 새로운 아이디어의 창출을 격려하되 사회에는 최대한 낮은 비용을 부과한다는 목적에 기여하게 될 것이다.

7

미션 임파서블?

재정 건전성의 한계

BAD SAMARITANS

할리우드 블록버스터 영화 〈미션 임파서블〉 3편을 본 사람이라면 대부분 중국 경제 기적의 중심지인 상하이의 현란한 모습에 깊은 인상을 받았을 것이다. 그와 함께 1920년대라고 하면 어울릴 법한, 운하 옆의 그 허름한 동네에서 벌어진 숨 막히는 마지막 추격 장면도 똑똑히 기억하고 있을 것이다. 상하이 도심의 높은 빌딩숲과 그 허름한 동네의 대비는 불평등의 심화와 그로 인해 빚어지는 불만 등 현재 중국이 당면하고 있는 문제점을 상징하고 있다.

〈미션 임파서블〉의 전작을 본 사람들이라면 사소한 호기심도 풀렸을 것이다. 우리는 이 시리즈에서 처음으로 IMF라는 약자가 무엇을 뜻하는지 알게 된다. IMF는 이 영화의 주인공 이선 헌트(톰 크루즈)가 소속된Impossible Mission Force라는 막강한 정보 기관의 약자였던 것이다.

현실의 IMF, 즉 국제통화기금International Monetary Fund은 빌딩을 폭파하거나 탐탁잖은 사람을 암살하기 위해 비밀요원을 보내지는 않는다. 그러나 IMF는 국제 금융을 이용하고자 하는 개발도상국들을 통제하는 게이트 키퍼 역할을 하고 있는 만큼 개발도상국들에는 언제나 두려움의 대상이다.

개발도상국들은 자주 국제수지 위기에 처하는데, 그때마다 IMF와의 협약서에 서명해야 하는 어려운 일에 닥치게 된다. IMF 자체가 빌려주는 돈은 그리 큰 문제가 되지 않는다. IMF 자체가 돈을 많이 가지고 있는 것은 아니기 때문이다. 보다 중요한 문제는 협약서인데, 이것은 해당 국가가 앞으로 '방당한' 태도를 고치고 부채를 상환할 수 있는 역량을 갖출 수 있게 해 주는 '건실한' 정책을 채택하겠다고 약속하는 서약서나 다름없다. 다른 잠재적인 대부자들, 즉 세계은행과 부자 나라 정부들, 그리고 민간 금융 기관들은 모두 이 IMF와의 협약서가 작성된 다음에야 해당 국가에 대한 금융 지원을 계속할 것에 합의한다. 이런 IMF와의 협약에는 (1장에서 논의한 대로 그 범위가 점점 넓어져) 무역 자유화에서부터 새로운 회사법의 제정에 이르기까지 경제 정책에 대해 매우 광범위한 조건을 받아들이는 것이 포함된다. 그러나 가장 중요하고도 무서운 IMF의 지원 조건은 거시경제 정책에 관한 것이다.

통화 정책과 재정 정책이 포함되는 거시경제 정책은 (전체 경제를 구성하는 개별적인 경제 주체들의 행위의 총합과 구별되는) 전체 경제 행위를 변화시키려는 의도를 가지고 있다.[1] 전체 경제가 개별 부분의 총합과 다르게 움직일 수도 있다는, 직관과는 어긋나는 이런 생각은 저 유명한 케임브리지의 경제학자 존 메이너드 케인스로부터 기원한다. 케인스는 개별 경제 주체에게 합리적인 것이 전체 경제에서는 합리적이지 않을 수 있다고 주장했다.

예를 들어 경제 침체기 동안 회사는 수요가 감소하는 것을 목격하고, 노동자들은 실업과 임금 삭감의 가능성이 높아지는 위기에 직면한다. 이런 상황에서는 개별 회사와 노동자들은 지출을 줄이는 것이 현명하다. 그러나 모든 경제 주체들이 지출을 줄인다면, 이들은 보다 나쁜 상황에 처하게 된다. 이런 경제 행위가 결합되면 총수요가 감소하고, 이는 모든 경제 주체에 대해 파산과 해고 가능성을 더욱 증가시킨다. 그러므로 케인스는 전체 경제를 운용하는 정부는 개별 경제 주체들이 합리적이라고 여기는 행동 계획을 합산한 정책을 사용해서는 안 된다고 주장했다. 정부는 의도적으로 다른 경제 주체들이 하는 행위와는 상반되는 정책을 사용해야 한다는 것이다. 따라서 정부는 경제 침체기에는 민간 부문의 회사와 노동자가 지출을 줄이려는 경향에 대항하여 지출을 늘려야 하고, 경제 회복기에는 지출을 줄이고 세금을 올려 수요가 공급을 지나치게 초과하는 것을 막아야 한다.

이 같은 지적 기원을 반영한다면 1970년대 이전까지 거시경제 정책의 주요한 목적은 경기 순환 주기business cycle로 알려져 있는 경제 활동의 진폭의 크기를 줄이는 것이었다. 그러나 1980년대 이래 신자유주의가 부상하고 거시경제에 대해 통화주의적 접근이 지배하게 되면서 거시경제 정책의 초점은 급격하게 변화했다. '통화주의자'들은 지나치게 많은 돈이 한정된 양의 상품과 서비스로 몰리면 가격이 올라간다고 믿는다. 또한 그들은 물가 안정, 즉 물가 상승률을 낮게 유지하는 것이 번영의 기초이며, 그런 만큼 (물가 안정의 전제 조건인) 통화량 규제가 거시경제의 가장 중요한 목적이 되어야 한다고 주장한다.

나쁜 사마리아인들은 개발도상국에 대해 통화량 규제의 필요성을 더더욱 강조한다. 이들은 대부분의 개발도상국들이 '분수에 맞게 살아가는' 자제력을 갖고 있지 못하다고 생각한다. 즉 개발도상국들은 마치 내일이 없는 것처럼 돈을 찍어 내고, 빌리고 있다고 보는 것이다. (2002년 재정 붕괴 이후 악명을 날렸던) 아르헨티나의 전직 경제 장관 도밍고 카발로 같은 이는 자기 나라를 치기가 가시지 않아 자신의 행동을 통제하지 못하는 '반항하는 10대'로 묘사했다.[2] 나쁜 사마리아인들은 개발도상국의 거시경제 안정과 성장을 보장하기 위해서도 IMF의 단호한 지도가 필수적이라고 본다. 하지만 불행하게도 IMF가 권장하는 거시경제 정책은 거의 정반대의 결과를 낳고 있다.

노상강도, 무장 강도, 청부 살인업자

신자유주의자들은 물가 상승을 공공의 적 1호로 간주한다. 로널드 레이건이 "물가 상승이라는 놈은 노상강도처럼 난폭하고, 무장 강도처럼 무시무시하고, 청부 살인업자처럼 치명적"[3]이라고 생생하게 묘사한 바 있듯이, 이들은 물가 상승률이 낮으면 낮을수록 좋다고 생각한다. 물가 상승률 '제로'인 상태가 가장 이상적이고, 아무리 높아도 한 자리 숫자 초반 대의 물가 상승률만을 인정한다. 지금의 잠비아인 북부 로디지아 출신의 미국 경제학자로 1994년부터 2001년까지 IMF의 수석 이코노미스트였던 스탠리 피셔 같은 이는 아예 목표 물가 상승률이 1~3%라고 분명하게 권고하기도 했다.[4] 그런데 왜 물가 상승이 해롭다고 하는 걸까?

물가 상승은 우선 사람들이 힘들게 번 수입을 부당하게 강탈해 가는, 일종의 보이지 않는 세금이라고 한다. 대표적인 통화주의자였던 밀턴 프리드먼은 "물가 상승은 입법 과정을 거치지 않고 부과할 수 있는 유일한 세금"[5]이라고 주장했다. 그러나 '물가 상승을 통한 세금'의 부당성과 그로 인해 발생하는 '분배의 불공정'은 문제의 시작에 지나지 않는다. 신자유주의자들은 물가 상승이 경제 성장에도 좋지 않다고 주장한다.[6] 이들은 대부분 물가 상승률이 낮으면 낮을수록 그 국가의 경제 성장률은 높아질 가능성이 많다고 주장하는데, 여기에는 다음과 같은 근거가 있다. 투자는 성장에 필수적인데, 투자자들은 불확실성을 좋아하지 않는 만큼 경제를 안정적으로 운용해야 한다. 그런데 경제 안정은 가격 안정을 의미한다. 따라서 낮은 물가 상승률은 투자와 성장의 전제 조건이다. 이런 주장은 특히 중남미 국가들에 대해 강력한 설득력이 있었다. 1980년대에 중남미 국가들, 특히 아르헨티나, 볼리비아, 브라질, 니카라과, 페루 등에서 경제 성장의 붕괴와 함께 극심한 물가 상승에 대한 기억이 아직도 생생하기 때문이다.

신자유주의 경제학자들은 낮은 물가 상승률을 유지하기 위해 필수적인 것이 두 가지 있다고 주장한다. (자세한 내용은 후술하겠지만) 그에 따르면 첫째, 통화량 규제가 있어야 한다. 즉 중앙은행이 경제의 실질적인 성장을 유지하는 데 절대적으로 필요한 양 이상으로 통화 공급을 늘려서는 안 된다는 것이다. 둘째, 재정 건전성을 확보해야 하는데, 이는 어떠한 정부도 세입을 넘어서는 지출을 해서는 안 된다는 것이다.

통화량 규제를 위해서는 통화 공급을 통제하는 중앙은행이 물가 안정에만 전념하도록 해야 한다는 것이 신자유주의자들의 주장이다. 예를 들어 뉴질랜드는 1980년대에 이런 주장을 곧이곧대로 받아들여 중앙은행장이 개인적 이익을 위해서라도 물가 상승률을 억제할 수밖에 없게끔 중앙은행장의 연봉을 물가 상승률과 반비례하도록 연동시킨 바 있다. 이들은 중앙은행에 대해 경제 성장과 고용 등의 다른 문제를 함께 고려하라고 요구할 경우, 중앙은행은 정치적인 압력을 감당하기 어렵다고 주장한다. 스탠리 피셔에 따르면, "여러 가지 일반적인 목표가 부과될 경우 중앙은행은 그중에서 선택을 할 수 있고, 그로 인해 선거 주기 여부에 따라 목표를 변경시키라는 정치적인 압력에 굴복하게 될 수 있다"[7]라는 것이다. 이런 일이 발생하지 않도록 하기 위한 최상의 방법은 중앙은행을 '정치적으로 독립'하도록 함으로써 (경제를 제대로 알지 못하고, 더 심각하게는 단기적 시야를 가진) 정치인들로부터 '보호'하는 것이다. 중앙은행 독립의 장점에 대한 신자유주의 정통파의 믿음은 너무나 확고해, IMF는 종종 중앙은행의 독립을 대출을 위한 지원 조건으로 내세우곤 한다. 가령 1997년 한국의 외환 위기 때에도 IMF는 이를 지원 조건으로 내세운 바 있다.

신자유주의자들은 통화량 규제 외에도 전통적으로 정부 재정의 건전성을 강조한다. 정부가 세입의 범위를 넘어서는 지출의 결과로 발생하는 예산 적자는 경제가 대처할 수 있는 수준을 초과하는 수요를 창출하여 물가 상승을 유발한다는 것이다.[8] 1990년대 말과 2000년대 초 개발도상국에 금융 위기의 파도가 몰아친 이후로 정부만이 '분수에 넘게 사는 것'은 아니라는 인식이 퍼져 나갔다. 그때 금융 위기를 가져온 대량의 차입을 한 것은 정부가 아니라 민간 부문의 회사와 소비자들이었기 때문이다. 그 결과 은행을 비롯한 여러 금융 부문 회사들의 '건전성 규제'가 강조되고 있는데, 그중 가장 중요한 것이 (자세한 내용은 후술하겠지만) 스위스 바젤에 본부를 두고 있는 중앙은행들의 클럽인 국제결제은행BIS이 권고한 이른바 은행에 대한 적정 자본 비율이다.[•]

물가 상승도 물가 상승 나름이다

물가 상승이 경제 성장에 좋지 않다는 것은 우리 시대에 광범위하게 받아들여진 경제적 묘약 중 하나이다. 그러나 다음과 같은 정보를 곱씹어 보자. 여러분은 과연 무슨 생각이 드는가?

1960년대 및 1970년대 브라질의 평균 물가 상승률은 연간 42%나

되었다.[9] 그럼에도 브라질은 이 기간 동안 세계적으로 손꼽힐 정도로 급속한 경제 성장을 이루었다. 이 20년 사이에 브라질의 1인당 소득은 연간 4.5%씩 늘어났다. 이와는 대조적으로 신자유주의 정통파의 견해, 그중에서도 특히 거시경제에 관한 견해를 받아들인 1996년부터 2005년까지 브라질의 물가 상승률은 평균 7.1%로 크게 낮아졌다. 그러나 이 기간 동안 1인당 소득은 겨우 연간 1.3% 성장에 머물렀다.

브라질의 경우 1980년대 및 1990년대에 극심한 물가 상승과 저성장이 동시에 나타났다는 사실을 감안하면, 여러분이 브라질 사례 때문에 물가 상승이 성장에 해롭지 않을 수도 있다는 생각을 바꾸지 않는 것은 충분히 이해할 수 있다. 그렇다면 다음 사례를 살펴보자. 한국 경제는 경제 '기적'의 기간 동안 1인당 소득이 연간 7%씩 증가했는데, 물가 상승률은 20%에 가까웠다. (1960년대에는 17.4%에 달했고, 1970년대에는 19.8%에 이르렀다.) 이것은 몇몇 중남미 국가에서 나타난 것보다 높은 비율로 동아시아인들은 저축을 많이 하고 검소한 반면, 중남미 사람들은 놀기 좋아하고 낭비를 잘한다는 문화적 통념(이와 관련해서는 9장에서 자세히 다룬다)과는 완전히 반대되는 것이다. 1960년대 한국의 물가 상승률은 (베네수엘라, 볼리비아, 멕시코, 페루, 콜롬비아 등) 5개 중남미 국가보다 훨씬 높았고, '반항하는 10대'로 알려진 악명 높던 아르헨티나에 비교해도 크게 낮지 않았다.[10] 1970년대에도 한국의 물가 상승률은 베네수엘라, 에콰도르, 멕시코보다 높았고, 콜롬비아와 볼리비아에 비교해도 훨씬 더 낮지는 않았다.[11] 그럼에도 여러분은 아직도 물가 상승이

• 이 비율은 한 은행의 총대출액이 자기자본을 기준으로 할 때 (현재 12.5인 권장 비율과 같은) 특정 배수를 넘지 않을 것을 권장한다.

경제 성장과 양립할 수 없다고 믿는가?

내가 이런 사례를 인용해 모든 물가 상승이 좋은 것이라고 주장할 생각은 없다. 급속한 물가 상승이 합리적인 경제적 계산의 기초 자체를 흔들어 놓는 것은 명백하다. 1980년대 및 1990년대 초 아르헨티나의 경험은 이를 잘 드러낸다.[12] 아르헨티나에서는 1977년 1월 우유 한 통 값이 1페소였는데, 14년 후 같은 용량의 우유 값이 10억 페소에 달했다. 1977년부터 1991년 사이의 물가 상승률은 연평균 333%까지 치솟았고, 1990년 12개월 동안 실제 물가 상승률은 20,266%에 달했다. 이 기간 동안 아르헨티나에서는 물가가 너무나 빠르게 올라 일부 슈퍼마켓에서는 아예 가격표를 붙이지 않고 칠판을 사용하여 가격을 표시했다고 한다. 이런 식의 극심한 물가 인상은 당연히 장기 계획을 불가능하게 만든다. 그러면 최소한의 장기 전망이 어려워지고, 그에 따라 합리적인 투자 결정도 불가능하게 된다. 결국 건전한 투자가 이루어지지 않아 경제 성장은 대단히 어려워지게 된다.

그러나 극심한 물가 상승의 파괴적 성격을 인정하는 것과 물가 상승률이 낮을수록 좋다고 주장하는 것 사이에는 엄청난 논리적 비약이 있다.[13] 브라질과 한국의 사례에서 볼 수 있듯이 순조로운 경제 성장을 위해서 물가 상승률이 반드시 스탠리 피셔를 비롯한 대부분의 신자유주의 경제학자들이 원하는 1~3% 범위 이내여야 할 필요는 없다. 실제로 많은 수의 신자유주의 경제학자들조차 10% 이하의 물가 상승률은 경제 성장에 역효과를 미치지 않는다는 것을 인정한다.[14] 세계은행의 수석 이코노미스트를 역임한 마이클 브루노와 윌리엄 이스터리는 물가 상승률이 40% 이하인 경우 물가 상승률과 경제 성장률 간에는 어떠한 체계적인 상관관계도 없다는 것을 제시한다.[15] 이들은 심지어 어떤 시기에는 20% 이하인 경우이면 물가 상승률이 높아지면 경제 성장률도 높아졌다고까지 주장한다.

다시 말해 물가 상승도 물가 상승 나름이다. 극심한 물가 상승은 해롭지만 (40%까지의) 적당한 물가 상승은 반드시 해로운 것은 아니며, 심지어 급속한 성장 및 고용 창출과 양립할 수도 있다. 역동적인 경제에서는 어느 정도의 물가 상승은 불가피하다고 할 수 있다. 경제가 변화하면 물가가 변하는 법이니, 새로운 수요를 창출하는 새로운 경제 활동이 많은 경제에서는 물가가 오르는 것은 당연하다.

이렇듯 적당한 물가 상승이 해롭지 않다면, 신자유주의자들은 왜 그렇게 물가 상승에 민감한 반응을 보이는 것일까? 신자유주의자들은 적당한 것이든 아니든 모든 물가 상승은 나쁜 것이라고 주장한다. 그들이 이렇게 주장하는 근거는 물가 상승은 고정된 수입을 가진 사람들, 특히 전체 인구 중에서 가장 약한 집단인 노동자와 연금 수급자에게 더 불리하게 작용하기 때문이라는 것이다.

(1979~1987년) 로널드 레이건 시절 (미국의 중앙은행인) 연방준비제도 이사회 의장 폴 볼커는 "물가 상승률은 잔인한, 아마도 가장 잔인한 세금일 것이다. 왜냐하면 물가 상승률은 여러 가지 분야에서 예상찮은 방식으로 피해를 줄 뿐만 아니라, 특히 고정된 수입을 가진 사람에게 가장 심하게 피해를 입힌다"[16]라고 주장했다.

그러나 이것은 반쪽짜리 진실일 뿐이다. 낮은 물가 상승률은 노동자들이 이미 벌어 놓은 것을 더 잘 지켜 줄 수 있을지는 모르나, 이런 결과를 가져오는 데 필요한 정책은 노동자들이 미래에 벌 수 있는 기회를 감소시킬 수 있다. 왜 그럴까? 물가 상승률을 낮은 수준, 그것도 대단히 낮은 수준으로 유지하는 데 필요한 엄격한 금융·재정 정책은 경제 활동의 수준을 저하시킬 수 있으며, 이는 결국 노동 수요의 감축, 실업 증대, 그리고 임금 감소의 결과를 낳을 것이다. 따라서 엄격한 물가 통제는 노동자에게는 양날의 칼이다. 낮은 물가 상승률은 노동자들이 이미 벌어 놓은 수입은 더 잘 보호하지만, 반대로 노동자들의 미래 수입을 감소시킨다. 물가 상승률의 하락으로 혜택을 받는 사람들은 연금 수급자와 고정된 이율로 금융 자산에서 수입을 얻는 (금융 산업을 포함한) 경제 주체들에 한정된다. 이들은 노동 시장의 바깥에 존재하기 때문에 물가 상승률을 낮추는 엄격한 거시경제 정책이 미래의 고용 기회나 임금에 좋지 않은 영향을 미칠 수 없는 반면, 이미 가지고 있는 소득은 오히려 더 잘 보호된다.

앞에서 인용한 볼커의 주장에서 알 수 있듯이 신자유주의자들은 물가 상승이 일반 대중에게 피해를 준다고 떠벌이고 있다. 그러나 이와 같은 대중을 향한 수사修辭는 낮은 물가 상승률을 유지하는 데 필요한 정책이 취업 전망과 임금 수준을 낮춤으로써 대다수 노동자들의 미래 소득을 줄일 수 있다는 사실을 은폐하는 것이다.

물가 안정의 대가代價

1994년 인종 차별적인 백인 정권으로부터 권력을 넘겨받은 남아프리카공화국의 새로운 아프리카민족회의ANC 정부는 IMF 스타일의 거시경제 정책을 추구하겠다고 선언했다. 아프리카민족회의가 좌파적, 혁명적인 전력을 가지고 있다는 점을 고려할 때, 투자자들을 안심시키기 위해서는 이런 식의 신중한 접근 방식이 필요하다고 생각했기 때문이다.

새 정부는 물가 안정을 유지하기 위해 이자율을 높게 책정했고, 그 결과 1990년대 말에서 2000년대 초에 남아프리카공화국의 이자율은 최고조에 달해 실질 이자율이 10~12%에 달했다. 이 같은 엄격한 통화 정책으로 인해 이 기간 동안의 물가 상승률은 연간 6.3%를 유지할 수 있었다.[17] 그러나 이것은 성장과 일자리에 대한 큰 희생을 치른 대가였다. 남아프리카공화국의 비非금융 회사의 평균 이윤율이 6% 미만이었다는 점을 감안할 때, 실질 이자율이 10~12%인 상황에서 투자를 하겠다고 대출받는 회사는 거의 없었기 때문이다.[18] 따라서 (GDP 대비) 과거 20~25%에 달했던 (1980년대 초에는 30%를 넘기도 했던) 투자율이 약 15%로 떨어진 것도 놀랄 일이 아니다.[19] 이렇게 낮은 투자 수준을 고려한다면, 1994년부터 2005년까지의 1인당 소득이 연간 1.8%씩 성장한 남아프리카공화국 경제가 아주 나쁜 편은 아니었다. 하지만 이는 '이러한 상황을 고려'했을 경우에 적용 가능한 평가이다.

남아프리카공화국이 획기적인 재분배 정책을 시행하지 않는 한(이는 정치적인 면에서 볼 때는 실행 불가능한 일이며, 경제적인 면에서 볼 때는 지혜롭지 못한 일이다) 인종 그룹 간의 현격한 생활수준 격차를 줄일 수 있는 유일한 길은 급속한 성장을 이루어 내어 보다 많은 일자리를 창출하는 것이다. 그렇게 되면 더 많은 사람들이 경제 주류에 동참할 수 있게 되고, 생활수준을 높일 수 있다. 현재 남아프리카공화국의 공식적인 실업률은 26~28%에 달해 세계 최고 수준이다.• 그런 만큼 1.8%의 연평

• 개발도상국의 실업률은 실제 실업의 정도를 크게 낮아 보이게 만든다. 가난한 많은 사람들은 실업 상태로 남아 있을 여유가 없어 (거리에서 싸구려 물건을 팔거나, 문을 열어 주고 푼돈을 받는 일 따위의) 극히 생산성이 낮은 일자리를 통해 연명하고 있기 때문이다. 경제학자들은 이를 '위장 실업'이라고 한다.

균 성장률은 실업과 빈곤을 획기적으로 줄이기에는 너무나 부적절한 수치이다. 다행히도 최근 몇 년 동안 남아프리카공화국 정부는 이런 방식이 어리석다고 보고 이자율을 낮추었으나, 실질 이자율이 아직도 약 8%로 활발한 투자를 하기에는 여전히 높은 수준이다.

대부분의 국가에서 비금융 부문의 회사들은 3~7%의 이윤을 낸다.[20] 따라서 실질 이자율이 이 수준을 넘어선다면 잠재적인 투자자들로서는 제조 업체에 투자하느니 은행에 돈을 저축하거나 채권을 사는 편이 훨씬 합리적이다. 어쩌면 제조 업체를 경영하는 데 따르는 여러 가지 어려움, 즉 노동 문제·배송 문제·소비자들의 체납 등 각종 문제를 고려할 때 투자 여부를 결정하는 기준 이윤율은 이보다도 훨씬 더 낮을 수 있다. 특히 개발도상국의 회사들은 내적으로 축적된 자본이 거의 없으므로 대출 문턱을 높이면 투자를 많이 할 수 없다. 결국 투자는 줄어들고, 그에 따라 저성장과 일자리 부족이 초래된다. 나쁜 사마리아인의 조언을 따라 낮은 물가 상승률을 추구했던 브라질, 남아프리카공화국 등 수많은 개발도상국에서 이런 일이 벌어졌다.

그런데 나쁜 사마리아인인 부자 나라들은 정작 자기들 나라에서는 소득과 일자리를 늘리기 위해 통화 정책을 느슨하게 펼치면서, 개발도상국에 대해서는 통화 규제에 핵심적인 실질 이자율을 높게 유지하라고 열심히 설교하고 있다는 사실을 알게 되면 여러분은 놀랄 것이다. 제2차 세계 대전 이후 성장 붐이 절정에 달했을 때, 부자 나라들의 실질 이자율은 하나같이 매우 낮았으며 심지어는 마이너스인 경우도 있었다. 오늘날의 부자 나라들이 높은 투자와 급속한 성장을 이루어 냈던 '자본주의의 황금기'(1950~1973년) 후반에 해당하는 1960년에서 1973년 사이에 이들 나라의 평균 실질 이자율은 독일 2.6%, 프랑스

1.8%, 미국 1.5%, 스웨덴 1.4%, 스위스 -1.0%에 불과했다.[21]

지나치게 엄격한 통화 정책은 투자를 줄인다. 그리고 낮은 투자는 성장과 일자리 창출을 감소시킨다. 부자 나라들은 높은 생활수준, 관대한 복지 정책, 낮은 빈곤율을 달성한 상태이므로 이런 문제들이 심각하지 않을 수 있다. 하지만 절박할 정도로 더 높은 소득과 더 많은 일자리가 필요하고, 심각한 소득 불평등 문제를 대규모의 재분배 프로그램이 아닌 다른 방법으로 다루어야 하는 개발도상국의 입장에서는 엄격한 통화 정책은 재앙에 가까운 일이다.

통화 정책을 엄격하게 유지하는 비용을 고려한다면, 중앙은행에 물가 상승률 통제라는 유일한 목적을 부과하고 독립성을 부여하는 것은 개발도상국이 결코 해서는 안 될 일이다. 중앙은행의 독립성은 개발도상국에는 적합하지 않은 통화주의자들의 거시경제 정책을 제도화하는 것이기 때문이다. 더군다나 개발도상국의 경우 중앙은행의 독립성 강화가 고성장과 저실업 같은 다른 바람직한 목표를 달성하는 데 도움을 주지 못하는 것은 물론, 물가 상승률도 낮추지 못한다는 것을 고려할 때 더욱더 그렇다.[22]

중앙은행의 구성원들이 비非당파적 기술 관료라는 것도 잘못된 신화이다. 중앙은행은 금융 부문의 의견에 귀를 기울여 필요하다면 제조업이나 노동자들을 희생하더라도 금융 부문에 도움이 되는 정책을 실행하는 경향이 있다는 것은 널리 알려진 사실이다. 따라서 중앙은행에 독립성을 부여하면 중앙은행은 자신의 지지자들에게 도움이 되는 정책을 표나지 않게 추진할 수 있다. 물가 상승 이외의 다른 정책 목표를 걱정할 필요가 없다고 명확하게 밝힌다면 중앙은행은 더더욱 이런 정책에 편중될 것이다.

또한 (8장에서 상술하겠지만) 중앙은행의 독립성은 민주적 책임성에 중요한 문제를 제기한다. 흔히 중앙은행의 구성원들은 선거구민들을 만족시키지 않아도 일자리가 보장된다는 점에서 더 나은 결정을 할 것이라고 하는데, 이런 주장을 뒤집어 생각하면 이야기가 달라진다. 이들에게 물가 상승률 이외의 다른 어떤 것도 걱정하지 말라고 한다면, 절대 다수의 국민에게 불이익을 주는 정책을 추구하고도 무사할 수 있다는 결론이 나오는 것이다. 미국 연방준비제도의 헌장이 "고용의 최대화, 물가의 안정, 적정한 장기 이자율의 추구를 위하여 경제의 통화와 신용 조건에 영향력을 행사함으로써 통화 정책을 운영하는 것"을 첫 번째 책임으로 규정하는 것, 그리고 연방준비제도이사회의 의장이 정기적으로 의회에서 심의를 받는 까닭도 바로 이 때문이다.[23] 그런데 얄궂게도 미국 정부는 개발도상국이 물가 상승률에만 전념하는 독립적인 중앙은행을 설립하도록 권장하면서 국제적으로 나쁜 사마리아인으로 행동하고 있다.

재정 건전성 정책이 건전하지 않을 때

1997년부터 영국의 재무장관, 2007년부터 총리를 지낸 고든 브라운은 철의 재상이라는 별명을 얻은 것을 자랑스럽게 여긴다. 이것은 전 독일 총리 비스마르크의 별명에서 따온 것으로, 비스마르크가 외교 정책에서 '철혈 정책'을 폈다면, 브라운은 공공 재정 분야에서 철혈 정책을 펼쳤다. 브라운 장관은 여러 해 동안 보수당의 예산 감축 정책이 지속된 뒤에 취임한 터라 공공 부문에 속하는 그의 지지자들은 더 많은 예산을 요구하기 시작했다. 그러나 그는 이런 적자 재정 요구에 굴복하지 않는 결단력을 보였고, 그 덕분에 널리 칭송받게 된 것이다. 그는 늘 건전한 재정 운용의 중요성을 강조했다. 영국의 대표적인 경제 저널리스트 윌리엄 키건이 브라운 장관의 경제 정책에 관해 쓴 자신의 책에 『고든 브라운 장관의 재정 건전성』이라는 제목을 붙인 것도 그래서였다. 요컨대 재정의 건전성은 재무 장관의 최고 미덕으로 받아들여지고 있는 것이다.

재정 건전성에 대한 강조는 나쁜 사마리아인들이 권장하는 신자유주의 거시경제학의 핵심 주제이다. 이들은 정부가 세입을 초과해 지출해서는 안 되며, 항상 예산 균형을 유지해야 한다고 주장한다. 이들에 따르면 적자 지출은 물가 상승을 초래하여 경제 안정성을 해치고, 따라서 성장을 감소시키고 고정된 수입으로 사는 사람들의 생활수준을 떨어뜨린다.

이러니 과연 누가 재정 건전성에 반대하는 주장을 펼 수 있겠는가? 그러나 물가 상승의 경우에서와 마찬가지로 우리는 과연 재정 건전성이 정확히 무슨 의미인가라는 질문부터 시작해야 한다. 첫째, 재정 건전성은 (나쁜 사마리아인이 개발도상국에 설교하는 것처럼) 정부가 매년 회계 균형을 유지해야 한다는 것을 의미하지 않는다. 정부 예산의 균형을 유지해야 한다고 하더라도 예산 균형은 1년 단위가 아니라 한 경기 순환 주기를 기준으로 달성되어야 한다. 회계 연도는 경제적인 관점에서 보자면 극히 인위적인 시간 단위에 불과한 것으로, 그것을 절대적인 것으로 여길 이유가 없기 때문이다. 만약 매년 균형 예산을 유지해야 한다는 논리를 따른다면, 정부에 대해 1개월 혹은 1주일 단위로 회계 균형을 달성하라고 요구해야 하지 않겠는가? 케인스의 핵심 메시지에 나타난 바와 같이 중요한 점은, 경제 침체기에는 적자 지출을 활용하고 경제 회복기에는 예산 흑자를 기록하면서 해당 경기 순환 주기 전체에 걸쳐 민간 부문의 행위를 상쇄시키는 것이 정부 역할이라는 사실이다.

개발도상국 입장에서는 누적 채무를 지탱할 수 있는 한도 내에서는 상당 기간 적자 예산을 운용하는 것이 합리적일 수 있다. 개별 행위 주체들의 경우에도 공부를 하거나 어린 자녀를 양육할 때는 돈을 빌렸다가 소득이 많을 때 상환하는 것은 아주 건전한 태도가 아니던가. 마찬가지로 개발도상국이 현재의 세입을 넘어서는 투자를 하여 경제 성장을 가속화시키기 위해 '미래 세대에게서 대출'하는 방식으로 적자 예산을 운영하는 것은 합리적인 태도라 할 수 있다. 만일 해당 국가가 그렇게 해서 경제 성장을 가속화시키는 데 성공한다면, 미래 세대는 그 보상으로 이런 적자 지출이 없었을 경우 누릴 수 있는 것보다 훨씬 더 수준 높은 생활을 영위할 수 있을 것이기 때문이다.

그럼에도 불구하고 IMF는 개발도상국 정부가 경기 순환 주기나 장기간 개발 전략과 상관없이 매년 회계 균형을 이루도록 하는 데 전념하고 있다. IMF는 정부의 적자 지출로 사실상 혜택을 볼 수 있는, 거시경제 위기를 맞은 국가들에 예산 균형 조건, 심지어는 예산 흑자 조건을 부과하고 있다.

예를 들면 한국은 외환 위기를 맞은 1997년 12월에 IMF와의 협정에 서명했을 때, GDP 대비 1% 수준으로 예산 흑자를 유지하라는 요구를 받았다. 외국 자본이 엄청나게 빠져나가면서 경제가 심각한 후퇴 국면으로 빠져들고 있던 당시 상황을 감안하면, IMF는 한국 정부에 대해 예산 적자를 늘릴 수 있도록 허용해야 했다. 한국은 그런 정책을 쓸 수 있는 상황이었다. 당시 한국은 부자 나라를 포함해 전 세계에서 GDP 대비 정부 채무가 제일 낮은 나라 중 하나였다. 그럼에도 불구하고 IMF는 한국이 적자 지출을 활용하지 못하도록 막았다. 경제는 당연히 폭락했다. 1998년 처음 몇 달 동안 하루에 100개 이상의 회사가 도산했고, 실업률은 거의 세 배가 되었다. 당시 한국 사람들은 IMF를 'I' M Fired(나는 해고되었다)'라는 별명으로 불렀는데, 이는 전혀 이상한 일이 아니었다. 이렇듯 통제 불가능한 경제 폭락의 회오리가 계속될 조짐이 보이자 비로소 IMF는 정책을 완화하여 한국 정부가 적자 예산을 운용할 수 있도록 허용했지만, 그 규모는 GDP의 0.8% 이내로 매우 작은 것이었다.[24] 이보다 더 극단적인 사례로는 같은 해에 재정 위기를 맞은 상황에서 IMF의 지시에 따라 정부 지출, 특히 식량 보조금을 삭감했던 인도네시아를 들 수 있다. 인도네시아는 이자율이 80%까지 급등하면서 광범위한 기업 도산·대량 실업·도시 폭동이 발생했고, 결국에는 1998년의 생산량이 16%나 하락하게 되었다.[25]

만일 나쁜 사마리아인인 부자 나라들이 이와 똑같은 상황에 처한다면, 이들은 가난한 나라들에 지시했던 일을 실행하지는 않을 것이다. 대신 이들은 수요를 늘리기 위해 이자율을 낮추고, 정부의 적자 지출을 늘릴 것이다. 부자 나라의 재무 장관이라면 어느 누구도 경제 침체기에 이자율을 높인다든가, 예산 흑자를 운용하는 어리석은 일은 하지 않을 것이다. 21세기 초에 미국 경제가 이른바 닷컴의 거품 경제 붕괴와 9.11 세계무역센터 폭파 사건의 여파로 휘청거리고 있을 때, '책임성 있는 재정 정책'을 편다던 조지 부시 대통령의 반反케인스주의적 공화당 정부가 취한 해결책은 (독자들도 짐작하겠지만) 재정 적자 지출과 유례없이 느슨한 통화 정책이었다. 그 결과 2003년과 2004년의 미국 예산 적자는 GDP의 4% 수준에 달하게 되었다. 다른 부자 나라들도 마찬가지였는데, 이 나라들의 경기가 좋지 않았던 1991년부터 1995년까지

GDP 대비 재정 적자 비율은 스웨덴 8%, 영국 5.6%, 네덜란드 3.3%, 독일 3%였다.[26]

나쁜 사마리아인들이 권유하는 '건전한' 금융 정책 또한 개발도상국의 거시경제 운용에서 여러 가지 문제를 낳고 있는데, 그 대표적인 예는 앞서 언급한 BIS 비율, 즉 BIS의 자본 적정 비율이다.

BIS 비율은 은행 대출을 자기자본 규모의 변화와 연계하여 변동시킬 것을 요구한다. 그런데 은행의 자본 규모를 구성하는 자산 가치는 경제 호황기에는 올라가고 그렇지 않은 경우에는 하락한다. 이는 경기 순환 주기에 따라 은행의 자본 규모가 증가하거나 감소하는 것을 의미한다. 결과적으로 은행은 경제 호황기에는 자산 가격의 급등으로 인하여 자기자본 규모가 팽창하기 때문에 보유 자산의 가치가 본질적으로 증가하지 않았더라도 대출을 증가할 수 있고, 이는 결국 경기 팽창으로 이어져 경제를 과열시키게 된다. 반면에 경제 침체기에는 자산 가치가 떨어짐에 따라 은행의 자본 규모가 축소되기 때문에 은행은 대출을 회수하게 되고, 이로 인해 경제는 더욱 하강하게 된다. 이렇듯 개별 은행이 BIS의 자본 적정 비율을 준수하는 것은 건전하다고 할 수는 있으나, 모든 은행이 이를 따른다면 경기 순환 주기는 크게 증폭되어 결국 은행 자체에 손실을 입힐 것이다.•

• 최근에 BIS는 BIS II로 불리는 훨씬 더 '신중한' 체계를 제안했다. 이 체계에서 대출은 위험 평가에 의해 조정된다. 예컨대 위험성이 높은 (기업 대출 같은) 대출은 명목 가치는 동일하지만 (주택 구입을 위한 모기지 대출 같은) 안전성이 높은 대출에 비해 보다 큰 자본 규모에 의해 뒷받침되어야 한다. 이런 체계에서는 특히 기업에 대한 신용 평가도가 낮은 개발도상국들이 불리하다. 은행들이 개발도상국 기업에 대한 대출을 삭감하고자 하는 특별한 인센티브를 가지게 되기 때문이다.

정부가 적절한 경기 조정자로서의 역할을 담당하고자 한다면, 경제 변동의 폭이 커질 때는 재정 정책의 변동 폭 또한 좀 더 커져야 한다. 그러나 정부 지출의 대규모 조정은 여러 가지 문제를 야기한다. 경제 침체기에 정부 지출이 대폭 증가하면, 이 지출은 준비가 제대로 되지 않은 프로젝트로 흘러들어 갈 가능성이 높아진다. 반면에 경제 회복기에는 정치적 저항으로 인해 정부 지출의 대폭적인 삭감이 어렵다. 이런 경제 상황에서 엄격한 BIS 비율 적용(그리고 4장에서 논의했던 자본 시장의 개방)으로 인한 변동성 강화는 적절한 재정 정책의 수행을 더욱 어렵게 만든다.[27]

부자 나라는 케인스주의, 가난한 나라는 통화주의

미국 작가 고어 비달이 미국 경제 체제를 "가난한 사람들의 입장에서 보면 자유 기업, 부자들의 입장에서 보면 사회주의"라고 묘사한 것은 매우 유명하다.[28] 세계적인 규모의 거시경제 정책도 이와 유사하게 부자 나라에는 케인스주의를, 가난한 나라에는 통화주의를 적용한다.

부자 나라는 경제 후퇴기에 들어서면 대개 통화 정책을 완화하고 예산 적자를 늘린다. 개발도상국에 같은 일이 발생하면, 나쁜 사마리아인들은 실업이 세 배로 늘어나고 폭동이 일어날 수도 있다는 사실은 아랑곳하지 않은 채 IMF를 통해 이자율을 불합리한 수준으로 올리고, 예산 균형을 유지하거나 아니면 거기서 더 나아가 예산 흑자를 이루라고 강요한다. 한국이 1997년에 사상 최대의 재정 위기에 직면했을 때, IMF는 한국의 재정 적자를 GDP의 0.8% 이내에서 운용하도록 허용했다.

(게다가 이것도 IMF가 몇 개월 동안 예산 흑자 정책을 사용하여 재난을 불러일으킨 뒤의 일이다.) 1990년대 초 스웨덴이 비슷한 문제에 직면했을 때(이는 1997년 한국의 경우와 비슷하게 엉성한 자본 시장 개방에서 기인한 것이었다) 예산 적자의 규모는 한국의 10배 수준인 GDP의 8%였다.

더욱 얄궂은 사실은 개발도상국 시민들이 자발적으로 허리띠를 졸라 매면 기초적인 케인즈 경제학에도 무지하다는 비웃음을 사게 된다는 점이다. 일례로 1997년에 외환 위기를 맞아 한국의 주부들이 가정에서의 반찬 가짓수 줄이기 운동을 비롯해 자발적인 절약 캠페인을 펼쳤을 때, 『파이낸셜 타임스』 한국 특파원은 이런 행동이 "성장을 떠받치는 데 필요한 수요를 감소시키기 때문에 경제 후퇴를 악화시킬 수 있는" 어리석은 행동이라고 비웃었다.[29] 그러나 한국의 주부들이 했던 행동과 그 『파이낸셜 타임스』 특파원이 합리적이라고 생각했던, IMF에 의해 강요되었던 재정 지출 삭감은 과연 무엇이 다른가?

나쁜 사마리아인들은 장기적인 관점에서 투자와 성장과 일자리를 창출할 수 있는 능력을 심각하게 저해하는 거시경제 정책을 개발도상국에 강요하고 있다. '세입을 초과한 지출'을 무조건적으로, 그리고 지나치게 단순화하여 비난하는 그들의 태도는, 개발도상국들이 경제 성장을 가속화하기 위하여 '투자를 위한 차입'을 하는 것을 막고 있다. 수입보다 지출이 많은 사람들을 싸잡아서 비난한다면, 젊은 사람들이 자신의 능력 개발이나 자녀 교육에 투자하기 위해서 대출을 받는 것도 비난받을 일이 된다. 이것은 올바른 태도가 아니다. 수입을 넘어서는 지출은 그 나라가 어떤 발전 단계에 있고, 또 돈을 대출하여 어디에 사용하는가에 따라서 타당한 일일 수도 있고 아닐 수도 있다.

아르헨티나 재무 장관 카발로가 개발도상국들은 '성장'이 필요한 '반향하는 10대'와 같다는 말은 옳은 것인지도 모른다. 그러나 어른처럼 행동한다고 해서 그가 정말 어른이라고는 할 수 없다. 10대는 교육을 받고 제대로 된 직장을 찾을 필요가 있다. 10대 청소년이 다 큰 어른인 것처럼 행동하며 저축을 늘리겠다고 학교를 그만두는 것은 옳은 일이 아니다. 마찬가지로 개발도상국이 이미 '다 큰' 국가들에나 어울리는 정책을 사용하는 것도 옳은 일이 아니다. 개발도상국이 해야 할 일은 미래에 대한 투자이다. 이를 위해 개발도상국들은 부자 나라들이 사용하는 정책에 비해서 보다 투자 지향적이며 성장 지향적인 거시경제 정책을, 그리고 나쁜 사마리아인들이 지금 허용하는 것보다 훨씬 더 적극적인 거시경제 정책을 추구해야 한다.

8

자이르 대 인도네시아

부패하고 비민주적인 나라에는 등을 돌려야 하는가?

BAD SAMARITANS

자이르 : (지금은 콩고민주공화국인) 자이르는 1961년에 연간 1인당 소득 67달러의 극빈국이었다. 모부투 세세 세코는 1965년에 군사 쿠데타로 집권하여 1997년까지 통치하였다. 그는 32년 동안 자이르를 주무르면서 50억 달러를 축재한 것으로 추정되고 있는데, 이는 (11억 달러였던) 1961년 국민소득의 4.5배에 해당하는 금액이다.

인도네시아 : 인도네시아는 1961년에 연간 1인당 소득이 49달러에 불과한, 자이르보다 훨씬 가난한 나라였다. 1966년에 모하마드 수하르토가 군사 쿠데다로 집권하여 1998년까지 통치했다. 그는 32년 동안 150억 달러를 축재한 것으로 추정되고 있는데, 일부에서는 그 금액이 350억 달러에 이를 것이라고 주장하기도 한다. 그의 자녀들은 인도네시아에서 손꼽히는 부유한 사업가가 되었다. 150억 달러와 350억 달러의 평균치인 250억 달러는 48억 달러였던 1961년 국민소득의 5.2배에 해당한다.

자이르의 독재자 모부투는 1965년에 권좌에 올라 1997년에 쫓겨났다. 그런데 구매력의 관점에서 본 자이르의 1997년 1인당 소득은 1965년 1인당 소득의 3분의 1 수준이었다. 1997년 유엔이 산정한 (소득 외에 평균 수명과 문맹률로 측정되는 '생활의 질'까지 따지는 지수인) '인간개발지수HDI'에서 자이르는 174개 나라 가운데 141위였다.

부패만을 기준으로 하면, 인도네시아는 자이르보다 경제 사정이 훨씬 더 나빴어야 했다. 그러나 모부투가 집권하는 동안 자이르의 생활수준은 세 배나 악화되었던 데 반해, 수하르토가 집권하는 동안 인도네시아의 생활수준은 세 배 이상 향상되었다. 1997년 인간개발지수에 따르면, 인도네시아는 105위로 '기적의' 경제라고 할 만한 성적은 아니지만 꽤 훌륭한 성적이며, 애초의 형편을 고려하면 아주 훌륭한 성적이었다.

이렇게 자이르와 인도네시아를 대비해 보면, 나쁜 사마리아인들이 '부정부패야말로 경제 발전을 가로막는 (가장 큰 것은 아니라 해도) 상당히 큰 장애물'이라며 갈수록 즐겨 떠벌이는 주장의 한계를 알 수 있다. 이 주장은 부패한 지도자들은 '모부투 같은 행동을 하며' 돈을 낭비할 것이니, 이런 지도자들이 있는 나라는 도울 필요가 없다는 주장으로 이어진다. 이런 견해는 세계은행의 최근 반反부패 움직임에 반영되어 있다. 미국의 전직 국방부 부장관으로 세계은행 총재가 된 폴 울포위츠(2007년 부패 스캔들에 휘말려 사임했다-옮긴이)는 "부패와의 싸움은 가난과의 싸움의 일환이다. 부패는 사악하고 나쁜 것일 뿐만 아니라 경제 발전을 저해하는 것이기 때문"[1]이라고 말했다. 세계은행은 이런 울포위츠가 2005년 1월 총재에 취임한 것을 시작으로 부패를 근거로 몇몇 개발도상국에 대한 융자 지급을 중지했다.[2]

많은 개발도상국에서 부패는 큰 문제이다. 그러나 나쁜 사마리아인들은 이것을 약속했던 원조를 삭감하는 명분으로 편리하게 이용하고 있다. 이들이 원조를 삭감할 경우 해당 국가의 부정직한 지도자가 입는 손실보다 가난한 사람들이 입는 손실이 더 클 것이고, 극빈국들의 경우에는 그 문제가 더욱 심각할 것이라는 사실에 대해서는 아랑곳하지 않는다.[3] (극빈국들은 부패가 더 심한 경향이 있는데, 이에 대해서는 후술하겠다.) 그뿐만 아니라 이들은 지난 25년 동안 권장해 왔던 신자유주의 정책의 실패에 대한 '변명'으로 점점 더 부패를 이용하는 쪽으로 치우치고 있다. 하지만 이 정책들이 실패한 것은 (나쁜 사마리아인들 사이에서 점점 널리 퍼지고 있는 주장과 같이) 신자유주의 정책들이 부패나 (다음 장에서 설명하는) '잘못된' 문화와 같은 각국의 발전 저해 요소들에 압도되었기 때문이 아니라 그 자체가 잘못된 정책이었기 때문이다.

부정부패는 경제 발전을 저해하는가?

부정부패는 어떤 조직에서 직책을 맡고 있는 자들이 그 조직의 이해관계자들이 부여한 신임을 저버리는 것이다. 부정부패는 정부는 물론이고 기업이나 노동조합, 심지어는 비정부기구에서도 발생할 수 있다. 물론 '고상한 대의를 위한 부정부패'가 있을 수도 있다. 스티븐 스필버그의 영화 〈쉰들러 리스트〉로 불멸의 명성을 남긴 오스카르 신들러가 유대인 수백 명의 목숨을 구하기 위해 나치 장교들에게 뇌물을 준 것이 그 한 가지 사례이다.[4] 그러나 이것은 예외적인 경우이며, 일반적으로 볼 때 부정부패는 도덕적으로 부당한 것이다.

만일 부정부패와 같이 도덕적으로 옳지 않은 것들이 경제에 대해서도 마찬가지로 명백하게 부정적인 영향을 미친다면 세상사가 단순해질 것이다. 그러나 현실은 훨씬 더 복잡하다. 지난 반세기를 돌아보면 모부투 집권 시의 자이르나 뒤발리에 집권 시의 아이티처럼 부정부패의 만연으로 경제가 파탄을 맞은 나라들이 있다. 그리고 그 다른 쪽 극단에는 핀란드, 스웨덴, 싱가포르와 같이 청렴결백하기로 유명하면서, 동시에 경제적으로도 좋은 성과를 올린 나라들이 있다. 하지만 인도네시아처럼 부정부패가 심하면서도 경제적으로 제법 좋은 성과를 올린 나라들도 있다. 또 그 밖에 (이탈리아, 일본, 한국, 대만, 중국 등) 여러 나라들은 (인도네시아만큼 심각하지는 않았지만) 광범위하고 엄청난 규모의 뿌리깊은 부정부패가 있었는데도 이 시기 동안 인도네시아보다 훨씬 훌륭한 성과를 올렸다.

부정부패는 20세기에 나타난 현상이 아니다. 오늘날의 부자 나라들 대부분이 공직자들의 부정부패가 굉장히 심했음에도 불구하고 산업화에 성공했다.• 영국과 프랑스의 경우 18세기 이전까지는 공개적인 공직 매매가 일반적인 관행이었다.[5] 19세기 초 이전의 영국에서는 각료들이 개인적인 수익을 올리기 위해 관할 부서의 자금을 '차용'하는 것이 정당한 일로 여겨지기까지 했다.[6] 1870년 이전까지 영국의 고위 공직자 임명은 공훈보다는 정실에 기초하여 이루어졌다. 당시 (미국 하원의 여당 원내총무에 해당하는) 정부의 수석 총무는 실제로 재무부의 관직 배급 장관patronage secretary이라고 불렸는데, 이것은 관직 배급이 그의 주된 직무였기 때문이다.[7] 19세기 초의 미국의 경우에는 전문적인 자질과는 무관하게 여당의 충성파들에게 공직이 분배되는 '엽관獵官'

• 이들의 부정부패는 오늘날 만연하고 있는 부정부패와는 비교도 안 될 만큼 극심했다. 영국 총리 로버트 월폴은 1730년에 의회에서 부패 혐의로 공격을 받게 되자, 많은 재산을 가지고 있음을 솔직히 시인하고 "높은 공직을 이용해 재산을 모으는 것이 죄가 아닐진대, 나같이 20년 가까이 가장 돈벌이가 짭짤한 직책을 지녀 온 사람에게서 다른 무엇을 기대하는가?" 묻고는 "변변찮은 공직에 있으면서 재산을 모으는 것은 얼마나 더 큰 죄가 되겠는가?"라고 자신을 공격하는 사람들을 역습했다. Nield(2002), *Public Corruption: The Dark Side of Social Evolution* (Anthem Press, London), p. 62 참조.

제도가 확립되어 남북전쟁이 끝나고 수십 년 뒤까지 만연했다. 심지어 1883년 펜들턴법이 제정되기 이전까지는 미국 연방 관료들 가운데 공개적이고 경쟁적인 과정을 거쳐 임명된 사람은 단 한 사람도 없었다.[8] 그런데 바로 이 시기가 미국이 세계에서 손꼽힐 정도로 높은 경제 성장을 하였던 때였다.

선거 과정의 부패도 몹시 극심했다. 영국은 1883년 부패 및 위법 행위 방지법이 제정되기 전까지는 선거 과정에서 매수, (주로 정당과 관련된 술집에서 무료로 주류를 제공하는 방식으로 이루어졌던) '접대', 투표권자들에 대한 직장 제의와 협박이 만연했다. 이 법이 제정된 후에도 지방 선거에서의 부정은 20세기까지 꿋꿋하게 지속되었다. 미국은 공직자가 (선거 유세 자금 기부를 강요당하는 것을 포함해) 정당의 정치 유세에 동원되는 경우가 많았다. 선거 부정과 투표 매수도 만연했다. 이민자들이 많은 미국은 선거권이 없는 외국인들이 투표를 할 수 있는 즉석 시민으로 둔갑시킬 필요가 있었는데, 1868년 『뉴욕 트리뷴』지는 이런 방식이 "엄숙하지 못하다는 점으로나 신속하기 짝이 없다는 점으로나 돼지를 돼지고기로 바꾸는 정육 포장 공장에서 벌어지는 일과 똑같은 방식"이라고 언급했다.[9] 선거 유세 비용이 많이 들었으므로 당선 후에 뇌물을 받아 챙기는 일에 혈안이 된 공직자들이 많은 것은 그리 놀랄 일도 아니었다. 19세기 말에는 미국 입법부, 특히 주 의회의 부패가 어찌나 극심했는지, 시어도어 루스벨트는 대통령에 취임하기 전 로비 그룹에 공개적으로 표를 파는 데 열중해 있던 뉴욕주 의회 의원들을 가리켜 "독수리가 죽은 양을 보듯이 공직과 공무를 대하고 있다"라고 한탄했다.[10]

이렇듯 부정부패가 심한 나라들 가운데는 경제적인 성과가 형편없는 (자이르나 아이티 같은) 나라가 많지만, (인도네시아처럼) 상당한 성과를 올리는 나라도 있고, (19세기 말의 미국이나 2차 세계 대전 후 동아시아 국가들처럼) 아주 좋은 성과를 올리는 나라도 있다. 어째서 부정부패가 미치는 경제적인 영향력이 이렇게 나라마다 다른 것일까? 이 질문에 대답하기 위해서는 부정부패라고 불리는 '블랙박스'를 열고 그 내부의 작동 원리를 이해해야 한다.

뇌물 수수는 부가 한 사람에게서 다른 사람에게로 이전되는 것이다. 따라서 부정부패가 반드시 경제 효율성과 성장에 부정적인 영향을 미치는 것은 아니다. 만일 어떤 장관 혹은 공직자가 자본가로부터 받은 뇌물을 자본가가 뇌물로 바치지 않았다면 투자했을 만큼 생산성이 있는 다른 사업에 투자한다면 경제 효율성이나 경제 성장에 나쁜 영향을 미치지 않을지도 모른다. 이 경우 차이가 있다면 뇌물 수수의 두 당사자 중 자본가의 재산은 줄고 장관의 재산은 늘어난다는 것, 즉 소득 분배의 문제뿐이다.

물론 이 장관이 뇌물로 받은 돈을 자본가처럼 생산적으로 사용하지 않을 가능성은 항상 존재한다. 이 장관은 부정한 방법으로 얻은 소득을 과시적 소비로 탕진할 수 있는 데 반해, 자본가라면 이 돈을 지혜롭게 투자했을 수도 있다. 많은 경우에 그렇다. 하지만 그렇게 선험적으로만 생각할 수는 없다. 역사적으로 살펴보면 관료들과 정치가들이 지혜로운 투자자였음을 입증하는 경우도 많은 데 반해, 재산을 탕진한 자본가들도 많다. 요컨대 만일 이 장관이 뇌물로 받은 돈을 자본가보다 더 효율적으로 사용한다면 부정부패는 경제 성장에 도움이 될 수도 있다.

여기서 한 가지 중요한 문제는 부정한 돈이 해당 국가에 남아 있는가 하는 것이다. 뇌물로 받은 돈이 스위스 은행에 예치된다면, 이것은 (더러운 돈이 속죄할 수 있는 유일한 길인) 투자를 통해 더 많은 소득과 더 많은 고용을 창출하는 일에 기여할 수 없다. 이것이 자이르와 인도네시아가 차이를 보이는 주요한 원인들 가운데 하나이다. 인도네시아의 경우는 부정부패와 관련된 돈이 대부분 국내에 남아서 고용과 소득을 창출했다. 자이르의 경우는 부패한 돈이 대부분 국외로 빠져나갔다. 부패한 지도자가 있다면 최소한 더러운 돈을 국내에 남겨 두기를 바라야 한다.

부정부패로 인해 소득이 이전될 경우, 뇌물로 지불된 돈이 생산적인 곳에 사용되는지의 여부와는 상관없이 정부의 결정을 '왜곡'시킴으로써 여러 가지 경제 문제를 야기할 수 있다.

예를 들어 생산성이 떨어지는 기업이 뇌물 덕분에 새로운 제철소 건설 허가를 따낼 경우 경제 효율성은 떨어질 것이다. 그러나 다시 한 번 말하지만 이런 결과는 필연적인 것이 아니다. 가장 많은 뇌물을 내놓을 의사가 있는 기업이 가장 효율성이 높은 기업일 가능성이 높다는 주장도 있다. 어떤 기업이 사업 허가를 따내서 좀 더 많은 돈을 벌 자신이 있다면 경쟁자보다 더 많은 뇌물을 주고라도 허가를 따내려고 할 것이다. 이 경우 가장 많은 뇌물을 주는 기업에 건설 허가를 주는 것이나, 건설 허가를 입찰에 붙이는 것이나 본질적인 효과는 똑같다. 공정한 입찰이 실시되면 국고로 들어갔을 잠재적인 소득이 파렴치한 공무원에게 들어간다는 점만 다를 뿐이다. 물론 효율성이 높은 기업이 도덕적으로 강직해서 이런 식의 뇌물 공여를 거부할 경우, 효율성이 낮은 기업이 허가를 따게 되므로 이런 '비공식적인(그리고 효율적인) 경매 방식으로서의 뇌물 수수' 논법은 무너진다.

부정부패는 또한 규제를 방해하는 방식으로 정부의 결정을 '왜곡'할 수 있다. 어느 상수도 회사가 관계 공무원들에게 뇌물을 주고 기준 이하의 물을 공급하는 사업을 계속할 수 있다면, (의료비 상승과 노동 생산성

하락을 야기하는 질병의 발병률이 늘어나는 등) 경제에 부정적인 영향을 미칠 것이다.

그러나 규제가 불필요한 경우에는 부정부패가 경제 효율성을 증대시킬 수도 있다. 예를 들어 2000년 법률 개혁 이전에 베트남에서 공장을 하나 열려면 (신청자의 품성 보증서와 건강 진단서도 포함된) 수십 건의 문서를 제출해야 했는데, 이 중에서 정부에서 발행하는 문서가 20여 종이었다. 이 모든 문서를 준비하고 필수적인 허가를 모두 받으려면 6개월에서 1년 정도가 걸렸다고 한다.[11] 이런 상황에서 잠재적인 투자자는 관계 공무원에게 뇌물을 주고 허가를 빨리 따내는 것이 훨씬 유리할 것이다. (물론 신뢰가 깨지고 정부는 정당한 수입을 잃게 되기는 하지만) 해당 투자자는 더 많은 이익을 얻으니 좋고, 소비자는 자신의 요구를 더 빨리 충족시킬 수 있으니 좋고, 해당 공무원은 돈이 많아지니 좋다고 말할 수도 있다. 뇌물 수수를 통해 시장의 힘이 재도입됨으로써 지나치게 규제가 심한 경제에서의 경제적 효율성을 향상시킬 수 있다는 주장이 종종 등장하는 것도 이런 사정 때문이다. 미국의 원로 정치학자 새뮤얼 헌팅턴의 "경제 성장의 관점에서 보면 엄격하고 지나치게 집중화된, 그리고 부정직한 관료들이 존재하는 사회보다 더 나쁜 사회가 딱 하나 있으니, 그것은 바로 엄격하고 지나치게 집중화된, 그리고 정직한 관료들이 존재하는 사회이다"[12]라는 유명한 진술에서 의도했던 바가 바로 이것이다. 다시 한 번 말하건대, (뇌물 수수 행위가 불법이긴 하지만 비도덕적이라고는 할 수 없는 경우) 기업들이 규제 규정을 위반하기 위해 사용하는 뇌물 수수가 경제적으로 유익한가 아닌가 하는 것은 규제의 본질이 무엇이냐에 달려 있다.

따라서 부정부패가 경제에 미치는 영향은 해당 부패 행위가 어떤 결정에 영향을 미치느냐, 뇌물을 받은 사람이 뇌물을 어떻게 쓰느냐, 그리고 만일 부패가 없었다면 뇌물이 과연 어떻게 쓰일 수 있었느냐에 따라 다르다. 이에 더해 (부패한 공무원이 어떤 종류의 '편의'를 봐줄 경우 '공정 가격'이 있는지의 여부 같은) 부정부패의 예측 가능성이나 (허가 하나를 받기 위해 몇 사람에게 뇌물을 주어야 하는지의 여부 같은) 뇌물 시장에서 '독점'의 정도 등의 문제에 대한 논의도 추가할 수 있다. 요컨대 이런 모든 요소들의 복합된 결과를 예측하기란 어려운 일이다. 바로 이 때문에 부정부패와 경제적 성과 사이의 관계는 나라마다 크게 다른 것이다.

번영과 정직

부정부패가 경제 발전에 미치는 영향이 명백하지 않다고 한다면 경제 발전은 부정부패에 어떤 영향을 미칠까? 내 대답은 경제 발전으로 부정부패를 줄이기가 더 쉽기는 하지만 둘 사이에 기계적인 관련성은 존재하지 않는다는 것이다. 그리고 여기서 중요한 관건은 부정부패를 줄이기 위해 얼마나 의식적으로 노력하느냐에 달려 있다.

앞서 언급했던 바와 같이 역사를 살펴보면 경제 발전 초기 단계에는 부정부패를 억제하기가 어렵다는 것을 알 수 있다. 오늘날 극빈국들의 경우 하나같이 청렴도가 높지 않다는 사실은, 어떤 나라가 뇌물 수수 관행을 크게 줄일 수 있으려면 절대적인 빈곤 수준을 넘어서야 한다는 것을 암시한다. 가난한 사람들에게 뇌물을 주고 존엄성을 사기는 쉽다. 식량이 부족한 사람들이 밀가루 한 포 준다는 유혹을 받고도 표를 팔지 않기란 어려운 일이기 때문이다. 마찬가지로 보수가 낮은 공무원들은 뇌물의 유혹을 뿌리치지 못하는 경우가 많다. 그러나 이것이 단순한 개인적인 존엄성의 문제가 아니라 구조적인 문제라는 것이다.

개발도상국에서의 경제 활동은 대부분 (소규모 경작지, 소규모 상점, 노점, 그리고 주택에 딸린 작업장 같은) 무수히 많은 작은 단위에 분산되어 있다. 이런 상황은 작은 규모의 부정부패가 나타날 수 있는 비옥한 토양이 된다. 자원이 부족한 개발도상국 정부가 이런 작은 규모의 무수히 많은 부정부패를 적발한다는 것은 불가능한 일이다. 또한 이런 작은 경제 단위들은 세무 관청의 '눈에 띄지 않도록' 회계를 아예 하지 않거나 아주 조금 한다. 이렇게 눈에 보이지 않는 소득과 부족한 세무 행정 자원 때문에 개발도상국의 세금 징수 능력은 낮을 수밖에 없다. 그리고 이런 세금 징수 능력의 부실은 정부 예산을 제한하고, 이것이 다시 여러 가지 방식으로 부정부패를 조장한다.

우선 정부는 세입이 적기 때문에 공무원들에게 제대로 된 봉급을 지불하기가 어렵고, 따라서 공무원들은 뇌물의 유혹에 넘어가기 쉽게 된다. 수많은 개발도상국 공무원들은 훌륭하게도 쥐꼬리만 한 봉급을 받고도 청렴하게 살아가지만, 봉급이 적으면 적을수록 유혹에 넘어갈 가능성은 점점 커지게 되어 있다. 또한 제한된 정부 예산 때문에 복지 정책은 (아예 하지 못하거나) 취약할 수밖에 없다. 가난한 사람들은 표를 주는 대가로 충성도에 근거한 복지 혜택을 제공하는 정치가들의 후원에 의존하게 될 수밖에 없는 것이다. 정치가들은 또 여기에 쓸 돈을 확보하기 위해 자신들의 도움을 필요로 하는 국내 기업과 국제 기업으로부터 뇌물을 받게 된다. 결정적으로 제한된 정부 예산은 정부가 부정부패와 싸우는 일에 자원을 투입하는 것을 어렵게 만든다. 정부가 부정직한 공무원들을 적발하고 처벌하려면 맨손으로 할 수는 없고, 결국 비싼 비용이 드는 회계사와 법률가들을 (조직 내에서 혹은 조직 바깥으로부터) 고용해야 하기 때문이다.

생활수준이 나아지면 사람들은 더 높은 행동 기준에 맞추어 살 수 있다. 경제가 발전하면 경제 활동이 훨씬 '눈에 띄게' 되고, 정부의 행정 능력이 향상되기 때문에 정부의 세금 징수 능력도 증대된다. 이에 따라 정부는 공무원의 봉급을 인상하고, 복지 정책을 확대하고, 공무원들의 부정 행위를 적발하고 처벌하는 일에 더 많은 자원을 투입할 수 있게 되는데, 이 모든 것이 부정부패를 줄이는 데 도움이 된다.

이런 요인들을 다 고려하더라도, 경제 발전이 자동적으로 사회의 정직성을 강화하는 것은 아니다. 앞서 이야기했듯이 미국은 19세기 초반보다 19세기 말에 더 부패가 만연했다. 심지어 부자 나라들 가운데는 가난한 나라들보다 훨씬 부패가 만연한 나라들이 있다. 이 점을 설명하기 위해 큰 영향력을 행사하는 반부패 감시 기구인 국제투명성기구가 2005년에 발표한 부패인식지수를 살펴보도록 하자.• 이에 따르면 (2004년 1인당 소득이 37,180달러인) 일본은 국민소득이 (4,910달러로) 일

• 이 부패인식지수는 글자 그대로 받아들여서는 곤란하다. 명칭에서 알 수 있듯이 이것은 특수 전문가들과 실무가들을 대상으로 한 조사에서 드러난 '인식' 정도를 계량화한 것에 지나지 않는다. 이들은 각자 제한된 지식과 편견을 가지고 있다. 아시아 국가들에서 부패인식지수가 1997년 금융 위기 이전에는 꾸준히 떨어지다가 금융 위기의 영향을 받았는지 그 직후 갑자기 상승했다는 사실은, 주관적인 척도에 기초한 이 지수의 문제점을 잘 드러낸다. H-J. Chang(2000), "The Hazard of Moral Hazard: Untangling the Asian Crisis", *World Development*, vol. 28, no. 4를 참조하라. 또 무엇이 부정부패로 인식되느냐 하는 것은 나라에 따라 다른데, 이것 역시 전문가들의 인식에 영향을 미친다. 예를 들어 많은 나라에서는 미국식의 정부 공직에 대한 엽관 제도를 부정부패라고 여기는 사람들이 많지만, 미국 사람들은 결코 그렇게 생각하지 않는다. 즉 핀란드 사람들의 정의에 따르면, (17위인) 미국은 지수로 포착되는 것에 비해 부정부패가 훨씬 심한 나라가 된다. 이와 함께 개발도상국의 경우 많

본의 13%에 불과한 칠레와 함께 공동 21위를 차지했다. 또 (26,120달러인) 이탈리아는 1인당 소득이 절반에 지나지 않는 (13,980달러인) 한국과 함께 공동 40위를 차지했고, (4,340달러인) 보츠와나와 (3,950달러인) 우루과이는 1인당 소득이 이탈리아의 15%, 한국의 30%에 불과한 데도 32위로 이탈리아와 한국을 앞질렀다. 이 모든 사례들은 경제 발전이 자동적으로 부정부패를 줄이는 것은 아니라는 사실을 시사한다. 부정부패 축소라는 목적을 달성하기 위해서는 계획적인 조치가 취해져야 하는 것이다.[13]

시장이 너무 확대되어서 탈이다

나쁜 사마리아인들은 부정부패를 신자유주의 정책의 실패에 대한 '변명'으로 부당하게 이용하고 있다. (그들은 자신들의 정책이 잘못될 리가 없다고 믿기 때문이다.) 그러나 이들이 권장하는 부정부패 문제의 해결책은 문제를 완화시키는 것이 아니라 악화시키는 경우가 많다.

나쁜 사마리아인들은 신자유주의 경제학에 기초하고 있는 만큼 부정부패를 억제할 수 있는 최선의 방법으로 민간 부문과 공공 부문에 시장 기능을 확대 도입하는 방안을 내세운다. (이것은 시장 근본주의적인 경제 프로그램에 꼭 들어맞는 해결책이다.) 그들은 민간 부문에서 시장 기능

은 부정부패 사례들이 뇌물을 제공하는 부자 나라 출신의 기업들이나 정부와 관련 있는데, 이것은 부자 나라들 자체 내에서는 부정부패라고 인식되지 않는다. 따라서 해외에서의 활동까지 포함하면 부자 나라들은 외관에 비해 부정부패가 훨씬 심할 수 있다. 이 지수는 http://www.transparency.org/content/download/1516/7919에서 다운받을 수 있다.

을 자유롭게 하면, 즉 규제를 완화하면 경제 효율성이 증대될 뿐만 아니라 뇌물을 수수할 능력을 가지고 있는 정치가들과 관료들이 자원 할당 권력을 잃게 되어 부정부패가 줄어든다고 주장한다. 또 나쁜 사마리아인들은 (도급 계약의 증대, 성과급과 단기 계약의 적극적인 사용, 그리고 정부 부문과 민간 부문 간의 적극적인 인력 교환 등) 정부 자체에 시장 기능을 도입하여 업무 효율성을 증대시키고 부패를 줄인다는 이른바 신공공관리 NPM(New Public Management)에 기초한 수단들을 실행해 왔다.

그런데 안타깝게도 신공공관리 이론에 근거한 개혁은 부패를 줄이는 것이 아니라 증가시키는 경우가 많다. 도급 계약을 늘린다는 것은 민간 부문과의 계약이 늘어난다는 것을 의미하므로 뇌물 수수가 이루어질 수 있는 새로운 기회가 만들어지는 셈이다. 공공 부문과 민간 부문 간 인력 흐름의 증대는 더 부정적인 결과를 낳는다. 공무원들은 돈벌이가 좋은 민간 부문 취업이 가능해지면 장래의 고용주들의 편의를 봐주려고 규칙을 악용하거나 위반할 수 있다. 이들은 당장 손에 들어오는 것이 없어도 이런 행위를 할 수 있는데, 돈을 주고받는 일이 없으면 위법 행위가 아니고(따라서 부정부패가 아니고) 심해야 판단을 잘못했다는 비난을 받는 데 그칠 뿐이다. 이런 행위에 대한 보상은 미래에 발생하는데, 그 보상은 최초의 결정으로 이익을 본 기업에 의해 이루어지지 않을 수도 있다. 그는 '기업에 우호적인' 사람, 좀 더 듣기 좋은 말로 '개혁적 인사'라는 명성을 쌓았기 때문에 나중에 민간 법률 회사나 로비 단체, 혹은 국제기구의 돈벌이가 되는 일자리로 옮겨 갈 수 있다. 그는 심지어 기업에 우호적이라는 평판을 이용해 사모 펀드를 설립할 수도 있다. 시장 규율을 증대한다는 명목으로 단기 계약이 이루어져 공무원들의 신분이 불안정해지면 민간 부문의 편의를 봐주고자 하는 동기는 더 커진다. 만일 자신이 공직에 그리 오랫동안 남아 있지 못하리라는 걸 깨닫는다면, 장래의 고용 가능성을 높여 놓으려는 동기는 더욱 커지게 될 것이다.•

신자유주의 정책은 신공공관리의 도입 외에도 (고의적인 것은 아니겠지만) 무역 자유화의 권장을 통해 간접적으로 부정부패를 증대시키고 있다. 무역 자유화는 정부 재정을 약화시키는데, 재정 약화는 부정부패의 발생 가능성은 늘리고 부정부패와의 싸움은 보다 어렵게 만들기 때문이다.[14]

신자유주의 종합 정책의 또 하나의 중요한 구성 요소인 규제 완화 역시 민간 부문의 부정부패를 증대시킨다. 경제 서적들은 부정부패를 공직을 이용하여 사적인 이득을 챙기는 것이라고 정의하며 대개 민간 부문의 부정부패는 무시한다.[15] 그러나 부정부패는 민간 부문에도 존재한다. 금융 규제 완화와 회계 기준 완화는 부자 나라들에서도 내부자 거래와 회계 조작을 초래하고 있다. '노호하는 90년대'에 미국에서 벌어진 전력 회사 엔론과 통신 회사 월드컴, 그리고 회계 법인 아서 앤더슨의 사태를 생각해 보라.[16] 또한 규제 완화는 민간 부문의 독점력을 증대시킬 수 있고, 이것은 다시 민간 기업의 부도덕한 구매 담당자들이 하도급 업체로부터 뇌물을 받을 수 있는 기회를 늘린다.

• 신공공관리의 주창자였던 대처 총리 이후 영국의 부정부패가 현저히 증가한 사실은 시장에 근거한 반反부패 캠페인과 관련하여 유익한 교훈을 제공한다. 은퇴한 케임브리지 대학 경제학 교수이자 유명한 1968년 풀턴 공직개혁위원회의 성원이었던 로버트 닐드는 이에 대해 "현대 민주주의가 이렇게 의도적으로 청렴한 공직자들을 만들어 낸 시스템을 해체한 것은 전례 없는 일이다"라고 한탄한다. Nield(2002), *Public Corruption*(Anthem Press, London), p. 198 참조.

부정부패는 대개 시장의 힘이 지나치게 작아서가 아니라 지나치게 크기 때문에 존재한다. 부패한 나라들의 경우 암시장이 정부의 계약과 공직, 인허가 등 잘못된 곳에 형성되어 있다. 사실 오늘날의 부자 나라들은 매관매직 등을 불법화한 이후에야 공직 남용을 통해 부당 이득을 챙기는 행위를 크게 줄일 수 있었다. 신자유주의 정통파가 변함 없이 밀어붙이는 규제 완화를 통해 시장 기능을 확대하면 상황은 더 악화될 수 있다. 실제로 나쁜 사마리아인들이 재촉하는 자유화 정책을 따라가는 개발도상국에서는 부정부패가 줄어들기보다는 늘어나는 경우가 많다. 탈脫공산주의 시기의 러시아의 자유화와 민영화 과정에서 목격되는 극단적인 부정부패는 대단히 유명하지만, 다른 많은 개발도상국에서도 이와 비슷한 상황이 목격되고 있다.[17]

민주주의와 자유 시장

부정부패와 더불어 신자유주의 정책 어젠다에서 중요한 자리를 차지하고 있는 정치 문제가 또 하나 있다. 그것은 민주주의이다. 그러나 민주주의, 특히 경제 발전과 민주주의의 관계는 복잡하면서도 뜨거운 논쟁을 불러일으키고 있는 문제이다. 자유 무역, 물가 상승이나 민영화 등의 문제에 대해서는 일치된 견해를 보이는 나쁜 사마리아인들 사이에서도 민주주의 문제에 대해서는 합의가 존재하지 않는다.

일부 사람들은 민주주의가 경제 발전에 필수적인 것이라고 주장한다. 이들은 민주주의가 통치자의 독단적인 재산 몰수로부터 시민들을 보호하는데, 이런 보호가 없다면 부를 축적할 동기가 존재하지 않을 것이라고 한다. 따라서 미국 정부의 대외 원조 기관인 국제개발처는 "민주주의의 확대는 개인이 번영과 향상된 복지를 누릴 기회를 증진시킨다"라고 주장한다.[18] 반면에 자유 시장을 지키기 위해 필요한 경우라면 민주주의는 희생될 수 있다고 생각하는 사람들도 있다. 일부 신자유주의 경제학자들이 칠레의 피노체트 독재를 강력하게 지지하였던 것이 그 사례라 하겠다. 어떤 사람들은 경제가 발전하면(물론 이들에 의하면 이것을 달성할 수 있는 최선의 방법은 자유 무역, 자유 시장 정책이다) 민주주의는 자연스럽게 발전한다고 생각한다. 경제 발전은 교육받은 중산층을 형성하는데, 이들은 당연히 민주주의를 원한다는 것이다. 어떤 사람들은 항상 민주주의의 미덕을 칭송하면서도 '우방'인 나라가 비민주적일 경우에는 침묵을 지킨다. 이런 견해는 프랭클린 루스벨트가 니카라과의 독재자 아나스타시오 소모사에 대해서 "그는 개자식인지도 모른다. 하지만 그는 우리의 개자식이다"라는 유명한 말로 대표되는 실리주의 정책realpolitik의 전통을 따르는 것이다.[19]

이렇게 다양한 견해가 있지만, 신자유주의자들 사이에서는 민주주의와 경제 발전은 상호 보완적인 것이라는 확고한 합의가 존재한다. 물론 신자유주의자들만 이런 견해를 가지고 있는 것은 아니다. 그러나 이들을 특징짓는 것은 민주주의와 경제 발전의 관계를 매개하는 (유일한 요소까지는 아니라고 하더라도) 주된 요소가 바로 (자유) 시장이라는 믿음이다. 이들은 민주주의가 자유 시장을 촉진하고, 자유 시장이 경제 발전을 촉진하고, 경제 발전이 다시 민주주의를 촉진한다고 주장한다. 영국의 경제 저널리스트 마틴 울프는 그의 유명한 저서 『왜 세계화인가Why Globalization Works』에서, "시장은 민주주의를 지지하는 버팀목이다. 마찬가지로 민주주의는 대개 시장을 강화한다"라고 쓰기도 했다.[20]

신자유주의자들의 견해에 따르면, 민주주의는 자유 시장을 촉진한다. 폭력적 수단을 통하지 않고도 권력의 자리에서 밀려날 수 있는 정부는 약탈적인 행동을 자제하지 않을 수 없기 때문이다. 만약 그들이 권력을 잃을 걱정이 없다면 통치자들은 과도한 세금 부과, 더 나아가 사유 재산 몰수까지 거침없이 실행에 옮길 수 있다. 오랜 옛날부터 수많은 독재자들이 이런 방법을 써 왔다. 이런 일이 일어나면 투자를 하고 부를 창출하려는 동기가 사라지고, 시장 기능이 왜곡되어 경제 발전을 저해하게 된다. 반대로 민주주의 사회에서는 정부의 약탈적인 행동은 제한을 받고, 자유 시장이 번창하여 경제 발전을 촉진한다. 최종적으로 자유 시장은 민주주의를 촉진한다. 자유 시장은 경제 발전을 촉진하고, 경제 발전은 정부에 의존하지 않고도 부를 축적할 수 있는 계층을 생산하고, 이들 자산 보유자들은 정치가들의 전횡적인 행동을 저지할 수 있는 메커니즘, 즉 민주주의를 요구할 것이기 때문이다. 전임 미국 대통령 빌 클린턴이 중국의 WTO 가입을 지지하면서, "중국사람들이 점점 많은 이동성을 확보하고, 더 부유해지고, 다른 생활 방식에 대한 인식이 높아지면, 자신들의 생활에 영향을 미치는 결정에서 더 큰 발언권을 확보하려고 할 것이다"라고 말했는데, 이때 그는 바로 이 점을 염두에 두고 있었다.[21]

자유 시장이 경제 발전을 위한 최선의 길이냐 하는 질문을 접어 두고 생각한다면(나는 이 질문과 관련하여 이 책에서 시종일관 그렇지 않다고 반복해서 이야기하고 있다) 과연 민주주의와 (자유) 시장은 실제로 천생연분이며 상호 보완적인 관계일까?

대답은 그렇지 않다는 것이다. 신자유주의자들의 주장과는 달리 시장과 민주주의는 근본적인 차원에서 충돌한다. 민주주의는 '1인 1표'

의 원리에 따라 움직이고, 시장은 '1원 1표'의 원리에 따라 움직인다. 당연히 전자는 개개인이 가진 돈에 관계 없이 한 사람 한 사람에게 동일한 비중을 둔다. 후자는 돈을 많이 가진 사람일수록 더 큰 비중을 둔다. 따라서 민주적인 결정은 대개 시장의 논리를 뒤엎는다. 실제로 19세기 자유주의자들은 대부분 민주주의에 반대했는데, 그것은 민주주의는 자유 시장과 양립할 수 없다는 생각 때문이었다.[22] 이들은 민주주의는 가난한 다수가 부유한 소수를 착취하게 될 (누진소득세, 사유 재산의 국유화 같은) 정책들을 도입할 수 있게 하고, 그에 따라 부를 창출할 동기를 무너뜨린다고 주장했다.

오늘날의 부자 나라들은 이런 사고방식에 영향을 받아서 처음에는 하나같이 일정한 규모 이상의 재산 소유자나 일정한 금액 이상의 소득세를 낼 수 있는 소득자에게만 투표권을 주었다. 일부 국가에서는 문자 해독, 심지어는 학력과 관련하여 자격 제한을 두기도 했다. 일례로 독일의 일부 국가들(독일은 1871년까지 수십 개의 소국으로 분할되어 있었다.-옮긴이)에서는 대학 졸업자에게 한 표를 더 주었다. 이런 자격 제한은 당연히 사람들의 경제 상태와 밀접한 관계가 있었고, 재산 조건 및 세금 조건과 함께 사용되는 경우가 많았다. 예를 들어 현대 민주주의의 발생지로 여겨지고 있는 잉글랜드에서는 잘 알려진 1832년 개혁법Reform Act 이후에도 남성 인구의 18%만이 투표권을 가질 수 있었다.[23] 또 프랑스는 1848년에 전체 남성에 대한 투표권 부여 방침이 도입되기 전까지는 남성 인구의 약 2%만이 투표를 할 수 있었다. 당시 투표권 제한 사유 중에는 (30세 이상이라는) 연령 제한도 있었지만, 더 중요한 것으로는 세금 납부 관련 제한이 있었다.[24] 이탈리아는 1882년에 투표 연령이 21세로 낮아졌지만, 세금 납부와 문자 해독 요건이 있었기 때문에 남성 인구의 약 15%인 200만 명 정도만이 투표를 할 수 있었다.[25] 당시 영국과 맞서고 있던 식민지 미국이 주창한 "대표 없이는 세금도 없다"라는 유명한 슬로건의 이면에는 "세금 없이는 대표도 없다"라는 투표권에 대한 경제적 자격 제한이 있었던 것이다.

나는 민주주의와 시장 사이의 충돌을 지적하고 있지만, 그렇다고 해서 시장 논리를 거부해야 한다고 주장하는 것은 아니다. 공산주의 사회에서는 '1원 1표'의 원리를 전면 부정함으로써 경제적 비효율성을 초래하고, (정치 권력, 인맥, 혹은 사상성 따위의) 다른 기준에 근거한 불평등을 확산시켰다. 또 하나 주목해야 할 것은 돈이 평등을 증진시키는 강력한 요소가 될 수도 있다는 점이다. 돈은 특정한 인종, 사회 계급, 또는 직업 그룹에 속하는 사람들에 대한 반감을 없애는 용해액으로 강력하게 작용할 수 있다. 만일 차별을 받는 그룹의 성원들에게 돈이 있다면, 즉 그들이 강력한 고객이자 투자자라면 사람들로 하여금 이들에 대한 처우를 개선하게 만드는 것은 훨씬 쉬워진다. 남아프리카공화국의 노골적인 인종 차별주의 아파르트헤이트 정권은 일본인들에게 '명예 백인' 신분을 부여했는데, 이는 시장이 '해방의' 힘을 가지고 있다는 강력한 증거이다.

그러나 시장 논리가 아무리 긍정적인 측면이 있다 해도 '1원 1표'의 원리에만 의거해 사회를 운영해서는 안 되고, 또 그럴 수도 없다. 모든 것을 시장에 맡기게 되면 부자들은 자신들의 욕구 가운데 가장 하찮은 요소들까지 실현할 수 있지만, 가난한 사람들은 목숨을 부지할 수조차 없다. 개발도상국에서는 해마다 말라리아로 100만 명이 넘는 사람들이 죽고 수백만 명이 시달리고 있지만, 세계는 말라리아 치료약 개발보다는 살 빼는 약 개발에 20배나 많은 연구비를 투자하고 있다. 또 건강한 시장을 만들기 위해서라도 절대로 매매의 대상이 되어서는 안 되는 것들이 있는데, 그것은 법원의 판결, 공직, 학위와 특정 직업(법률가, 의사, 교사)의 자격증 등이 그 예이다. 누구든 돈만 있으면 이런 것들을 살 수 있는 사회는 단순히 정당성뿐 아니라, 경제적 효율성에도 심각한 문제가 있다. 의사들이나 교사들의 자질이 적절한 수준 이하일 경우에는 노동력의 질이 떨어질 수 있고, 법원이 불공정한 결정을 내리게 되면 계약법의 효력이 훼손될 것이기 때문이다.

민주주의와 시장은 둘 다 좋은 사회를 만들기 위한 초석이다. 그러나 양자는 근본적인 차원에서 충돌한다. 우리는 양자의 균형을 잡아야 한다. 그런데 (내가 이 책에서 줄곧 밝히고 있듯이) 자유 시장이 경제 발전을 촉진하는 데 도움이 되지 않는다는 사실까지 감안하면 (나쁜 사마리아인들의 주장과는 달리) 민주주의와 자유 시장, 그리고 경제 발전 사이에 효과적인 순환이 존재한다고 말하기는 어렵다.

민주주의가 민주주의를 훼손할 때

나쁜 사마리아인들이 권장하는 자유 시장 정책 때문에 우리의 삶에서 시장의 '1원 1표' 규칙 속으로 밀려 들어가는 영역이 갈수록 늘어나고 있다. 자유 시장과 경제 발전 사이에 본질적인 긴장 관계가 있는 한 자유 시장 정책들은 (의도한 바는 아니라도) 민주주의를 속박한다. 그러나 이보다 더 큰 문제가 있다.

나쁜 사마리아인들은 개발도상국의 민주주의를 뒤흔드는 정책들을 추천하고 있는 것이다. (물론 이들은 절대로 이런 식으로 이야기하지는 않는다.) 이들의 주장은 별 무리 없이 시작된다. 신자유주의 경제학자들은 정치가 시장의 합리성을 왜곡하는 창구를 열어 놓는다고 걱정한다. 비효율적인 기업이나 농민들이 국회의원들에게 관세와 보조금을 얻어내도록 로비를 하면, 그 사회의 나머지 성원들은 값비싼 국산 상품을 사야 한다는 점에서 희생을 강요당할 수 있다. 대중의 인기에 영합하는 정치가들이 중앙은행에 압력을 넣어 선거 운동 기간에 맞춰 '돈을 찍어내도록' 강요할 수도 있는데, 이렇게 되면 물가 상승이 일어나고 장기적으로 국민들에게 손실을 준다. 여기까지는 충분히 받아들일 만한 이야기이다.

신자유주의가 이 문제에 대해서 내놓는 해결책은 경제를 '탈정치화' 하자는 것이다. 이들은 (민영화와 자유화를 통해서) 정부 활동의 반경 자체를 줄여 최소 국가로 만들어야 한다고 주장한다. 이들의 주장에 따르면, 정부의 관리가 허용되고 있는 몇 가지 분야에서도 정부의 정책적 재량의 여지가 최소화되어야 한다. 지도자들의 자질이 부족하고 부정부패가 심한 개발도상국의 경우에는 특히 정부 활동의 제한이 필요하다. 이런 제한을 확보할 수 있는 방법으로는 정부의 선택을 억제하는 (예컨대 예산 균형을 명시한 법률 같은) 엄격한 규정을 갖추거나 독립적인 중앙은행, 독립적인 규제 기구, 그리고 심지어는 독립적인 세무 기구 (자율적인 세무 기구라고도 하는데, 우간다와 페루에서 시도된 바 있다)[26] 등의 정치적으로 독립적인 정책 기구를 설립하는 것을 들 수 있다. 개발도상국의 경우에는 지도자들이 책임감이 부족하고, 따라서 올바른 신자유주의 정책의 경로를 벗어나기 쉽기 때문에 (WTO 협정이나 쌍무적·지역적 FTA, 혹은 투자협정 같은) 국제 협정들에 서명하는 것도 대단히 중요한 일로 받아들여진다.

경제의 탈정치화를 옹호하는 이런 주장이 가진 첫 번째 문제는 바로 어디서 경제가 끝나야 하고, 어디서 정치가 시작되어야 하는지 분명히 알 수 있다고 가정하는 데 있다. 그러나 (경제의 영역에 속하는) 시장은 그 자체가 정치의 산물이다. 시장을 지탱하는 모든 소유권과 기타 권리들은 정치적인 기원을 가진다는 점에서 시장 역시 정치의 산물인 것이다. 경제적 권리는 정치적인 기원을 갖는다. 지금은 당연시되고 있는 많은 경제적 권리들이 과거에는 정치적으로 뜨거운 논쟁의 대상이었다. 이런 사례들 중에는 아이디어를 소유할 권리(19세기에 지식재산권이 도입되기 이전까지는 이 권리를 인정하지 않는 사람들이 많았다), 그리고 어린 나이에는 일하지 않을 권리(많은 가난한 어린이들은 이 권리를 인정받지 못하였다)가 포함된다.[27] 이런 권리들이 정치적인 논쟁의 대상이었을 당시에는, 이것을 존중하는 것이 왜 자유 시장과 양립할 수 없는가 하는 무수한 '경제적' 주장이 제기되었다.[28] 경제를 탈정치화해야 한다는 신자유주의자들의 주장의 이면에는 자신들이 생각하는 경제와 정치의 구분선이 옳다는 가정이 있는데, 그러나 여기에는 아무런 근거가 없다.

특별히 강조해야 할 사실은, 나쁜 사마리아인들이 경제의 탈정치화를 독촉하는 것은 사실상 민주주의를 훼손하는 것이라는 점이다. 민주정체 안에서의 정책 결정을 탈정치화한다는 것은 (직설적으로 말해) 바로 민주주의를 약화시키는 것이다. 민주적으로 선출된 정부의 손에서 모든 중요한 결정들을 빼앗아 '정치적으로 독립적인' 기구에 속하는 선출되지 않은 기술 관료들의 손에 넘긴다면, 민주주의를 하는 목적이 과연 무엇인가? 바꾸어 말해 신자유주의자들은 자유 시장과 모순되지 않는 한도 내에서만 민주주의를 인정하는 것이다. 그렇기 때문에 일부 신자유주의자들은 피노체트 독재 정권을 지지하는 것과 민주주의를 칭송하는 것이 모순된다고 보지 않는다. 노골적으로 말하면 이들이 원하는 민주주의는 몹시 무력한 민주주의이다. 이들의 태도는 좌파인 런던 시장 켄 리빙스턴이 1987년에 출간한 책 『만일 투표가 무언가를 바꾼다면, 그들은 그것을 진작 없애 버렸을 것이다』라는 제목과 일맥상통하는 것이다.[29]

신자유주의자들은 옛날의 자유주의자들과 마찬가지로 기존 경제 구조에 '이해관계를 가지고 있지 않은' 사람들에게 정치 권력을 주면 소유권(그리고 기타의 경제적 권리들)의 분배의 측면에서 반드시 현재 상태를 '불합리하게' 수정하는 결과가 발생할 것이라고 확신한다. 다만 신자유주의자들은 자신들의 지적 선배들과는 달리 공개적으로 민주주의에 반대할 수 없는 상황이라는 점을 인식하고, 그 목적을 달성하기 위해 정치 일반에 대한 평판을 깎아내리는 방법을 쓰고 있을 뿐이다.[30] 그렇게 함으로써 민주적으로 선출된 대표들에게서 결정권을 빼앗는 자신들의 행동을 정당화하는 것이다. 이들은 이런 방법으로 민주주의 자체를 공개적으로 비판하지 않고도 민주적인 통제의 반경을 축소시키는 성과를 올리고 있다. 그 결과는 개발도상국들에 치명적인 영향을 미치고 있다. 나쁜 사마리아인들은 개발도상국에 대해서 (세무 기구의 정치적 독립성 따위의) 부자 나라들 내에서라면 받아들여질 수 없을 정도의 '반反민주주의적' 행동을 밀어붙일 수 있기 때문이다.•

• 물론 자원 배분 과정의 탈정치화가 어느 정도는 필요하다. 우선 자원 배분 과정이 최소한 어느 정도라도 그 사회의 성원들에게 '객관적인'것으로 인정을 받지 못하면, 그 경제 제도의 정치적 정당성 자체가 흔들릴 수 있다. 그뿐 아니라 과거 공산주의 국가들의 경우처럼 모든 배분 결정에 잠재적인 논쟁의 여지가 있을 경우, 이에 대한 조사와 협상 활동에 많은 비용이 들어갈 것이다. 그렇지만 이는 시장은 어떤 상황에서도 정치 변화에 종속되어서는 안 된다는 신자유주의자들의 주장과는 다르다. 따지고 보면 정치에서 자유로운 시장이란 있을 수 없기 때문이다.

민주주의와 경제 발전

민주주의와 경제 발전이 상호 연관되어 있다는 것은 누구나 아는 사실이다. 신자유주의자들의 주장에 따르면, 민주주의는 사적 소유를 더욱 확고히 하고, 시장을 보다 자유롭게 함으로써 경제 발전을 촉진한다. 그러나 양자의 관계는 신자유주의자들이 주장하는 것보다 훨씬 더 복잡하다.

우선 민주주의와 시장 사이에 근본적인 긴장 관계가 있기 때문에, 민주주의가 자유 시장을 활성화시킴으로써 경제 발전을 촉진할 가능성은 거의 없다. 실제로 옛날의 자유주의자들은 민주주의가 (과도한 과세나 기업의 국유화 등을 통해) 투자와 성장을 방해할 것이라고 걱정했다.[31] 한편 민주주의는 다른 경로를 통해서 경제 발전을 촉진할 수 있다. 예컨대 민주주의는 국방비를 교육이나 사회간접자본 투자로 돌리는 등 정부 지출을 보다 생산적인 분야로 돌릴 수 있는데, 이는 경제 발전에 도움이 된다. 또 다른 경로를 들자면 민주주의는 복지국가를 창출하여 경제 발전을 촉진할 수 있다. 일반적인 인식과는 달리 특히 그것이 효과적 인재 훈련 프로그램과 결합될 경우, 복지국가는 노동자들의 실업의 고통을 줄일 수 있고, 더 나아가 생산성을 향상시키는 자동화에 대한 노동자들의 반감을 줄일 수 있다. (노동자 1인당 공업 로봇의 개수를 따질 때 세계 1위가 스웨덴인 것은 우연의 일치가 아니다.) 이 밖에도 민주주의가 경제 발전에 (긍정적인 혹은 부정적인) 영향을 미칠 수 있는 잠재적인 경로들을 몇 가지 더 언급할 수 있는데, 나의 논점은 이 관계가 매우 복잡하다는 것이다.

민주주의가 경제 발전에 도움이 된다는 주장과 관련해서는 유리한 근거도, 불리한 근거도 존재하지 않는다. 많은 연구자들이 민주주의와 경제 성장의 관계라는 관점에서 여러 나라들을 조사하면서 통계학적인 규칙성을 찾아내려고 했지만, 유리한 쪽으로나 불리한 쪽으로나 별다른 체계적인 근거를 밝히지 못하고 있다.[32] 개별 국가의 수준에서조차 그 결과는 엄청나게 다양하게 나타난다. 마르코스 치하의 필리핀, 모부투 치하의 자이르, 두발리에 치하의 아이티 등은 독재 치하에서 형편없는 경제 성과를 낸 사례들이다. 그러나 수하르토 치하의 인도네시아나 무세베니 치하의 우간다의 경우는 독재 치하에서 대단하다고는 할 수 없어도 상당한 경제적 성과를 올린 사례들이다. 1960년대 및 1970년대의 한국, 대만, 싱가포르, 브라질이나 현재의 중국은 독재 치하에서 아주 좋은 성과를 올린 사례들이다. 이와 대조적으로 오늘날의 부자 나라들은 제2차 세계 대전이 끝난 뒤부터 1970년대까지 민주주의를 크게 확장시켰던 시기에 가장 좋은 경제적 성과를 올렸다. 이 시기에 (오스트레일리아, 벨기에, 캐나다, 핀란드, 프랑스, 독일, 이탈리아, 일본, 스위스, 미국 등) 부자 나라들 대부분이 보통 선거제를 채택하고, 소수자의 권리를 강화했으며, 자유주의자들이 우려했던 대로 (기업의 국영화, 누진적인 소득세 상승, 특히 복지국가 정책 등을 통해) 부자들에 대한 가난한 자들의 '착취'를 증대했다.

물론 민주주의가 경제적 성공에 긍정적인 영향을 미친다는 근거가 있어야만 민주주의를 지지하는 입장에 설 수 있는 것은 아니다. 노벨경제학상 수상자인 아마르티아 센은 민주주의는 본질적인 가치를 가지는 것이며, 발전을 정의할 때 꼭 한 기준이 되어야 한다고 주장한다.[33] 앞서 논의했듯이 민주주의는 공직, 법원의 판결, 학위 같은 것들이 시장의 '1원 1표' 원칙에 의해 훼손되지 않게 한다는 점에서 공평한 사회 건설에 도움이 된다. 이에 더해 민주적인 정치 과정에의 참여는 화폐 가치로는 쉽게 환산될 수 없는 본질적인 가치를 가진다. 따라서 비록 민주주의가 경제 성장에 부정적인 영향을 미친다고 할지라도 그 본질적인 가치 때문에 민주주의를 지지할 수도 있는 것이다. 더구나 민주주의가 경제 성장에 부정적인 영향을 미친다는 증거가 없으므로 더욱 강력하게 민주주의를 지지해야 한다.

민주주의가 경제 발전에 미치는 영향은 분명치 않지만, 경제 발전이 민주주의에 미치는 영향은 더 단순하다. 장기적으로는 경제 발전이 민주주의를 초래한다고 정리한다면 안전한 결론일 것 같다. 그러나 이런 대략적인 판단이 어떤 나라는 아주 가난했을 때부터 민주주의를 유지하고 있는가 하면, 또 다른 많은 나라는 아주 부자가 되기 전까지는 민주주의를 이룩하지 않았다는 사실을 가려서는 안 된다. 민주주의를 위해서 실제로 싸우는 사람이 없다면 경제적 성공으로부터 민주주의가 저절로 자라날 수 없다.[34]

노르웨이는 당시 유럽에서 몹시 가난한 나라였음에도 불구하고 세계에서 두 번째로 민주 국가가 되었다. (노르웨이는 1907년에 최초로 보통 선거제를 도입한 뉴질랜드에 이어 두 번째인 1913년에 보통 선거제를 도입했다.) 이와는 대조적으로 미국, 캐나다, 오스트레일리아, 스위스는 1인 1표라는 아주 형식적인 기준으로만 볼 때도, 이미 큰 부자가 된 1960년대와 1970년대에 와서야 민주주의를 이룩했다. 캐나다는 1960년이 되어서야 아메리카 원주민들에게 투표권을 주었다. 오스트레일리아는 1962년이 되어서야 '백호주의' 정책을 폐기하고 백인이 아닌 사람들에게 투표를 허용했다. 미국의 남부 주들은 1965년이 되어서야 아프리카계 미국인들에게 투표를 허용했는데, 이는 마틴 루서 킹 주니어 등의 인물들이 주도한 시민권 운동 덕분이었다.[35] 스위스는 1971년에야 여성들의 투표를 허용했다. (만일 정부의 정책에 반기를 든 두 개의 주 아펜첼아우서로덴과 아펜첼이너로덴이 각각 1989년, 1991년 이전까지 여성에게 투표권을 주지 않은 것까지 따진다면 이 시기는 훨씬 늦춰진다.) 오늘날 개발도상국들과 관련해서도 비슷한 이야기를 할 수 있다. 인도는 최근까지 세계에서 손꼽히는 가난한 나라였음에도 불구하고 지난 60년 동안 민주주의를 유지해 왔고, 한국과 대만은 상당히 부유해진 1980년대 말이 되어서야 민주 국가가 되었다.

정치와 경제 발전

부정부패와 취약한 민주주의는 많은 개발도상국이 안고 있는 커다란 문제다. 그러나 이 문제들과 경제 발전 사이의 관계는 나쁜 사마리아인들이 주장하는 것보다 훨씬 더 복잡하다. 예컨대 부패 청산의 강령을 내걸고 권력을 잡은 많은 개발도상국 정치가들이 부정부패 시스템을 청산하지도 못하고, 심지어는 본인 자신이 부정부패 때문에 권력에서 쫓겨나거나 투옥되는 경우가 많은 이유는 바로 부정부패 문제의 복잡성을 충분히 고려하지 못하기 때문이다. (이런 사례로 남미의 대통령들, 즉 브라질의 페르난두 콜로르 지멜루와 페루의 알베르토 후지모리가 떠오른다.) 민주주의와 관련해서 말하자면, 민주주의는 자유 시장을 촉진하고, 자유 시장은 다시 경제 발전을 촉진한다는 신자유주의적 견해는 대단히 문제가 많다. 민주주의와 자유 시장 사이에는 강한 긴장이 있으며, 자유 시장이 경제 발전을 촉진할 가능성은 거의 없다. 만일 민주주의가 경제 발전을 촉진한다면, 이것은 대개 나쁜 사마리아인들의 주장처럼 자유 시장의 촉진 때문이 아니라 다른 여러 가지 경로를 통해서 이루어지는 것이다.

그뿐만 아니라 나쁜 사마리아인들이 이 분야에서 권장하고 있는 정책들은 부정부패와 취약한 민주주의라는 문제를 해결하지 못하는 것은 물론, 오히려 악화시키는 경우가 더 많다. 경제 일반에 대한 규제를 완화하면, 그리고 정부 관리 정책에 시장 기능을 확대 도입하면, 부정부패가 줄어드는 것이 아니라 오히려 확대되는 경우가 많은 것이다. 나쁜 사마리아인들은 무역 자유화를 강요함으로써 의도적인 것은 아니지만 부정부패를 키우고 있다. 무역 자유화로 인한 정부 세입의 감소는 공무원의 봉급을 압박하고, 하급 공무원의 사소한 부정부패를 키운다. 나쁜 사마리아인들은 입으로는 항상 민주주의를 표방하지만, 실제로는 민주주의를 약화시키는 조치들을 장려하는 것이다. 규제 완화가 그 한 예인데, 그것이 민주주의 약화를 주목적으로 하는 것은 아니지만 규제 완화는 시장의 영역을 확장하고, 민주주의의 영역을 축소시킨다. 그 밖에도 엄격한 국내법 혹은 국제 조약으로 정부를 구속하고, 중앙은행이나 여러 정부 기구에 정치적 독립성을 부여하는 따위의 고의적인 방법으로 민주주의를 약화시키는 경우도 있다.

신자유주의자들은 예전에는 정치적 요인들을 '옳은 경제학'의 초점을 흐려서는 안 되는 사소한 항목으로 치부하더니, 최근 들어서는 정치적인 요인에 큰 관심을 보이고 있다. 이유는 명백하다. IMF, 세계은행, WTO의 사악한 삼총사가 밀어붙였던 개발도상국에 대한 경제 프로그램이 대부분 엄청난 실패로 끝났고(1990년대의 아르헨티나를 생각해 보라) 성공한 경우가 거의 없기 때문이다. 나쁜 사마리아인들은 자신들이 주장하는 자유 무역, 민영화, 그리고 그 밖의 여러 가지 정책들이 잘못되었을 수도 있다는 생각은 추호도 없기에 정책 실패에 대한 '변명'을 비

정책적인 요인, 즉 정치와 문화에서 찾는 사례가 점점 두드러지고 있다.

이 장에서는 신자유주의자들이 자신들의 정책 실패를 부정부패와 취약한 민주주의 따위의 정치적 문제로 설명하려는 시도가 설득력이 없는 것임을 논했다. 또한 이들이 해결책이라고 주장하는 것들이 상황을 더욱 악화시키는 경우가 많다는 사실도 지적했다. 다음 장에서는 또 다른 비정책적 요소인 문화에 대해서 살펴볼 것이다. 최근 들어 사람들에게 인기를 얻고 있는 '문명의 충돌'이라는 개념 덕분에 문화는 빠른 속도로 경제 발전 실패에 대한 변명이 되고 있기에 이를 검토하는 것이 중요하다.

9

게으른 일본인과 도둑질 잘하는 독일인

경제 발전에 유리한 민족성이 있는가?

BAD SAMARITANS

오스트레일리아 출신의 한 경영 컨설턴트가 어떤 개발도상국에 가서 여러 공장들을 둘러본 뒤 자신을 초청한 나라의 관리들에게 이렇게 말했다.

"당신네 국민들이 일하는 모습을 보는 순간 당신네 값싼 노동력에 대해 가지고 있던 내 인상이 당장 깨져 버렸다. 이들이 낮은 임금을 받고 있는 건 분명하지만 이들이 내는 수익 역시 똑같이 낮다. 당신네 국민들이 일하는 모습을 보고 있으면 시간은 아무런 문제가 되지 않는다고 생각하는, 아주 만족스럽고 태평한 국민이라는 것을 느끼게 된다. 경영자 몇 사람과 이야기를 나누어 보았는데, 이들은 대대로 내려오는 민족적 습관을 바꾸기가 어렵다고 말하더라."

이 오스트레일리아 출신 컨설턴트가 자신이 방문한 나라의 노동자들이 제대로 된 직업윤리를 가지고 있지 않다고 걱정한 것은 당연한 일이다. 직설적으로 그 노동자들이 게으른 사람들이라고 질타할 수도 있었지만, 그는 상당히 공손하게 말했던 것 같다. 게으른 민족성을 고려할 때, 이 나라가 가난한 것은 당연한 일이었다. 찢어지게 가난한 것은 아니었지만 소득 수준이 오스트레일리아의 4분의 1에도 못 미쳤다.

이 나라 경영자들은 오스트레일리아 출신 컨설턴트의 말을 인정하면서도 '대대로 내려오는 민족적 습관' 또는 문화를 바꾸는 것이 (아예 불가능한 것은 아니지만) 쉽지 않다는 걸 이해할 만큼 지혜로웠다. 일찍이 19세기 독일의 경제학자이자 사회학자인 막스 베버가 기념비적인 저서 『프로테스탄트 윤리와 자본주의 정신』에서 밝혔듯이, 프로테스탄티즘과 같이 다른 문화에 비해 경제 발전에 보다 적합한 문화들이 있다.

그런데 이 나라는 바로 1915년 당시의 일본이었다.[1] (오늘날 여유 있게 사는 것으로 유명한) 오스트레일리아 출신이 일본인을 게으르다고 했다니 좀처럼 믿기지 않겠지만, 100년 전의 일본인들은 대부분의 서구인들 눈에 게으른 사람들로 비쳤다.

미국인 선교사 시드니 굴릭도 1903년에 쓴 『일본인의 진화』라는 책에서 많은 일본인들이 "게으르고 시간의 흐름에 전혀 무관심하다는… 인상을 준다"라고 썼는데,[2] 그는 슬쩍 지나가면서 관찰한 여행자가 아니었다. 굴릭은 일본에서 25년 동안(1888~1913년) 살았고, 일본어를 능숙하게 구사했으며, 일본 대학에서 학생들을 가르쳤다. 그는 미국으로 돌아간 뒤에 아시아계 미국인들을 위한 인종 평등 캠페인을 벌인 것으로 유명하다. 그럼에도 불구하고 그는 "실없고, 미래에 대한 걱정이 없으며, 주로 오늘을 위해서 살아가는" 특징을 가진 "태평하고" "감정을 잘 주체 못 하는" 일본인들의 문화적인 고정관념을 확인시켜 주는 사례들을 무수히 보았다.[3]

이런 진술과 (카메룬의 엔지니어이자 작가인 다니엘 에통가 만겔이 한) 오늘날의 아프리카에 대한 진술이 얼마나 비슷한지를 보면 놀라울 정도이다. 그에 따르면, "아프리카 사람들은 선조의 문화에 단단히 묶여 있고, 과거가 반복된다는 신념이 매우 강하기 때문에 미래에 대해서는 크게 걱정하지 않는다. 이렇듯 미래에 대한 역동적인 인식이 없으니 계획도 있을 수 없고, 예측도 있을 수 없고, 시나리오 설정도 있을 수 없다.

바꿔 말하면 사건의 경로에 영향을 미치는 정책이 있을 수 없다."[4]

영국의 유명한 페이비언 사회주의 지도자 비어트리스 웨브는 1911년에서 1912년 사이 아시아를 여행하고 난 뒤 일본인을 "지나치게 여가를 즐기고, 참을 수 없을 정도로 개인적 독립성이 강한" 사람들로 묘사했다.[5] 그녀는 또 일본에서는 "사람들에게 도통 생각하는 법을 가르치려 하지를 않는다"라고 말했는데,[6] 나의 선조들에 대해서는 훨씬 더 가혹하게 이야기했다. 그녀에 따르면 한국인들은 "더러운 진흙집에 살면서, 활동하기 불편한 더러운 흰옷을 입은 채 이리저리 배회하는 불결하고, 비천하고, 무뚝뚝하고, 게으르고, 신앙심이 없는 미개인 1,200만 명"이라는 것이다.[7] 그녀는 일본인들을 상당히 좋지 않게 보았지만, 한국인들은 최하로 보았기에 "한국인들을 지금과 같은 야만 상태에서 벗어나게 할 수 있는 것은 일본인일 것"이라고 생각했다.[8]

이런 것들이 모두 서양인들이 동양인에 대해 가진 편견이라고는 할 수 없었다. 영국인들은 독일인들에 대해서도 비슷한 말을 했다. 19세기 중반에 독일이 경제적인 도약을 하기 전까지 영국인들에게 독일인들은 "둔하고 굼뜬 사람들"이었다.[9] '게으름'은 독일 민족의 특성으로 자주 언급되는 단어였다.[10] 『프랑켄슈타인』의 작가인 메리 셸리는 자신이 고용하고 있는 독일인 마부와 심하게 언쟁을 벌이고 난 뒤 몹시 격분해서 "독일인들은 서두르는 법이 없다!"라고 썼다.[11] 영국인들만 그랬던 것도 아니다. 독일인 노동자를 고용했던 프랑스 제조업자들은 이들이 "하고 싶을 때 하고 싶은 대로만 일한다"라고 불평했다.[12]

영국인들은 또한 독일인들이 머리가 잘 돌아가지 않는다고 생각했다. 1820년대의 여행 작가 존 러셀은 독일인들이 "영리하지 못하고, 쉽게 만족하는 사람들로 … 재빠른 인식 능력도 없고, 예민한 감수성도 없다"라고 했다. 그에 따르면 독일인들은 특히나 새로운 생각을 쉽게 받아들이지 못했는데, "독일인들에게 새로운 상황을 이해하게 만드는 데도 오래 걸리고, 새로운 일을 열정적으로 추구하도록 만들기도 어렵다"[13]라는 것이다. 19세기 중반 다른 영국인 여행가는 독일인들을 "기업가 정신이나 활동성 면에서 그다지 두드러지지 않는" 사람들로 보았다.[14]

독일인들은 또한 지나치게 개인적이고 서로 협조할 줄 모르는 사람으로 간주되었다. 영국인들의 관점에서 볼 때 독일인들의 협조 능력 부족은 그 나라의 공적 사회간접자본의 품질과 유지 보수가 형편없는 데에서 뚜렷이 드러났다. 사회간접자본이 어찌나 형편없었는지 존 맥퍼슨이라는 인도 총독(인도 총독이니 믿을 수 없을 정도로 열악한 도로 상황에 익숙해 있을 것이다)은 "독일의 도로가 너무 형편없어 이탈리아로 여정을 선회했다"라고 기록할 정도였다.[15] 다시 한 번 이 모두를 내가 앞서 인용했던 아프리카 관찰자의 "아프리카 사회는 개인적인 경쟁이 심하고 협동 정신이 없어서 다른 선수가 득점을 할까 걱정돼서 공을 패스하지 못하는 축구팀과 같다"라는 이야기와 비교해 보라.[16]

아울러 19세기 초 영국의 여행자들은 독일인들이 부정직하다고 생각했다. 영국 군대에서 복무했던 내과의사 아서 브룩 포크너 경은 "점원이나 상점 주인이나 할 수만 있다면 아주 사소한 일로라도 당신을 우려먹으려 한다. 이런 태도는 광범위하게 퍼져 있다"라고 말했다.[17]

결국 오늘날 수많은 영국인들이 독일인들에게는 거의 유전적으로 감정이 결핍되어 있다고 생각하는 것과는 달리, 당시의 영국인들은 독일인들이 지나치게 감정적이라고 생각했다. 아서 경은 이런 독일인의 성격에 대해 "어떤 사람들은 슬픈 일이 생겨도 무조건 웃음으로 날려 버리는가 하면, 다른 나머지 사람들은 언제까지나 침울함에서 벗어나지를 못한다"라고 기록했다.[18] 아일랜드 출신의 아서 경이 독일인을 보고 감정적이라고 하는 것은, 현재 널리 퍼져 있는 문화적 고정관념에 따르면 핀란드인이 자메이카 사람들을 보고 침울한 친구들이라고 하는 것과 비슷하다.

자, 여기서 한번 생각해 보자. 1세기 전의 일본인들은 근면하지 않고 게을렀으며, 충실한 '일개미'가 아니라 독립심이 지나쳤고, 생각을 드러내지 않는 게 아니라 감정적이었으며, 심각하다기보다는 실없었고, (높은 저축률로 표현되는 지금과는 달리) 미래에 대한 생각 없이 오늘을 위해 사는 사람들이었다. 또 그보다 반세기 전의 독일인들은 능률적인 게 아니라 나태했고, 협조적이 아니라 개인적이었으며, 이성적이라기보다는 감정적이었고, 똑똑하기보다는 어리석었으며, 준법 정신이 투철하기보다는 부정직하고 도둑질을 잘했고, 자제심이 강하기보다는 태평했다.

우리가 일본인과 독일인에 대한 이런 성격 묘사를 읽으면서 어리둥절해지는 데에는 두 가지 이유가 있다. 첫째, 일본인들과 독일인들은 이렇게 '나쁜' 문화를 가지고 있었는데 어떻게 부자가 되었을까? 둘째, 당시의 일본인 및 독일인들과 오늘날의 일본인 및 독일인들이 어째서 이렇게 다를 수 있을까? 다시 말해 어떻게 해서 이들은 '대대로 내려오는 민족적 습관'을 완전히 바꿀 수 있었을까?

이제 이 질문에 대한 해답을 차례차례 찾아볼 것이다. 하지만 그 전에 먼저 문화와 경제 발전의 관계에 대해 일반적으로 퍼져 있는 몇 가지 오해를 씻어 내야 할 필요가 있다.

문화는 경제 발전에 영향을 미치는가?

문화적 차이 때문에 경제 발전에 차이가 생긴다는 견해는 오랫동안 전해져 온 것인데, 그 요지는 분명하다. 문화가 다르면 사람들이 가진 가치관이 달라지고, 가치관이 다르면 행동 양식이 달라진다. 그런데 행동 양식은 경제 발전에 도움이 되는 것도 있고, 그렇지 않은 것도 있다. 어떤 나라의 문화가 경제 발전에 유리한 행동 양식을 낳을 경우 이 나라는 다른 나라들보다 경제적으로 좋은 성과를 올리게 된다.

미국의 원로 정치학자이자 논란이 많은 책인 『문명의 충돌』의 저자 새뮤얼 헌팅턴은 이런 견해를 간결하게 설명한다. 1960년대에 경제 발전의 수준이 비슷했던 한국과 가나 두 나라의 경제적인 차이점을 설명하면서, "많은 요소들이 역할을 한 것은 틀림없는 사실이지만… 문화야말로 이 설명에서 가장 중요한 부분이 되어야 한다. 한국인들은 검약, 투자, 근면, 교육, 조직, 규율을 소중히 여겼다. 가나 사람들은 다른 가치관을 가지고 있었다. 다시 말해서 문화가 중요한 것이다"[19]라고 주장하였다.

'검약, 투자, 근면, 교육, 조직, 그리고 규율' 등의 행동 양식을 보이는 사람들이 경제적으로 성공한다는 사실을 논박할 사람은 거의 없을 것이다. 그러나 문화주의 이론가들은 이 수준을 넘어서는 주장을 펼친다. 그들은 이런 행동 양식들은 문화에 의해서 결정되기 때문에 대개 혹은 완전히 고정되어 있다고 주장한다. 이들에 따르면 이렇듯 경제적 성공은 '대대로 물려받은 민족적 습관'에 의해 결정되기 때문에, 어떤 민족은 다른 민족에 비해 더 성공할 운명을 타고나는 것이고, 이를 바꿀 수는 없다. 가난한 나라들은 계속 가난할 수밖에 없는 것이다.

문화에 근거하여 경제 발전을 설명하는 견해는 1960년대까지 널리 퍼져 나갔다. 그러나 시민권 운동과 탈脫식민 시대가 되자 사람들은 이런 설명에는 (인종주의라고는 할 수 없지만) 문화지상주의적인 기미가 있다고 생각하기 시작했다. 이에 따라 이런 설명들은 비판을 받았다. 그러나 지난 몇십 년 사이에 (좁게는 영미 문화, 넓게는 유럽 문화라는) 우위를 차지하는 문화들이 (경제적인 영역에서의 유교 문화나 정치와 국제 관계에서의 이슬람 문화 같은) 다른 문화들에 '위협받는다'는 느낌을 갖게 되면서 이런 설명들이 다시 고개를 쳐들고 있다.[20] 이런 설명은 또한 나쁜 사마리아인들이 이용할 수 있는 편리한 구실이 되기도 한다. 즉 신자유주의 정책이 좋은 성과를 내지 못하는 까닭은 정책 자체에 본질적인 문제가 있어서가 아니라 정책을 활용하는 사람들이 정책의 효과를 갉아먹는 '좋지 않은' 가치관을 가지고 있기 때문이라고 주장할 수 있는 것이다.

오늘날 이런 견해들이 다시 복귀하고 있지만, 일부 문화주의 이론가들은 실제로 문화 그 자체에 대해서는 아예 언급하지 않는 경우가 많다. 문화란 지나치게 넓은 무정형의 개념이므로 이들은 경제 발전과 가장 밀접한 관련을 가지고 있으리라고 간주되는 성분만을 추출하고자 노력한다. 일례로 미국의 신보수주의 정치 평론가 프랜시스 후쿠야마는 1995년에 출간한 그의 저서 『신용Trust』에서, 가족 성원의 범위를 넘어서는 신용이 있느냐 없느냐가 경제 발전에 결정적인 영향을 미친다고 주장한다. 그에 따르면 중국, 프랑스, 이탈리아, 그리고 (정도는 좀 덜하지만) 한국의 문화에는 이런 신용이 존재하지 않기 때문에 현대 경제 발전의 핵심인 대기업을 효과적으로 경영하기가 어렵다는 것이다. 후쿠야마는 일본, 독일, 미국 같은 사회는 높은 신용도 때문에 경제가 훨씬 발전하고 있다고 설명한다.

그러나 '문화'라는 단어의 사용 여부와는 무관하게 이들 주장의 핵심은 똑같다. 즉 문화가 다르면 행동이 다르고, 그 때문에 나라마다 경제 발전에서 차이가 난다는 것이다. 미국의 저명한 경제 사학자이자 문화 이론 르네상스의 선구자인 데이비드 랜디스는 심지어 "문화가 모든 차이를 만든다"라고 주장한다.[21]

문화가 다르면 사람들이 직업이나 저축, 교육, 협조, 신용, 권위를 비롯해 경제 발전에 영향을 미칠 수 있는 무수한 사항들에 대해 다른 태도를 보이게 마련이다. 하지만 이런 주장에 기초하여 더 이상 할 수 있는 말이 별로 없다. 설사 정확히 정의할 수 있다 하더라도, 어떤 문화가 본질적으로 경제 발전에 유리한지 아닌지를 분명하게 입증하는 것은 불가능한 일이다. 지금부터 이에 대해 설명하도록 하자.

문화란 무엇인가?

많은 서구인들이 나를 중국인이나 일본인으로 착각한다. 이해할 수 있는 일이다. 동아시아 각국 사람들의 얼굴 생김새나 버릇, 옷차림에 존재하는 미묘한 차이를 구분하지 못하는 서구인들 눈에는 '찢어진' 눈, 검은 직모, 두드러진 광대뼈 때문에 동아시아 사람들이 모두 '똑같아 보인다'. 서구인들이 나를 중국인이나 일본인으로 착각한 데 대해 사과하면, 나는 한국인들 역시 서구인들을 모두 '미국인'이라고 부르니 괜찮다고 말한다. (유럽인들이 들으면 기분 나빠할 사람이 많을 것이다.) 서구인들의 생김새에 익숙하지 않은 한국인의 눈에는 코는 크고, 눈은 동그랗고, 얼굴에 털이 많은 서구인들이 모두 똑같아 보이기 때문이다.

이런 경험을 하다 보면 사람들을 지나치게 넓은 범주로 구분하지 말아야 한다는 것을 깨닫게 된다. 물론 '지나치게 넓게'라는 것은 분류의 목적이 무엇이냐에 따라 다르다. 인간의 두뇌를 돌고래의 두뇌와 비교할 때라면 호모 사피엔스라는 넓은 범주로 구분하는 것만으로도 충분하다. 그러나 문화가 어떻게 경제 발전의 차이를 가져오는지를 연구할 때는 '한국인'이라는 상대적으로 좁은 범주도 문제가 될 수 있다. 그런 만큼 기독교인이나 회교도 등 보다 더 넓은 범주들은 도리어 우리의 이해를 해친다.

그럼에도 대부분의 문화주의 이론에서는 문화가 대단히 부정확하게 정의된다. 동양, 서양 따위의 믿을 수 없을 정도로 조악한 범주는 비판할 가치도 없다. 우리는 또 (이따금 유대교와 뭉뚱그려 유대-기독교라고 불리기도 하고, 천주교와 개신교로 나뉘기도 하는) 기독교를 비롯해 회교, 유대교, 불교, 힌두교, 그리고 (종교가 아니라는 점에서 특히 논의의 여지가 많은) 유교 등의 보다 넓은 '종교'라는 범주를 빈번하게 접하게 된다.•

여기서 잠시 이런 범주들에 대해 생각해 보자. 언뜻 보기에는 균질한 것 같은 '천주교' 그룹 안에는 댄 브라운의 인기 소설 『다빈치 코드』를 통해 널리 알려진 초보수주의 운동 오푸스데이Opus Dei도 있고, 브라질 올린다-레시페 교구의 대주교 동 에우데르 카마라의 "내가 가난한

• 유교Confucianism는 기원전 6세기 중국의 위대한 정치 철학자 공자의 라틴식 이름인 Confucius에서 유래한 말이다. 그런데 유교는 종교가 아니다. 유교에는 신도 없고, 천국도 없고, 지옥도 없기 때문이다. 유교는 그보다는 정치 및 윤리와 밀접하게 관련되어 있고, 가정생활의 편제 및 사회적 예법과도 관련이 깊다. 발전 과정 상에서 여러 가지로 기복이 있기는 했지만 유교는 한나라(BC 202~AD 220년) 때 공식적인 국가 이념으로 채택된 이래 줄곧 중국 문화의 근간을 이루어 왔다. 또 수백 년에 걸쳐 한국, 일본, 베트남 등 동아시아 국가들에 지대한 영향을 미쳤다.

사람들에게 먹을 것을 주면, 사람들은 나를 성인이라고 부른다. 내가 가난한 사람들이 왜 먹을 것이 없느냐고 물으면, 사람들은 나를 공산주의자라고 부른다"라는 유명한 말로 요약되는 좌익적인 해방 신학도 있다. 이 두 가지 '천주교' 하위 문화는 부의 축적과 소득 재분배, 그리고 사회적 의무에 대해 매우 상이한 태도를 보인다.

다른 사례를 들어 보자. 여성이 공적인 자리에 참석하는 것을 심하게 제한하는 극단적으로 보수적인 회교 사회들이 있다. 그러나 말레이시아 중앙은행의 경우 전문직 직원의 절반 이상이 여성으로, 이는 말레이시아보다 여권을 더 존중한다고 여겨지는 기독교 국가의 중앙은행들보다 더 높은 비율이다. 또 다른 사례로는 일부 사람들이 일본 경제의 성공 원인으로 독특한 종류의 유교를 든다. 이들에 따르면 개인의 교화를 강조하는 중국이나 한국 유교와는 달리 일본의 유교는 충성을 더 강조한다고 한다.[22] 이런 특정한 일반화에 대해 동의하건 하지 않건 간에 유교에는 딱 한 가지 종류만 있는 것은 아님을 알 수 있다.

유교나 회교 같은 범주들이 지나치게 넓다고 한다면, 각국을 하나의 문화적인 단위로 구분하는 것에 대해서는 어떻게 생각해야 할까? 안타깝게도 이런 식으로는 문제를 해결할 수 없다. 문화주의자들 스스로도 인정하지 않을 수 없겠지만, 어떤 나라든 그 안에는 여러 가지 이질적인 문화 그룹들이 공존하고 있다. 인도나 중국처럼 영토가 넓고 다양한 문화가 공존하는 나라들의 경우에는 더욱 그렇다. 그러나 심지어 가장 균질적인 문화를 가진 곳 중 하나인 한국 같은 나라에서도 지역에 따라 문화적 차이가 크다. 경상도 사람들은 전라도 사람들을 똑똑하기는 하지만 절대로 믿어서는 안 되는 표리부동한 사람들이라고 생각한다. 또 전라도 사람들은 경상도 사람들을 결단력 있고 조직적이긴 하지만 무례하고 공격적이라고 생각한다. 이 두 지역 사람들이 가진 서로에 대한 고정관념은 프랑스인들과 독일인들이 서로에 대해 갖고 있는 고정관념과 비슷하다고 해도 그다지 억지스럽게 느껴지지 않을 것이다. 한국에서는 이 두 지역 간의 문화적 적대감이 너무나 강해서 자식들이 상대 지역 출신과 결혼하는 것조차 허락하지 않는 가족들도 있다. 그렇다면 단일한 '한국' 문화는 있는 것일까 없는 것일까? 그리고 한국도 이처럼 상황이 복잡하다면 다른 나라들에 대해 굳이 더 이야기할 필요가 있을까?

물론 이야기를 계속할 수도 있다. 그러나 내가 말하고자 하는 바는 '천주교' 혹은 '중국인' 따위의 넓은 범주 구분은 대단히 조악하기 때문에 분석에 아무런 의미를 갖지 못하며, 나라 하나만 해도 일반화하기에는 너무 큰 문화 단위라는 것이다. 그러면 문화주의자들은 기독교나 유교 등의 넓은 범주 대신 모르몬교나 일본 유교 등의 세밀한 범주를 대상으로 연구해야 한다고 반박할 수도 있겠다. 문제가 그렇게 단순하다면 얼마나 좋겠는가. 문화주의자들의 이론에는 이것 외에도 훨씬 근본적인 문제들이 있다. 이제부터 이것에 대해 살펴보자.

지킬 박사와 하이드 씨

동아시아의 경제 '기적' 이후로 유교 문화가 (최소한 부분적으로는) 이 지역의 경제적 성공을 가져온 원인이라는 주장이 널리 퍼져 나갔다. 유교 문화는 근면, 교육, 검약, 협동, 권위에 대한 복종을 강조한다는 지적도 나왔다. (교육을 강조함으로써) 인적 자본의 축적을 독려하고, (검약을 강조함으로써) 물리적 자본의 축적을 장려하며, 협동과 규율을 중시하는 문화가 경제 발전에 도움이 되리라는 것은 분명한 것처럼 보였다.

그런데 동아시아의 경제 '기적'이 있기 전까지 사람들은 이 지역의 발전 지체를 유교 탓으로 돌렸다. 옳은 이야기였다. 유교는 경제 발전에 불리한 여러 가지 측면을 지니고 있다. 이 가운데 중요한 사항들만 몇 가지 따져 보도록 하자.

유교는 사람들이 경제 발전에 필수적인 산업과 기술 따위의 직업에 종사하는 것을 꺼려 하게 만들었다. 전통적인 유교식 사회 체제의 정상에는 학자-관리 그룹이 있었다. 이들은 통치 계급상 하급에 해당하는 직업 군인들과 함께 농민, 장인, 상인(그 아래에는 노비들이 있다)의 순으로 위계를 이루고 있는 평민 계급을 다스렸다. 그런데 평민 계급 중에서도 농민과 그 아래의 다른 계층들 사이에는 근본적인 경계가 있었다. 농민들은 적어도 이론적으로나마 공직 경쟁 시험인 과거에 합격하면(이따금 실제로 합격하는 경우도 있다) 통치 계급에 편입될 수 있었다. 그러나 장인이나 상인은 이 시험에 응시하는 것조차 허용되지 않았다.

설상가상으로 이 공직 시험은 유교 문헌에 대한 학문적 지식에 대해서만 시험을 본다는 것이다. 이런 요인들 때문에 유교 사회의 통치 계급은 실용적인 지식을 업신여기게 되었다. 18세기 한국의 유학자이자 정치가들은 국왕이 모친이 죽었을 때 상복을 얼마 동안 입어야 하느냐(1년이냐, 3년이냐)를 두고 논쟁을 벌이다가 경쟁 파벌을 학살하기까지 했다. 학자-관료 집단은 유교 이념에 따라 '청빈淸貧'하게 살아야 했고(물론 현실에서는 이와 다른 경우가 많았다), 따라서 돈벌이를 몹시 경멸하게 되었다. 이런 유교 문화는 현대에도 작용했다. 재능 있는 사람들에게 경제 발전에 훨씬 직접적인 기여를 하는 엔지니어(장인)나 사업가(상인)가

되기보다는 법률이나 경제학을 공부해 관료나 학자가 되기를 권장한다.

유교는 또한 독창성과 기업가 정신을 막는다. 앞서 언급했듯이 엄격한 사회적 위계질서를 고집함으로써 (장인이나 상인 같은) 특정 계층 사람들의 신분 상승이 불가능하게 만들었다. 또 사회적 위계질서는 윗사람에 대한 충성과 권위에 대한 복종의 강조를 통해 유지될 수밖에 없는데, 상급자에 대한 충성과 권위에 대한 복종은 순응주의를 낳고 독창성을 억눌렀다. 동아시아 사람들은 뛰어난 독창성이 필요치 않은 기계적인 일에 능하다는 문화적인 고정관념은 유교의 이런 특성에서 비롯된 것이라 할 수 있다.

유교가 법치주의를 훼손한다는 주장도 있을 수 있다. 많은 사람들, 특히 신자유주의자들은 법치주의는 통치자에 의한 전횡적인 재산의 수탈을 막는 최종적인 보증물이라는 점에서 경제 발전에 결정적인 것이라고 생각한다. 법치주의가 없이는 재산권의 보장이 있을 수 없고, 이런 상황에서는 사람들이 투자를 통한 부의 창출을 꺼리게 된다는 것이다. 물론 유교가 전횡적인 통치를 장려하는 것은 아니지만 법치주의를 좋아하지 않는 것도 사실이다. 유교는 법치주의를 무력한 것이라고 여긴다. 이는 공자의 "만일 사람들을 법으로써 이끌고 처벌로써 화합시키고자 한다면, 사람들은 처벌을 피하려 노력하면서도 아무런 부끄러움을 모를 것이다. 만일 사람들을 덕으로써 이끌고 예절로써 화합시키고자 한다면, 사람들은 부끄러움을 느끼고 선량해질 것이다"라는 유명한 진술에서도 드러난다. 공자의 말은 옳다. 법적 제재를 엄격하게 하면 사람들은 처벌이 두려워 법을 준수할 것이다. 하지만 법을 지나치게 강조하면 사람들은 도덕적인 행위자로서 신뢰를 받지 못한다는 느낌을 갖게 되면서 법의 준수를 넘어선 도덕적인 행동을 하려 들지 않을 것이다. 그럼에도 불구하고 유교는 법치주의를 업신여기기 때문에 그만큼 전횡적인 통치에 취약하다는 것을 부인할 수 없다. 만일 통치자가 덕이 없는 사람이라면 도대체 어찌해야 한단 말인가?

그렇다면 유교란 정확히 어떤 문화인가? 헌팅턴이 한국과 관련하여 표현한 것처럼 '검약, 투자, 근면, 교육, 조직, 그리고 규율'을 중시하는 문화인가? 아니면 실용적인 직업을 멸시하고 기업가 정신을 가로막고 법치주의를 저해하는 문화인가?

둘 다 맞다. 앞의 묘사는 경제 발전에 유리한 요소들만 뽑아 낸 것이고, 뒤의 묘사는 경제 발전에 불리한 요소들만 뽑아 낸 것이긴 하지만, 유교에 대한 일면적인 묘사를 하기 위해서는 특정 요소만 골라낼 필요도 없다. 평가를 하는 사람이 어떤 결과를 원하느냐에 따라, 똑같은 문화적 요소를 긍정적인 쪽으로 해석할 수도 있고 부정적인 쪽으로 해석할 수도 있는 것이다. 그 가장 좋은 사례가 충성이다. 앞서 언급했듯이 몇몇 사람은 충성을 강조한다는 점에서 일본의 유교가 다른 나라의 유교보다 경제 발전에 훨씬 적합하다고 생각한다. 하지만 충성에 대한 강조를 독립적인 사고와 혁신을 방해하는 유교의 약점으로 생각하는 사람들도 있다.

그렇다고 유교만이 로버트 루이스 스티븐슨의 『지킬 박사와 하이드 씨』의 주인공과 같은 이중인격을 가진 것은 아니다. 어떤 문화적 신념체계에 대해서도 똑같은 분석을 할 수 있다. 회교의 예를 들어 보자.

오늘날 많은 사람들이 회교 문화가 경제 발전을 저해한다고 생각한다. 다양성을 용납하지 않는다는 점에서 기업가 정신과 독창성을 가로막고, 내세에 집착한다는 점에서 사람들로 하여금 부의 축적과 생산성 향상 같은 세속적인 일에 무관심하게 만든다는 것이다.[23] 그 밖에 인구의 절반에 달하는 여성들에 대한 활동 제한은 재능을 허비할 뿐만 아니라 미래의 노동력의 질까지 떨어뜨린다. 어머니들이 제대로 교육받지 못하면 자식들에게 충분한 영양과 학업에 대한 도움을 제공할 수 없고, 그렇게 되면 자식들의 학업 성적이 떨어지기 때문이다. 회교의 (이교도들에 맞선 지하드, 즉 성전聖戰이라는 개념으로 구체화된) '군사주의' 경향은 돈벌이 대신 전쟁에 참여하는 것을 칭송한다. 한마디로 회교 문화는 완벽한 하이드 씨인 것이다.

하지만 회교 문화에는 다른 대부분의 문화와는 달리 고정된 사회적 위계질서가 없다. (그래서 남아시아의 하층 카스트에 속하는 힌두교도들이 회교도로 개종했던 것이다.) 따라서 열심히, 그리고 독창적으로 일을 하는 사람들은 그 노력에 합당한 보상을 받게 된다. 그뿐만 아니라 회교 문화는 유교의 위계질서에서와는 달리 공업이나 상업 활동을 경멸하지 않는다. 예언자 무함마드 자신이 상인이었다. 회교는 상인의 종교이다 보니 계약에 대해 매우 진보적인 견해를 가지고 있다. 심지어 결혼식에서도 결혼 계약서에 서명을 하는 절차가 있다. 이런 경향은 법치주의를 장려한다.[24] 실제 회교 국가들의 판사 양성 역사는 기독교 국가들보다 수백 년이나 앞선다. 회교 국가에서는 또 합리적인 사고와 학습을 강조한다. 예언자 무함마드는 "학자의 잉크는 순교자의 피보다 더 신성하다"라는 유명한 말을 남겼다. 덕분에 아랍 세계는 한때 수학, 과학, 의학 분야에서 세계를 선도했다. 또 코란에 대한 해석이 구구하기는 하지만, 실제로 현대 이전의 회교 사회는 대부분 기독교 사회보다 훨씬 관대했다. 1492년 스페인 기독교도들의 국토 회복 운동 직후 이베리아 반도의 유대인들이 오스만 제국으로 망명했던 것도 그런 이유이다.

바로 이런 것들이 회교 문화가 가진 지킬 박사의 모습의 뿌리이다.

회교 문화는 사회적 이동과 기업가 정신을 장려하고, 상업을 존중하고, 계약주의적인 사고 구조를 가지고 있으며, 합리적인 사고를 강조하고, 다양성과 창의성을 허용한다.

이렇듯 경제 발전에 확실하게 좋거나 확실하게 나쁜 문화란 존재하지 않는다. 단지 사람들이 자신들의 문화 속에 들어 있는 '원료들'을 가지고 무엇을 하느냐에 따라 결과가 달라질 뿐이다. 어떤 경우에는 긍정적인 요소가 우세할 수 있고, 또 어떤 경우에는 부정적인 요소가 우세할 수 있다. 시대적인 상황이나 지리적인 위치에 차이가 있다면, 설령 두 사회가 (회교나 유교, 혹은 기독교라는) 똑같은 원료를 가지고 있더라도 전혀 이질적인 행동 양식을 드러낼 수 있다. 실제로 이런 사례는 무수히 존재한다.

문화에 근거해 경제 발전을 설명하려는 시도는, 바로 이런 사실을 파악하지 못하고 있다는 점에서, 과거를 통해 확인된 바에 근거한 사후 정당화에 지나지 않는다. 자본주의 초기 시절 경제 발전에 성공한 국가들의 대부분이 개신교였기 때문에 많은 사람들은 개신교가 특히 경제 발전에 적합하다고 주장했다. 하지만 제2차 세계 대전 이후 천주교 문화권인 프랑스, 이탈리아, 오스트리아, 남부 독일이 급속히 발전하자 개신교뿐 아니라 기독교 전체가 '신통한' 문화로 취급되었다. 일본이 부자 나라가 되기 전에는 동아시아가 유교 때문에 발전하지 못했다는 주장이 있었으나, 일본이 번영을 이룩한 뒤에는 중국과 한국의 유교가 개인의 계발을 중시하는 데 반해, 일본의 유교는 협동을 강조하기 때문에 급속한 경제 발전이 가능했다는 주장으로 바뀌었다. 그러다 홍콩, 싱가포르, 대만, 한국이 경제적으로 좋은 성과를 거두기 시작하자 유교에 여러 종류가 있다는 것은 잊혔다. 유교야말로 근면과 검약, 교육과 권위에 대한 복종을 강조한다는 점에서 경제 발전에 가장 적합한 문화가 되었다. 요즘에는 회교권인 말레이시아와 인도네시아, 불교권인 태국, 그리고 힌두교권인 인도가 경제적으로 좋은 성과를 올리고 있다. 따라서 우리는 이 모든 문화들이 경제 발전에 얼마나 적합한지(그리고 이론가들이 어떻게 처음부터 이 사실을 알고 있었는지) 과시하는 새로운 이론의 출현을 기대해도 좋을 것이다.

게으른 일본인과 도둑질 잘하는 독일인

지금까지 나는 경제 발전에 이상적인 문화가 어떤 것인지를 검토하는 대신, 문화를 정의하고 문화의 복잡성을 이해하는 것이 얼마나 어려운 일인지를 검토했다. 이렇듯 문화를 정의하는 것이 어려운 일이라면, 문화 차이로 (경제 발전 같은) 다른 어떤 것을 설명하려는 시도는 더욱 어려울 것이다.

물론 사람들의 행동 양식에 따라 경제 발전에 차이가 나타난다는 것 자체를 부인할 수는 없다. 다만 나는 사람들의 행동이 문화에 의해서 결정되는 것은 아니라고 생각할 뿐이다. 문화는 변화한다. 많은 문화주의자들이 은연중 전제하는 것처럼 문화를 숙명으로 받아들이는 것은 옳지 않다. 이 점을 이해하기 위해서도 여기서 잠시 게으른 일본인과 도둑질 잘하는 독일인이라는 수수께끼로 돌아가 보도록 하자.

과거에 일본 문화나 독일 문화가 경제 발전에 불리한 것처럼 보였던 이유 가운데 하나는 더 부유한 나라 출신의 관찰자가 (특히 가난한 나라의) 외국인에 대해 가진 편견이다. 그러나 이에 더해, 부자 나라의 상황과 가난한 나라의 상황은 다르다는 사실에서 기인하는 진정한 '오해'도 있었다.

가난한 나라 사람들의 '문화적' 특질로 자주 인용되는 게으름에 대해 살펴보자. 부자 나라 사람들은 으레 나라가 가난한 것은 국민들이 게으르기 때문이라고 생각하지만, 가난한 나라에서는 대단히 가혹한 조건에서 장시간 일해야 하는 사람들이 많다. 그럼에도 이들이 게으르게 '보이는' 것은 시간에 대한 '산업 사회적인' 개념이 부족하기 때문이다. 기본적인 연장이나 간단한 기계만 가지고 일할 때에는 시간을 엄격하게 지켜야 할 필요가 없다. 반면에 자동화된 공장에서 일을 할 때는 시간을 엄격하게 지키는 것이 대단히 중요하다. 부자 나라 사람들은 시간 개념에 대한 이런 차이를 게으름이라고 해석하는 경우가 많다.

물론 편견이거나 오해뿐만인 것은 아니었다. 19세기 초의 독일인들과 20세기 초의 일본인들은 대체로 당시의 부자 나라 국민들이나 오늘날의 독일이나 일본 사람들처럼 조직적이지도, 합리적이지도, 규율이 잡혀 있지도 않았다. 문제는 이런 '부정적인' 행동 양식이 세대를 넘어 전해지는 신념과 가치관, 사고방식에 기초하고 있고, 그에 따라 변화가 (아예 불가능한 것은 아닐지라도) 대단히 어렵다는 점을 이유로 그 기원이 '문화적'인 것에 있다고 설명할 수 있느냐는 것이다.

간단히 말해 내 대답은 그렇지 않다는 것이다. '게으름'에 대해 다시 생각해 보자. 가난한 나라에 '게으르게 지내는' 사람들이 훨씬 많은 것은 '사실'이다. 그러나 과연 이들이 열심히 일하는 것보다 빈둥대는 것을 더 좋아하는 문화를 갖고 있기 때문일까? 대개의 경우는 그렇지 않다. 이들이 게으르게 지내는 주된 원인은 가난한 나라의 경우 실업 혹은 준실업 상태(사람들이 직업은 있지만 할 일이 충분치 않은 경우)에 있는 사람들이 많다는 데 있다. 따라서 이것은 문화가 아니라 경제적 조건에서 비롯된 결과이다. '게으른' 문화를 가진 가난한 나라 출신의 이민자들이 부자 나라로 이주한 뒤에는 현지 사람들보다 훨씬 더 열심히 일을 한다는 사실이 이를 입증한다.

한때 크게 떠벌여지던 독일인들의 '부정직함'에 대해서도 생각해 보자. 가난한 나라의 국민들은 생계를 유지하기 위해 비윤리적인, 심지어는 불법적인 수단에 의지하는 경우가 있다. 가난은 또 법의 집행력을 약화시키기 때문에 사람들은 불법적인 행동을 하고도 처벌을 받지 않고, 오히려 위법 행동을 '문화적으로' 수용하기까지 한다.

일본인들과 독일인들의 '감정 과잉'에 대해서는 어떤가? 합리적인 사고가 없는 상태가 '감정 과잉'이라고 표현되는 경우가 많은데, 합리적인 사고는 대개의 경우 경제 발전의 결과로 발전한다. 현대의 경제는 합리적으로 조직된 활동을 전제로 하고, 이것이 다시 사람들의 세계관을 변화시키는 것이다. (아프리카와 남미라는 말을 들으면 흔히 떠올리는) '오늘을 위해 사는 것' 혹은 '태평하게 사는 것' 역시 경제적인 조건이 빚어 내는 결과이다. 천천히 변화하는 경제에서는 미래에 대한 계획을 세울 필요성이 그다지 많지 않다. 사람들은 (새 직업 같은) 새로운 기회나 (수입품의 갑작스러운 유입 같은) 예기치 않은 충격을 예상할 때에만 미래에 대한 계획을 세우기 때문이다. 더군다나 가난한 경제는 사람들에게 미래에 대한 계획을 세울 수 있는 (신용, 보험, 계약 따위의) 장치를 거의 제공하지 않는다.

다시 말하건대 과거 일본인들이나 독일인들이 가졌던 수많은 '부정적인' 행동 양식들은 대개 모든 저개발 국가에 공통된 경제적 조건들의 귀결이다. 그렇기 때문에 과거의 독일인들이나 일본인들이 '문화적인 측면에서' 오늘날의 독일인들이나 일본인들보다는 오늘날의 개발도상국 사람들과 비슷한 점이 훨씬 많은 것이다.

겉보기에는 분명히 변화시킬 수 없는 것처럼 보이는 '대대로 전해져 온 민족적 습관들' 중에서 대다수는 경제적 조건이 변화하면 상당히 빠르게 바뀔 수 있다. 실제로 그런 사례들도 있는데, 19세기 말의 독일과 20세기 초의 일본에서도 목격되었다. 내가 앞서 소개했던 미국 선교사 시드니 굴릭은, "일본인들은 부지런하고 근면한 면과 게으르고 시간의 경과에 완전히 무관심한 면이 있다는 이중적인 인상을 준다"라고 진술했다.[25] 새로 생긴 공장에서 일하고 있는 노동자들은 부지런해 보이지만, 반半실업 상태에 있는 농부들과 목수들은 게을러 보였던 것이다.

경제가 발전하면 사람들 역시 시간에 대한 '산업적인' 개념을 빠르게 발전시켜 나간다. 나의 고국 한국은 이와 관련하여 흥미로운 사례를 제공한다. 20년 전, 아니 15년 전만 해도 한국인들은 '코리안 타임'이라는 표현을 썼다. 이것은 사람들이 약속 시간에 한두 시간 정도 늦는 것 자체를 당연시하는 관행을 이르는 말이었다. 하지만 요즘에는 생활이 훨씬 조직화되고 속도가 빨라졌기 때문에 약속 시간에 늦는 행동은 거의 사라졌고, 그에 따라 코리안 타임이라는 표현 자체도 사라졌다.

다시 말해 문화는 경제가 발전함에 따라 변화한다.* 오늘날의 일본과

* 물론 경제가 침체하면 문화가 (경제 발전의 관점에서 볼 때) 나쁜 쪽으로 변할 수도 있다. 회교 세계는 예전에는 합리적이고 관용적이었지만, 경제 침체가 수백 년 동안 계속되면서 많은 회교 국가들이 지나치게 종교적이며 비관용적인 태도를 가지게 되었다. 경제 침체와 미래에 대한 전망 부재는 이런 '부정적인' 요소들을 더욱 강화하는데, 이는 회교 문화의 필연적인 결과가 아니다. 과거에 번창했던 수많은 회교 제국들에 널리 퍼져 있던 합리적인 사고와 관용적인 태도가 이를 입증한다. 여성 직원들이 높은 비율을 차지하는 말레이시아 은행의 상황에서도 알 수 있듯이 말레이시아의 회교도들은 경제 번영으로 인해 합리적이고 관용적인 태도를 가지게 되었다는 사실에서도 이를 확인할 수 있다.

독일 문화가 자신의 선조들의 문화와 크게 다른 것은 바로 이 때문이다. 문화는 원인이면서 동시에 결과이다. 어떤 나라가 '근면하고' '규율이 잘 선'(그리고 그 밖에 '긍정적인' 문화적) 특성을 가지고 있어서 경제가 발전하는 것이 아니라, 경제가 발전해 가고 있기 때문에 이 같은 특성을 갖게 되었다고 하는 것이 훨씬 더 정확한 설명이다.

많은 문화주의자들이 이론적으로는 문화가 바뀐다는 것을 인정하면서도 실제로는 문화를 변치 않는 것으로 취급한다. 이것이 요즘의 문화주의자들이 과거 당시의 정반대의 기록들에도 불구하고 경제 발전의 첨단에 있는 일본을 아첨하듯이 좋게 그리는 이유이다. 경제 발전에 대한 문화주의 이론의 주도적인 옹호자인 데이비드 랜디스는 "일본인들은 특유의 집중성과 체계를 가지고 근대화의 수행에 나섰다. 이들은 효율적인 정부라는 전통의 미덕, 낮은 문맹률, 긴밀한 가족 관계, 직업윤리, 자기 절제, 민족적 일체감과 타고난 우수성에 대한 인식 등 근대화를 이룰 만반의 준비를 갖추고 있었다"라고 말한다.[26] 또 후쿠야마는 당시 일본인들이 게으르다는 평판이 자주 입에 올랐음에도 불구하고, 자신의 저서 『신용』에서 "유럽에서 프로테스탄트 직업윤리가 형성된 것과 비슷한 시기에 일본에서도 프로테스탄트 직업윤리와 유사한 직업윤리가 형성되었다"라고 쓰고 있다.[27] 후쿠야마는 또한 독일이 부자 나라가 되기 전까지 많은 외국인들이 독일인들은 늘 남을 속이고 서로 협조할 줄 모르는 사람들로 생각했다는 사실은 까맣게 잊은 채 독일을 본질적으로 '신용도가 높은' 사회로 분류하고 있다.

제대로 된 문화주의적 설명이라면 독일인들과 일본인들이 과거에는 몹시 희망이 없는 부류였다는 것을 인정하면서도, 이런 이들이 어떻게 경제를 발전시켰는지 설명할 수 있어야 한다. 그러나 대부분의 문화주의자들은 '올바른' 가치 체계를 가진 국가들만이 발전할 수 있다는 생각에 얽매여 독일이나 일본의 이후 경제 성공을 '설명'하기 위해 이들의 역사 자체를 재해석하고 있다.

문화주의자들이 추측하는 것에 비해 문화가 훨씬 급속하게 변화한다는 사실은 우리에게 희망을 준다. 게으름이나 창의성 부족 같은 부정적인 행동 특성들이 경제 발전을 저해하는 것은 분명하다. 만약 이런 특성들이 완전히 혹은 거의 대부분 문화에 의해 결정되는 것이라면, 우리는 경제 발전의 시동을 걸기 위해 먼저 이런 특성들을 없애는 '문화 혁명'에 나서야 할 것이다.[28] 하지만 문화 혁명을 이루고 나야만 경제를 발전시킬 수 있는 능력을 갖게 된다면 경제 발전은 거의 불가능할 것이다. 왜냐하면 문화 혁명의 성공은 (설사 가능하다 하더라도) 몹시 드문 것이기 때문이다. 우리는 (경제 발전의 촉진이 아닌 다른 여러 가지 이유에서 시작된 것이긴 하지만) 중국의 문화 혁명의 실패를 유익한 충고로 받아들여야 한다.

다행스럽게도 경제 발전을 이루기 위해서 먼저 문화 혁명을 단행할 필요는 없다. 경제 발전에 유익한 것으로 알려진 수많은 행동 특성들은 경제 발전의 전제 조건이 아니라 경제 발전으로 따라올 것이기 때문이다. 앞장에서 논의했듯이, 경제 발전을 위해 문화 혁명이 아니고도 쓸 수 있는 다른 수단이 많은 것이다. 일단 경제 발전이 진행되면 사람들의 행동은 물론, 그 행동을 뒷받침하는 신념(즉 문화) 역시 경제 발전에 도움이 되는 쪽으로 변화할 것이다.

일본과 독일에서 이루어진 것이 바로 이런 과정이다. 이런 변화는 향후 모든 경제 성공 사례에서 나타날 것이다. 최근 인도가 경제 성공을 이룬 사실을 보면, 한때 인도의 느린 경제 성장의 원인으로 간주되었던 힌두교 문화—과거 '힌두교식 성장률'[29]이라는 표현이 널리 쓰였던 점을 생각해 보라—가 과연 어떤 식으로 인도의 성장을 돕고 있는지를 설명하는 책들도 곧 등장할 것이다. 만일 내가 프롤로그에서 그렸던 것처럼 2060년대에 모잠비크의 꿈이 이루어진다면, 그다음에는 모잠비크가 얼마나 경제 발전에 적합한 문화를 가졌는지를 논하는 책들을 읽게 될 것이다.

문화는 어떻게 변화하는가?

지금까지 나는 문화가 불변의 것이 아니라 경제 발전의 결과로 변화하는 것이라고 주장했다. 하지만 경제적 조건을 근본적으로 변화시키는 것만으로도 문화를 바꿀 수 있다고 말하는 것은 아니다. 문화는 설득을 통해 의도적으로 변화될 수 있다. 이것이 바로 숙명론자가 아닌 문화주의자들이 강조하는 부분이다. (숙명론자들의 입장에서 보면, 문화를 변화시키는 것은 거의 불가능한 만큼 문화는 곧 숙명이다.)

문제는 이들 문화주의자에게 문화적 변화란 『저개발은 정신 상태다』의 저자인 로런스 해리슨의 말을 빌려 표현하자면, "진보적 가치관과 태도를 촉진하는 활동"이라고 믿는 경향이 있다는 것이다.[30] 그러나 이데올로기적인 설득만으로 이룰 수 있는 변화에는 한계가 있다. 일자리가 충분치 않은 사회라면 열심히 일하라는 설교만으로는 사람들의 일하는 습관을 바꿀 수 없다. 공업이 충분히 발전하지 않은 사회라면 기술과 관련된 직업을 경멸하는 것은 옳지 않다는 말을 아무리 되풀이한다 해도 기술 관련 직업을 선택하는 젊은이들은 많지 않을 것이다. 노동자들이 열악한 대우를 받는 사회라면 협동이 중요하다는 설득은 (냉소까지는 아니라도) 무관심한 반응에 부닥치게 될 것이다. 따라서 태도의 변화는 경제 활동과 각종 제도, 그리고 정책 같은 현실적인 변화에 의해 뒷받침될 필요가 있다.

이제는 신화가 되다시피 한, 회사에 충성하는 일본인들의 문화에 대해 살펴보자. 많은 관찰자들은 이런 문화가 충성을 강조하는 일본 유교에서 유래된, 타고난 문화적 특성이 구체화된 것이라고 믿는다. 사실이 그렇다면 시대를 거슬러 올라갈수록 이런 태도가 더 뚜렷하게 나타나야 할 텐데, 100여 년 전에 비어트리스 웨브는 일본인들은 "참을 수 없을 정도로 개인적 독립성"이 강하다고 진술한 바 있다.[31] 실제 일본 노동자들은 상당히 최근까지도 몹시 호전적이었다. 1955년부터 1964년 사이 일본 노동자의 1인당 파업 참여 일수는 영국이나 프랑스보다 많았다.[32] (당시의 영국과 프랑스가 협동적인 산업 관계로 유명한 나라도 아니었다.) 정작 일본 노동자들이 협동심과 충성심을 발휘하게 된 것은 종신고용과 회사의 복지 계획 같은 제도들을 제공받게 되면서부터였다. 이데올로기적인 캠페인들(그리고 호전적인 공산주의 노동조합에 대한 정부의 공격)이 협동심과 충성심의 고취에 일정한 역할을 했겠지만, 그것만으로는 충분치 않았을 것이다. 현재 평화적인 산업 관계로 명성을 날리고 있는 스웨덴도 한때는 심각한 노동 문제에 시달린 적이 있다. 스웨덴은 1920년대에 파업으로 인해 상실한 노동자 1인당 인시man-hour가 세계 최고였다. 그러나 1930년대 (살트셰바덴 협약이라는) '조합주의적' 타협 이후 상황은 완전히 바뀌었다. 노동자들은 임금 인상 요구와 파업 행동을 자제했고, 자본가들은 그 대가로 효과적인 재교육 프로그램과 후한 복지 정책을 제공했다. 만일 이데올로기적인 훈계만 되풀이했다면 이런 식의 설득력을 발휘할 수 없었을 것이다.

한국이 1960년대에 적극적으로 산업화 정책에 나섰을 무렵, 한국 정부는 산업 관련 직업을 천시하는 전통적인 유교적 태도를 버리도록 국민들을 설득하기 위해 노력했다. 당시 한국은 보다 많은 엔지니어들과 과학자들이 필요했다. 그러나 엔지니어 관련 버젓한 직업이 거의 없었기 때문에, 엔지니어가 되기를 원하는 똑똑한 젊은이들은 거의 없었다. 그러자 한국 정부는 공학과 과학 분야 정원을 늘리고 재정 지원의 폭을 증가시키는 동시에, 인문 분야에 대해서는 (상대적으로) 정원을 줄이고 재정 지원의 폭을 낮췄다. 그 결과 1960년대 인문계 졸업생의 60% 정도에 지나지 않던 공학 및 과학계 졸업생 비율이 1980년대 초에는 거의 비슷해졌다.[33] 물론 이런 정책이 효과를 거둘 수 있었던 것은 궁극적으로 한국 경제가 급속히 공업화되면서 공학도나 과학자들에게 보수가 좋은 일자리가 점점 더 늘어난 덕분이었다. 이렇듯 ('진보적인 가치관과 태도'의 장려만이 아닌) 이데올로기적 설득과 교육 정책, 공업화가 결합되면서 한국은 세계에서도 손꼽히는 잘 훈련된 공학자 집단을 자랑하게 되었다.

위의 사례를 통해 우리는 이데올로기적 설득이 중요하기는 하지만, 그것만으로는 문화를 바꾸는 데 충분하지 않다는 것을 알 수 있다. 바람직한 행동 양식을 뒷받침할 수 있는 정책과 제도의 변화가 장기간에 걸쳐 병행되어야만 그것이 '문화적' 특성으로 바뀔 수 있기 때문이다.

문화의 재발명

문화는 그 나라의 경제적 성과에 영향을 미친다. 특정한 시점에서 특정한 문화는 다른 문화에 비해 (경제 발전을 비롯한) 특정한 사회적 목표의 달성에 많은 도움이 되는 특정한 행동 특성을 제공할 수 있다. 이런 식으로 추상적인 차원에서 보면 이 명제는 논쟁의 여지가 없는 것처럼 보인다.

그러나 이런 일반적인 원칙을 현실에 적용하는 것은 지난한 일이다. 어떤 나라의 문화를 정의한다는 것 자체가 어렵다. 한 나라 안에도 이질적인 문화 전통들이 공존한다는 사실로 인해 상황은 더욱 복잡해진다. 이는 한국과 같이 '동질적'이라고 알려진 문화에서도 마찬가지이다. 모든 문화는 다중적인 특징들을 가지고 있고, 그 특징들 가운데는 경제 발전에 유리한 것도 있고 불리한 것도 있다. 몇몇 나쁜 사마리아인들이 한 나라의 경제적 성공이나 실패를 문화의 측면에서 '설명'하려고 노력하고 있지만, 이것은 가능한 일도 아니고 유용한 일도 아니다.

더욱 중요한 사실은 특정한 행동 특성을 가진 사람들이 있는 것이 경제 발전에 더 유리하다 하더라도, 해당 국가가 경제를 발전시키기 전에 먼저 '문화 혁명'을 단행해야 할 필요는 없다는 점이다. 문화와 경제 발전은 상호 작용하지만, 경제 발전이 문화에 미치는 영향이 훨씬 더 크다. 경제 발전은 그 자체가 광범위한 분야에 걸쳐 필요로 하는 문화를 창조해 낸다. 경제 구조의 변화가 사람들의 생활 방식과 상호 작용 방식을 변화시키고, 이것이 다시 사람들의 가치관과 행동 양식을 변화시킨다. 앞서 내가 일본과 독일, 그리고 한국의 사례를 들어 설명했듯이 경제 발전을 '설명'하는 것으로 여겨지는 (근면, 시간 준수, 검약 같은) 행동 특성들 가운데 대다수는 실제로는 경제 발전의 원인이 아니라 경제 발전의 결과이다.

지금까지 문화는 대개 경제 발전의 결과로 변화한다고 이야기했지만, 그렇다고 해서 이데올로기적인 설득을 통해 문화를 변화시킬 수 없다는 의미는 아니다. 낙관적인 문화주의자들은 실제로 이데올로기적인 설득을 통해 문화를 변화시킬 수 있다고 믿는다. 이들은 '저개발은 정신 상태'라고 주장한다. 이들의 관점에서 본다면 저개발에 대한 명백한 해결책은 이데올로기적 설득을 통해 사람들의 사고방식을 바꾸어 놓는 것이다. 나도 이런 방법이 문화를 변화시키는 데 도움이 될 수 있으며, 어떤 경우에는 중요할 수도 있다는 것을 부인하지 않는다. 그러나 '문화 혁명'은 그를 뒷받침하는 경제 구조와 제도의 변화가 뒤따르지 않는다면 뿌리를 내리지 못한다.

경제 발전에 도움이 되는 행동 특성을 장려하기 위해서는 이데올로기적인 설득과 경제 발전을 증진하는 정책적 수단, 그리고 바람직한 문화 변화를 촉진할 제도의 변화를 결합시켜야 한다. 이것들을 적절하게 혼합하는 것은 쉬운 일이 아니다. 하지만 일단 적절한 혼합에 성공하기만 하면 문화는 일반적으로 인식되는 것보다 훨씬 빠른 속도로 변화할 수 있다. 뒷받침이 되는 경제적 구조와 제도들의 변화가 충분히 이루어진다면, 불변의 민족적 특성이라고 여겨졌던 것들도 몇십 년 만에 바뀔 수 있다. 일본의 '대대로 전해 내려온 민족적 습관'인 게으름이 1920년대 이후로 급속하게 사라진 것이나, 스웨덴에서 1930년대 이후로 협동적인 산업 관계가 급속하게 발전한 것이나, 한국에서 1990년대에 '코리안 타임'이 사라진 것이 그 대표적인 사례라 하겠다.

문화를 (경제 정책, 제도 수립, 그리고 이데올로기적 캠페인을 통해) 계획적으로 변화시킬 수 있다는 사실은 우리에게 희망을 던져 준다. 어떤 나라도 그들의 문화 때문에 발전하지 못한다고 할 수는 없기 때문이다. 하지만 동시에 문화를 우리가 원하는 대로 재발명할 수는 없다는 사실을 잊지 말아야 한다. 공산주의 치하에서 '새로운 인간'을 창조하려다 실패한 것이 그 좋은 증거이다. '문화 개혁자'는 여전히 현재의 문화적 태도 및 상징들을 가지고 일해야만 하는 것이다.

우리는 경제 발전에서 문화가 담당하는 복잡하고도 중요한 역할을 이해해야 한다. 문화는 복잡하고 정의하기 어려운 것이다. 문화는 경제 발전에 영향을 미치지만, 경제 발전은 문화에 더 많은 영향을 미친다. 문화는 고정불변의 것이 아니다. 문화는 변화될 수 있다. 경제 발전과의 상호 작용과 이데올로기적 설득, 그리고 특정한 행동 양식을 장려하고 장기적으로는 그것을 문화적 특성으로 바꾸는 보완적인 정책과 제도들을 통해서 말이다. 그렇게 되면 우리는 문화가 숙명이라고 믿는 사람들의 근거 없는 비관주의로부터, 그리고 사람들에게 사고방식을 바꾸라고 설득함으로써 경제 발전을 유도할 수 있다고 믿는 사람들의 순진한 낙관주의에서 벗어나 상상력을 마음껏 펼칠 수 있을 것이다.

세상은 나아질 수 있을까?

상파울루 2037년

루이스 소아레스에게는 근심이 많다. 조부인 주제 안토니우가 1997년에 설립한 소아레스 테크놀로지아가 망할 위기에 처해 있기 때문이다.

소아레스 테크놀로지아는 설립 초기에도 몇 년간 대단히 어려웠다. 1994년에서 2009년까지 계속된 브라질의 고금리 정책으로 말미암아 자금을 빌릴 수 없어서였다. 하지만 이 회사는 주제 안토니우의 의지와 기술에 힘입어 2013년에는 시계 부품 및 기타 정밀 장비를 생산하는 탄탄한 중견 기업으로 성장할 수 있었다.

2015년에는 루이스의 아버지 파울루가 케임브리지 대학에서 나노물리학 박사 학위를 받고 귀국한 뒤 루이스의 조부를 설득하여 나노기술 부문을 설립하고 그를 맡아 경영하기 시작했는데, 이는 시의적절한 변신이었다. 2017년 WTO의 탈린 라운드에서 극소수 '유예' 부문을 제외한 다른 모든 공업 관세를 폐지하기로 결론이 났다. 그 결과 브라질을 비롯한 개발도상국의 제조 업체들 대부분이 (저기술 -저임금 부분을 제외하고) 무너지고 말았는데, 다행히 브라질의 나노기술 산업은 '유예' 부문에 속했기 때문에 이른바 탈린 쓰나미를 견디고 살아남을 수 있었던 것이다.

파울루의 선견지명은 보상을 받았다. 주제 안토니우의 요트가 (지구 온난화의 결과라고들 하는) 카리브해의 변덕스러운 허리케인으로 실종된 후, 2023년 파울루는 소아레스 테크놀로지아를 물려받게 되었다. 그는 미국이나 핀란드의 경쟁 업체들에 비해 훨씬 효율성이 뛰어난 해수 담수화 분자 기계를 내놓았다. 브라질이 지구 온난화로 인한 잦은 가뭄 때문에 곤란을 겪고 있는 상황에서 – 가령 당시 아마존 밀림의 규모는 강수량 부족으로 말미암아 1970년의 40% 규모로 축소된 상태였다. 여기에는 초지를 갈망하는 목장주들도 한몫 거들었다 – 대성공을 거두었다. 2028년 파울루는 상하이에서 발행되는 세계에서 가장 영향력이 막강한 경제지 『기업Qiye』이 선정한 세계 500대 과학기술 기업가들 가운데 한 사람으로 선정될 정도였다.

그러나 재앙이 밀어닥쳤다. 2029년 중국이 대규모 금융 위기를 맞아 휘청거리기 시작한 것이다. 그보다 몇 년 전인 2021년 중국은 공산당 창립 100주년 기념일을 축하하여 부자 나라들의 클럽인 OECD에 가입하기로 결정했는데, 그 대가로 이들은 자본 시장을 개방해야 했다. 세계 2위의 경제 대국답게 '책임 있게' 처신하고 자본 시장을 개방하라는 부자 나라들의 압력에 오랫동안 저항해 온 중국으로서는 OECD 가입 조건에 대한 협상이 시작된 다음부터는 달아날 방도가 없었다. 일부 사람들은 중국은 아직도 소득 수준이 미국의 20%에 불과한 가난한 나라이므로 신중해야 한다고 주장했지만, 대부분의 사람들은 중국이 제조업 부문에서 무적의 우세를 자랑하고 있듯이 금융 부문에서도 성공할 것이라고 확신했다. 중국의 중앙은행인 인민은행 총재로 자본 자유화를 지지하던 왕씽꾸오의 "무엇을 두려워하는가? 돈놀이는 우리의 유전자 안에 있는 것이다. 지폐도 우리가 발명하지 않았는가!"라는 발언에 중국의 이런 낙관적 태도가 완벽하게 요약되어 있었다. 결국 중국은 2024년에 정식으로 OECD에 가입하면서 자국 통화인 위안화를 네 배나 평가 절상하고, 자본 시장을 전면 개방했다. 이후 한동안 중국 경제는 끝없는 호황을 맞이하는 듯했다. 그러나 2029년 부동산 시장과 주식 시장의 거품이 터지면서 중국 경제는 사상 최대의 IMF 구제 금융을 필요로 하는 처지가 되었다.

그 이래 중국에서는 치솟는 실업률과 IMF가 강요한 정부 식량 보조금 축소로 말미암아 폭동이 벌어졌고, (소위 '진짜' 공산당) 운동이 시작되었다. 두 세대가 채 지나가기도 전에 마오쩌둥식 공산주의가 지배하는 거의 절대적인 평등 사회에서 브라질식 불평등 사회로 곤두박질한 중국 '패자'들의 용솟음치는 분노가 합세한 결과였다. '진짜' 공산당 운동은 2035년에 지도부 전체가 체포되면서 잠시 멈칫했지만, 이어진 정치적 격동과 사회 불안으로 말미암아 중국의 경제 기적은 종지부를 찍고 말았다.

당시 중국 경제의 규모가 엄청나게 컸던 만큼 중국 경제의 폭락은 곧 전 세계 경제의 파멸로 이어졌다. 그 결과 시작된 이른바 제2차 대공황은 몇 년째 진정될 기미를 보이지 않고 있다. 다른 나라들만큼 심한 것은 아니지만 브라질 역시 최대의 수출 시장인 중국의 붕괴로 인해 커다란 고통을 겪고 있다.

아시아 경제를 주도하던 (인도, 일본, 베트남 같은) 나라들은 결딴이 나다시피 했다. 대다수 아프리카 국가들도 자국 원자재의 최대 수입국이던 중국의 붕괴를 견뎌 내지 못했으며, 미국 경제 역시 중국 자본이 미국 국채 시장에서 대대적으로 빠져나가면서 금단 증상에 시달려야 했다. 미국 경제가 심각할 정도로 침체하자 멕시코는 경제난에 빠져들게 되었고, 그 결과 20세기 초 멕시코의 전설적인 혁명가 에밀리아노 사파타의 정통적인 계승자임을 자처하는 좌파 게릴라 신사파티스타에 의한 무장 봉기가 일어났다. 신사파티스타는 지난 2020년 (미국, 캐나다, 멕시코, 과테말라, 칠레, 콜롬비아가 체결한 NAFTA를 강화한) 범아메리카통합협정IAIA(Inter-American Integration Agreement)에서 멕시코를 탈퇴시킬 것을 공언했는데, 멕시코는 미 공군과 콜롬비아 육군의 지원을 받아 잔혹한 군사 작전을 실시한 끝에야 간신히 이들을 진압할 수 있었다.

제2차 대공황으로 심각한 타격을 입은 소아레스 테크놀로지아는 최후의 일격을 맞게 되었다. 한국계로 전직 세계은행의 수석 이코노미스트이자 자유 무역만이 번영의 길이라고 확신하는 독불장군 스타일의 알프레두 킴 브라질 대통령이 2033년 긴박한 경제 상황을 이용하여 반대 세력을 압박해 브라질을 IAIA에 가입시킨 것이다.

IAIA 가입은 브라질의 나노공학 산업에는 일대 재앙이나 다름없었다. 가입 조건 중 하나로 제시된 일체의 연방 연구개발 보조금과 정부 조달 프로그램의 단계적 폐지가 3년 사이에 완료되었는데, 이는 브라질 나노공학 산업의 생명줄에 해당하는 것이었다. 또 탈린 라운드를 무사히 넘겼던 나노공학을 비롯한 몇몇 '유예' 부문에 대한 관세도 IAIA 회원국 사이에서 당장 폐지되었고, 그에 따라 미국 기업에 비해 기술적으로 20~30년 뒤처지는 수준이었던 브라질 나노공학 회사들은 대부분 파산하고 말았다. 브라질 최고 기업으로 여겨지던 소아레스 테크놀로지아는 (많고 많은 나라 가운데서 하필이면) 에콰도르의 한 회사에 45%의 주식을 매도하고 간신히 명맥을 유지할 수 있었다. 에콰도르는 지난 2010년 베네수엘라, 볼리비아, 쿠바, 니카라과, 아르헨티나와 볼리바르 경제연합을 구축한 후로 놀라울 정도의 성공을 거두고 있는 나라인데, 볼리바르 경제연합은 이미 2012년에 탈린 라운드 강령에 반발하여 WTO를 탈퇴한 바 있다.

소아레스 테크놀로지아를 비롯해 간신히 생존에 성공한 기업들도 새로운 특허법의 시행으로 황폐화되었다. 당시 미국은 2018년에 연장한 특허 수명 28년을 2030년에 다시 40년으로 연장한 상태였다. 반면에 브라질은 (다른 IAIA 회원국들이 대부분 28년, 혹은 40년으로 연장한 것과는 달리) 1995년에 제정되어 날이 갈수록 폐물이 되어가는 WTO의 무역 관련 지식재산권 협정에서 허용된 특허 수명 20년을 고수하고 있었다.

IAIA에 가입하면서 미국의 소고기 및 면화 보조금 폐지(그러나 25년 후에나 완전 폐지된다)에 대한 보상으로 브라질은 미국이 소급 적용해야 한다고 주장하는 특허법에 대해 주로 양보했다. 그 결과 브라질의 나노공학 회사들은 순식간에 수많은 특허 법률가 부대의 엄호를 받는 미국 나노공학 회사들로부터의 특허 소송에 노출되었다.

소아레스 테크놀로지아가 미국 수입품에 대한 관세 폐지, 보조금 폐지, 정부 조달 프로그램의 위축, 그리고 밀물처럼 늘어 가는 특허 소송으로 위험한 상태에 놓이게 된 2035년, 파울루는 심한 뇌졸중으로 사망했다. (그의 명복을 빈다.) 루이스는 프랑스 경영대학원의 싱가포르 캠퍼스(당시에는 퐁텐블로 본교보다 우수하다고 알려져 있었다)의 MBA 과정을 중단하고, (코사족 혈통인 넬슨 만델라와 먼 사촌지간으로) 코사-우즈베크 혼혈인 여자 친구 미리엄과도 결별한 뒤 브라질로 돌아와 27세의 나이에 가업을 물려받았다.

루이스가 인수한 뒤에도 회사의 사정은 크게 나아지지 않았다. 그는 서너 번의 특허 소송을 성공적으로 물리쳤지만, 앞으로 이어질 세 건의 소송들은 어느 하나도 전망이 밝지 않다. 루이스는 만일 이 가운데 어느 하나라도 지는 날에는 파멸하게 될 운명이다. 소아레스 테크놀로지아의 지분 중 45%를 인수한 에콰도르 기업 나노테크놀로지아 앤디나는 벌써 자기들의 지분을 팔아치우겠다고 위협하고 있다. 그의 회사가 브라질 나노공학 산업의 다른 회사들과 함께 무너지는 날에는 신자유주의가 부상하기 전인 20세기 말에 브라질이 세계적인 지위를 확립했던 항공우주 부문과 알코올 연료 부문을 제외한 브라질의 제조업 부문 대부분이 사라지게 될 것이고, 브라질은 출발점으로 돌아가게 될 것이다.

그럴 확률이 낮다고? 맞다. 그리고 계속 그런 상태가 지속되기를 바란다. 브라질은 아주 현명하고 대단히 독립심이 강하므로 전직 세계은행의 수석 이코노미스트가 대통령이 된다 해도 내가 가상한 IAIA 따위에 서명을 하지는 않을 것이다. 멕시코에는 지혜로운 국민들이 있고 대중 운동이 가열차므로 전면적인 내전이 일어나기 전에 경로를 수정할 것이다. 중국의 지도자들은 점점 확대되어 가는 경제적 불평등으로 인해 빚어질 위협을 충분히 인식하고 있으며, 1997년 아시아의 금융 위기를 목격했던 만큼 때 이른 자본 시장 개방의 위험성을 잘 알고 있다. 또 미국의 특허 로비가 아무리 막강하다 해도 국제 협정에서 40년 수명의 특허권에 소급 적용까지 확보하기란 어려울 것이다. 지구 온난화에 대해서는 빠른 시일 내에 특단의 조치가 시행되어야 한다는 여론이 점차 높아지고 있다. WTO 협상의 다음 라운드가 거의 전면적인 공업 관세의 폐지로 이어질 가능성은 크지 않다.

그러나 내가 가상한 것이 전혀 불가능한 시나리오는 아니다. 물론 내가 가상한 것들 가운데는 의도적으로 과장한 것이 많다. 그러나 이것들은 모두 현실에 확고하게 근거를 두고 있는 것들이다.

예컨대 내가 가상한 탈린 라운드 이후의 전면적인 공업 관세의 폐지는 헛소리처럼 들리겠지만, 실제 2002년 WTO에서 미국이 제안한 것 —미국은 2015년까지 공업 관세의 전면 폐지를 주장했다—보다도 약한 것이며, 다른 부자 나라들의 제안과도 크게 동떨어진 것이 아니다.[1] 내가 가상한 IAIA는 사실 NAFTA를 (지리적으로) 확장하고 강화한 버전에 불과하다. 내가 볼리바르 경제연합의 가상 회원국으로 거론한 나라들은 이미 밀접하게 협조를 하고 있다. (다만 이 그룹의 일원인 브라질은 의도적으로 빼놓았다.) 특히 베네수엘라, 쿠바, 볼리비아는 이미 아메리카를 위한 볼리바르 동맹ALBA(Bolivarian Alliance for the Americas)을 조직한 상태이다.

중국 경제의 중요성이 갈수록 커지고 있다는 점을 고려하면, 2020년대 후반 중국에서 발생한 대규모 경제 위기가 제2차 대공황으로 비화될 수 있다는 구성이 전혀 허황된 것은 아니다. 특히 중국에서 정치적인 혼란이 일어나기라도 할 경우에는 더욱 그렇다. 중국에서 정치적 혼란이 일어날 확률은 불평등 문제가 얼마나 심각한지에 달려 있다. 어떤 대응 조치가 취해지지 않는다면 중국은 한 세대 후에는 내가 가상한 것처럼 불평등이 브라질 수준에 도달할 수도 있다. 멕시코 내전 이야기는 소설처럼 들릴 수 있다. 하지만 현재 멕시코에는 1994년 이후 부사령관 마르코스 휘하의 무장 게릴라 그룹 사파티스타 민족해방군이 통치하는 치아파스라는 주가 있다. 만일 멕시코가 심각한 경제 위기에 빠져든다면, 특히나 지난 20년 동안 좋지 못한 영향을 미쳐 왔던 신자유주의 정책이 다시 20년 동안 유지된다면, 이런 갈등이 확대되는 것이 불가능한 일은 아닐 것이다.

내가 가상한 미국 특허 시나리오는 분명히 과장된 것이다. 그러나 미국 제약 특허의 경우 데이터 보호와 미국식품의약국의 승인에 소요되는 시간까지 감안하면 사실상 이미 28년까지 연장이 가능한 상태이며, 미국 정부는 이 조항을 자국이 맺는 모든 FTA에 꼭 끼워 넣고 있다. 앞서 6장의 미키마우스 이야기에서 언급했듯이 미국의 저작권은 1998년에 소급해서 연장되었다.

여러분은 중국이 경제가 채 성숙하지도 않은 상태에서 자본 시장을 개방할 가능성은 거의 없다고 생각할지도 모른다. 그러나 경제 규모가 세계 2위에 이른 나라의 처지에서는 '책임감 있게' 행동하라는 압력에 저항하기란 어려운 일이다. 일본이 1985년의 플라자 합의에서 하룻밤 사이에 세 배나 통화 절상을 강요당했을 때가 바로 이런 상황이었다. 당시의 통화 절상은 대대적인 자산 가격 거품의 주요한 원인이 되었고, 1990년대 초반 거품이 터지면서 일본은 10년 동안 경기 침체에 빠졌다. 내가 중국이 공산당 창립 100주년을 기념하여 OECD에 가입할 것이라고 가상한 것은 분명히 농담조로 한 말이다.

그러나 한국의 사례에서 볼 수 있듯이 경제적으로 성공을 거둔 나라들은 자만에 빠질 수 있다. 1980년대 후반이 되기 전까지 한국은 기술적으로 자본을 통제함으로써 막대한 경제적 이익을 얻을 수 있었다. 그러나 1990년대 중반에 한국은 신중한 계획도 세우지 않은 채 자본 시장을 대폭 개방했는데, 이는 미국의 압력도 있었지만 30년 동안 경제 '기적'을 계속한 뒤라 자만에 빠졌기 때문이기도 하다. 한국은 부자 나라가 아님에도 불구하고 1996년 OECD에 가입하기로 결정하고부터는 부자 나라처럼 행동했다. 당시 한국의 1인당 소득을 대부분의 OECD 회원국들과 비교하면 3분의 1 수준, 가장 부유한 회원국과 비교하면 4분의 1의 수준에 불과했다. (이는 2020년대 중반쯤에 중국이 도달할 것 같은 수준을 약간 넘어서는 정도이다.) 1997년의 금융 위기는 이런 행동의 결과라 할 수 있었다. 결국 내가 가상한 중국 이야기는 1980년대의 일본과 1990년대의 한국에서 실제로 일어났던 일을 조합한 셈이다.

브라질이 IAIA와 같은 협정에 서명하는 것이 있을 법한 일인가? 오늘날의 세계에서는 절대로 있을 수 없는 일이다. 그러나 나는 제2차 대공황의 와중의 세계를, 신자유주의의 위세 아래 사반세기를 보내느라 경제가 황폐화된 세계를 이야기하고 있다. 게다가 이데올로기적 확신에 가득 찬 정치 지도자들이 적당한 시간, 적당한 지위에 있게 될 경우 자국의 역사적 전통에 어긋나는 일들을 벌일 수도 있다는 사실을 과소평가해서는 안 된다. 예컨대 영국은 점진주의와 실용주의 전통으로 유명한 나라이다. 하지만 마거릿 대처는 급진적이면서 이데올로기 지향적이었고, 대처 정부는 영국 정치의 성격까지 바꿔 놓았으며, 이러한 성격은 당분간 유지될 것이다. 브라질의 경우에도 마찬가지이다. 브라질이 독립적이고 실용주의적인 외교 정책을 견지해 온 역사를 가지고 있는 것은 사실이다. 하지만 그렇다 해도 내가 가상한 알프레두 킴 같은 사람이 브라질을 IAIA로 몰아넣는 일은 절대로 일어나지 않는다고 보장할 수가 없다. 브라질에 자유 시장 이데올로기들이 없는 상황이 아닌 이상 더욱 그렇다.

따라서 내가 상상한 '가상의 미래 역사'는 완전히 허황된 이야기만은 아니다. 이것은 언뜻 보기보다는 훨씬 더 튼튼하게 현실에 뿌리를 내리고 있다. 내가 의도적으로 비관적인 방향으로 시나리오를 쓴 것은 여러분에게 그 위험성이 얼마나 큰지를 상기시키기 위해서이다. 나는 지금으로부터 30년 후에 내 생각이 완전히 잘못된 것으로 판명되기를 바라마지 않는다. 그러나 세계가 나쁜 사마리아인들이 열심히 주창하고 있는 신자유주의 정책을 계속 유지한다면, 내가 가상의 이야기로 '기록'했던 사건들, 혹은 그와 아주 비슷한 일들 중의 많은 수가 실제로 벌어질 것이다.

지금까지 나는 가난한 나라들이 발전할 수 있도록 돕고 내가 가상한 '미래의 역사'에 기록된 재앙에 가까운 시나리오를 피할 수 있으려면, 국가적으로나 국제적으로나 정책들이 어떻게 변화되어야 하는지에 대해 여러 가지 주장을 펼쳤다. 이제 책을 마무리하는 이 장에서까지 이런 주장들을 되풀이하거나 요약할 생각은 없다. 단지 나는 내가 제시한 주장들의 이면에 있는 핵심적인 원칙들에 대해 이야기하고자 할 뿐이다. 가난한 나라의 경제 발전을 촉진하고 세상을 좀 더 나은 곳으로 만들고자 한다면 개별 국가의 경제 정책과 국가 간의 경제적 상호 작용에 관한 규칙이 어떻게 변화되어야 하는지를 그 과정에서 제시하고 싶기 때문이다.

시장에 대항하라

지금까지 계속 강조해 왔듯이 시장은 현재 상태를 강화하려는 경향이 농후하다. 자유 시장은 각국이 이미 잘하고 있는 것에 충실할 것을 지시한다. 이는 단도직입적으로 말해 가난한 나라들에 현재 하고 있는 생산성이 낮은 활동을 계속하라는 이야기이다. 그러나 그런 생산성 낮은 활동을 하고 있는 것이 바로 이 나라들이 가난한 원인이다. 만일 가난에서 벗어나기를 원한다면 이 나라들은 시장에 대항하여 더 높은 소득을 올릴 수 있는 보다 어려운 일을 해야 한다. 가난에서 벗어나려면 그 외에 다른 방법이 없다.

'시장에 대항하라'는 말이 과격하게 들릴지도 모른다. 시장에 맞서려 하다가 비참한 실패를 맞았던 나라들도 많지 않은가. 그러나 시장에 대항하는 것은 기업가들이 항상 하는 일이다. 물론 기업가들은 결국에는 시장에 의해 심판받는다. 하지만 기업가들, 특히 성공한 기업가들은 시장의 힘을 맹목적으로 받아들이지 않는다. 이들은 자신의 회사에 대해 장기적인 계획을 세운다. 경우에 따라서는 상당한 기간 동안 시장의 흐름을 거스를 필요가 있는 계획을 세우기도 한다. 이들은 자신이 진출하고자 하는 새로운 부문에 세운 자회사가 성장할 수 있도록 돌본다. 기존 회사에서 나온 이익으로 그 손실을 메우는 등의 방법을 통해 말이다. 노키아는 벌목, 고무장화, 그리고 전선 사업에서 번 돈으로 17년에 걸쳐 전자 사업이 자리 잡을 수 있도록 지원했다. 삼성은 직물과 제당 사업에서 번 돈으로 10년이 넘도록 전자 사업에 투자했다. 이들이 만일 나쁜 사마리아인들이 개발도상국에 권하는 것처럼 시장의 신호에 충실했더라면, 노키아는 아직도 나무나 베고 있고, 삼성은 여전히 수입된 사탕수수나 정제하고 있을 것이다. 가난에서 벗어나고 싶은 나라들도 마찬가지로 시장에 대항하여 보다 어렵고 좀 더 고부가가치를 올릴 수 있는 부문에 진입해야 한다.

문제는 소득이 낮은 나라들(혹은 소득이 낮은 기업이나 개인들)이 생산성이 낮은 활동에 종사하고 있는 데에는 그럴 수밖에 없는 이유가 있다. 이들은 생산성이 높은 활동을 할 만한 능력이 없다. 폭스바겐사가 갖고 있는 모든 도면과 작업 지침서를 제공한다 해도 마푸투의 뒷골목에 있는 자동차 정비소에서 비틀을 생산해 낼 수는 없다. 이들에게는 폭스바겐이 가지고 있는 기술적·조직적 능력이 없기 때문이다. 따라서 자유시장 경제학자들이라면 당연히 모잠비크 사람들에게 주제 파악을 하고 (수소연료전지 따위의 말도 안 되는 것은 물론) 자동차 따위를 주무르면서 시간을 낭비할 것이 아니라 자신들이 이미 (적어도 '상대적으로'는) 잘하고 있는 것들—즉 캐슈 열매 재배—에 집중해야 한다고 주장할 것이다.

자유시장주의의 충고는 옳다. 적어도 능력이 크게 변화할 수 없는 단기간에 국한시켜 본다면 그렇다. 하지만 모잠비크 사람들이 비틀과 같은 자동차를 영원히 생산해 내지 못하리라는 법은 없다. 모잠비크 사람들이 발전을 원한다면 반드시 그런 일을 해내야 한다. 회사와 정부 차원에서 그에 필요한 능력을 축적해야 한다는 결심이 있고, 그를 위한 적절한 투자가 뒤따른다면 이들은 분명히 해낼 수 있다. 실제로 한국의 유명한 자동차 회사 현대도 1940년대에 처음 출발하던 시절에는 허름한 자동차 정비소에 불과했다.

능력을 기르는 데 투자하기 위해서는 단기적으로 당연히 희생이 따른다. 하지만 그 희생이 무서워 투자를 안 할 수는 없다. 자유무역주의자들의 주장은 이와 반대되겠지만 말이다. 실제로 우리는 장기적으로 능력을 향상시키기 위해 단기적인 희생을 감수하는 사람들을 흔히 본다. 그리고 이들을 진심으로 격려한다. 일례로 기술 수준이 낮은 직업에 종사하고 있는 어느 노동자가 새로운 기술을 배우기 위한 훈련 과정에 들어갔다고 하자. 이 사람을 보고 예전에 벌던 낮은 임금조차 벌 수 없으니 큰 실수를 하는 거라고 말하는 사람이 있다면, 그는 근시안적인 생각을 가진 사람이라고 비판받을 것이다. 장래에 돈을 벌 수 있는 능력을 향상시킬 수 있다면 이와 같은 단기적인 희생은 필요하다. 마찬가지로 나라도 장기적으로 생산 능력을 구축하기 위해서는 단기적인 희생을 감수해야 한다. 만일 관세 장벽이나 보조금 덕분에 국내 기업이 (더 좋은 기계를 구입하고, 조직 편제를 개선하고, 노동자들을 훈련시키는 등의 방법을 통해) 새로운 능력을 축적할 수 있다면, 그리고 이 과정에서 국제적인 경쟁력을 갖출 수 있다면, 소비 수준의 일시적인 감소는 충분히 정당화될 수 있다.

현재를 희생해서 미래를 개선하라는, 간단하지만 강력한 이 원칙 때문에 미국인들은 19세기에 자유 무역을 실시하지 않았다. 바로 이것 때문에 얼마 전까지도 핀란드 사람들은 외국인 투자를 허용하지 않았다. 바로 이것 때문에 한국 정부는 1960년대에 세계은행의 반대를 무릅쓰고 제철소를 건설했다. 바로 이것 때문에 스위스 사람들은 19세기 말이 되기 전까지는 특허를 인정하지 않았고, 미국 사람들은 외국인의 저작권을 인정하지 않았다. 그리고 따지고 보면 결국 바로 이것 때문에 나는 여섯 살 먹은 아들 진규를 공장에 보내 생계비를 벌어 오게 하지 않고 학교에 보내는 것이다.

능력 개발을 위한 투자는 그 열매를 거두기까지 아주 오랜 시간이 걸린다. 그렇다고 프랑스 혁명의 영향력에 대해 논평을 해 달라는 요청을 받고는 "그걸 말하기에는 너무 때가 이르다"라고 대답한 것으로 유명한, 마오쩌둥 아래서 오랫동안 중국 총리를 지낸 저우언라이 정도로 시간을 길게 잡지는 않아도 될 것 같다. 그러나 내가 '오랜'이라고 말했을 때는 진짜 '오랜'을 의미한다. 앞에서 노키아의 전자 부문이 수익을 내기까지는 17년이 걸렸다고 이야기했지만 이것은 그저 전주에 불과하다. 토요타는 30년 넘게 보호와 보조금 정책을 실시한 뒤에야 비록 하급차지만 국제 자동차 시장에서 어느 정도 경쟁할 수 있게 되었다. 영국이 모직물 제조 부문에서 저지대국을 따라잡기까지는 헨리 7세 시대부터 시작해서 거의 100년이 걸렸다. 미국이 관세를 폐지할 정도로 자신감을 가질 만큼 경제를 발전시키기까지는 130년이 걸렸다. 만일 이렇듯 시간을 길게 보는 시야를 갖지 못했더라면 아직까지도 일본에서는 견직물이, 영국에서는 모직물이, 미국에서는 면직물이 주력 수출 품목이었을 것이다.

안타깝게도 이런 시간 개념은 나쁜 사마리아인들이 권장하는 신자유주의 정책과는 양립할 수 없는 것이다. 자유 무역을 하게 되면 가난한 나라들은 당장 자신보다 한 수 위인 외국 생산 업체들과 경쟁해야 한다. 결국 가난한 나라의 회사들은 새로운 능력을 제대로 익혀 보기도 전에 무너질 수밖에 없는 것이다. 개방적인 외국인 투자 정책은 장기적으로 볼 때 보다 우월한 외국 회사들이 개발도상국에 진입할 수 있도록 허용한다는 점에서 (외국과는 무관한 회사든, 외국 회사가 소유하는 회사든 관계없이) 해당 국가의 회사들이 축적할 수 있는 능력의 범위를 제한한다. 자본 시장 개방은 자본을 경기에 따라 쏠려 다니게 만들어 장기적인 프로젝트를 흔들어 놓고, 고금리 정책은 '미래의 가격'을 올려 장기적인 투자를 불가능하게 만든다. 요컨대 신자유주의는 경제 발전을 어렵게 만들고, 생산성이 높은 새로운 능력의 획득을 까다롭게 하는 것이다.

다른 투자들의 경우에도 마찬가지겠지만 능력 개발에 대한 투자가 성공을 보증하는 것은 아니다. 회사나 개인과 마찬가지로 성공하는 나라가 있는가 하면 성공하지 못하는 나라도 있고, 다른 나라보다 더 큰 성공을 거두는 나라도 있다.

또 성공적인 나라로 손꼽히는 나라들이라 해도 특정한 분야에서는 실패했을 수 있다. (물론 여기서 쓰는 '성공'이라는 말은 절대로 실패하지 않는다는 의미가 아니라 평균적인 성공률을 의미할 뿐이다.) 그러나 어쨌든 생산 능력의 향상에 투자하지 않으면 경제를 발전시킬 수 없다. 내가 이 책 전체에 걸쳐서 언급했듯이 이것은 역사—최근의 역사, 그리고 더 먼 과거의 역사—가 말해 주는 것이다.

제조업이 왜 중요한가

능력의 향상이 중요하다는 것을 인정한다면 능력의 향상을 위해서는 정확히 어디에 투자를 해야 할까? 내가 내놓는 대답은 공업, 아니 보다 정확히 말하면 제조업이라는 것이다.• 로버트 월폴부터 시작해 여러 세대에 걸쳐 성공적인 경제 발전을 일구어 낸 지도자들에게 같은 질문을 던진다면 이들 역시 마찬가지의 대답을 내놓았을 것이다.

물론 그렇다고 해서 천연자원에 의지해 부자가 되는 것이 불가능하다는 뜻은 아니다. 아르헨티나는 20세기 초에 밀과 소고기의 유럽 수출을 통해 한때 세계에서 다섯 번째 가는 부자 나라의 자리에 올랐다. 또 지금도 많은 나라들이 석유 덕분에 부를 누리고 있다. 그러나 천연자원에만 의지해 수준 높은 생활 기반이 잡히려면 천연자원 보유량이 엄청나야 하는데, 이 정도로 운이 좋은 나라는 드물다. 게다가 천연자원은 동이 날 수가 있다. 광물 매장량에는 한계가 있고, 이론적으로는 무한한 양이 비축되어 있는 재생 가능한 (어류나 삼림 따위의) 자원이라도 과도하게 개발을 하면 바닥이 날 수 있다. 그뿐만 아니다. 기술적으로 우월한 나라들이 천연자원을 대체할 수 있는 합성 물질을 개발해 내기라도 하면 해당 천연자원에 기초한 부는 순식간에 물거품이 되고 만다. 19세기 중반 과테말라가 (연지벌레인) 꼬치니야에서 추출한 값비싼 주홍색 염료 덕분에 부를 축적했다가 유럽에서 합성염료가 발명되자마자 거의 순식간에 사라지고 만 것처럼 말이다.

역사는 부자 나라와 가난한 나라를 근본적으로 나누어 놓는 가장 중

• 어떤 정의에 따르면 공업에는 광업, 전기업, 가스업 따위의 활동이 포함된다.

요한 요소가 부자 나라들의 우수한 제조업 능력이라는 사실을 되풀이해서 보여 주고 있다. 제조업은 일반적으로 농업이나 서비스업에 비해 생산성이 높고, 더 중요하게는 생산성이 훨씬 빠른 속도로 향상되는 경향이 있다. 월폴은 약 300년 전에 이 사실을 알고 있었다. 그래서 그는 2장에서 밝혔듯이 영국 의회에서 조지 1세에게, "공산품을 수출하고 해외에서 원자재를 수입하는 것이야말로 공공복지를 도모하는 데 가장 크게 기여할 수 있는 확실한 방법임에 틀림없다"라고 말해 달라고 요청한 것이다. 미국의 알렉산더 해밀턴 역시 이 사실을 알고 당시 세계적인 경제학자였던 애덤 스미스에게 맞서서 '유치산업'을 장려해야 한다고 주장했다. 많은 개발도상국들이 20세기 중반에 수입 대체 '산업화'를 추진한 것도 정확히 이를 위해서였다. 나쁜 사마리아인의 충고와는 반대로 가난한 나라들은 계획적으로 제조업을 장려해야 한다.

물론 현대는 탈산업화 시대이니만큼 앞으로 가야 할 길은 서비스를 파는 것이라는 근거에서 이런 주장을 부인하는 사람들도 있다. 이들 가운데는 개발도상국들이 산업화 단계를 건너뛰고 곧바로 서비스 경제로 넘어갈 수 있고, 또 넘어가야 한다고 주장하는 사람들도 있다. 특히나 인도의 경우에는 최근의 서비스 아웃소싱의 성공에 자극을 받아 이런 주장에 공명하게 된 사람들이 많다.

생산성이 높고, 생산성 향상의 여지가 상당히 많은 (은행업을 비롯한 금융 서비스나 경영 컨설팅, 기술 컨설팅, IT 지원 등의) 서비스들이 있는 것은 분명하다. 그러나 대부분의 다른 서비스업들은 생산성이 낮고, 더 중요하게는 그 성질상 생산성 향상의 여지가 거의 없다는 것이다. (도대체 미용사나 간호사, 콜센터 전화 상담원이 서비스의 품질을 떨어뜨리지 않는 이상 과연 얼마나 더 '효율'을 높일 수 있겠는가?) 게다가 이렇게 생산성이 높은 서비스를 요구하는 주요한 원천은 대부분 제조 업체들에 있다. 따라서 제조업 부문이 튼튼하지 않을 경우에는 생산성이 높은 서비스업을 개발하는 것이 불가능하다. 서비스 부문만을 기초로 해서 부유해진 나라를 찾아볼 수 없는 것도 바로 그런 이유이다.

내 말에 의아해하는 사람도 있을 것이다. 은행업과 관광업 같은 서비스 산업 덕분에 부자가 된 스위스 같은 나라도 있지 않느냐면서 말이다. 어쩌면 전설적인 미국 배우이자 영화 감독 오슨 웰스가 〈제3의 사나이〉에서 훌륭하게 요약한, "이탈리아에서는 보르자 가문 치하의 30년 동안 전쟁과 테러와 살해와 유혈이 있었다. 그러나 이탈리아는 미켈란젤로와 레오나르도 다빈치, 그리고 르네상스를 낳았다. 스위스에는 형제애가 있었다. 스위스에는 500년간 지속된 민주주의와 평화가 있다. 그러나 스위스는 무엇을 낳았는가? 뻐꾸기시계다"[2]라는 스위스에 대한 널리 알려진 견해를 제시하고 싶을지도 모르겠다. 하지만 스위스 경제에 관한 이런 견해는 완전히 오해이다.

스위스는 비밀은행에 예치된 검은돈에 의지해 먹고사는 나라도 아니고, 소 목에 다는 종이나 뻐꾸기시계 따위의 시시한 기념품을 사들이는 관광객에 의지해 먹고 는 나라도 아니다. 사실 스위스는 세계에서 가장 공업화된 나라이다. 2002년에 스위스의 1인당 제조업 생산고는 세계 최고였는데, 이는 세계 2위인 일본에 비해서는 24%나 높고, 미국에 비해서는 2.2배, 오늘날 '세계의 공장' 노릇을 하는 중국에 비해서는 34배, 인도에 비해서는 156배나 높은 수치이다.[3] 금융의 중심지이자 무역항으로 번창하는 도시 국가로 알려진 싱가포르 역시 마찬가지로 대단히 공업화된 나라인데, 1인당 제조업 생산고가 '공업 발전소'로 통하는 한국보다 35%, 미국보다 18% 높은 수치를 기록하고 있다.[4]

자유 무역 경제학자들이 농업에 집중하라고 권장하고, 탈공업화를 부르짖는 경제 예언가들이 서비스를 개발하라고 선전하고 있음에도 불구하고, 제조업은 번영에 이르는 (유일한 길은 아닐지 몰라도) 가장 중요한 길이다. 여기에는 훌륭한 이론적 근거가 있고, 이 사실을 입증하는 역사적 사례도 풍부하다. 우리는 스위스, 싱가포르 등 제조업을 기반으로 여전히 번창하고 있는 사례들을 보면서 서비스 경제의 성공 사례라고 착각해서는 안 된다. 어쩌면 스위스와 싱가포르 사람들은 남들이 자신들의 진정한 성공 비결을 알아내는 것을 원치 않기 때문에 우리를 가지고 놀고 있는 것인지도 모른다.

집에서는 따라 하지 마시오!

지금까지 나는 개발도상국들이 시장에 대항하여 장기적으로 생산성을 높일 수 있는 경제 활동(제조업만은 아니지만 주로 제조업)을 체계적으로 장려하는 것이 중요하다는 점을 지적했다. 나는 이것이 능력 개발과 관련되어 있고, 능력 개발은 (수십 년이 걸릴 수도 있는) 장기적인 생산성 향상과 그에 따른 생활수준의 향상을 위해 단기적인 이익의 희생을 전제로 한다는 점을 지적했다.

그러나 신자유주의 경제학자들은 이렇게 반문할지도 모른다. 개발도상국 정부에는 이런 모든 것을 조화시켜야 하는 능력이 부족한 것을 어찌하겠느냐고. 개발도상국들이 시장의 논리에 대항하려 한다면 그 누군가는 어떤 산업을 장려해야 할지, 어떤 능력을 개발하는 데 투자해야 할지를 결정해야 한다. 그런데 개발도상국 정부는 그만큼 유능한 공무원들을 보유하고 있지 못하다. 만일 무능한 사람들이 이런 중요한 선택을 하게 된다면 오히려 사태를 악화시킬 수 있다.

이것이 1993년 세계은행에서 발간된, 저 유명한 『동아시아의 기적』이라는 보고서를 통해 제시된 주장이다. 세계은행은 이 보고서를 통해 개발도상국들에 적극적으로 개입주의를 실행에 옮기고 있는 일본이나 한국의 무역·공업 정책을 따라가지 말라고 충고한다. 이런 정책들은 일본이나 한국만큼 "자질이나 정치적 압력으로부터의 보호, 그리고 상대적으로 높은 청렴도"가 부족한 나라들, 즉 거의 모든 개발도상국들에서는 효과를 볼 수 없다는 것이다.[5] 서식스 대학의 경제학 교수이자 세계은행 발전연구팀의 소장인 앨런 윈터스는 훨씬 더 직설적이다. 불완전 시장을 용인함으로써 정부 개입의 유용성을 가능하게 만드는 "차선의 경제학에 필요한 것은 대개 정부에서 일하는 삼류, 사류 경제학자들이 아닌, 일류 경제학자들"이라는 것이다.[6] 그의 요지는 분명하다. '집에서는 따라 하지 마시오.' 이것은 위험한 묘기를 하는 사람들이 등장하는 TV 프로그램에서 자막으로 나오는 메시지와 똑같다.

많은 개발도상국의 정부 공무원들에게 부족한 측면이 있다는 데는 논쟁의 여지가 없다. 그러나 일본이나 한국, 대만의 개입주의적인 정책이 탁월한 공무원들로 구성된 관료 조직 덕분에 성공을 거두었다는 것은 사실이 아니다. 이들은 탁월하게 교육받은 사람들이 아니었다. 적어도 경제 발전 초기에는 그랬다.

한국은 1960년대 말까지 관료들을 (많고 많은 곳 가운데 하필이면) 파키스탄과 필리핀으로 보내 추가 교육을 시켰다. 파키스탄은 당시 세계은행의 '촉망받는 학생'이었고, 필리핀은 아시아에서 일본 다음으로 부유한 나라였기 때문이다. 나는 오래전 대학원생이었을 때 한국과 인도의 초기 경제 계획 문서를 비교할 기회가 있었다. 인도의 초기 계획은 세계적으로 유명한 통계학자 프라산타 찬드라 마할라노비스가 개발한 정교한 경제학 모델에 기초한 것으로, 당시로서는 최첨단을 달리는 것이었다. 반면에 한국의 계획은 창피한 이야기이지만, 윈터스 교수가 말한 '흔히 보는 삼류, 사류 경제학자들'이 입안한 것이었다. 그러나 한국 경제는 인도 경제보다 훨씬 높은 성과를 거두었다. 좋은 경제 정책을 운용하는 데에는 '일류 경제학자'가 필요하지 않을 수도 있는 것이다.

사실 동아시아 국가들은 윈터스 교수가 말한 '일류 경제학자들'을 보유하고 있지 않았다. 일본의 경제 관료들이 '일류'였는지는 모르지만, 분명 경제학자는 아니었다. 이들은 대부분 경제학 교육을 받지 않은 법대 출신들이었다. 1980년대 이전까지만 해도 이들이 그나마 알고 있는 경제학이라는 게 대부분 '잘못된' 종류였다. 이들이 배웠던 경제학은 애덤 스미스와 밀턴 프리드먼의 경제학이 아니라 카를 마르크스와 프리드리히 리스트의 경제학이었다. 대만의 경우에는 대부분의 경제 관료들이 경제학자들이 아니라 공학도나 과학자들이었다. 이것은 오늘날 중국의 경우도 마찬가지이다.[7] 한국 역시 1970년대 이전에는 경제 관료 가운데 법대 출신의 비율이 높았다.[8] 1970년대 박정희 대통령의 중화학 공업화 프로그램을 진행한 브레인인 오원철은 공학자였다.

훌륭한 경제 정책을 제대로 운용하려면 똑똑한 사람들이 필요하다는 것은 전적으로 타당한 이야기이다. 그러나 '똑똑한 사람들'이 반드시 윈터스 교수가 말한 '일류 경제학자들'이어야 할 필요는 없다. 더구나 '일류 경제학자들'이 신자유주의 경제학으로 무장한 사람들이라면 경제 발전에 그다지 도움이 되지 않을 수도 있다. 게다가 관료 조직의 역량은 일을 진행하는 과정에서 향상될 수 있다. 물론 이런 향상을 이루기 위해서는 관료들에게 투자할 필요가 있겠지만, '어려운' 정책과 연관된 실험도 필요하다. 자유 무역 같은 (자유무역주의자들의 주장에 따르면) '쉬운' 정책들만을 붙들고 있다면, 관료들은 결코 '어려운' 정책을 운용할 수 있는 능력을 개발하지 못할 것이기 때문이다. 자신의 묘기를 TV에 방영될 수 있을 만큼 뛰어난 것으로 만들고 싶다면 '집에서 해 볼' 필요가 있다.

기울어진 경기장이 필요하다

자국의 특정한 상황에 알맞은 정책이 무엇인지를 아는 것만으로는 충분치 않다. 실제로 이것을 실행에 옮길 수 있는 능력을 가지고 있어야 한다. 지난 사반세기 동안 나쁜 사마리아인들은 개발도상국들이 자국의 발전에 '알맞은' 정책을 추구하는 것을 갈수록 어렵게 만들어 왔다. 이들은 IMF, 세계은행, 그리고 WTO라는 사악한 삼총사와, 지역별 FTA나 투자협정을 이용해 개발도상국들이 이런 능력을 갖지 못하게 했다. 이들은 (보호 무역이나 외국인 투자자에 대한 차별 따위의) 민족주의적인 정책들은 실시하는 나라들에 불리할 뿐만 아니라 '불공정한' 경쟁을 초래한다는 이유에서 금지하거나 대폭 축소되어야 한다고 주장한다. 나쁜 사마리아인들은 그러면서 '경기장을 평평하게 해야 한다'는 개념을 계속 들먹인다.

나쁜 사마리아인들은 개발도상국들이 사용하는 보호와 보조금, 규제를 위한 추가적인 정책들은 불공정한 경쟁을 초래하는 것이므로 개발도상국들에 허용해서는 안 된다고 주장한다. 만일 이런 것들을 허용한다면 상대편인 부자 나라들은 평평하지 않은 경기장의 낮은 쪽에서 높은 쪽을 향해 오르막길을 올라가느라 고생을 해야 하는데, 개발도상국들은 높은 쪽에서 낮은 쪽을 향해 내달리면서 공격을 하는 축구팀이 되는 셈이라는 것이다. 모든 보호 장벽을 없애고, 모든 사람들이 동등한 자격으로 경쟁하게 하라. 이러니저러니 해도 근본적으로 경쟁이 공정할 때에만 시장이 주는 혜택을 수확할 수 있다.[9] 이와 같이 '경기장을 평평하게 해야 한다'는 식의 누가 들어도 지당한 개념을 들먹인다면 감히 누가 이의를 제기할 수 있겠는가?

그럼에도 나는 이의를 제기한다. 이는 수준이 비슷하지 않은 선수들이 벌이는 경쟁이기 때문이다. 그러므로 경제 발전을 촉진하는 국제적 시스템을 구축하기를 원한다면 우리 모두가 이의를 제기해야 한다. 선수들의 수준이 비슷하지 않은데 경기장이 평평하다면 결국 그 게임은 불공정한 것이 된다. 축구 경기를 하는 한쪽 편이 브라질 국가 대표팀이고, 상대편은 열한 살 먹은 내 딸 유나의 친구들로 짜여진 팀이라고 생각해 보라. 그렇다면 여자아이들이 아래쪽을 향하여 내달리며 공격할 수 있도록 허용해야만 공정하다. 이런 상황이라면 경기장을 평평하게 하기보다는 기울어지게 하는 것이 공정한 경쟁을 보장할 수 있다.

우리는 이런 식으로 기울어진 경기장을 볼 일이 없다. 경기장을 기울어지게 만든다는 생각 자체가 잘못되어서가 아니라, 브라질 국가 대표팀이 열한 살 먹은 여자아이들과 경기하는 것이 허용될 리가 없어서이다. (경기장이 기울어져 있든 아니든 간에) 대부분의 운동 경기에서는 수준이 비슷하지 않은 참가자들끼리 서로 경기를 치르는 것이 사실상 허용되지 않는다. 이런 경기는 불공정한 경기가 될 게 명백하기 때문이다.

축구를 비롯한 대부분의 운동 경기에는 연령별·성별 구분이 있다. 권투와 레슬링, 역도 등의 운동 경기에는 체중 구분까지 있다. 중량급인 무하마드 알리는 경량급 선수권을 네 개나 보유했던 유명한 파나마 선수 로베르토 듀란과 경기를 할 수 없다. 권투에서 체급은 아주 세밀하게 구분된다. 예컨대 경량급의 경우 등급마다 1~1.5킬로그램 이내로 조정되어 있다. 이렇듯 몸무게가 2킬로그램 넘게 차이가 나는 사람들끼리 하는 권투 경기는 불공정하다고 생각하면서, 미국과 온두라스가 동등한 조건에서 경쟁하는 것은 인정하라는 것인가? 골프 경기를 예로 들자면, 선수들의 경기 기량에 반비례해 어드밴티지를 주는 명시적인 '핸디캡' 제도가 있지 않던가?

국제 경쟁은 수준이 비슷하지 않은 경기자들이 참여하는 게임이다. 우리 개발경제학자들이 흔히 하는 말로 하자면, 스위스에서 스와질란드에 이르는 모든 나라가 맞붙어 싸우게 되어 있다. 따라서 약한 나라에 유리하도록 '경기장을 기울게 만드는 것'이 공정하다. 더 구체적으로 말해 약한 나라가 자국의 생산자들에 대한 보호와 보조금 정책을 보다 강력하게 실시하고, 외국인 투자에 대해 보다 엄격하게 규제할 수 있도록 허용해야 하는 것이다.• 이들 국가가 선진적인 나라들로부터 보다 적극적으로 아이디어를 '차용'할 수 있도록 지식재산권 보호를 완화하는 것도 허용되어야 한다. 또 부자 나라들은 보다 유리한 조건으로

• 상당수 개발도상국들이 이런 정책 도구들을 사용하지 않는 쪽을 선택하고 있는데, 일부 신자유주의 경제학자들은 이를 개발도상국들이 정책 자유를 원하지 않는다는 '증거'로 사용하고 있다. WTO의 규정들이 사실상 이들 나라의 선택권을 제한하지 않는다는 것이다. 그러나 이런 현실은 얼핏 개발도상국들의 자율적인 선택으로 보일 수 있겠지만, 실제로는 해외 원조와 IMF와 세계은행의 프로그램에 따른 과거의 융자 조건, 그리고 향후 부자 나라들이 가할지도 모를 응징에 대한 두려움으로 인해 형성된 것일 가능성이 크다. 설사 이런 문제가 없다 해도 부자 나라들이 개발도상국을 대신해서 선택하는 것이 올바른 일은 아니다. 선택권과 자율권을 그토록 선호하는 자유 시장 경제학자들이 어째서 개발도상국이 하겠다고 나설 때마다 당장 가난한 나라들의 자율적인 선택을 반대하느라 발 벗고 나서는지 몹시 궁금할 따름이다.

가난한 나라들에 기술을 이전해 줌으로써 이들을 도울 수도 있는데, 이는 가난한 나라의 경제 성장을 돕기도 하지만, 지구 온난화 방지라는 절박한 필요에 좀 더 부합된다는 추가 이득도 거둘 수 있다.[10]

나쁜 사마리아인인 부자 나라들은 이런 것이 개발도상국들에 대한 '특별 대우'라고 항의할 수도 있다. 하지만 특별 대우를 한다는 것은 그 대우를 받는 사람에게 불공정한 우위를 제공한다는 의미이다. 그런데 우리는 휠체어를 탄 사람들을 위한 승강기나 앞을 보지 못하는 사람들을 위한 브레일 점자를 '특별 대우'라고 부르던가? 마찬가지로 개발도상국들이 부가적으로 이용할 수 있는 고율의 관세를 비롯한 여러 가지 보호 수단을 '특별 대우'라고 불러서는 안 된다. 이는 상이한 능력과 필요를 가진 국가들에 대한 차별적(그리고 공정한) 대우일 뿐이다.

마지막으로 지적하고 싶은 중요한 사실은, 개발도상국에 유리하도록 경기장을 기울어지게 만드는 것이 현재 시점에서 공정하게 대우하는 것이기도 하지만, 동시에 경제 후진국에 단기적인 이득을 희생하여 새로운 역량을 획득할 수 있는 도구를 제공하는 것이기도 하다는 점이다. 가난한 나라들이 자국의 능력을 향상시킬 수 있도록 허용하면 경기자들 간의 수준 격차가 좁아지게 되고, 그 결과 경기장을 기울어지게 만드는 것이 더 이상 불필요해지는 날이 보다 쉽게 앞당겨질 수 있다.

올바른 일과 쉬운 일

내 생각이 옳고, 경기장이 개발도상국들에 유리하도록 기울어져야 한다고 가정하자. 여러분은 여전히 의문을 품을 수 있다. 나쁜 사마리아인들이 내 제안을 받아들여

태도를 바꿀 가능성이 얼마나 될까 하고 말이다.

나쁜 사마리아인들은 자신의 이익을 위해 행동하고 있는 만큼 생각을 바꾸어 놓으려 하는 것 자체가 헛수고라는 생각이 들 수도 있다. 그러나 우리는 이들의 개명된 이기주의에 호소할 수 있다. 개발도상국들이 신자유주의 정책을 추구하면 그렇지 않은 경우보다 훨씬 더 느리게 성장할 것이다. 반면에 개발도상국들이 더 빨리 성장할 수 있도록 해주는 대안적인 정책들을 허용하면, 장기적으로는 나쁜 사마리아인들 자신에게도 이익이 된다. 지난 20년 동안 신자유주의를 추구했던 중남미의 사례처럼 1인당 소득이 1년에 1%씩 성장한다면, 소득이 2배가 될 때까지는 70년이 걸린다. 그러나 수입 대체 산업화 시기의 중남미의 사례처럼, 1인당 소득이 3%씩 성장한다면 소득은 같은 기간 동안 8배나 증가한다. 이렇듯 개발도상국 사람들의 소득이 늘어나게 되면 나쁜 사마리아인 부자 나라들이 팔 수 있는 시장이 크게 넓어진다. 따라서 장기적으로 볼 때 개발도상국의 신속한 성장을 유도하는 '이단적인' 정책들을 용인하는 것이 지극히 이기적인, 나쁜 사마리아인 국가들에도 이득이 된다.

정말로 설득하기가 어려운 사람들은, 나쁜 사마리아인 같은 정책으로 개인적인 이득을 볼 수 있어서가 아니라 이런 정책이 '옳다'고 확신하는 이데올로그들이다. 앞서 언급했듯이 독선주의가 이기주의보다 더 고치기 어려운 경우가 많기 때문이다. 그러나 여기에도 희망은 있다. 존 메이너드 케인스는 자신의 주장이 일관되지 않다는 비난을 받자, "사실이 바뀌면 나는 생각을 바꿉니다. 당신은 어떻게 하십니까?" 하고 대꾸한 것으로 유명하다. 전부가 아니라 유감스럽기는 하지만 대부분의 이데올로그들이 케인스와 비슷하다. 이들도 현실 세계에서 새로운 주장에 부닥치고, 변화하는 현실을 경험한다. 그리고 이 새로운 주장과 현실의 변화가 예전의 확신을 압도할 만큼 강력한 경우, 이들도 생각을 바꿀 수 있고 생각을 바꿔 왔다. 하버드 대학의 경제학자인 마틴 펠드스타인이 그 좋은 예라 할 것이다. 그는 한때 레이건의 신자유주의 정책을 지휘하는 브레인이었다. 그러나 아시아 금융 위기가 발생하자 그는 (1장에서 인용했듯이) IMF에 대해 일부 '좌파' 평론가들보다 훨씬 더 신랄하게 비판을 퍼부었다.

그러나 우리에게 참된 희망을 주는 것은, 나쁜 사마리아인들 가운데 대다수가 탐욕스럽지도 않고 편협하지도 않다는 사실이다. 나를 포함한 대부분의 사람들이 나쁜 일을 할 때는, 그 일로 엄청난 물질적 이득을 얻는다거나, 그 일에 대해 강한 확신이 있어서가 아니다. 다만 그것이 가장 쉬운 길이기 때문에 그렇게 하는 경우가 많다. 나쁜 사마리아인들의 경우에도 마찬가지이다. 이들 가운데 대다수는 순응주의자가 되는 편이 훨씬 쉽다는 단순한 이유에서 잘못된 정책을 실행에 옮기고 있는 것이다. 생각해 보라. 대부분의 정치가들과 신문들이 하는 말을 그대로 믿으면 될 텐데, 왜 굳이 먼 길을 돌아다니며 '불편한 진실'을 찾아다니겠는가? 가난한 나라 사람들의 부정부패와 게으름, 혹은 방탕함 탓으로 돌리면 쉬운데, 왜 굳이 가난한 나라에서 실제로 어떤 일이 벌어지고 있는지 알아보겠다고 신경 쓰겠는가? '공식적인' 역사가 자국은 늘 (자유 무역, 창의성, 민주주의, 재정적 건전성 등) 모든 미덕의 원산지였다고 주장하고 있는데, 무엇 하러 자국의 역사를 점검하겠다고 가던 길에서 벗어나겠는가?

내가 희망이 있다고 말한 이유는 대부분의 사마리아인들이 이와 비슷할 것이기 때문이다. 이들은 좀 더 균형 잡힌 그림이 제시되면 기꺼이 언행을 바꿀 수도 있다. 나는 이 책에서 바로 그런 그림을 제시하고 싶었다. 이것은 단순한 바람이 아니다. 2장에서 논의했던 것처럼 (60년 전인 1947년 6월) 마셜 플랜이 발표된 뒤부터 1970년대 신자유주의가 융성하기 전까지 미국에 의해 인도되던 부자 나라들은 나쁜 사마리아인들처럼 행동하지 않았다.[11]

부자 나라들이 과거에 나쁜 사마리아인들처럼 행동하지 않은 적이 있다는 사실은 우리에게 희망을 준다. 그 역사적인 시기는 경제적으로도 훌륭한 결과를 낳았다. 개발도상국 세계는 그 이전과 그 이후를 통틀어 경제적으로 가장 높은 성과를 올렸다. 그 경험에서 교훈을 찾는 것은 우리의 도덕적 의무이다.

주

프롤로그

1 한국의 국민소득 수치는 이헌창(1999), 『한국경제통사』(법문사, 서울)의 부속물 표 1에서 인용했다. 가나의 국민소득 수치는 C. Kindleberger(1965), *Economic Development*(McGraw-Hill, New York)의 Table 1.1에서 인용했다.

2 http://www.samsung.com/AboutSAMSUNG/SAMSUNGGroup/TimelineHistory/timeline01.htm

3 A. Maddison(2003), *The World Economy: Historical Statistics*(OECD, Paris)의 Table 1c(UK), Table 2c(USA), and Table 5c(Korea)의 수치를 활용해서 계산한 것이다.

4 1972년 한국의 1인당 국민소득은 (현재의 달러 가치로) 319달러였고, 1979년에는 1,647달러였다. 한국의 수출액은 1972년 16억에서 1979년 151억 달러로 늘어났다. 이 통계는 이헌창(1999)의 부속물 표 1 '소득'과 표 7 '수출'에서 인용했다.

5 2004년 한국의 1인당 국민소득은 13,980달러였다. 같은 해 포르투갈의 1인당 국민소득은 14,350달러, 슬로베니아는 14,810달러였다. 이 수치는 World Bank(2006), *World Development Report 2006 — Equity and Development*(Oxford University Press, New York)의 Table 1에서 인용했다.

6 1960년 한국인의 기대 수명은 53세였다. 2003년의 한국인의 기대 수명은 77세였다. 같은 해 아이티의 기대 수명은 51.6세, 스위스는 80.5세였다. 1960년 한국의 유아 사망률은 1,000명당 78명이었고, 2003년에는 1,000명당 5명이었다. 2003년 아이티의 유아 사망률은 76명, 스위스의 유아 사망률은 4명이었다. 1960년 한국의 수

치는 H-J. Chang(2007), *The East Asian Development Experience—the Miracle, the Crisis, and the Future*(Zed Press, London)의 Tables 4.8 'infant mortality'와 4.9 'life expectancy'에서 인용했다. 2003년의 각종 수치는 UNDP(2005), *Human Development Report 2005*(United Nations Development Program, New York)의 Tables 1 'life expectancy'와 10 'infant mortality'에서 인용했다.

7 한국의 기적과 관련한 신자유주의적 해석에 대한 비판은 A. Amsden(1989), *Asia's Next Giant*(Oxford University Press, New York)와 H-J. Chang(2007), *The East Asian Development Experience —The Miracle, the Crisis, and the Future*(Zed Press, London)에서 찾을 수 있다.

8 리스트는 이어서 "다른 나라들이 감히 경쟁에 나설 수 없을 정도로 제조업 능력과 항해술을 발전시킨 국가의 입장에서는 정작 자신이 딛고 올라간 사다리를 치워 버리고 다른 나라들에는 자유 무역의 장점을 강조하면서, 지금까지 자신은 잘못된 길을 헤매다가 뒤늦게야 진리를 깨달았노라고 참회하는 어조로 선언하는 것보다 더 현명한 일은 없을 것이다"라고 말한다. Friedrich List(1841), *The National System of Political Economy*(Longmans, Green, and Company, London), pp. 295-6. 1841년에 독일어로 출간된 이 책은 1885년에 Sampson Lloyd에 의해 영어로 번역되었다. 『사다리 걷어차기』는 이 주제와 관련하여 내가 쓴 책의 제목이기도 하다. H-J. Chang(2002), *Kicking Away the Ladder—Development Strategy in Historical Perspective*(Anthem Press, London).

1장 렉서스와 올리브 나무 다시 읽기

1 T. Friedman(2000), *The Lexus and the Olive Tree*(Anchor Books, New York), p. 31.

2 Friedman(2000), p. 105.

3 Friedman(2000), p. 105.

4 1961년 일본의 1인당 국민소득은 402달러로 칠레(377달러), 아르헨티나(378달러), 남아프리카공화국(396달러)과 비슷한 수준이었다. 이 수치는 C. Kindleberger(1965), *Economic Development*(McGraw-Hill, New York)에서 인용했다.

5 일본 총리 이케다 하야토가 1964년 프랑스를 방문했을 때 있었던 일이다. "The Undiplomat", *Time*, 4 April 1969.

6 J. Sachs & A.Warner(1995), "Economic Reform and the Process of Global Integration", *Brookings Papers on Economic Activity*, 1995, no. 1과 M. Wolf(2004), *Why Globalisation Works*(Yale University Press, New Haven and London)는 궁극적으로 결점이 있기는 하지만 훨씬 충실하고 균형 잡힌 해석을 하고 있다. J. Bhagwati(1985), *Protectionism*(The MIT Press, Cambridge, Massachusetts)과 J. Bhagwati(1998), *A Stream of Windows—Unsettling Reflections on Trade, Immigration, and Democracy*(The MIT Press, Cambridge, Massachusetts)는 균형이 덜 잡히긴 했지만 보다 전형적인 해석을 하고 있다.

7 J. Bhagwati & M. Hirsch(eds.)(1998), *The Uruguay Round and Beyond—Essays in Honour of Arthur Dunkel*(The University of Michigan Press, Ann Arbor), p. 131에 게재된 R. Ruggiero, "Whither the Trade System Next?".

8 영국이 최초로 불평등 조약을 적용한 것은 중남미 대륙 국가들이 정치적 독립을 확보할 즈음이던 1810년에 브라질과 조약을 체결했을 때였다. 중국의 경우 난징조약을 시작으로 20년이 넘는 세월 동안 수많은 불평등 조약에 서명하도록 강요당했으며, 그로 말미암아 관세 자율성을 완전히 상실했다. 그 사실을 상징적으로 보여 주는 것이 1863년부터 1908년까지 55년 동안 영국인이 세관장을 지냈다는 것이다. (당시 시암이라 불리던) 태국은 1824년부터 여러 불평등 조약에 서명하기 시작했고, 1855년에는 가장 포괄적인 불평등 조약을 체결하게 되었다. 페르시아는 1836년과 1857년에, 오스만 제국은 1838년과 1861년에 불평등 조약에 서명했다. 일본은 1853년 문호 개방 직후 여러 개의 불평등 조약에 서명한 이래 관세 자율성을 상실했는데, 그런 쓰라린 경험에도 불구하고 일본은 1876년 한국에 불평등 조약을 강요하는 일을 주저하지 않았다. 1880년대 이후 중남미 국가들은 관세 자율성을 회복하는 경우가 차츰 늘어났고, 1911년에는 일본이 관세 자율성을 회복했다. 하지만 많은 나라들이 제1차 세계 대전이 끝난 뒤에야 관세 자율성을 되찾을 수 있었는데, 터키는 1923년, 중국은 1929년에야 관세 자율성을 되찾았다. H-J. Chang(2002), *Kicking Away the Ladder—Development Strategy in Historical Perspective*(Anthem Press, London), pp. 53–4.

9 예를 들어 인도 출신으로 영국과 미국에서 활동하는 경제학자 Deepak Lal은 식민주의와 불평등 조약이 자유 무역을 전파하기 위해 했던 역할에 대해 아무런 언급도 하지 않는다. D. Lal(2004), *In Praise of Empires—Globalisation and Order*(Palgrave Macmillan, New York and Basingstoke).

10 N. Ferguson(2003), *Empire—How Britain Made the Modern World*(Allen Lane, London).

11 개발도상국들은 독립을 이룬 뒤 급속한 성장을 이루었다. 자료를 확보할 수 있

는 (방글라데시, 미얀마, 중국, 인도, 인도네시아, 한국, 말레이시아, 파키스탄, 필리핀, 싱가포르, 스리랑카, 대만, 태국) 13개 아시아 국가들은 하나같이 독립 후에 1인당 소득 성장률이 높아졌다. 식민 지배 시기(1913~1950년)와 식민 지배가 끝난 시기(1950~1999년) 사이 1인당 소득 성장률은 1.1% 포인트(방글라데시의 경우 -0.2%에서 0.9%로 성장)에서 6.4% 포인트(한국의 경우 -0.4%에서 6.0%로 성장)까지 다양하다. 아프리카에서는 식민 지배 시기(1820~1950년)의 1인당 소득 성장률은 0.6% 남짓이었다. 아프리카 대륙 대부분의 나라들이 독립을 이룬 1960~1970년대에 중간 소득 국가들의 경우 1인당 소득 성장률은 2%에 이르렀다. 소득 증대가 어려운 가장 가난한 나라의 경우에도 소득 성장률이 식민 지배 시기의 두 배인 1%에 이르렀다. H-J. Chang(2005), *Why Developing Countries Need Tariffs—How WTO NAMA Negotiations Could Deny Developing Countries' Right to a Future*(Oxfam, Oxford, and South Centre, Geneva)를 참조하라. 이 자료는 http://www.southcentre.org/publications/SouthPerspective-Series/WhyDevCountriesNeedTariffsNew.pdf, Tables 5와 7에서도 볼 수 있다.

12 Maddison(2003), *The World Economy: Historical Statistics*(OECD, Paris), Table 8.b.

13 중남미의 평균 관세는 17%(멕시코, 1870~1899년)에서 47%(콜롬비아, 1900~1913년) 사이였다. M. Clemens & J. Williamson(2002), "Closed Jaguar, Open Dragon: Comparing Tariffs in Latin America and Asia before World War II", NBER Working Paper, no. 9401(National Bureau of Economic Research, Cambridge, Massachusetts)의 Table 4를 참조하라. 중남미 국가들이 불평등 조약의 지배를 받던 1820년에서 1870년 사이에 1인당 소득은 (연간 -0.03%의 성장률로) 정체되어 있었다. 대부분의 중남미 국가들이 관세 자율성을 획득한 1870~1913년 사이에 중남미의 1인당 연간 소득 성장률은 1.8%로 늘어났다. 그러나 이 수치도 1960년대와 1970년대에 중남미 대륙이 달성했던 1인당 소득 성장률 3.1%에는 필적하지 못한다. 중남미의 소득 성장과 관련된 수치는 Maddison(2003), Table 8.b에서 인용했다.

14 가령 1875년에서 1913년 사이 각국의 제조업 제품에 대한 평균 관세율을 살펴보면, 스웨덴은 3~5%에서 20%로, 독일은 4~6%에서 13%로, 이탈리아는 8~10%에서 18%로, 프랑스는 10~12%에서 20%로 상승했다. H-J. Chang(2002), p. 17, Table 2.1을 참조하라.

15 Chang(2005), p. 63, Tables 9와 10.

16 Sachs and Warner(1995), p. 17. 이 문단의 전문은 다음과 같다. "수출비관주의는

무역 개방이 장기적으로 개발도상국들을 국제적인 시스템 상에서 원료 수출국이자 공산품 수입국으로 예속시킬 것이라는, 지극히 강력한 견해를 조성하는 빅푸시big push 이론과 결합되어 있었다. 라틴아메리카경제위원회ECLA를 비롯해 여러 사람들이 비교 우위 이론은 원료 수출국으로 하여금 신업의 근간을 세우지 못하게 하려는 단기적인 사고에 기초하고 있다고 주장했다. 따라서 개발도상국이 원료 생산에 편향되는 것을 피하고자 한다면 반드시 유치산업을 보호해야 한다. 이런 견해는 (유엔 경제위원회의 지역별 위원회 같은) 유엔 조직 내에 널리 퍼져 나갔고, 주로 유엔무역개발회의UNCTAD에 의해 진흥되었다. 이들은 1964년 관세 무역 일반 협정GATT에 새로 채택된 조항인 4항을 통해 개발도상국들이 무역 정책에 대해 비대칭적인 권리를 가진다는 내용의 국제적인 법적 승인을 얻어 냈다. 그에 따라 선진국들은 시장을 개방해야 하지만, 개발도상국들은 자국의 시장은 계속 보호할 수 있었다. 물론 이런 '권리'야말로 '자국 경제의 목을 옥죄는, 속담에 나오는 밧줄'이었다!"

17 잡지 *Veja*(15 November 1996)에 게재된 좌담 기사를 인용했다.H-J. Chang(ed.), *Rethinking Development Economics*(Anthem Press, London), p. 149, endnotes 15와 16에 게재된 "The Latin American Economies During the Second Half of the Twentieth Century—from the Age of ISI to the Age of The End of History".

18 Chang(2002), p. 132, Table 4.2.

19 A. Singh(1990), "The State of Industry in the Third World in the 1980s: Analytical and Policy Issues", Working Paper, no. 137, April 1990, Kellogg Institute for International Studies, Notre Dame University.

20 1980년과 2000년의 수치는 각각 세계은행의 *World Development Report*(Oxford University Press, New York) 1997년 판 Table 12와 2002년 판 Table 1의 자료를 근거로 계산한 것이다.

21 M. Weisbrot, D. Baker and D. Rosnick(2005), "The Scorecard on Development: 25 Years of Diminished Progress", September 2005, Center for Economic and Policy Research(CEPR), Washington, DC. http://www.cepr.net/publications/development_2005_09.pdf에서 다운받을 수 있다.

22 일부 논평가들은 최근 세계화의 진전이 세계를 더 공평하게 만들고 있다고 주장하는데, 이 같은 결론에 대해서는 논쟁의 여지가 많다. 노골적으로 말해, 설령 그것이 사실이라 하더라도 그것은 각국 내부의 소득 분배가 공평해졌기 때문이 아니라, 부유해진 중국인들의 수가 늘어났기 때문이다. '세계적인 차원의' 불평등 문제

를 떠나서, 지난 20~25년간 대부분의 국가에서 소득 불평등이 심화되고 있다는 것에는 이론의 여지가 거의 없다. 이런 점에서는 중국도 마찬가지이다. 이런 논쟁에 관해서는 A. Cornia(2003), "Globalisation and the Distribution of Income between and within Countries"in H-J. Chang(ed.), *Rethinking Development Economics*(Anthem Press, London)와 B. Milanovic(2005), *Worlds Apart—Measuring International and Global Inequality*(Princeton University Press, Princeton and Oxford)를 참조하라.

23 예를 들어 D. Rodrik and A. Subramaniam(2004), "From 'Hindu Growth' to Growth Acceleration: The Mystery of Indian Growth Transition"(mimeo., Kennedy School of Government, Harvard University, March 2004)을 참조하라. http://ksghome.harvard.edu/~drodrik/IndiapaperdraftMarch2.pdf에서 다운받을 수 있다.

24 1975년에서 2003년 사이에 연간 1인당 GDP 성장률을 살펴보면, 칠레는 4%, 싱가포르는 4.9%, 한국은 6.1%였다. UNDP(2005), *Human Development Report 2005*(United Nations Development Program, New York)를 참조하라.

25 후일 피노체트에 의해 실각한 좌익 대통령 살바도르 아옌데가 권력을 쥐었던 1970년에 칠레의 1인당 소득은 (1990년 달러화 기준으로) 5,293달러였다. 아옌데는 자본주의의 정사에서는 엄청나게 실패한 인물로 묘사되고 있지만, 그의 집권 중 칠레의 1인당 소득은 크게 늘어나 1971년에는 5,663달러, 1972년에는 5,492달러가 되었다. 반면에 쿠데타로 아옌데가 실각한 뒤 칠레의 1인당 소득은 1975년 4,323달러까지 내려갔다. 1976년부터 상승하기 시작한 칠레의 1인당 소득은 1981년 5,956달러에 이르렀는데, 이런 상승의 주된 요인은 금융 버블에 있었다. 금융 붕괴 이후 1인당 소득은 1983년에 4,898달러로 떨어졌고, 1987년이 되어서야 5,590달러로 쿠데타 이전 수준을 회복했다. 이 자료는 Maddison(2003), Table 4c에서 인용했다.

26 Public Citizen's Global Trade Watch(2006), " The Uses of Chile: How Politics Trumped Truth in the Neo-liberal Revision of Chile's Development", Discussion Paper, September 2006. http://www.citizen.org/documents/chilealternatives.pdf에서도 다운받을 수 있다.

27 생산고 수치는 World Bank(2006)에서, 무역 수치는 WTO(2005)와 World Trade 2004의 "Prospects for 2005: Developing countries' goods trade share surges to 50-year peak"(Press Release, released on 14 April 2005)에서, 외국인 직접투자 수치는 UNCTAD, *World Investment Report*에서 자료를 얻었다.

28 M. Feldstein(1998), "Refocusing the IMF", *Foreign Affairs*, March/April 1998, vol. 77, no. 2.

29 IMF에서 가장 중요한 18개 영역에서 결정이 이루어지려면 85% 이상의 찬성이 필요하다. 그런데 미국은 IMF 자본금의 17.35%를 소유하고 있다. 따라서 미국은 자신이 원치 않는 제안을 단독으로도 거부할 수 있다. 반면에 미국이 찬성하는 제안의 통과를 막으려면 미국 다음으로 많은 자본금을 갖고 있는 4개국 중 적어도 3개국(6.22%의 일본, 6.08%의 독일, 각각 5.02%를 가지고 있는 영국이나 프랑스) 이상이 거부해야 한다. 70%의 찬성이 필요한 21개 항목도 있는데, 이것 역시 앞서 언급한 자본금 상위 5개국이 반대하면 폐기될 수밖에 없다. A. Buira(2004), "The Governance of the IMF in a Global Economy", G24 Research Paper를 참조하라. 이 내용은 http://g24.org/buiragva.pdf에서도 다운받을 수 있다.

30 19세기 초반 산업혁명을 되돌리기 위해 기계를 파괴했던 영국의 방직 노동자들을 일컫는다. 2003년 스위스의 다보스에서 열린 세계 경제 포럼에서 국제상업회의소 의장 리처드 매코믹은 세계화에 반대하여 항의하는 사람들을 "세계를 불황의 소굴로 만들고자 하는 현대판 러다이트주의자들이며, 기업(혹은 산업)에 적대감을 지닌다는 점에서 가난한 자들의 적"이라고 불렀다. 이는 2003년 2월 12일 BBC 웹사이트에 보도되었다.

2장 대니얼 디포의 이중생활

1 Richard West(1998), *Daniel Defoe—The Life and Strange, Surprising Adventures*(Carroll & Graf Publishers, Inc., New York)와 Paula Backscheider(1990), *Daniel Defoe—His Life*(Johns Hopkins University Press, Baltimore)를 보라.

2 그러나 이런 시도를 한 것이 그가 처음은 아니었다. 그 이전의 헨리 3세와 에드워드 1세 등도 플랑드르의 방직공들을 데려오려고 노력했다. 그뿐만 아니라 에드워드 3세는 원모 무역을 중앙 집중화하고 양모의 수출도 엄격히 통제했다. 모직물의 수출을 금지하여 영국의 생산자들이 우월한 플랑드르의 생산자들과 경쟁할 수 있는 여지를 만들어 주기 위해서였다. 그는 또한 상징의 힘을 이해하는 훌륭한 정치 선동가였다. 그와 그의 신하들은 (간디의 스와데시 운동처럼) '국산품 애용'의 모범을 보이기 위해 영국산 옷만 입었다. 그는 양모 무역의 중요성을 강조하기 위해 상원 의장에게도 양모 자루(양모를 넣는 자루)에 앉으라고 명령했다. (이 전통은 아직까지 이어지고 있다.)

3 헨리 7세는 "자국 영토의 일부 지역에서 모직물을 제조할 계획을 세웠다. 그 입지로

선정된 지역들인 요크셔 웨스트 라이딩 지방의 웨이크필드, 리즈, 핼리팩스 등은 수많은 수원지와 탄광을 비롯한 여러 가지 요소들이 모직물 제조업을 수행하기에 충분히 알맞은 곳이었다."(*A Plan of the English Commerce*, p. 95.)

4 헨리 7세는 "모직물 제조업에 대단히 숙련된 외국인 기술자들 다수를 은밀히 데려와 이 분야에 생소한 자국민들을 가르치게 했다."(*A Plan of the English Commerce*, p. 96.)

5 G. Ramsay(1982), *The English Woollen Industry, 1500~1750*(Macmillan, London and Basingstoke), p. 61.

6 헨리 7세는 "플랑드르 사람들이 모직물 제조에 능숙하고 오랜 경험을 가지고 있으며, 새로운 상품을 개발하기 위해 여러 가지 시도를 하고 있다는 것을 깨달았다. 영국인들은 그때 그런 방법들이 있다는 것도 잘 알지 못했고 설사 알았더라도 모방할 기술이 없었다. 그렇기 때문에도 그는 천천히 나아가야만 했다." 그는 "그것이 최대한 신중을 기해야 하는 중요한 시도이므로 성급히 굴어서는, 지나치게 흥분해서 밀어붙여서는 안 된다는 것을 알고 있었던 것이다."(*A Plan of the English Commerce*, p. 96.)

7 헨리 7세는 "플랑드르 지방에 대한 양모 수출을 즉각 금지하지는 않았으며, 어느 정도의 기간까지는 양모 수출에 이전 수준 이상의 관세를 부과하지도 않았다."(*A Plan of the English Commerce*, p. 96.) 디포에 따르면 헨리 7세는 원모 수출 금지와 관련해 "자신의 계획이 완전히 실행되지 못했던 관계로 그의 치세 중에는 원모 수출 완전 금지령을 내릴 수 없었다."(*A Plan of the English Commerce*, p. 96.) 따라서 헨리 7세는 "원모 수출을 금지하는 척하면서도 그 명령의 불이행을 묵인했고, 나중에는 금지령을 완전히 철회했다."(*A Plan of the English Commerce*, p. 97.)

8 A Plan of the English Commerce, pp. 97-8.

9 (대부분 모직물인) 의류 수출은 1700년에 영국 수출의 70% 남짓을 차지했고, 1770년대 이전까지는 전체 수출의 50%를 넘고 있었다. A. Musson(1978), *The Growth of British Industry*(B.T. Batsford Ltd., London), p. 85.

10 그러나 사실상 월폴은 그런 직함을 받을 만했으니, 정부 수반으로서 그처럼 광범위하게 정치 권력을 휘두른 것은 그가 처음이었다. 월폴은 또한 (1735년에) 영국 총리의 관저로 유명한 다우닝 스트리트 10번지를 거주지로 정한 최초의 인물이다.

11 월폴은 또한 새뮤얼 존슨(『영어 사전』), 헨리 필딩(『톰 존스』), 존 그레이(『거지의 오페라』)를 비롯해 당시 문필계의 주요 인물들로부터 맹렬하게 비판받았는데, 대부

분 부정부패 때문이었다. 월폴을 비판하는 글을 쓰지 않고서는 당시 문필계에서 행세를 할 수가 없을 정도였다고 해도 과언이 아니다. 월폴과 문학의 관련성은 여기서 그치지 않는다. 그의 넷째 아들인 호러스 월폴은 한때 정치가로 활동했고, 고딕 소설이라는 장르를 개척한 것으로 알려진 소설가였다. 호러스 월폴은 또한 (스리랑카로 추정되는) 세렌디프라는 신비의 섬에 관한 페르시아 이야기로부터 '세렌디피티serendipity'라는 용어를 만들어 낸 것으로 알려져 있다.

12 1841년에 발간된 독일어판 원본을 1885년에 Sampson Lloyd가 번역한 F. List(1841), *The National System of Political Economy*(Longmans, Green, and Company, London), p. 40에서 인용.

13 자세한 논의는 다음 저서들을 참조하라. N. Brisco(1907), *The Economic Policy of Robert Walpole*(The Columbia University Press, New York), pp. 131-3, pp. 148-55, pp. 169-71; R. Davis(1966), "The Rise of Protection in England, 1689~1786", *Economic History Review*, vol. 19, no. 2, pp. 313-4; S. Engerman & R. Gallman(eds.)(1996), *The Cambridge Economic History of the United States, vol. 1: The Colonial Era*(Cambridge University Press, Cambridge), p. 358에 게재된 J., McCusker, "British Mercantilist Policies and the American Colonies"; C. Wilson(1984), *England's Apprenticeship, 1603~1763*, 2nd ed. (Longman, London and New York), p. 267.

14 (당시 '장려금bounties'이라고 불리던) 수출 보조금은 견직물(1722년), 화약(1731년) 등의 새로운 수출 품목에까지 확대되었고, 범포와 정제 설탕에 주던 기존의 수출 보조금은 1731년과 1733년에 각각 인상되었다.

15 브리스코Brisco의 말을 빌리면 "월폴은 경쟁이 심한 시장에서 순조롭게 판매하려면 수준 높은 제품이 필요하다는 것을 이해하였다. 경쟁자보다 가격을 낮추는 일에만 골몰하는 생산자는 제품의 질을 떨어뜨릴 수 있고, 이런 낮은 품질은 결국 다른 영국산 제품에도 악영향을 미칠 것임을 안 것이다. 제품의 고품질을 유지하는 유일한 방법은 그들의 제조 활동을 정부가 감독, 관리하는 것이다."(Brisco, 1907, p. 185.)

16 브리스코는 (맥주, 사과주 및 배주의 수출에 대해 이루어진) 최초의 관세 환급은 윌리엄과 메리 치세에 승인되었다고 지적한다.(Brisco, 1907, p. 153.)

17 독일, 스위스, (1815~1830년 사이에 통합된 벨기에와 네덜란드를 비롯한) 저지대국의 수치 자료는 P. Bairoch(1993), *Economics and World History —Myths and Paradoxes*(Wheatheaf, Brighton), p. 40, table 3.3에서 인용했다. Bairoch은 프랑스의 수치는 제시하지 않았다. 그러나 존 나이가 프랑스 세관 징수액을 근거로 계

산한 (공업만이 아니라) 총관세율에 관한 추정치는 1821~1825년 사이에 20.3%였다. 존 나이가 계산한 영국의 관세율 추정치는 53.1%로, Bairoch가 추정한 45% 내지 55%와 일치하는 것을 고려하면, 프랑스의 평균 공업 관세는 약 20%였다고 말해도 부당하지 않을 것이다. 다음 논문을 참조하라. J. Nye(1991), "The Myth of Free-Trade Britain and Fortress France: Tariffs and Trade in the Nineteenth Century", *Journal of Economic History*, vol. 51. no. 1.

18 브리스코는 월폴 정책의 이런 측면을 "무역업 및 제조업 규제를 통해 식민지를 잉글랜드가 필요로 하는 원료의 생산에만 국한시키고, 본국과 경쟁하게 될 수도 있는 제조업을 저지하고, 그들의 시장을 영국의 무역업자들과 제조업자들로 한정시키려는 시도가 이루어졌다"라고 적절히 요약하고 있다.(Brisco, 1907, p. 165.)

19 1980년대 말 EC의 대외경제협력위원 Willy de Clercq는 "데이비드 리카도, 존 스튜어트 밀, 데이비드 흄, 애덤 스미스를 비롯한 스코틀랜드 계몽주의자들이 제안한 자유무역주의가 당시 널리 퍼져 있던 중상주의에 대항해 이론적 정당성을 획득한 결과, 그리고 19세기 후반에 유일한 초강대국이자 비교적 인자한 패권국 영국 덕분에 상대적인 안정이 이루어진 결과, 자유 무역은 처음으로 번성할 수 있었다"라고 주장했다. J. Bhagwati & M. Hirsch(eds.)(1996), *The Uruguay Round and Beyond—Essays in Honour of Arthur Dunkel*(The University of Michigan Press, Ann Arbor), p. 196에 게재된 W. De Clercq, " The End of History for Free Trade?".

20 J. Bhagwati(1985), *Protectionism*(The MIT Press, Cambridge, Massachusetts), p. 18. 바그와티를 비롯한 오늘날의 다른 자유무역주의자들처럼 이 사건을 무척 중요하게 여기기 때문에 정치 풍자 잡지인 *Punch*에 실린 1845년도의 풍자 만화를 책 표지로 사용했다. 이 풍자 만화는 로버트 필 총리를 어리둥절해 하는 소년으로, 반反곡물법 운동의 선도자인 리처드 코브던을 자유 무역이라는 정의로운 길로 그 소년을 이끌어 가는 엄격하고 강직한 인물로 그리고 있다.

21 C. Kindleberger(1978), "Germany's Overtaking of England, 1806 to 1914" (chapter 7) in *Economic Response: Comparative Studies in Trade, Finance, and Growth*(Harvard University Press, Cambridge, Massachusetts), p. 196.

22 이 글은 *The Political Writings of Richard Cobden*(William Ridgeway, London, 1868), vol. 1, p. 150에서 인용했는데, G. Cook(ed.)(1998), *The Economics and Politics of International Trade—Freedom and Trade*, Volume 2(Routledge, London), p. 292에 게재된 E. Reinert, "Raw Materials in the History of Economic Policy—Or why List (the protectionist) and Cobden (the free trader) both agreed on free trade in corn"에서 재인용했다.

23 D. Landes(1998), *The Wealth and Poverty of Nations*(W.W. Norton & Company, New York), p. 521을 참조하라.

24 Bairoch(1993), p. 46. 19세기 초 프랑스의 한 정부 청문회 역시 "영국은 수백 년 동안 보호와 금지 제도를 지속시킴으로써 번영의 최고봉에 도달한 것뿐이다"라고 주장했다. 이 글은 W. Ashworth(2003), *Customs and Excise—Trade, Production, and Consumption in England, 1640~1845*(Oxford University Press, Oxford), p. 379에서 재인용했다.

25 이 글은 List(1841), p. 95에서 인용했는데, 대 피트는 채텀 백작이라고 언급한다.

26 전문은 "미국인들이 단체 행동을 비롯한 여러 가지 난폭한 행동으로 유럽 공산품의 수입을 막으려 한다면, 그리고 유사한 상품을 제조할 수 있는 자국민들에게 독점권을 줌으로써 자국 자본의 상당한 부분을 이 사업으로 돌린다면, 미국은 연간 생산고 증대를 가속화하는 것이 아니라 지연시킬 것이고, 진정한 부와 번영을 향한 자국의 진보를 촉진하는 것이 아니라 방해할 것이다." Adam Smith(1776), *The Wealth of Nations*, the 1937 Random House edition, pp. 347-8. 이런 스미스의 관점은 후일 19세기의 유명한 프랑스 경제학자 장 바티스트 세에 의해서 되풀이되었는데, List(1841), p. 99에 따르면, 그는 미국이 '폴란드처럼' 농업에 의존하고 제조업은 잊어야 한다고 말했다고 한다.

27 해밀턴은 이런 방법들을 (1) 보호 조세(현대적인 용어로 바꾸면 관세) (2) 경쟁 상품의 금지 혹은 금지와 맞먹는 관세(수입 금지령 또는 수입을 불가능하게 하는 고율 관세) (3) 제조 원료의 수출 금지(산업 원료 수출 금지) (4) 금전적인 장려금(보조금) (5) 포상금(중요한 혁신을 장려하기 위한 특별 보조금) (6) 제조 원료에 대한 관세 면제(원료의 수입 자유화) (7) 제조 원료에 부과된 관세의 환급(수입된 산업 원료에 대한 관세 환급) (8) 내국인에 의한 새로운 발명과 발견의 장려, 그리고 다른 나라에서 이미 이루어진 발명, 발견의 국내 도입 장려, 특히 기계와 관련된 발명과 발견 장려(발명에 대한 포상과 특허) (9) 제조 상품의 검열을 위한 조심스러운 규제(상품 기준에 대한 규제) (10) 지역 간 금전 송금의 촉진(금융의 발전) (11) 상품 운송의 촉진(운송 발전) 등 11개 범주로 분류했다. Alexander Hamilton(1789), *Report on the Subject of Manufactures*. 이 책은 *Hamilton-Writings*(The Library of the America, New York, 2001, pp. 679-708)로 재출간되었다.

28 버와 해밀턴은 젊은 시절에는 친구 사이였다. 그러나 1789년 해밀턴이 밀던 후보를 뉴욕주 법무 장관으로 당선시키기 위해 함께 운동을 하다가, 버는 신의를 저버

리고 조지 클린턴 주지사로부터 뉴욕주 법무 장관 직을 받아들였다. 1791년에 버는 해밀턴의 장인인 필립 스카일러와 경합해 상원 의원이 된 뒤, 직위를 이용해 해밀턴의 정책에 반대하고 나섰다. 그러자 해밀턴은 1792년 버의 부통령 입후보를 반대하고, 1794년에는 버의 프랑스 대사 지명을 반대했다. 설상가상으로 해밀턴은 버에게서 대통령 취임의 기회를 빼앗았다. 1800년 선거에서 버는 부통령이 되었는데, 그 선거에는 연방당의 존 애덤스와 찰스 핑크니, 민주공화당의 토머스 제퍼슨과 에런 버, 이렇게 네 명의 후보가 나왔다. 선거인단 투표에서는 의외로 버가 선전을 하여 제퍼슨과 공동 1위를 하였다. 하지만 하원 의원의 최종 후보 결정 투표 때 해밀턴은 연방당원들의 여론을 제퍼슨 쪽으로 몰아갔다. 해밀턴이 이런 행동을 한 것은, 제퍼슨도 못마땅하기는 마찬가지이지만, 버는 원칙 없는 기회주의자인 데 반해 제퍼슨은 잘못된 원칙이긴 하지만 그나마 원칙이 있는 사람이라고 생각했던 까닭이다. 결과적으로 버는 부통령 직위에 만족해야 했다. 1804년 버가 뉴욕 주지사에 입후보하자 해밀턴은 버에 대해 좋지 않은 여론을 조성하면서 버의 성공을 막았다. 이상의 내용은 J. Ellis(2000), *Founding Brothers—The Revolutionary Generation* (Vintage Books, New York), pp. 40-1과 J. Garraty & M. Carnes(2000), *The American Nation—A History of the United States*, 10th edition(Addison Wesley Longman, New York), pp. 169-70에서 참조했다.

29 이와 마찬가지로 1930년대 대공황으로 인한 국제 무역의 갑작스러운 붕괴는 중남미의 공업 발전을 크게 촉진했다.

30 해밀턴은 사회간접자본에 대한 투자를 뒷받침하기 위해 정부 공채를 발행할 것을 제안했는데, 당시에는 '돈을 빌려서 투자를 한다'는 아이디어를 위험하다고 생각하는 사람들이 많았다. 토머스 제퍼슨 역시 마찬가지였다. 당시 유럽에서 정부 채권이 전쟁 자금을 마련한다거나, 통치자들의 호사스러운 생활을 유지하려는 의도로 사용되던 것도 해밀턴의 입장을 난처하게 만들었다. 그럼에도 결국 해밀턴은 수도를 남부(새로 건설된 워싱턴 DC)로 옮기자는 데 동의하는 대가로 제퍼슨의 동의를 끌어냄으로써 의회를 설득하는 데 성공했다. 해밀턴은 또 '국영 은행'을 설립하고자 했다. 부분적으로나마 정부가 소유(20%)하는 국영 은행 역할을 하는 은행이 세워지면 금융 시스템의 안정과 발전을 기할 수 있으며, 정부가 후원하는 은행이라는 특별한 지위를 활용하여 은행권을 발행함으로써 금융 부문에 추가적인 유동성을 제공할 수 있을 뿐 아니라, 국내의 중요한 산업 프로젝트에 자금을 공급할 수 있으리라는 생각에서였다. 그러나 제퍼슨과 그의 지지자들은 은행이 본질적으로 투기와 착취의 도구라고 생각하고 있었으므로 해밀턴이 제시한 이 아이디어 역시 위험한 것으로 보았다. 정부가 일부만 소유하는 준準공공 은행은 인위적으로 형성된 독점에 기초하게 되므로 그들에게는 더더욱 위험했다. 해밀턴은 이런 잠재적인 반발을 무마하기 위해 20년

기한으로 은행을 설립할 것을 요청했고, 이것이 승인되어 1791년에 미합중국제1은행이 설립되었으나, 1811년에 설립 허가가 만료되었을 때 의회는 재인가 결정을 내주지 않았다. 이어 1816년에 미합중국제2은행이 20년 기한으로 설립되었는데, 이 역시 1836년 설립 허가가 만료되었을 때 재인가가 거부되었다 (자세한 설명은 4장을 참조하라.) 이후 미국은 1913년 연방준비제도(중앙은행)가 설립되기 전까지 거의 80년 동안 준공공 은행조차 하나 없는 나라였다.

31 이 전시회는 '알렉산더 해밀턴: 현대 미국을 만든 사나이'라는 제목으로 2004년 9월 10일부터 2005년 2월 28일까지 열렸다. http://www.alexanderhamiltonexhibition.org를 참조하라.

32 휘그당은 1830년대 중반부터 1850년 초반 사이 당시 우세하던 (1828년에 창립된) 민주당의 주요 경쟁자였으며, 1836년에서 1856년 사이에 있었던 다섯 번의 대통령 선거에서 윌리엄 해리슨(1841~1844년)과 재커리 테일러(1849~1851년)라는 두 명의 대통령을 냈다.

33 Garraty & Carnes(2000), p. 405에서 재인용했다.

34 R. Luthin(1944), "Abraham Lincoln and the Tariff", *The American Historical Review*, vol. 49, no. 4, p. 616에서 재인용했다.

35 링컨의 핵심 경제 고문 중 한 사람인 헨리 케리는 당시 탁월한 미국의 경제학자이자 저명한 보호주의 경제학자로, 초기의 지도적인 보호주의 경제학자 매슈 케리의 아들이었다. 요즘 사람들은 그에 대해 아는 사람이 거의 없지만 그는 당대에 지도적인 미국 경제학자로 평가받고 있었다. 1888년 파리에서 Publications de la Sorbonne에 의해 출간된 프랑스어판 원본을 S. Neely가 번역한 Frayssé(1994), *Lincoln, Land, and Labour*(University of Illinois Press, Urbana and Chicago), p. 224, note 46에 인용된 바에 따르면, 카를 마르크스와 프리드리히 엥겔스조차도 1852년 3월 5일 바이데마이어에게 보낸 편지에서 그를 '중요한 비중을 가진 유일한 미국 경제학자'라고 표현했다. K. Marx & F. Engels(1953), *Letters to Americans, 1848~95: A Selection*(International Publishers, New York).

36 보호 무역 정책 제도의 강화가 링컨 대통령이 남긴 유일한 경제적 유산은 아니다. 1862년에 링컨은 인류 역사상 최대 규모의 토지 개혁 계획 중 하나인 홈스테드법 외에도 모릴법Morill Act의 통과를 감독했다. 이 법으로 '토지 증여 대학land grant college'(정부가 무상으로 증여한 공공지를 팔아 자금을 조달한 대학-옮긴이)들이 설립되어 미국의 연구개발 역량을 증진시키는 데 도움이 되었는데, 이는 이후 미국의 가장 중요한 경쟁 무기가 되었다. 미국 정부는 1830년대부터 농업 연구를 지원해 왔

지만, 모릴법은 미국 정부의 연구개발 지원 역사에서 분수령이었다.

37 Bairoch(1993), pp. 37-8.

38 Bhagwati(1985), p. 22, f.n. 10.

39 Bairoch(1993), pp. 51-2.

40 다트머스 대학의 더그 어윈Doug Irwin 교수는 나의 졸저 『사다리 걷어차기』에 대한 논평에서 "미국은 처음부터 낮은 문맹률, 광범위하게 분배된 토지 소유, 안정된 정부, 사유 재산의 안전을 보장하는 경쟁력 있는 정치 기구들, 그리고 전국적인 차원에서 상품의 자유 교역과 노동의 자유로운 이동이 보장된 대규모 국내 시장을 확보하고 있는 매우 부유한 나라로 출발했다고 주장한다. 이토록 대단히 유리한 조건이 있었음을 고려하면 아무리 비효율적인 무역 정책을 썼다 해도 경제 발전을 막을 수는 없었을 것이다"라고 주장했다. D. Irwin(2002), review of H-J. Chang, *Kicking Away the Ladder—Development Strategy in Historical Perspective*(Anthem Press, London, 2002). http://eh.net/bookreviews/library/0777.shtml.

41 비관세 보호 무역 정책으로 꼽을 수 있는 것은 (가령 일본 자동차 회사 같은) 성공적인 외국의 수출 업자들에 부과하는 '자발적인' 수출 규제, (다자간 섬유 협정을 통한) 직물 및 의류 수출의 쿼터제, (영국의 곡물법 폐지와 비교되는) 농업 보조금, 반反덤핑 관세 등이다. (물론 여기서 '덤핑'이란 반복되는 WTO의 결정이 보여 주는 바와 같이 미국 정부가 외국 회사들에 불리한 쪽으로 치우치게 정의한다.)

42 이 장에서 다루고 있는 다른 나라들에 대한 자세한 논의는 Chang(2002), chapter 2, pp. 32-51와 H-J. Chang(2005), *Why Developing Countries Need Tariffs—How WTO NAMA Negotiations Could Deny Developing Countries' Right to a Future*, Oxfam, Oxford, and South Centre, Geneva(http://www.southcentre.org/publications/SouthPerspectiveSeries/WhyDevCountriesNeedTariffsNew.pdf)를 참조하라.

43 Nye(1991)의 논문에 제시된 증거를 참조하라.

44 평균 관세율은 벨기에 14%(1959년), 일본 18%(1962년), 이탈리아 18%(1959년), 오스트리아와 핀란드(1962년) 약 20%, 프랑스 30%(1959년)였다. Chang(2005), Table 5를 참조하라.

45 Chang(2005), Table 5. 1973년 유럽경제공동체EEC에는 벨기에, 덴마크, 프랑스, 이탈리아, 룩셈부르크, 네덜란드, 그리고 서독이 포함되어 있었다.

46 R. Kuisel(1981), *Capitalism and the State in Modern France*(Cambridge University Press, Cambridge), p. 14.

47 Irwin(2002)이 그런 사례이다.

48 1장에서 인용한 유명한 논문에서 제프리 색스와 앤드루 워너는 '잘못된' 이론들이 개발도상국들이 '잘못된' 정책을 선택하게 되는 데 어떤 영향을 미쳐 왔는지에 대해 논의하고 있다. J. Sachs & A.Warner(1995), " Economic Reform and the Process of Global Integration", *Brookings Papers on Economic Activity*, 1995, no. 1, pp. 11-21.

49 WTO 칸쿤 회담이 결렬되었을 당시 유럽부흥개발은행EBRD의 수석 이코노미스트로 일했던 유명한 네덜란드 경제학자 빌럼 뷔터Willem Buiter는 "개발도상국의 지도층이 평균적으로 볼 때 빈국이나 극빈국을 통치하고 있기는 하지만, 이 지도층이 반드시 자국의 가난한 사람들이나 극빈층의 입장을 대변하는 것은 아니다. 그렇게 하는 사람들도 있지만 무역 장벽 혹은 기타 왜곡된 조치를 부과함으로써 자국의 극빈층과 무방비 상태의 국민들을 희생시켜 얻은 수익을 이용하는 부패하고 억압적인 엘리트를 대표하는 사람들도 있다"라고 주장했다. Willem Buiter, "If anything is rescued from Cancún, politics must take precedence over economics", letter to the editor, *Financial Times*(September 16 2003)를 참조하라.

50 여기 소개된 성장률은 A. Maddison(2003), *The World Economy: Historical Statistics*(OECD, Paris), Table 8.b를 참조했다.

3장 **여섯 살 먹은 내 아들은 일자리를 구해야 한다!**

1 Willem Buiter(2003), "If anything is rescued from Cancún, politics must take precedence over economics", letter to the editor, *Financial Times*, September 16 2003.

2 대부분의 멕시코 이주민들은 최근에 이주한 사람들이지만, 그중에는 멕시코-미국 전쟁(1846~1848년)이 끝난 후 과달루페 이달고 조약Treaty Guadalupe Hidalgo(1848년)으로 대규모 병합이 된 (지금의 캘리포니아, 뉴멕시코, 애리조나, 네바다, 유타, 콜로라도, 와이오밍 등의 전체 혹은 일부 지역에 해당하는) 멕시코 영토의 주민이었다가 미국인이 된 멕시코인들의 후손도 있다.

3 이 수치는 M.Weisbrot et al.(2005), "The Scorecard on Development: 25 Years of Diminished Progress", Center for Economic and Policy Research(CEPR), Washington, DC, September 2005(http://www.cepr.net/publications/development 2005 09.pdf), Figure 1에서 인용했다.

4 멕시코의 1인당 소득은 2001년(-1.8%), 2002년(-0.8%), 2003년(-0.1%)에 하강세를 보이다 2004년에 가서야 2.9% 상승하여 2001년 수준을 간신히 회복했다. 2005년에는 1.6% 상승한 것으로 추정된다. 2005년 말 멕시코의 1인당 소득은 2001년에 비해 1.7% 상승하여 2001~2005년 사이의 연간 성장률은 약 0.3%에 불과하다. 2001~2004년 사이의 수치는 세계은행의 연례 보고서인 *World Development Report*(World Bank, Washington, DC)의 관련 항목에서 인용했다. 2005년의 소득 성장률(3%)은 J. C. Moreno-Brid & I. Paunovic(2006), "Old Wine in New Bottles?—Economic Policymaking in Left-of-center Governments in Latin America", *Revista-Harvard Review of Latin America*(Spring/Summer, 2006), p. 47, Table에서 인용했다. 2005년의 인구 증가율(1.4%)은 World Bank(2006)에서 인용했고, 2000~2004년 사이의 수치는 *World Development Report 2006*(World Bank, Washington, DC), p. 292, Table 1에서 인용했다.

5 1955~1982년 사이 멕시코의 1인당 소득은 6% 이상 상승했다. 이는 J. C. Moreno-Brid et al.(2005), "NAFTA and The Mexican Economy: A Look Back on a Ten-Year Relationship", *North Carolina International Law and Commerce Register*(vol. 30)에서 인용했다. 이 기간의 멕시코 인구 증가율은 연간 2.9%이므로 1인당 소득 성장률은 약 3.1%이다. 인구 증가율은 A. Maddison(2001), *The World Economy—A Millennial Perspective*(OECD, Paris), p. 280, Table C2-a의 자료를 기초로 산출했다.

6 자세한 설명은 H-J. Chang(2005), *Why Developing Countries Need Tariffs—How WTO NAMA Negotiations Could Deny Developing Countries' Right to a Future*(Oxfam, Oxford, and South Centre, Geneva)(http://www.southcentre.org/publications/SouthPerspectiveSeries/WhyDevCountriesNeedTariffsNew.pdf), pp.78-81를 참조하라.

7 관세가 정부 세입에서 차지하는 비율은 스와질란드 54.7%, 마다가스카르 53.5%, 우간다 50.3%, 시에라리온 49.8%이다. Chang(2005), pp. 16-7.

8 T. Baunsgaard & M. Keen(2005), "Trade Revenue and (or?) Trade Liberalisation", IMF Working Paper WP/05/112(The International Monetary Fund, Washington, DC).

9 이런 의미에서 볼 때 HOS 이론은 한 가지 중요한 측면에서 매우 비현실적이다. 이 이론의 경우 개발도상국들은 선진국들이 사용했던 것과 똑같은 기술을 사용할 수 있다고 주장하지만, 개발도상국들이 가난한 것은 보다 생산적인(그리고 당연히 더 어려운) 기술을 사용할 능력이 부족하기 때문이다. 사실 유치산업을 보호하는 목적은 경제학자들이 '기술적 능력'이라고 부르는 그런 능력을 향상시키는 데 있다.

10 이 언급은 White House Briefing for Trade Association Representatives on Free and Fair Trade(17 July 1986)에서 인용했다.

11 Oxfam(2003), "Running into the Sand—Why Failure at Cancún Trade Talks Threatens the World's Poorest People", Oxfam Briefing Paper, August 2003, p. 24.

12 관세 수치는 Oxfam(2003), pp. 25-7에서 인용했다. 소득 수치는 세계은행 자료에서 인용했다. 2002년 프랑스와 방글라데시가 미국에 지불한 관세는 각각 약 3억 2,000만 달러와 3억 달러이다. 같은 해 방글라데시의 총소득은 470억 달러인 데 비해, 프랑스의 총소득은 1조 4,570억 달러이다. 같은 해 영국이 미국에 지불한 관세는 약 4억 2,000만 달러인 데 반해, 인도는 4억 4,000만 달러이다. 그해에 영국과 인도의 소득은 각각 1조 5,650억 달러 대 5,060억 달러이다.

13 2002년 옥스팜이 추정한 바에 따르면, 유럽 사람들은 보조금과 관세를 통해 낙농업에 물경 160억 파운드를 지원했다. 이는 젖소 한 두당 하루 2달러에 해당하는 금액인데, 세계 인구의 절반 역시 2달러 이하로 생활하고 있다. Oxfam(2002), "Milking the CAP", Oxfam Briefing, no. 34(Oxfam, Oxford). http://www.oxfam.org.uk/what_we_do/issues/trade/downloads/bp34_cap.pdf.

14 T. Fritz(2005), "Special and Differential Treatment for Developing Countries", Global Issues Paper, no. 18, Heinrich Boll Foundation, Berlin.

15 1998년에 부자 나라들의 모임인 OECD에서는 각국이 외국인 투자를 규제하는 능력을 크게 제한하려는 취지에서 다자간 투자협정이 제안되었다. 이 협정은 표면상으로는 부자 나라들끼리만 맺는 협정이었지만 개발도상국을 포함시키는 것을 궁극적인 목적으로 삼고 있었다. 부자 나라들은 개발도상국들이 자발적으로 이 협정에 참가할 수 있도록 하였는데, 여기에는 모든 개발도상국들이 국제적인 투자자들의 세계에서 배척당하지 않을까 하는 우려 때문에라도 마지못해 서명하게 하려는 부자 나라들의 의도가 반영되어 있었다. (당시 IMF와 세계은행의 충실한 신봉자였던) 아르헨티나와 같은 일부 개발도상국들은 몹시 열광적으로 자원하여 이 협정에 참여하겠다면서 다른 개발도상국들을 압박하였다. 1998년에 이 제안이 부자 나라들 사이의 의

견 충돌로 좌절되자, 부자 나라들은 이 제안을 WTO로 가져가서 국제적인 의무 사항으로 삼으려고 시도했다. 그러나 2003년 칸쿤 장관 회의에서 개발도상국들의 반발로 이 제안은 WTO 의제에서 삭제되었다. 이상의 사건들의 전개 과정에 대해서는 H-J. Chang & D. Green(2003), *The Northern WTO Agenda on Investment: Do as we Say, Not as we Did*(CAFOD : Catholic Agency for Overseas Development, London, and South Centre, Geneva), pp. 1-4를 참조하라.

16 J. Stiglitz & A. Charlton(2005), *Fair Trade for All—How Trade Can Promote Development*(Oxford University Press, Oxford), pp. 121-2와 Appendix 1을 참조하라. 농산물 자유화로 인한 부자 나라들의 수익과 관련된 여러 가지 추정치는 F. Ackerman(2005), "The Shrinking Gains from Trade : A Critical Assessment of Doha Round Projections", Global Development and Environment Institute Working Paper, No. 05-01, October 2005, Tufts University의 자료를 참조하라. Ackerman이 인용한 세계은행의 두 가지 추정 자료에 따르면, 고소득 국가들의 농산물 무역 자유화로 인해 생긴 전 세계의 수익에서 선진국들의 수익이 차지하는 비율은 각각 75%(5,570억 달러 중에서 4,160억 달러), 70%(1,820억 달러 중에서 1,260억 달러)이다.

4장 핀란드 사람과 코끼리

1 1971년에서 1985년 사이에 핀란드의 총고정자본 형성 중에서 외국인 직접투자가 차지하는 비중은 0.6%에 불과했다. 이는 0.1%의 일본에 이어 비非공산권에서는 두 번째로 낮은 비율이었다. 이 데이터는 UNCTAD에서 발간한 여러 권의 *World Investment Report*(United Nations Conference on Trade and Development, Geneva)에서 산출했다.

2 M. Feldstein(2000), "Aspects of Global Economic Integration : Outlook for the Future", NBER Working Paper, no. 7899, National Bureau of Economic Research, Cambridge, Massachusetts.

3 A. Kose, E. Prasad, K. Rogeff & S-J. Wei(2006), "Financial Globalisation : A Reappraisal", IMF Working Paper, WP/06/189, International Monetary Fund(IMF), Washington, DC.

4 은행 융자는 최근까지 채무에서 가장 우세를 보이는 요소였지만, 지금은 채권이 큰

몫을 차지한다. 1975년에서 1982년 사이에 채권은 개발도상국이 계약한 총순민간 채무의 5%만을 차지했다. 그러나 1990년에서 1998년 사이에 이 비율은 약 30%로 상승했고, 1999년에서 2005년 사이에는 약 70%로 상승했다. 이 자료의 출처는 세계은행 *Global Development Finance*의 1999년과 2005년 판에 근거했다.

5 포트폴리오 지분 투자와 외국인 직접투자의 구분은 사실상 불분명하다. 외국인 직접 투자는 대개 외국 회사가 10% 이상의 지분을 가지고 그 회사의 경영에 관여하려는 의도를 가진 투자자로 정의된다. 그러나 10%가 경계라고 주장하는 경제 이론은 없다. 또한 그 경계를 더욱 흐리게 만드는 혼성의 형태도 출현하고 있다. 전통적으로 볼 때 외국인 직접투자는 하나 이상의 나라에서 활동하는 생산 기업으로 정의되는 다국적 기업에 의해서 이루어져 왔다. 그러나 최근 들어서는 유엔이 (사모 펀드, 상호 펀드 혹은 헤지 펀드 등) '집단 투자 펀드'라고 부르는 것들이 외국인 직접투자로 활동하고 있다. 이런 펀드들에 의한 외국인 직접투자는 다국적 기업들에 의한 전통적인 외국인 직접투자와는 다른데, 이 펀드들은 다국적 기업과는 달리 인수한 회사에 대해 끝까지 책임지겠다는 의사가 없다. 이런 펀드들은 대개 5~10년 후 혹은 그 이전에 매각할 계획으로 기업을 매수하기 때문에 그 기업의 생산 능력을 향상시키려 하지 않는다. 이런 상황에 대해서는 UNCTAD(2006), *World Investment Report, 2006*(United Nations Conference on Trade and Development, Geneva)을 참조하라.

6 원조 문제에 관한 최신 논평에 대해서는 S. Reddy & C. Minoiu(2006), "Development Aid and Economic Growth: A Positive Long-Run Relation", DESA Working Paper, no. 29, September 2006, Department of Economic and Social Affairs, United Nations(DESA), New York을 참조하라.

7 자본 흐름에 관한 자료는 World Bank(2006), *Global Development Finance 2006*(World Bank, Washington, DC), Table A.1에서 인용했다.

8 외국인들은 1997년에 380억 달러의 개발도상국 채권을 매수했다. 그러나 1998~2002년에는 해당 금액이 연평균 230억 달러로 떨어졌고, 2003~2005년에는 해당 금액이 연평균 440억 달러로 증가했다. 1997년과 비교하면 1998~2002년의 채권 매수는 40% 줄었고, 2003~2005년의 채권 매수는 1998~2002년에 비해서는 두 배나 많았고, 1997년보다는 15% 높았다.

9 개발도상국에 대한 포트폴리오 지분 투자는 1997년의 310억 달러에서 1998~2002년에는 연평균 90억 달러로 떨어졌고, 2003~2005년에는 연평균 410억 달러에 달했다. 다시 말하면 1998~2002년에 개발도상국으로 들어간 평균적인 연간 포트폴리오 지분 투자 흐름은 1997년 수준의 30%에도 못 미쳤고, 2003~2005년에는

1997년에 비해 30% 상승하여 1998~2002년의 '건기'보다 4.5배 상승하였다.

10 아시아의 위기에 대한 상세한 기록과 분석은 J. Stiglitz(2002), *Globalization and Its Discontents*(Allen Lane, London)와 H-J. Chang,G. Palma and H. Whittaker (eds.)(2001), *Financial Liberalisation and the Asian Crisis*(Palgrave, Basingstoke and New York)를 참조하라.

11 2005년에 미국 주식 시장의 규모는 15조 5,170억 달러였고, 인도 주식 시장의 규모는 5,060억 달러였다. http://www.diehardindian.com/overview/stockmkt.htm을 참조하라.

12 1999년에 나이지리아 주식 시장의 규모는 29억 4,000만 달러인 데 반해, 가나 주식 시장은 9억 1,000만 달러였다. http://www.un.org/ecosocdev/geninfo/afrec/subjindx/143stock.htm을 참조하라.

13 B. Eichengreen & M. Bordo(2002), "Crises Now and Then: What Lessons from the Last Era of Financial Globalisation", NBER Working Paper, no. 8716, National Bureau of Economic Research(NBER), Cambridge, Massachusetts.

14 이것은 J. Bhagwati(2004), *In Defense of Globalization*(Oxford University Press, New York)의 chapter 13의 제목이다.

15 이렇게 좀 더 조심스러운 IMF의 새로운 입장은 전직 IMF 수석 이코노미스트(2001~2003년) Kenneth Rogoff와 E. Prasad, K. Rogoff, S-J. Wei & A. Kose(2003년) 등 세 명의 IMF 이코노미스트들이 쓴 논문 "Effects of Financial Globalisation on Developing Countries: Some Empirical Evidence", IMF Occasional Paper, no. 220, International Monetary Fund(IMF), Washington DC와 Kose et al.(2006)에 자세히 나와 있다.

16 Kose et al.(2006), pp. 34-5. "금융 부분이 발달되어 있지 않고 그 감독이 잘 이루어지지 않으며, 제도가 미흡하여 건전한 거시경제 정책이 자리 잡지 않은 상황에서 자본 계정의 때 이른 개방은 유입 구조를 불리하게 만들고, 그 나라로 하여금 갑작스러운 중단이나 역류 상황을 견뎌 내지 못하게 만드는 등 해당 국가에 해를 입힐 수 있다"가 전문이다.

17 World Bank(2003), *Global Development Finance, 2003*(World Bank, Washington DC), Table 1.1.

18 World Bank(2006), Table A.1.

19 L. Brittan(1995), "Investment Liberalisation: The Next Great Boost to the World Economy", *Transnational Corporations*, vol. 4, no. 1. p. 2.

20 예를 들어 IMF 이코노미스트들이 수행했던 연구에 의하면, 1985~2004년 동안 가난한 개발도상국 30개국의 경우 외국인 직접투자의 유입은 포트폴리오 투자 흐름이나 외채 흐름에 비해 훨씬 유동적인 것으로 나타났다. Kose et al.(2006), Table 3을 참조하라. 그 30개국은 알제리, 방글라데시, 볼리비아, 카메룬, 코스타리카, 도미니카공화국, 에콰도르, 엘살바도르, 피지, 가나, 과테말라, 온두라스, 이란, 자메이카, 케냐, 말라위, 모리셔스, 네팔, 니제르, 파푸아뉴기니, 파라과이, 세네갈, 스리랑카, 탄자니아, 토고, 트리니다드토바고, 튀니지, 우루과이, 잠비아, 짐바브웨이다. '신흥 시장' 경제의 경우에는 외국인 직접투자 유입이 포트폴리오 투자 흐름이나 외채 흐름보다 유동성이 적었다. '신흥 시장' 경제는 아르헨티나, 브라질, 칠레, 중국, 콜롬비아, 이집트, 인도, 인도네시아, 이스라엘, 한국, 말레이시아, 멕시코, 파키스탄, 페루, 필리핀, 싱가포르, 남아프리카공화국, 태국, 터키, 베네수엘라 등의 나라이다.

21 P. Loungani & A. Razin(2001), "How Beneficial is Foreign Direct Investment for Developing Countries?", *Finance and Development*, vol. 28, no. 2.

22 게다가 내가 앞서 (주 5에서) 논의한 집단 투자 펀드의 중요성이 갈수록 높아지면서 시간 지평 역시 짧아지고 있는데, 이는 외국인 직접투자의 유동성을 보다 손쉽게 만든다.

23 여기에는 (다국적 기업은 국내 생산자로부터 일정 비율 이상의 원료를 사야 한다는) 국산 부품 사용 요건과 (일정 비율 이상의 생산품을 수출해야 한다는) 수출 요건, 그리고 (수입량 이상을 수출해야 한다는) 외환 균형 요건이 포함된다.

24 Christian Aid(2005), "The Shirts off Their Backs—How Tax Policies Fleece the Poor", September 2005.

25 Kose et al.(2006), p. 29.

26 또한 브라운필드 투자는 이전 가격 조작의 부정적인 영향력을 증폭시킬 수 있다. 만일 자회사를 새로 설립하지 않고 인수했을 경우 다국적 기업이 이전 가격을 조작하면, 다국적 기업의 자회사가 된 해당 회사는 국내 기업일 때 내던 세금보다 적은 세금을 낼 수 있다.

27 이 자료의 출처는 UNCTAD.

28 특히 집단 투자 펀드(주 5와 22를 참조하라)에 의한 외국인 직접투자의 경우에는 이것이 현명한 전략이 될 수도 있다. 왜냐하면 이들 펀드는 인수한 회사의 생산 능력을

향상시키기 위한 해당 산업의 특수한 노하우를 가지고 있지 않기 때문이다.

29 R. Kozul-Wright & P. Rayment(2007), *The Resistible Rise of Market Fundamentalism: Rethinking Development Policy in an Unbalanced World*(Zed Books, London), chapter 4와 Kose et al.(2006), pp. 27-30을 참조하라.

30 이 방법에는 국내의 파트너에 대한 기술 이전의 가능성을 증대시키는 합작투자 요건, 기술 이전에 관한 명시적인 조건, 다국적 기업으로 하여금 공급자에게 특정 기술을 이전하지 않을 수 없게 하는 국산 부품 사용 요건, 그리고 세계 시장에서 경쟁력을 유지할 수 있도록 다국적 기업이 최신 기술을 사용하는 것을 불가피하게 만드는 수출 요건 등이 포함된다.

31 옥스퍼드 대학 경제학 교수로 다국적 기업에 관해 선도적인 연구를 했던 고 산자야 랄Sanjaya Lall 교수는 이 점에 대해 "자본 여유가 없는 나라에 외국인 직접투자가 늘어나면 대개는 (반드시 그런 것은 아니라도) 이익이 된다. 하지만 장기적으로는 외국인 직접투자의 역할과 관련된 여러 가지 전략 사이에서 어느 것을 선택하느냐 하는 문제가 여전히 남게 된다"라고 적절하게 지적하고 있다. S. Lall(1993), *Transnational Corporations and Economic Development*(Routledge, London)의 'Introduction'을 참조하라.

32 *Bankers' Magazine*(no. 38, January 1884)에 실린 것을 Wilkins(1989), *The History of Foreign Investment in the United States to 1914*(Harvard University Press, Cambridge, Mass), p. 566에서 재인용하였다. "우량한 미국 유가증권을 외국인이 단 한 장도 소유하지 않고, 미국이 유럽의 은행가들과 대부업자들에게 착취당하는 신세에서 벗어나는 날이 온다면, 그날이 바로 우리에게는 행복한 날이 될 것이다. 우리가 외국인들에게 바쳐야 하는 돈은 … 터무니없이 많다. … 우리는 국내의 모든 수요를 충분히 감당할 수 있을 만큼 자본이 형성되어 런던이나 파리, 프랑크푸르트를 찾아가는 굴욕을 견딜 필요가 없을 만큼 성장했다"가 전문이다.

33 외국인 채권자들 역시 박대를 받았다. 1842년에는 11개 주 정부가 외국(주로 영국)의 융자금을 갚지 않으면서 미국은 국제 자본 시장의 부랑아가 되었다. 이후 미국 연방 정부가 런던 금융가city(city는 런던 금융가를 지칭하는 말)에서 융자를 받으려고 시도하자 『타임스』 지는 "미국 국민들은 아무리 값을 깎아 주어도 살 가치가 없는 유가증권이 있으며, 자국의 유가증권이 이런 종류에서도 특히 두드러지는 것이라는 사실을 알아야 한다"라고 일침을 가했다. T. Cochran & W. Miller(1942), *The Age of Enterprise: A Social History of Industrial America*(The Macmillan Company, New York), p. 48에서 재인용했다.

34 1816년에 20년 기한으로 설립된 미합중국제2은행은 지분의 20%가 정부 소유였으며, 그곳에 연방 세금 수입이 예치되었다. 그러나 이 은행은 화폐 독점 발행권을 갖지 못했으므로 진정한 의미의 중앙은행이라고 할 수 없었다.

35 Wilkins(1989), p. 84에서 인용했다.

36 미국은 영국만큼 부자 나라가 된 1914년까지도 국제 자본 시장에서 손꼽히는 정도의 대규모 순채무국이었다. 미국 역사학자 Mira Wilkins의 권위 있는 추산에 따르면, 당시 미국의 외채 규모는 71억 달러로 러시아(38억 달러), 캐나다(37억 달러)를 크게 앞지르고 있었다.(p. 145, Table, 5.3.) 물론 당시 미국은 35억 달러의 채권을 가지고 있었는데, 그 규모로 보면 영국(180억 달러), 프랑스(90억 달러), 독일(73억 달러)에 뒤이은 네 번째 채권국이었다. 그러나 빌려준 금액을 공제한 순채무는 36억 달러로 여전히 러시아나 캐나다의 채무 금액과 비슷한 수준이었다. Wilkins(1989)를 참조하라.

37 Wilkins(1989), p. 563.

38 Wilkins(1989), p. 85.

39 Wilkins(1989), p. 583.

40 Wilkins(1989), p. 83, p. 583.

41 당시 준주들은 노스다코타, 사우스다코타, 아이다호, 몬태나, 뉴멕시코, 유타, 워싱턴, 와이오밍, 오클라호마, 알래스카였다. 노스다코타와 사우스다코타, 몬태나, 워싱턴은 1889년에, 아이다호와 와이오밍은 1890년에 주가 되어 이 법을 적용받지 않게 되었다. Wilkins(1989), p. 241를 참조하라.

42 Wilkins(1989), p. 579.

43 Wilkins(1989), p. 580.

44 Wilkins(1989), p. 456.

45 자세한 설명은 C. Kindleberger(ed.)(1970), *The International Corporation—A Symposium*(The MIT Press, Cambridge, MA)에 게재된 M. Yoshino, "Japan as Host to the International Corporation"을 참조하라.

46 일본은 1971~1990년 사이 총고정자본 형성(물적 투자)에서 외국인 직접투자가 차지하는 비중이 0.1% 미만(1981~1990년)이었는데, 선진국들의 평균 비율은 3.4%였다. 자료는 UNCTAD, *World Investment Report* 중에서 산출했다.

47 Government of Japan(2002), "Communication to the Working Group on Trade and Investment", 27 June 2002, WT/WGTI/W/125.

48 한국은 1971~1995년 사이 총고정자본 형성에서 외국인 직접투자가 차지하는 비중이 1% 미만이었는데, 1981~1995년 사이 개발도상국들의 평균 비율은 4.3%였다.(1980년 이전의 수치는 찾을 수 없다.) 이 자료는 UNCTAD에서 산출했다.

49 대만은 1971~1995년 사이 총고정자본 형성에서 외국인 직접투자가 차지하는 비중이 약 2.5%였는데, 1981~1995년 사이 개발도상국들의 평균 비율은 4.3%였다. 이 자료는 UNCTAD에서 산출했다.

50 S. Young, N. Hood, and J. Hamill(1988), *Foreign Multinationals and the British Economy—Impact and Policy*(Croom Helm, London), p. 223.

51 Young et al.(1988), p. 225.

52 미국 상공부의 1981년 보고서 *The Use of Investment Incentives and Performance Requirements by Foreign Governments*에 따르면, 아일랜드에서 활동 중인 미국 다국적 기업의 20%가 이행 요건의 부과 사실을 보고했는 데 반해, 다른 선진국들의 경우에는 그 비율이 2~7%였다. 오스트리아와 일본은 8%, 벨기에와 캐나다, 프랑스, 스위스는 7%, 이탈리아는 6%, 영국은 3%, 독일과 네덜란드는 2%였다. Young et al.(1988), pp. 199-200을 참조하라. 아일랜드의 외국인 직접투자 전략에 관한 자세한 논의는 H-J. Chang & D. Green(2003), *The Northern WTO Agenda on Investment: Do as we Say, Not as we Did*(Catholic Agency for Overseas Development, London, and South Centre, Geneva), pp. 19-23을 참조하라.

53 이런 면에서 특별히 악명이 높은 것은 북미자유무역협정NAFTA 11장이다. 미국은 이 장을 (오스트레일리아와의 무역협정을 제외한) 모든 쌍무적 무역협정에 삽입시키고 있다. 11장은 투자 유치국 정부의 (국유화 및 환경 규제 등의) 행동으로 인하여 자신의 투자 가치가 감소한다고 생각할 경우 투자 유치국 정부를 세계은행과 유엔의 특별한 국제 중재 기구에 고소할 권리를 외국인 투자자들에게 주고 있는데, 정부와 관련된 것임에도 불구하고 이런 중재 절차에서는 대중적인 참여와 감시, 자료 제공 등이 허용되지 않고 있다.

54 Kozul-Wright & Rayment(2007), ch. 4.

55 여기에 관해 보다 상세한 정보는 P. Hirst & G. Thompson(1999), *Globalization in Question*, 2nd edition(Polity Press, Cambridge), chapter 3을 참조하라.

56 World Bank(1985), *World Development Report, 1985*(Oxford University Press,

New York), p. 130.

57 노키아는 1865년에 벌목 회사로 설립되었다. 노키아 그룹이 지금과 같은 모습을 갖추게 된 것은 (1898년 설립된) Finnish Rubber Works Ltd가 1918년에 노키아의 주식 대부분을 매수하고, 1922년에 (1912년 설립된) Finnish Cable Works의 주식마저 대부분 매수하면서의 일이다. 1967년 마침내 세 회사는 Nokia Corporation으로 합병되었는데, 일부 핀란드인들은 합병된 회사의 이름(Oy Nokia Ab)은 목재 산업에서, 경영진은 케이블 공장에서, 자금은 고무 산업에서 나온 것이라는 이야기로 이 합병의 본질을 요약하고 있다. 오늘날 노키아의 핵심인 이동통신 사업을 담당하고 있는 노키아의 전자 산업은 1960년에 시작되었으나, 노키아와 FRW, FCW의 합병이 이루어진 1967년까지도 전자 산업의 생산고는 노키아 그룹의 순생산고의 3%에 지나지 않았다. 전자 부문은 처음 17년 동안 손실을 보다 1977년이 되어서야 처음으로 수익을 올렸다. 1981년 스칸디나비아에 세계 최초의 국제 이동통신 네트워크가 도입되자 노키아는 자동차용 전화기를 만들었으며, 1987년에는 최초로 휴대용 이동전화를 생산했다. 노키아는 이런 물결에 힘입어 1980년대에 핀란드, 독일, 스웨덴, 프랑스의 여러 전자 및 전화 회사들을 합병하면서 급속한 성장을 이루었다. 1990년대 이후 노키아의 주도적인 사업은 이동전화 산업이다. 1990년대에 들어서면서 노키아는 이동통신 혁명의 선두주자가 되었다. 자세한 설명은 H-J. Chang(2006), *Public Investment Management*, National Development Strategy Policy Guidance Note, United Nations DESA and UNDP, Box 15를 참조하라.

5장 **인간이 인간을 착취한다**

1 소유권의 역할을 강조하는 많은 사람들이 암묵적으로 인정하듯이 소유권이 반드시 개별적인 소유권이어야 하는 것은 아니다. 효과적으로 기능하고 있는 공동 소유권도 많다. 과도한 개발을 방지하기 위해 (삼림, 어업 자원 같은) 공동 자원의 이용을 효과적으로 규제하는 공동 소유권을 가진 지방 공동체들은 전 세계적으로 수없이 많이 있다. 최근의 사례로는 리눅스와 같은 오픈 소스 소프트웨어를 들 수 있다. 이런 소프트웨어는 사용자들에게 제품을 개선할 수 있도록 장려한다. 다만 개선된 제품을 개인적인 이익을 위해 사용하는 것을 금할 뿐이다.

2 엄밀하게 말하면 연성 예산 제약은 본질적으로 소유권 때문에 빚어지는 문제가 아니다. 예산 제약을 '경성화'하기 위해 필요한 것은 느슨한 관리를 처벌하는 것이고, 이것은 국영 상태에서도 이루어질 수 있다. 게다가 연성 예산 제약은 그 단독으로는

기업의 경영자들을 게으르게 만들지 않는다. 왜 그런가? (국영 기업을 운영하든 개인 기업을 운영하든) 전문 경영인들이 부실한 경영에 대해 (감봉이나 해고 따위의) 강력한 처벌이 따른다는 것을 알고 있다면, 회사를 아무렇게나 경영할 수 없기 때문이다. (물론 일반적인 주인-대리인 문제는 고려해야 한다). 이들의 입장에서 볼 때 만일 부실한 경영으로 처벌받게 된다면, 해당 회사가 정부의 구제 금융으로 살아남는다는 사실은 그리 중요하지 않다. 따라서 국영 기업의 경우 국가 소유라는 상황으로 인해 연성 예산 제약이 발생할 가능성이 크다고는 하지만, 문제의 핵심 원인은 연성 예산 제약이 아닌 국영 기업 경영자들의 동기 여부에 있다. 이 경우 민영화를 한다 해도 해당 기업의 경영이 개선될 가능성은 없다. 자세한 논의는 H-J. Chang(2000), "The Hazard of Moral Hazard—Untangling the Asian Crisis", *World Development*, vol. 28, no. 4를 참조하라.

3 T. Georgakopolous, K. Prodromidis & J. Loizides(1987), "Public Enterprises in Greece", *Annals of Public and Cooperative Economics*, vol. 58, no. 4.

4 *The Wall Street Journal*, May 24 1985. J. Roddick(1988), *The Dance of the Millions: Latin America and the Debt Crisis*(Latin America Bureau, London), p 109에서 재인용했다.

5 테마섹 홀딩스가 과반수 주식을 가지고 있는 회사는 Singapore Power(전기와 가스)와 PSA International(항구) 100%, Neptune Orient Lines(선박) 67%, Chartered Semiconductor Manufacturing(반도체) 60%, SingTel(원격통신) 56%, SMRT(철도, 버스, 택시) 55%, Singapore Technologies Engineering(엔지니어링) 55%, 그리고 SembCorp Industries(엔지니어링) 51% 등이다. 또 테마섹이 지배적인 주식을 가지고 있는 회사는 SembCorp Marine(조선) 32%, (싱가포르 최대 은행인) DBS 28% 등이다. H-J. Chang(2006), *Public Investment Management*, National Development Strategy Policy Guidance Note, United Nations DESA and UNDP, Box 1을 참조하라.

6 국영 기업에 관한 유명한 세계은행 보고서에 따르면, 40개 개발도상국의 GDP에서 국영 부문이 차지하는 평균적인 비율은 1978~1991년에 10.7%였고, 한국은 9.9%였다. World Bank(1995), *Bureaucrats in Business*(Oxford University Press, New York), Table A.1을 참조하라. 안타깝게도 세계은행 보고서에는 싱가포르에 관한 자료는 들어 있지 않았다. 그러나 싱가포르 정부의 통계청은 1998년 정부 관련 회사들의 생산고가 GDP의 12.9%, 정부 관련 회사가 아닌 (법정 기관 따위의) 공공 부문이 8.9%, 이 둘을 합해서 21.8%라고 추정하고 있다. 통계청은 정부가 20% 이상의 실질적인 소유권을 가지고 있는 회사를 정부 관련 회사라 정의하고 있다. 자세

한 논의는 Chang(2006), Box 1을 참조하라.

7 World Bank(1995), Table A.1에 따르면, 1978~1991년 사이 GDP에서 국영 부문이 차지하는 비중은 아르헨티나 4.7%, 필리핀 1.9%였다.

8 포스코에 관한 자세한 논의는 Chang(2006), Box 2를 참조하라.

9 Chang(2006), Box 3.

10 이 3원칙은 민족, 민권, 민생이다.

11 www.economywatch.com/world_economy/china/structure-of economy.html.

12 J.Willner(2003), "Privatisation and State Ownership in Finland", CESifo Working Paper, no. 1012, August 2003, Ifo Institute for Economic Research, Munich.

13 2003년 11월 이탈리아의 카데나비아에서 '유럽연합에서의 민영화 경험'을 주제로 열린 뮌헨 대학 경제연구센터CESifo의 국제회의에 M. Berne & G Pogorel이 제출한 논문 "Privatisation Experiences in France"(2003)를 참조하라.

14 르노의 민영화에 관한 이야기는 프랑스 민영화 과정을 대표하는 것이다. 르노는 1898년에 민간 기업으로 설립되었으나, 소유주인 루이 르노가 나치에 협력한 '부역자'라는 이유로 1945년에 국유화되었다. 1994년에 프랑스 정부는 르노 주식의 매각을 시작해 지분을 53%까지 낮추었고, 1996년에는 과반수 지분을 포기하고 46%까지 지분을 줄였다. 그러나 지분의 11%는 (그 회사의 웹사이트에서 '회사 안정에 핵심적인 주요 주주들'이라고 부르는) 회사들에 넘어갔는데, 그 대다수는 프랑스 정부가 부분적인 통제권을 갖는 금융 기관이었다. 이후 프랑스 정부는 점차 지분을 줄여 2005년에는 15.3%까지 내려갔지만 여전히 단일 주주로서는 가장 큰 지분을 가지고 있다. 또한 이렇게 프랑스 정부의 지분이 크게 감소한 것은 1999년에 르노와 제휴한 닛산이 2002년에 르노 주식의 15%를 매수한 때문이다. 르노는 1999년 이후 닛산의 지배 주주가 되었으므로, 프랑스 정부는 사실상 르노 지분의 30%를 통제하고 있는 셈이다. 프랑스 정부는 이를 바탕으로 르노에 지배력을 행사하고 있다. Chang(2006), Box 2를 참조하라.

15 Chang(2006), Box 2.

16 W. Henderson(1963), *Studies in the Economic Policy of Frederick the Great* (Frank Cass, London), pp. 136-152.

17 자세한 논의는 T. Smith(1955), *Political Change and Industrial Development in Japan: Government Enterprise, 1868~1880*(Stanford University Press,

Stanford)과 G. C. Allen(1981), *A Short Economic History of Modern Japan*, 4th edition(Macmillan, London and Basingstoke)을 참조하라.

18 H-J. Chang(2002), *Kicking Away the Ladder—Development Strategy in Historical Perspective*(Anthem Press, London), p. 101을 참조하라.

19 T. Kessler & N. Alexander(2003), "Assessing the Risks in the Private Provision of Essential Services", Discussion Paper for G-24 Technical Group, Geneva, Switzerland, September 15-6 2003. http://www.unctad.org/en/docs/gdsmdpbg2420047_en.pdf에서도 이용할 수 있다.

20 실제로 민영화된 기업의 생산성 향상은 대개 민영화가 이루어지기 전의 구조조정을 통해 이루어진다는 증거가 있다. 이는 구조조정이 민영화보다 중요하다는 것을 의미한다. Chang(2006)을 참조하라.

21 D. Green(2003), *Silent Revolution—The Rise and Crisis of Market Economics in Latin America*(Monthly Review Press, New York, and Latin American Bureau, London), p. 109.

22 *Miami Herald*, 3 March 1991. Green(2003), p. 107에서 인용했다.

23 P. Tandon(1992), *World Bank Conference on the Welfare Consequences of Selling Public Enterprises: Case Studies from Chile, Malaysia, Mexico and the U.K.*, Vol. 1: Mexico, Background, TELMEX, World Bank Country Economics Department, June 7 1992, p. 6.

24 Kessler & Alexander(2003).

25 많은 학술 연구 결과들이 국영 기업의 성과를 결정하는 데서 소유 관계보다는 경쟁이 더 중요하다는 것을 보여 준다. 이러한 연구에 대한 논평은 H-J. Chang & A. Singh(1993), "Public Enterprise in Developing Countries and Economic Efficiency", *UNCTAD Review*(1993), no. 4를 참조하라.

26 일부 경제학자들은 자연 독점 산업을 인위적으로 작은(즉 지역별) 단위로 분할하고, 그 성과에 따라 보상 혹은 처벌을 하는 방법으로 경쟁적 상황을 조성할 수 있다고 주장한다. '비교 잣대 경쟁'이라고 알려진 이런 방법은 안타깝게도 복잡한 성과 측정 방식이 필요하기 때문에 자원이 충분한 선진국 규제자들도 관리하기 어렵다. 따라서 개발도상국의 규제자들이 이를 감당할 수 있으리라고는 거의 기대할 수 없다. 또한 (철도 등) 네트워크 산업의 경우에는 지역별 단위들 간의 경쟁적 상황의 조성으로 얻어지는 잠재적인 수익이 네트워크의 분할로 인한 조정 비용의 증가를 상쇄해야

한다. 예컨대 1993년의 영국 철도 민영화는 (지리적인 상황을 근거로 승인된 사업이기 때문에) 서로 거의 경쟁하지 않는 수십 개의 지역별 업체들을 만들어 냈지만, 다른 업체들에 의해 운영되는 기차들과의 원활한 연결을 보장하지 못했다.

27 예를 들어 1980년대 영국의 국영 철도는 시장 일부에서 민간 버스 회사 때문에 (부분적이나마) 강력한 경쟁에 직면했다.

6장 1997년에 만난 윈도 98

1 2005년 현재 세계적으로 성인 인구의 1%가 HIV(인간 면역 결핍 바이러스)를 보유하고 있는 데 반해, 사하라 이남 아프리카에서는 성인 인구(15~49세)의 6.1%가 HIV를 보유하고 있는 것으로 추산된다. 이 전염병은 보츠와나, 레소토, 남아프리카공화국에서 종말론을 연상케 할 정도로 광범위하게 퍼져 가고 있고, 우간다, 탄자니아, 카메룬에서도 심각한 상태이다. 유엔의 추산에 따르면, 보츠와나는 2005년에 성인 인구의 24.1%가 HIV를 보유하고 있을 정도로 상황이 심각하다. 레소토(23.2%)와 남아프리카공화국(18.8%)도 그에 버금가는 수준이다. 우간다(6.7%), 탄자니아(6.5%), 카메룬(5.4%)의 상황도 심각하다. 이상의 수치는 모두 UNAIDS(Joint United Nations Programme on HIV/AIDS), *2006 Report on the Global AIDS Epidemic*에서 인용했다. http://data.unaids.org/pub/GlobalReport/2006/2006_GR_CH02_en.pdf에서 다운받을 수 있다.

2 2004년의 1인당 소득은 보츠와나 4,340달러, 남아프리카공화국 3,630달러, 카메룬 800달러, 레소토 740달러, 탄자니아 330달러, 우간다 270달러이다. 이상의 수치는 World Bank(2006), *World Development Report 2006*, Tables 1과 5에서 인용했다.

3 미국 정부가 탄저병 해독제 시프로의 비축 의사를 밝히자, 바이어는 자진하여 미국 정부에 대폭적인 할인안을 내놓았다. (개당 4.50달러의 소매가를 1.89달러로 깎았다.) 그러나 미국 정부는 인도에서 생산되는 복제약이 20센트 이하인 상황에서 할인 폭이 충분하지 않다며 강제 인가를 부과하겠다고 위협하여 바이어로부터 50%의 추가 할인을 이끌어 냈다. 자세한 논의는 A. Jaffe & J. Lerner(2004), *Innovation and Its Discontents—How Our Broken Patent System Is Endangering Innovation and Progress, and What to do about It*(Princeton University Press, Princeton), p. 17을 참조하라.

4 H. Bale, "Access to Essential Drugs in Poor Countries-Key Issues". http://

www.ifpma.org/News/SpeechDetail.aspx?nID=4에서도 다운받을 수 있다.

5 "Strong global patent rules increase the cost of medicines", *The Financial Times*, February 14 2001.

6 미국제약산업협회의 웹사이트 http://www.phrma.org/publications/profile00/chap2.phtm#growth를 참조하라.

7 예컨대 1980년대에 수행된 한 중요한 조사에서는 미국 기업들의 연구개발 부서장들에게 자신들이 개발했던 발명품 중에서 특허 보호가 없었다면 개발하지 않았을 상품의 비율에 대해서 물었다. 조사 대상이었던 12개 산업 그룹 중 그 비율이 '높다'라고 대답한 산업은 (제약 산업 60%, 기타 화학 산업 38%, 석유 산업 25%로) 3개뿐이었다. '없다'라고 대답한 산업은 (사무 장비, 자동차, 고무 상품, 직물 0%, 1차 금속, 정밀 기기 1%로) 6개였다. 나머지 세 산업은 (기계 17%, 조립 금속 제품 12%, 전기 설비 11%로) '낮다'라고 대답했다. E. Mansfield(1986), "Patents and Innovation: An Empirical Study", *Management Science*, vol. 32, February를 참조하라. 이 연구 결과는 영국과 독일에서 수행된 다수의 다른 연구 결과와도 일치한다. F. Scherer & D. Ross(1990), *Industrial Market Structure and Economic Performance*(Houghton Mifflin Company, Boston), p. 629, footnote 46.

8 미국의 상장 회사들 가운데 상위 650개 연구개발 부서장들에 대한 조사 연구는 혁신자의 우세를 보존하는 데서 특허는 이런 '자연적인 우세'에 비해 중요성이 훨씬 덜하다는 것을 보여 준다. R. Levin, A., Klevorick, R., Nelson, S. & Winter(1987), "Appropriating the Returns form Industrial Research and Development", *Brookings Papers on Economic Activity*, 1987, no. 3을 참조하라.

9 F. Machlup & E. Penrose(1950) "The Patent Controversy in the Nineteenth Century", *Journal of Economic History*, vol. 10, no. 1, p. 18.

10 J. Schumpeter(1987), *Capitalism, Socialism and Democracy*, 6th edition (Unwin Paperbacks, London)을 참조하라. 영국의 유명한 경제 사상 사학자인 마크 블로그Mark Blaug에 따르면, 슘페터가 수천 페이지의 글 중에서 특허에 대해 언급한 것은 서너 차례에 불과하다.

11 반反특허 운동에 관한 자세한 논의는 Machlup & Penrose(1950)를 참조하라.

12 J. Gleeson(2000), *The Moneymaker*(Bantam, London). 보다 학술적인 전기와 존 로의 경제 이론에 대한 체계적인 논의는 A. Murphy(1997), *John Law—Economic Theorist and Policy-maker*(Clarendon Press, Oxford)를 참조하라.

13 저명한 역사학자 킨들버거에 따르면, 로는 "만일 생산적 대출을 위해서 은행권을 발행하여 화폐 공급을 늘린다면, 그에 비례하여 고용과 생산이 늘어나고 화폐 가치는 안정을 유지할 것이다"라고 주장했다. Kindleberger(1984), *A Financial History of Western Europe*(George Allen & Unwin, London)을 참조하라. 보다 자세한 논의는 Murphy(1997)를 참조하라.

14 당시의 이야기에 따르면 존 로의 형제인 윌리엄이 900명의 노동자들-시계 제조공, 방직공, 금속 노동자를 모집하여 베르사유에 정착시켰다.(Gleeson, 2000, p. 121.) 역사학자 존 해리스John Harris가 추정하는 숫자는 더 적다. "약 70명의 시계 제조공들이 모집되어 베르사유와 파리에 정착했고, 최소한 14명의 유리 제조공들과 30명이 넘는 금속 노동자들이 이주했다. 마지막 그룹에 포함된 자물쇠 제조공과 쇠줄 제조공, 경첩 제조공, 대들보 제조공, 주물 노동자(중요한 그룹이다)들은 파리의 샤요에 정착했다. 이 외에 다른 금속, 유리 관련 노동자들은 대부분 노르망디의 아르플뢰르와 옹플뢰르에 정착했다. 대규모의 모직물 제조공 집단이 샤를라발Charlaval과 로가 획득한 지 얼마 되지 않은 노르망디의 사유지인 탕카르빌에 정착했다. 언급된 주요한 그룹 외에도 다른 모든 숙련 노동자들이 있었다. … 로의 계획에 따라 이주한 노동자들은 아마 150명이 넘었을 것이다." D. Jeremy(ed.)(1991), *International Technology Transfer-Europe, Japan, and the USA, 1700~1914*(Edward Elgar, Aldershot)에 게재된 J. Harris, "Movement of Technology between Britain and Europe in the Eighteenth Century".

15 영국의 숙련 노동자 이주 금지법에 관한 자세한 논의는 D. Jeremy(1977), "Damming the Flood: British Government Efforts to Check the Outflow of Technicians and Machinery, 1780~1843", *Business History Review*, vol. LI, no. 1과 J. Harris(1998), *Industrial Espionage and Technology Transfer-Britain and France in the Eighteenth Century*(Ashgate, Aldershot), ch. 18을 참조하라.

16 더 자세한 논의는 Jeremy(1977)와 Harris(1998)를 참조하라.

17 당시에는 기술이 비교적 간단했기 때문에 기술에 관한 어느 정도 기초 지식을 가진 사람이라면 공장을 한 번 둘러보는 것만으로도 그 공장에서 사용하는 기술에 대해 많은 것을 배울 수 있었다.

18 더 자세한 논의는 Harris(1998), D. Landes(1969), *The Unbound Prometheus-Technological Change and Industrial Development in Western Europe from 1750 to the Present*(Cambridge University Press, Cambridge)와 K. Bruland (ed.)(1991), *Technology Transfer and Scandinavian Industrialisation*(Berg,

New York)을 참조하라.

19 영국의 특허 제도는 처음에는 1623년에 독점법을 통해 도입되었다. 그러나 혹자는 그 법이 '특허법'이라는 이름에 값하는 역할을 하게 된 것은 1852년의 개혁이 이루어진 후의 일이었다고 주장한다. 보다 자세한 내용은 C. McLeod(1988), *Inventing the Industrial Revolution: the English Patent System, 1660~1800*(Cambridge University Press, Cambridge)을 참조하라.

20 러시아(1812), 프로이센(1815), 벨기에와 네덜란드(1817), 스페인(1820), 바이에른 왕국(1825), 사르데냐왕국(1826), 교황령(1833), 스웨덴(1834), 뷔르템베르크왕국(1836), 포르투갈(1837), 작센왕국(1843). E. Penrose(1951), *The Economics of the Interna-tional Patent System*(The Johns Hopkins Press, Baltimore), p. 13.

21 처음에 서명을 한 나라는 벨기에, 브라질, 프랑스, 과테말라, 이탈리아, 네덜란드, 포르투갈, 엘살바도르, 세르비아, 스페인, 스위스 등 11개국이었다. 특허가 없었던 스위스와 네덜란드는 상표법이 이 조약에 포함되어 있어서 참여가 가능했다. 1884년 7월 협정이 발효되기 전에 영국, 에콰도르, 튀니지가 조인해 회원국이 14개국이 되었고, 그 뒤 에콰도르, 엘살바도르, 과테말라는 탈퇴했다가 1990년대에 다시 참가했다. 세계지식재산권기구World Intellectual Property Organization(WIPO)의 웹사이트 http://www.wipo.int/aboutip/en/iprm/pdf/ch5.pdf#paris를 참조하라.

22 네 편은 브라운 운동, 광전 효과, 특수 상대성 이론, 질량-에너지 등가에 관한 논문이다.

23 그는 박사 학위를 받고 나서 4년 뒤인 1909년이 되어서야 취리히 대학의 물리학 교수가 되었다.

24 스위스 특허 제도의 역사에 관한 더 자세한 논의는 Schiff(1971), *Industrialisation without National Patents—the Netherlands, 1869~1912 and Switzerland, 1850~1907*(Princeton University Press, Princeton)을 참조하라.

25 또한 1817년의 네덜란드 특허법은 당시 기준으로 보아도 상당히 불완전한 것이었다. 그 법은 특허의 세부 사항을 밝힐 것조차 요구하지 않았고, 수입된 발명품에 대해서도 특허를 허용했으며, 외국에서 특허를 획득한 발명품의 국내 특허를 무효화했고, 사업에 필요하다면 허가를 받지 않고 특허 받은 상품을 사용해도 처벌할 수 없게 되어 있었다. Schiff(1971), pp. 19-20를 참조하라.

26 에디슨은 필라멘트 전구의 개발에 결정적인 공헌을 했지만, 흔히 알려져 있는 것처럼 단독으로 그것을 발명한 것은 아니었다. 그러나 그는 관련된 특허를 모두 소유했다.

27 T. Cochran & W. Miller(1942), *The Age of Enterprise: A Social History of Industrial America*(The Macmillan Company, New York)에 따르면,1820년에서 1830년 사이에 영국의 연간 특허 건수는 145건인데, 미국의 연간 특허 건수는 535건이라는 사실은 주로 '도덕 관념'의 차이에 기인한 것이었다(p. 14). 이와 대주적으로 K. Sokoloff & Z. Khan(2000)은 1810년 1인당 특허 건수에서 미국이 영국을 크게 앞지른 것은 '효과적인' 특허 제도 때문이라고 주장한다. 시장 제도를 주제로 열린 세계은행 하계 워크숍에 제출된 "Intellectual Property Institutions in the United States: Early Development and Comparative Perspective", July 17-19 2000, Washington, DC, p. 5를 참조하라. 진실은 아마도 이 두 가지 주장들 사이 어딘가에 있을 것이다.

28 듀란드는 1811년에 낸 석유램프 특허에 대해서도 똑같이 설명했다. S. Shephard (2000), *Pickled, Potted & Canned—How the Preservation of Food Changed Civilization*(Headline, London), p. 228.

29 이 상표법에 따르면 "해외에서 만들어진 제품에 원산지를 표시하는 글을 기재하지 않고 구매자가 영국산이라고 믿도록 유도하는 어떤 글이나 상표를 붙이는 행위는 형사 처벌 대상이다." 이 내용은 E. Williams(1896), *Made in Germany*(William Henemann, London), p. 137에서 인용했는데, Austen Albu의 서문이 실린 1973년 판(The Harvester Press, Brighton)을 참고했다.

30 더 자세한 논의는 Williams(1896), p. 138을 참조하라.

31 Williams(1896), p. 138.

32 유명한 기업 경제학자 존 케이John Kay는 버지니아 울프와 시간 여행을 하는 그녀의 저작권 대리인을 그린 풍자를 통해 이 점을 재치 있게 지적하고 있다. J. Kay(2002), "Copyright law's duty to creativity", The Financial Times, 23 October 2002를 참조하라.

33 Jaffe & Lerner(2004), p. 94. 당시에는 일부 가난한 개발도상국들이 무역 관련 지식 재산권 협약에 완전히 따르고 있는 상황이 아니었으므로 평균 특허 수명은 20년이 되지 않았다.

34 화학(제약 포함) 물질은 서독은 1967년, 북유럽 국가들은 1968년, 일본은 1976년, 스위스는 1978년, 스페인은 1992년 이전까지는 특허의 대상이 아니었다. 제약 제품은 프랑스는 1959년, 이탈리아는 1979년, 스페인은 1992년 이전까지는 특허의 대상이 아니었다. S. Patel(1989), "Intellectual Property Rights in the Uruguay Round—A Disaster for the South?", *Economic and Political Weekly*, 6 May 1989, p.

980과 G. Dutfield & U. Suthersanen(2004), "Harmonisation or Differentiation in Intellectual Property Protection? — The Lessons of History", Occasional Paper 15(Quaker United Nations Office, Geneva), pp. 5–6을 참조하라.

35 무역 관련 지식재산권 협정이 체결된 후 개발도상국들은 제약 제품 특허를 도입하라는 강요를 받았다. 극빈국들마저 아무리 늦어도 2013년까지는 제약 제품 특허를 도입해야 한다. 1995년 무역 관련 지식재산권 협정의 발효로 개발도상국들은 2001년까지는 이 협정을 준수해야 했고, 극빈국(저개발국)들은 2006년까지는 준수해야 했으나 2005년 말에 이 기한이 2013년으로 연장되었다.

36 Dutfield & Suthersanen(2004), p. 6.

37 Jaffe & Lerner(2004), pp. 25–6, p. 34, pp. 74–5.

38 이 두 경우 모두 결국 법정 바깥에서 합의에 의해 해결되었다.

39 Jaffe & Lerner(2004), pp. 34–5.

40 Jaffe & Lerner(2004), p. 12.

41 이 두 교수는 또한 1980년대 중반까지 미국에서 제기된 특허 소송의 건수는 연간 약 1,000건이었지만, 지금은 2,500건이 넘는다는 점을 밝히고 있다.(Jaffe & Lerner, 2004, p. 14, figure 1.2.) 특허 소송은 방어하는 데 돈이 많이 드는 것으로 유명한데, 이것은 자원이 새로운 아이디어를 개발하는 일에서 기존의 아이디어를 방어하는 일로 옮겨 가고 있음을 의미한다.

42 1676년 2월 5일 로버트 후크에게 보낸 편지.

43 따라서 소유할 수 있는 것과 소유할 수 없는 것을 가르는 제퍼슨의 관점은 오늘날 우리의 관점과 정반대이다. 그는 다른 사람을 소유하는 것을 아무렇지도 않은 일로 생각했을 것이다. 그러나 사람들이 아이디어를 소유하고, 정부가 만든 특허라는 이름의 인위적인 독점을 통해서 그 권리를 보호할 수 있도록 허용하는 것은 터무니없는 일이라고 생각했다.

44 2005년에 신젠타가 개발하여 개발 기술을 소유하고 있는 '황금쌀 2호'가 줄 수 있는 혜택은 훨씬 더 크다. 황금쌀 2호는 처음 개발된 황금쌀보다 23배나 많은 베타카로틴을 생성한다.

45 http://en.wikipedia.org/wiki/Golden_ rice 참조. 안구 건조증은 결막에 염증이 생겨서 비정상적으로 눈이 마르고 주름이 잡히는 질환이다(옥스퍼드 영어 사전).

46 황금쌀 논쟁에 대해서는 RAFI(Rural Advancement Foundation International)

(2000), RAFI Communique(September/October 2000, Issue #66)를 참조하라. 또한 http://www.biotech-info.net/GR_tale.html+golden+rice&hl=ko&gl=kr&ct=clnk&cd=4에 있는 포트리쿠스 자신의 설명을 참조하라.

47 시식새산권 비용은 M. Wolf(2004), *Why Globalisation Works*(Yale University Press, New Haven), p. 217, 해외 원조와 관련된 수치는 OECD에서 나왔다.

48 Wolf(2004), p. 217.

49 스티글리츠가 제안한 것처럼, 인명을 구하는 약품과 같은 가치 있는 발명품의 구매를 보장하기 위한 공적 자금을 만들 수도 있다. Stiglitz(2006), *Making Globalization Work—The Next Steps to Global Justice*(Allen Lane, London), p. 124.

50 병행 수입을 너무 쉽게 허용하면 선진국에서 지식재산권 수명이 끝나기 전에 개발도상국에서 값싼 복제품이 역유입될 수 있다고 하는데, 이는 통제할 방법이 있다. 즉 복제품을 본제품과 모양이나 크기가 다르게 제조할 수도 있고, 본제품과 복제품을 구별하기 위해 복제품 포장 안에 특수 마이크로칩을 삽입할 수도 있다. 가난한 나라에서 지식재산권 규정을 완화하는 문제와 관련하여 더 자세한 논의는 H-J. Chang(2001), "Intellectual Property Rights and Economic Development—Historical Lessons and Emerging Issues", *Journal of Human Development*, 2001, vol. 2, no. 2를 참조하라. 이 내용은 H-J. Chang(2003), *Globalization, Economic Development and The Role of the State*(Zed Press, London)에도 인용되었다.

7장 **미션 임파서블?**

1 물론 거시경제 정책과 경제의 개별 주체에 영향을 미치는 미시경제 정책의 경계가 항상 분명한 것은 아니다. 예를 들면 은행과 연금 기금과 같은 금융 회사가 소유할 수 있는 자산의 종류에 대한 규제는 통상적으로 미시 금융 정책의 하나로 분류될 수 있지만, 자산의 양이 큰 규모인 경우에는 거시경제 차원에서 영향력을 미칠 수 있다.

2 Domingo Cavallo, "Argentina must grow up", *Financial Times*, 27 July 2001.

3 *The Los Angeles Times*, 20 October 1978.

4 S. Fischer(1996), "Maintaining Price Stability", *Finance and Development*, December 1996.

5 Interview with *Playboy*, February 1973.

6 더 자세한 논의는 다음의 자료를 참조하라. H-J. Chang & I. Grabel(2004), *Reclaiming Development—An Alternative Economic Policy Manual*(Zed Press, London), pp. 181-2, pp. 185-6.

7 Fischer(1996), p. 35.

8 게다가 신자유주의자들은 정부 지출의 경우 그 성격상 민간 부문에서의 지출에 비해 효율성이 떨어진다고 생각한다. 로널드 레이건 대통령의 경제 고문 마틴 펠드스타인은 이와 관련 "늘어나는 정부 지출이 일시적으로 수요와 생산에 대한 자극제가 될 수는 있으나 장기적으로는 정부 지출의 수준이 높아질수록 민간 투자를 몰아내게 되고 세금이 늘어나게 되면서 저축 · 투자 · 개혁 · 노동에 대한 인센티브를 감소시켜 성장을 약화시킬 것"이라고 말한 바 있다. http://www.brainyquote.com/quotes/quotes/m/martinfeld333347.html을 참조하라.

9 A. Singh(1995), "How did East Asia grow so fast?—Slow Progress towards an Analytical Consensus", UNCTAD Discussion Paper, no. 97, Table 8. 다른 통계는 IMF의 dataset를 근거로 산정했다.

10 1960년대 (소비자 물가 지수의 연평균 백분율의 증가로 정의한) 연평균 물가 상승률은 베네수엘라가 1.3%, 볼리비아 3.5%, 멕시코 3.6%, 페루 10.4%, 콜롬비아 11.9%였다. 아르헨티나는 21.7%에 달했다. Singh(1995), table 8을 참조하라.

11 1970년대 연평균 물가 상승률은 베네수엘라 12.1%, 에콰도르 14.4%, 멕시코 19.3, 콜롬비아 22%, 볼리비아 22.3%였다. Singh(1995), table 8을 참조하라.

12 상세한 내용은 F. Alvarez & S. Zeldes(2001), "Reducing Inflation in Argentina: Mission Impossible?", http://www2.gsb.columbia.edu/faculty/szeldes/Cases/Argentina/를 참조하라.

13 게다가 신자유주의자들은 경제의 안정을 가격의 안정성으로 동일시하는 오류를 범하고 있다. 가격의 안정성은 물론 전체 경제의 안정에 중요한 부분이다. 그러나 생산과 고용의 안정성 또한 중요하다. 경제의 안정을 보다 넓게 정의하면 과거 25년 동안 신자유주의적 거시경제 정책이 신자유주의자들이 주장한 목표, 즉 경제적 안정성을 달성했다고 말할 수 없다. 생산과 고용의 불안정은 이 시기에 실제로 증가했기 때문이다. 상세한 설명은 J. A. Ocampo(2005), "A Broad View of Macroeconomic Stability", DESA Working Paper, no. 1, October 2005, DESA(Department of Economic and Social Affairs), United Nations, New York을 참조하라.

14 대표적인 신자유주의 경제학자 로버트 배로Robert Barro는 (10~20%라는) 그리 높

지 않은 물가 상승률은 경제 성장에 그다지 부정적인 영향을 미치지 않으며, 10% 이하의 물가 상승률로부터는 전혀 부정적 영향이 없다고 결론지었다. R. Barro(1996), "Inflation and Growth", *Review of Federal Reserve Bank of St Louis*, vol. 78, no. 3 참조. IMF의 이코노미스트인 Michael Sarel도 여기에 동의한다. 8% 이하의 물가 상승률은 성장에 거의 영향이 없으며, 영향이 있다면 성장을 저해하기보다는 도움을 주는 긍정적인 역할을 한다고 지적했다. M. Sarel(1996), "Non-linear Effects of Inflation on Economic Growth", IMF Staff Papers, vol. 43, March를 참조하라.

15 M. Bruno(1995), "Does Inflation Really Lower Growth?", *Finance and Development*, pp. 35-38; M. Bruno & W. Easterly(1995), "Inflation Crises and Long-run Economic Growth", NBER(National Bureau of Economic Research) Working Paper, no. 5209, NBER, Cambridge, Massachusetts; M. Bruno and W. Easterly(1996), "Inflation and Growth: In Search of a Stable Relationship", *Review of Federal Reserve Bank of St Louis*, vol. 78, no. 3.

16 PBS(Public Broadcasting System) 인터뷰: http://www.pbs.org/fmc/interviews/volcker.htm.

17 IMF의 dataset를 근거로 계산했다.

18 이윤율에 대한 데이터는 다음을 참조하라. S. Claessens, S. Djankov & L. Lang (1998), "Corporate Growth, Financing, and Risks in the Decades before East Asia's Financial Crisis", Policy Research Working Paper, no. 2017, World Bank, Washington, DC, figure 1.

19 T. Harjes & L. Ricci(2005), "What Drives Saving in South Africa?" In M. Nowak & L. Ricci, *Post-Apartheid South Africa: The First Ten Years*(IMF, Washington, DC), p. 49, figure 4.1.

20 이윤율을 계산하는 방법에는 여러 가지가 있다. 그러나 여기서 적절한 개념은 총자산 이익률이다. Claessens et al.(1998)의 도표 1에 따르면, 1988년부터 1996년까지 46개 부자 나라 및 개발도상국에서 총자산 이익률은 (오스트리아의) 3.3%와 (태국의) 9.8% 범위 내에 있다. 46개국 중 40개국이 4~7% 이익률을 내고 있으며, 3개국은 4% 미만, 3개국은 7% 이상이었다. 또 다른 세계은행의 연구는 1990년대(1992~2001년) '신흥 시장 경제'(즉 중진국)에서 비非금융 회사의 평균 이익률을 그보다 훨씬 낮은 3.1%로 추정한다. S. Mohapatra, D. Ratha & P. Suttle(2003), "Corporate Financing Patterns and Performance in Emerging Markets", mimeo., March 2003, World Bank, Washington, DC를 참조하라.

21 *OECD Historical Statistics*(OECD, Paris), Table 10.10.

22 개발도상국에서 중앙은행의 높은 독립성이 낮은 물가 상승률, 높은 고용률, 고성장, 예산 균형, 재정적 안정성과 관련이 있다는 증거는 없다. S. Eijffinger & J. de Haan(1996), "The Political Economy of Central-bank Independence", *Special Papers in International Economics*, No. 19, Princeton University와 B. Sikken & J. de Haan(1998), "Budget Deficits, Monetization, and Central-bank Independence in Developing Countries", *Oxford Economic Papers*, vol. 50, no. 3에 적시된 근거 자료를 참조하라.

23 http://en.wikipedia.org/wiki/Federal_Reserve_Board.

24 1997년 한국의 경제 위기에서 IMF 정책의 전개는 S-J. Shin & H-J. Chang(2003), *Restructuring Korea Inc.*(RoutledgeCurzon, London), chapter 3을 참조하라.

25 J. Stiglitz(2001), *Globalization and Its Discontents*(Allen Lane, London), ch 3.

26 H-J. Chang & I. Grabel(2004), p. 194.

27 Ocampo(2005)가 "재정 정책 단독으로는 경기 순환 주기에 대응하여 운영될 수 있는 주요 수단으로 작용하기를 기대할 수 없다"라고 주장하는 것은 이러한 이유 때문이다(p. 11).

28 이 표현은 고어 비달Gore Vidal이 1982년 현직 상원 의원 제리 브라운Jerry Brown에 대항하여 캘리포니아 상원 의원 선거에 출마했을 때 제작한 다큐멘터리 영화 *Gore Vidal: The Man Who Said No*에 나오는데, 전체 문장은 "공공 서비스에서 우리는 서구의 모든 산업화된 나라에 뒤처져 있다. 우리는 공적 자금을 국민보다는 대기업을 위해 쓰기를 좋아한다. 이러한 결과 '가난한 사람들에게는 자유시장주의, 부자들에게는 사회주의'라는 독특한 사회를 만들었다"이다.

29 『파이낸셜 타임스』의 서울 특파원 John Burton은 1997년 한국의 금융 위기 초기에 "대중들은 이전의 경제 침체기에 행해졌던 것과 마찬가지로 대응했다. 지출을 줄이는 것이 부채 위기로부터 국가를 구할 수 있다는 신념으로 허리끈을 졸라맸다"라고 썼다. 불행하게도 그가 보기에는 "어떠한 경제학자도 집에서 주부들이 식사를 적게 준비하는 약속과 같은 긴축 정책이 성장을 부추기는 데 필요한 수요를 감소시키는 만큼 자칫 경제 후퇴를 더 심화시킬 수 있다고 경고하지 않고 있다"라는 것이다. J. Burton, "Koreans resist the economic facts—With a presidential election near, foreign plots are blamed for national ills", *Financial Times*, 12 December 1997.

1 기자 회견, October 15 2006.

2 2006년 4월의 경우 아프리카의 차드, 케냐, 콩고, 아시아의 인도, 방글라데시, 우즈베키스탄, 중동의 예멘, 남미의 아르헨티나 등의 국가가 여기에 포함된다. IMF와 세계은행의 활동을 감시하는 비정부기구인 '브레턴우즈 프로젝트'의 웹사이트 http://www.brettonwoodsproject.org/article.shtml?cmd%5B126%5D=x126.531789를 참조하라.

3 영국 국제개발부 장관 힐러리 벤Hilary Benn은 2006년 세계은행 연례 회의에서 울포위츠의 반反부패 운동에 대한 무조건적인 지지를 거부하면서 이 점을 설득력 있게 주장했다.

4 G. Hodgson & S. Jiang(2006), "The Economics of Corruption and the Corrup-tion of Economics: An Institutionalist Perspective". 2006년 11월 3~4일 이스탄불에서 열린 유럽진화정치경제학회 연례회의에 제출된 논문이다.

5 C. Kindleberger(1984), *A Financial History of Western Europe*(Oxford University Press, Oxford), pp. 160-1의 영국 사례, pp. 168-9의 프랑스 사례와 R. Nield(2002), *Public Corruption—The Dark Side of Social Evolution*(Anthem Press, London), chapter 4의 프랑스 사례, chapter 6의 영국 사례를 참조하라. 18세기 유럽 국가들 가운데 가장 부패가 덜했던 프로이센의 경우에도 공직이 공개적으로 매매된 것은 아니었지만, 사실상 최고 금액을 제시하는 사람에게 팔렸다. 예컨대 프로이센 정부는 관례적으로 첫 봉급에 부과되는 세금을 가장 많이 낼 의사가 있는 사람들을 공직에 앉히는 경우가 많았다. R. Dorwart(1953), *The Administrative Reforms of Frederick William I of Prussia*(Harvard University Press, Cambridge, Massachusetts), p. 192를 참조하라.

6 Nield(2002), p. 62.

7 그의 역할은 공직을 제공하여 당원들이 정부를 지지하도록 유도하는 것이었다. Nield(2002), p. 72를 참조하라.

8 펜들턴법Pendleton Act은 (전체의 10%에 달하는) 주요 공직에 대해 완전 공채를 실시할 것을 규정했다. 이 비율은 1897년까지 50%로 상승했다. G. Benson(1978), *Political Corruption in America*(Lexington Books, Lexington, Massachusetts), pp. 80-5.

9 T. Cochran & W. Miller(1942), *The Age of Enterprise: A Social History of Industrial America*(The Macmillan Company, New York), p. 159에서 인용했다.

10 J. Garraty & M. Carnes(2000), *The American Nation—A History of the United States*, 10th edition(Addison Wesley Longman, New York), p. 472에서 인용했다. 이들에 의한 공개적인 표 매매는 1860~1870년대에 특히 확산되었다. '흑기사단'이라고 불리는 부패 의원들의 그룹은 철도 법안 찬성표 한 표당 1,000달러를 요구했고, 경쟁이 붙는 경우에는 표 값은 5,000달러까지 치솟았다. 이들은 또한 '협박성 법안strike bills'을 제출했는데, 만일 이 법안들이 통과되면 부유한 사업자들이나 기업들의 행동에 큰 방해가 될 법들이었고, 부패 의원들은 이런 법안을 철회하는 것을 조건으로 기업들로부터 돈을 뜯어 냈다. 결국 일부 회사들은 이런 갈취 행위로부터 스스로를 보호하기 위하여 법안을 사기 위한 로비 조직을 구성했다. Benson(1978), pp. 59-60을 참조하라.

11 이 정보의 출처는 World Bank(2005), *World Development Report 2005—A Better Investment Climate for Everyone*(World Bank, Washington, DC), p. 101, Box 5.4이다.

12 S. Huntington(1968), *Political Order in Changing Societies*(Yale University Press, New Haven), p. 386.

13 한 가지 중요한 조치는 후보자들과 정당의 선거 비용을 제한함으로써 선거에 소요되는 비용 자체를 줄이는 것이다. 만일 특정 방법 하나만 금지한다면, 지출은 당장 그 방법 대신 다른 방법으로 이동할 것이다. 현대와 같이 매체 비중이 큰 세계에서는 정치 광고의 금지 역시 선거에 소요되는 비용을 줄이는 중요한 방법이다. 복지 정책의 강화—물론 이는 정부 세입의 증가를 전제로 한다.—역시 가난한 사람들이 표 매수에 쉽게 넘어가지 않게 함으로써 선거 부정을 줄인다. 세금 인상은 또한 정부가 공무원들이 매수에 쉽게 넘어가지 않을 정도로 공무원의 봉급을 인상할 수 있게 해 준다. 물론 이것은 인과관계가 좀 불분명한 문제이기는 하다. 애초에 (좋은 보수를 주어야 하는) 유능한 사람을 채용하지 않으면, 세금 징수 능력을 향상시킬 수 없기 때문이다. 따라서 가장 먼저 정화를 해야 하는 곳이 세금 징수 분야이다. 17세기에 영국의 (간접세를 징수하는) 소비세국이 그 좋은 사례이다. 영국 정부의 다른 어떤 부문보다 먼저 소비세국에서 능력주의, 예고 없는 조사, 명확한 규칙을 도입하여 큰 효과를 보았다. 이 조치는 정부 세입을 늘렸고, 나중에는 관세 업무를 비롯한 다른 부문을 향상시키기 위한 기준으로 사용되었다. 정부의 세무 능력 일반의 문제에 관해서는 H-J. Chang(ed.)(2007), *Institutional Change and Economic Development*(United Nations University Press, Tokyo, and Anthem

Press, London)에 게재된 J. Di John, "The Political Economy of Taxation and Tax Reform in Developing Countries"를 참조하라. 영국 소비세국의 개혁과 관련된 자세한 내용은 Nield(2002), pp. 61-2를 참조하라.

14 무역 자유화가 개발도상국 정부의 재정에 미치는 영향은 3장을 참조하라.

15 이 논점에 대해서는 Hodgson & Jiang(2006)이 잘 설명하고 있다.

16 J. Stiglitz(2003), *The Roaring Nineties*(W. W. Norton, New York and London)는 이 주제와 관련해 상세한 자료를 제공한다.

17 *IDS Bulletin*(vol. 27, no. 2, April 1996, Institute of Development Studies, University of Sussex)의 특집 "Liberalisation and the New Corruption"에 실린 논문들을 참조하라. 러시아와 관련된 내용은 J. Wedel(1998), *Collision and Collusion: The Strange Case of Western Aid to Eastern Europe*(St Martin's Press, New York)을 참조하라.

18 http://www.usaid.gov/our_work/democracy_and_governance/.

19 http://www.brainyquote.com/quotes/authors/f/franklin_d_roosevelt.html.

20 M. Wolf(2004), *Why Globalisation Works*(Yale University Press, New Haven and London), p. 30.

21 J. Bhagwati(2004), *In Defense of Globalisation*(Oxford University Press, New York), p. 94에서 재인용했다.

22 Martin Ryle과 Kate Soper가 번역한 N. Bobbio(1990), *Liberalism and Democracy*(Verso, London).

23 M. Daunton(1998), *Progress and Poverty*(Oxford University Press, Oxford), pp. 477-8.

24 S. Kent(1939), *Electoral Procedure under Louis Philippe*(Yale University Press, New Haven).

25 M. Clark(1996), *Modern Italy, 1871~1995*, 2nd ed.(Longman, London and New York), p. 64.

26 우간다와 페루의 사례는 Di John(2007)을 참조하라.

27 최근의 사례로는 깨끗한 환경을 누릴 권리, 성별이나 인종을 초월하여 동등한 대우를 받을 권리, 소비자의 권리 등을 들 수 있다. 비교적 최근에 도입된 것들이기에 이

런 권리들을 둘러싼 논쟁은 더 논란이 많고, 따라서 그 권리들의 '정치적' 속성은 더 명확하게 드러난다. 그러나 이런 권리들이 점점 널리 인정을 받게 되면, 이 권리들의 정치적 속성은 점점 희미해져 보이게 된다. 30~40년 전에는 급진 과격파들만이 지지하던 환경의 권리가 지난 10여 년 사이에 널리 인정을 받게 되어 결국 정치적인 문제로 인식되지 않게 된 과정을 돌아보라.

28 예컨대 1819년 영국 의회에 아동 노동을 규제하는 법안이 제출되자, 일부 상원 의원들은 '노동은 자유로워야 한다'는 근거에서 그 법에 반대했다. 사실 현재의 기준으로 보자면 그 법은 대단히 온건한 법이었다. 제출된 법은 가장 위험한 것으로 여겨졌던 면화 공장에만 적용될 예정이었고 고용이 금지되는 아동의 연령은 9세 미만이었다. M. Blaug(1958), "The Classical Economists and the Factory Acts: A Reexamination", *Quarterly Journal of Economics*, 1958, vol. 72, no. 2를 참조하라. 아이디어의 소유권에 반대하는 '경제학'적인 주장에 관해서는 6장을 참조하라.

29 MIT의 경제학자인 다론 아제모을루Daron Acemoglu와 하버드의 정치학자인 제임스 로빈슨James Robinson은 동일한 논지를 보다 학구적인 표현으로 전달하고 있다. 그들은 세계화가 진전됨에 따라 민주주의가 점점 더 무해해지면서 보다 널리 퍼지게 될 것이라고 예상한다. 그들에 따르면, "특히 (정치계와 노동계에서) 새로운 형태의 다수 대표제가 출현하지 않을 경우, 세계화는 앞으로 엘리트와 보수적 정당들을 더욱 강력하게 만들고, 재분배를 악화시킬 가능성이 크다. 민주주의는 그런 식으로 점점 더 견고해질 것이다. 그러나 영국 민주주의가 20세기 초반에 그랬던 것과 똑같은 방법으로 사회를 변화시키기를 바라는 사람의 입장에서 그런 민주주의는 실망스러운 민주주의일 수 있다." J. Robinson & D. Acemoglu(2006), *Economic Origins of Dictatorship and Democracy*(Cambridge University Press, Cambridge), p. 360.

30 이와 관련한 유력한 사례로 2000년 미국 대통령 선거 직전의 여론 조사를 들 수 있다. 두 명의 대통령 후보 모두에게 반감을 표시한 응답자들이 언급한 가장 중요한 이유는 두 사람 모두 '지나치게 정치적'이라는 것이었다. '지나치게 정치적'이라는 이유로 세계에서 가장 강력한 정치적 자리를 노리는 사람을 거부하는 사람들이 많다는 것은 신자유주의자들이 정치를 악마로 모는 데 성공하고 있다는 것을 입증한다.

31 그러나 신자유주의자들이 우려했던 것과는 달리 19세기 말, 20세기 초에 유럽 국가들에서 가난한 사람들에 대한 선거권 부여는 소득 이전의 증대로 이어지지 않았고, 지출—특히 기간 시설과 내부 보안에 대한 지출—의 재배치로 이어졌다. 소득 이전은 제2차 세계 대전 이후에야 확대되었다. 더 자세한 논의는 T. Aidt, J. Dutta, and E. Loukoianova(2004), "Democracy Comes to Europe: Franchise Extension and Fiscal Outcomes, 1830~1938", *European Economic Review*, vol. 50, pp.

249-283을 참조하라.

32 A. Przeworski & F. Limongi(1993), "Political Regimes and Economic Growth", *Journal of Economic Perspectives*, vol. 7, no. 3과 Robinson & Acemoglu(2006)의 chapter 3에 기재된 논평들을 참조하라.

33 A. Sen, "Democracy as a Universal Value", *Journal of Democracy*, vol. 10, no. 3, 1999.

34 오늘날의 개발도상국들 내부의 민주주의 달성을 위한 노력을 이해하려고 할 때 명심해야 할 중요한 사실은 이제 보편 선거 제도는 유례없는 정당성을 인정받고 있다는 점이다. 제2차 세계 대전이 끝난 후로 (한때는 '당연'했던) 선택적인 선거권 부여는 용납할 수 없는 것이 되었다. 이제 통치자들은 완전한 민주주의와 선거의 폐지, 둘 가운데 하나를 선택해야 한다. 군사 쿠데타를 통해서 집권한 장군이 선거를 유예시키는 것은 용이한 일이지만, 선거권을 부자들이나 남자들에게만 한정하는 것은 불가능하다. 이렇게 보편 선거 제도의 정당성이 강화된 덕분에 오늘날의 개발도상국들은 오늘날의 부자 나라들의 과거 상황보다 훨씬 낮은 발전 단계에서 민주주의를 도입하고 유지할 수 있게 되었다.

35 법조문대로 말하자면, 남부 주들의 흑인들이 선거권을 받지 못한 것은 인종 때문이 아니라 재산과 문자 해독 요건 때문이었다. 남북전쟁 후 도입된 미국 수정 헌법 5조는 선거권에 대한 인종 제한을 금지했다. 그러나 예컨대 백인들에 대해서는 문자 해독 시험이 매우 관대하게 시행되었기 때문에 실제로는 인종 제한이었다. H-J. Chang (2002), *Kicking Away the Ladder—Development Strategy in Historical Perspective*(Anthem Press, London), p. 74를 참조하라.

9장 **게으른 일본인과 도둑질 잘하는 독일인**

1 *Japan Times*, 18 August 1915에서 인용했다.

2 S. Gulick(1903), *Evolution of the Japanese*(Fleming H. Revell, New York), p. 117.

3 S. Gulick(1903), p. 82.

4 L. Harrison & S. Huntington(eds.)(2000), *Culture Matters—How Values Shape Human Progress*(Basic Books, New York), p. 69에 게재된 D. Etounga-

Manguelle, "Does Africa Need a Cultural Adjustment Program?".

5 N. MacKenzie and J. MacKenzie가 편집한 B. Webb(1984), *The Diary of Beatrice Webb: The Power to Alter Things*, vol. 3(Virago/LSE, London), p. 160.

6 Webb(1984), p. 166.

7 N. MacKenzie and J. MacKenzie가 편집한 S. Webb & B. Webb(1978), *The Letters of Sidney and Beatrice Webb*(Cambridge University Press, Cambridge), p. 375.

8 Webb & Webb(1978), p. 375. 웨브는 1910년 한국이 일본에 국권을 강탈했을 때 한국을 방문했다.

9 T. Hodgskin(1820), *Travels in the North of Germany: describing the present state of the social and political institutions, the agriculture, manufactures, commerce, education, arts and manners in that country, particularly in the kingdom of Hannover*, vol. I(Archbald, Edinburgh), p. 50, n. 2.

10 예를 들어 Hodgskin(1820), p. 59에는 '독일인이 게으른 원인'이라는 항목이 있다.

11 M. Shelly(1843), *Rambles in Germany and Italy*, vol. 1(Edward Monkton, London), p. 276.

12 D. Landes(1998), *The Wealth and Poverty of Nations*(Abacus, London), p. 281.

13 John Russell(1828), *A Tour in Germany*, vol. 1(Archibald Constable & Co, Edinburgh), p. 394.

14 John Buckingham(1841), *Belgium, the Rhine, Switzerland and Holland: The Autumnal Tour*, vol. I(Peter Jackson, London), p. 290.

15 S. Whitman(1898), *Teuton Studies*(Chapman, London), p. 39, no. 20에서 John McPherson을 재인용.

16 Etounga-Manguelle(2000), p. 75.

17 Sir Arthur Brooke Faulkner(1833), *Visit to Germany and the Low Countries*, vol. 2(Richard Bentley, London), p. 57.

18 Faulkner(1833), p. 155.

19 L. Harrison & S. Huntington(eds.)(2000), *Culture Matters—How Values Shape*

Human Progress(Basic Books, New York), p. xi에 게재된 S. Huntington, "Foreword: Cultures Count". 프롤로그에서 지적한 바와 같이 1960년대 초 한국의 1인당 소득은 가나의 1인당 소득의 2분의 1에도 미치지 못했다.

20 그 대표적인 글들은 다음과 같다. F. Fukuyama(1995), *Trust: The Social Virtues and the Creation of Prosperity*(Hamish Hamilton, London); Landes(1998); L. Harrison & S. Huntington(eds.)(2000), *Culture Matters-How Values Shape Human Progress*(Basic Books, New York); 문화 경제학 학술 대회에서 발표된 논문들(*Journal of Economic Perspectives*, Spring 2006, vol. 20, no. 2).

21 Landes(1998), p. 516.

22 M. Morishima(1982), *Why Has Japan Succeeded?—Western Technology and the Japanese Ethos*(Cambridge University Press, Cambridge). 이 책은 Fukuyama(1995)에 의해 널리 알려졌다.

23 '세계의 가치관 조사' 자료에 근거하여 Rachel McCleary와 Robert Barro는 (천주교, 그리스정교회, 그리고 개신교 주류에 포함되지 않는 '여타의 기독교인'과 함께) 회교도들은 지옥과 내세의 존재를 유별나게도 굳게 믿고 있다고 주장한다. 더 자세한 내용은 "Religion and Economy", *Journal of Economic Perspectives*, Spring 2006, vol. 20, no. 2 참조.

24 알라의 아홉 가지 이름 중 두 가지는 '정의로운 분'이라는 의미라고 한다. 나에게 이를 가르쳐 준 엘리아스 칼릴Elias Khalil에게 고마움을 표한다.

25 Gulick(1903), p. 117.

26 L. Harrison & S. Huntington(2000), p. 8에 게재된 Landes, "Culture Makes Almost All the Difference".

27 Fukuyama(1995), p. 183.

28 이것은 Harrison & Huntington(2000)의 많은 저자들, 특히 마지막 장을 쓴 Fairbanks, Lindsay, 그리고 Harrison이 지지하는 입장이다.

29 이 표현은 1950~1980년 사이 인도의 경제 성장률이 3.5%(1인당 소득 성장률로 따지면 1% 내외)라는 극히 낮은 비율을 유지하고 있었다는 사실과 관련이 있다. 인도 경제학자 Raj Krishna가 고안한 것으로 추정되는 이 표현은 전직 세계은행 총재인 로버트 맥나마라 덕분에 대중화되었다.

30 L. Harrison & S. Huntington(eds.)(2000), p. 303에 게재된 L. Harrison, "Promo-

ting Progressive Cultural Change".

31 미국 정치학자 찰머스 존슨Chalmers Johnson과 영국 사회학자 로널드 도어Ronald Dore 같은 일본 전문가들 역시 당시 일본인들이 지금보다 훨씬 '강한 독립심'을 가지고 있었음을 보여 주는 증거를 제시하고 있다. C. Johnson(1982), *The MITI and the Japanese Miracle*(Stanford University Press, Stanford)과 R. Dore(1987), *Taking Japan Seriously*(Athlone Press, London)를 참조하라.

32 K. Yamamura & Y. Tasuba(eds.)(1987), *The Political Economy of Japan*, vol. 1(Stanford University Press, Stanford)에 게재된 K. Koike, "Human Resource Development".

33 J. You & H-J. Chang(1993), "The Myth of Free Labour Market in Korea", *Contributions to Political Economy*, vol. 12.

에필로그

1 2002년에 미국이 내놓은 제안은 2010년까지 공업 관세를 5~7%로 급격하게 낮추고, 2015년까지 공업 관세를 완전히 폐지하자는 것이었다. 미국의 제안은 어떤 예외도 인정하지 않았다는 점에서 내가 가상한 탈린 라운드에서 일어난 일보다 훨씬 강력한 것이고, 현재 유럽이 제시하고 있는 5~15%까지 감축하자는 제안은 내가 가상한 탈린 라운드 제안보다 약간 약한 것이다. 그러나 이런 유럽의 제안조차도 개발도상국의 관세를 식민 지배와 불평등 조약 시대 이후 최저 수준으로 낮추게 될 것이다, 게다가 이런 낮은 수준은 1970년대 이전까지만 해도 오늘날 대부분의 선진국에서조차 찾아볼 수 없었던 것이다. 미국과 유럽연합의 제안에 대한 자세한 내용은 H-J. Chang(2005), *Why Developing Countries Need Tariffs—How WTO NAMA Negotiations Could Deny Developing Countries' Right to a Future*(Oxfam, Oxford, and South Centre, Geneva)를 참조하라. http://www.southcentre.org/publications/South-PerspectiveSeries/WhyDevCountriesNeedTariffsNew.pdf에서도 볼 수 있다.

2 웰스는 이 영화에서 악당 해리 라임 역을 맡아 자신이 직접 쓴 이 대사를 말했다. 〈제3의 사나이〉의 대본은 유명한 영국 소설가 그레이엄 그린이 썼는데, 나중에 이 대본을 동명 소설로 출간할 때는 이 대사를 포함시키지 않았다.

3 2002년에 1인당 제조업 부가가치는 스위스의 경우 12,191달러, 일본의 경우 9,851달러, 미국의 경우 5,567달러, 중국의 경우 359달러, 인도의 경우 78달러였다.

UNIDO(2005), *Industrial Development Report 2005*(United Nations Industrial Development Organisation, Vienna), Table A 2.1을 참조하라.

4 2002년에 1인당 제조업 생산고는 한국의 경우 4,589달러, 싱가포르의 경우 6,583달러였다. UNIDO(2005), Table A 2.1 참조. 따라서 싱가포르의 수치는 중국의 18배, 인도의 84배에 달한다.

5 World Bank(1993), *The East Asian Miracle—Economic Growth and Public Policy*(Oxford University Press, Oxford), p. 102.

6 J. Toye(ed.)(2003), *Trade and Development—Directions for the Twenty-first Century*(Edward Elgar, Cheltenham)에 게재된 A. Winters, "Trade Policy as Development Policy". J. Stiglitz and A. Charlton(2005), *Fair Trade for All—How Trade Can Promote Development*(Oxford, Oxford University Press), p. 37에서 인용했다.

7 대만에 관한 보다 자세한 설명은 R. Wade(1990), *Governing the Market—Economic Theory and the Role of Government in East Asian Industrialisation* (Princeton University Press, Princeton), pp. 219-220을 참조하라. 게다가 '기적'이 이루어졌던 기간 동안 대만을 통치했던 국민당은 1920년대 가입한 코민테른을 통해 소련 공산당의 영향을 강하게 받았다. 심지어 국민당 당규는 소련 공산당 당규와 거의 똑같다고 한다. 1980년대에 국민당이 다른 나라들의 비웃음을 사면서도 정치국 원로들의 손을 들어 주는 거수 보조인을 동원한 것도 이런 맥락에서 설명될 수 있다. 대만의 두 번째 총통 장징궈는 국민당 지도자이자 첫 번째 대만 총통이었던 장제스의 아들로, 청년 시절에는 공산주의자였으며 모스크바에서 덩샤오핑을 포함한 중국 공산당의 장래 지도자들과 함께 공부했다. 그는 모스크바 유학 시절에 만난 소련 여성과 결혼했다.

8 한국 역시 마르크스주의의 영향을 받았다. 한국의 경제 기적을 주도한 박정희 장군은 젊었을 때 고향에서 유력한 지역 공산주의 지도자로 활동하던 형의 영향을 받은 공산주의자였다. 1949년에 박정희는 국군 내 공산주의 반란(여수 순천 10.19 사건-옮긴이)에 연루되어 무기 징역 선고를 받았지만, 공개적으로 공산주의를 부인하고 집행 정지로 풀려났다. 그의 부하들 중에도 젊었을 때 공산주의 활동을 했던 사람들이 많았다.

9 일부 좌파 경제 발전론자들은 자유무역론자들의 주장에 직접적으로 맞대응하는 과정에서 '경기장을 평평하게 하자'는 개념을 정당화하는 데 부지불식간에 기여하고 있다. 그들은 개발도상국들이 (항상은 아니라 하더라도) 보다 우세를 보이는 (농업,

직물 등의) 분야와 관련해서는 경기장이 반대쪽으로 기울어 있다고 지적한다. 따라서 만일 우리가 자유 경쟁을 하고자 한다면 보다 강력한 나라들이 유리하다고 생각하는 분야만이 아니라 모든 분야에서 해야 한다고 주장한다.

10 가난한 나라들은 에너지 효율성이 낮고, 따라서 부자 나라들에 비해 생산고 단위당 탄소 배출량이 더 많은 것은 분명한 사실이다. 예컨대 2003년 중국은 이산화탄소를 11억 3,100만 톤 배출하고 1조 4,710억 달러의 생산고를 올렸는데, 이는 이산화탄소 1톤당 생산고가 1,253달러라는 뜻이다. 일본은 이산화탄소 3억 3,600만 톤을 배출하고 4조 3,900억 달러의 생산고를 올렸으므로, 이산화탄소 1톤당 1만 3,065달러의 생산고를 냈다. 일본이 중국에 비해서 이산화탄소 1톤당 생산고가 10배 이상이나 높은 것이다. 물론 일본은 에너지 효율성이 예외적으로 높은 나라이다. 하지만 (부자 나라치고는) 에너지 비효율성이 대단히 높다는 미국도 이산화탄소 1톤당 생산고가 중국의 다섯 배가 넘는다. 미국은 배출한 이산화탄소 1톤당 6,829달러의 생산고를 올리고 있다. (미국은 10조 9,460억 달러의 생산고를 올리고 15억 8,000만 톤의 이산화탄소를 배출했다.) 탄소 배출에 관한 자료는 G. Marland, T. Boden, and R. Andres(2006), *Global, Regional, and National CO_2 Emissions. In Trends: A Compendium of Data on Global Change,* Carbon Dioxide Information Analysis Center, Oak Ridge National Laboratory, U.S. Department of Energy의 미국 정부 자료를 참조했다. http://cdiac.esd.ornl.gov/trends/emis/tre_tp20.htm에서도 다운받을 수 있다. 생산고와 관련된 수치는 World Bank(2005), *World Development Report 2005*(World Bank, Washington, DC)를 참조했다.

11 일부 사람들은 부자 나라들이 이렇게 착한 사마리아인으로 행동하게 된 동기가 냉전에 있다고 본다. 냉전 때문에 부유한 자본주의 국가들은 가난한 나라들이 '상대편으로 넘어가지 않게 하려고' 그들을 친절하게 대우하지 않을 수 없었다는 것이다. 그러나 국제 경쟁은 늘 존재하는 것이다. 만일 국제 패권 경쟁이 20세기 후반에 부자 나라들이 '착한 일을 하도록' 만든 유일한 요인이었다면, 유럽 제국들이 훨씬 더 격렬하게 경쟁하던 19세기에는 왜 착한 일을 하지 않았을까?

BAD SAMARITANS